清华大学法学院新利益法学研究中心　主办

利益法学

Jurisprudence of Interests

第1辑

梁上上◎主编

法律出版社
LAW PRESS·CHINA
北京

图书在版编目(CIP)数据

利益法学. 第1辑 / 梁上上主编. -- 北京 : 法律出版社, 2023
ISBN 978-7-5197-8598-7

Ⅰ. ①利… Ⅱ. ①梁… Ⅲ. ①社会法学 Ⅳ. ①D912.5

中国国家版本馆CIP数据核字(2023)第228540号

利益法学(第1辑)
LIYI FAXUE (DI-1 JI)

梁上上 主编

策划编辑 似 玉
责任编辑 似 玉
装帧设计 汪奇峰

出版发行 法律出版社
编辑统筹 法律应用出版分社
责任校对 朱海波
责任印制 刘晓伟
经　　销 新华书店

开本 710毫米×1000毫米 1/16
印张 20.5 **字数** 325千
版本 2023年12月第1版
印次 2023年12月第1次印刷
印刷 保定市中画美凯印刷有限公司

地址:北京市丰台区莲花池西里7号(100073)
网址:www.lawpress.com.cn
投稿邮箱:info@lawpress.com.cn
举报盗版邮箱:jbwq@lawpress.com.cn

销售电话:010-83938349
客服电话:010-83938350
咨询电话:010-63939796

书号:ISBN 978-7-5197-8598-7 **定价**:88.00元
凡购买本社图书,如有印装错误,我社负责退换。电话:010-83938349

序
从利益法学走向新法学

利益法学起源于德国,是在批评概念法学的过程中发展起来的。德国耶林、赫克、拉伦茨与阿列克西,美国庞德,日本加藤一郎等不同国家不同时期的学者都形成了各具特色的利益法学(或利益衡量论),浩浩荡荡,汇流入海,使利益法学成为世界上主要的法学流派,对世界法学与司法实务都产生了重大影响。

中国法学进入21世纪,一个被不断拷问的重大命题是:如何形成具有中国自己特色的法学流派?如何形成中国特色的法学知识体系?这是我们这一代学者需要回答的艰巨任务。利益法学传入中国后,对理论界与实务界都产生了广泛影响。本人从1995年接触利益法学(利益衡量)起,就对利益法学产生了浓厚兴趣,也形成了一些颇具特色的原创性研究成果,获得学术界与实务界的认可。本人对利益法学的研究既是兴趣,也是使命。为此,本人成立新利益法学研究中心,创办连续出版物《利益法学》。《利益法学》的宗旨:一是推动具有中国特色的利益法学流派的形成与传播;二是促进中国法学的转型,建设中国新法学。

基于中国法学理论界与实务界的实际情况,《利益法学》努力践行:(1)提供年轻学者优秀论文的发表平台,支持青年学者的成长;(2)建立学术界与实务界的沟通平台,倡导以裁判研究为中心,以裁判研究推动立法研究;(3)建立中国与海外的交流平台,共同促进法治发展。为此,《利益法学》采用的论文并不限于狭义的利益法学,也不限于民商法学与法理学,而是包含所有的法学学科。欢迎大家赐稿。

梁上上

清华大学法学院

2023年9月12日

利益法学 （第1辑）

目　录

一、学术专论

股东优先购买权的利益衡量与制度设计

梁上上*

目　次

摘　要　在主要经济体中,法定的股东优先购买权只存在于我国大陆与我国台湾地区。股东行使优先购买权时,转让股东、其他股东、公司与第三人构成复杂利益网络,需要对所涉及主体进行利益衡量。就其他股东与公司的利益关系而言,其他股东行使优先购买权的直接目的在于实现自身利益,不是维护有限公司的人合性利益。就转让股东与其他股东的利益关系而言,非即时清结合同中的同等条件无法保护转让股东的利益,应以同等清偿能力代替同等条件,采用提前清偿债务或者提供担保等方式保护其利益。就第三人与其他股东的利益关系而言,第三人是复杂利益网络中的"利益失踪者",其他股东占据第三

* 梁上上,清华大学法学院教授、博士生导师。

人合同地位却无须承担责任。无论股权转让合同有效还是因恶意串通无效,第三人都不同程度地受到损害。法定的股东优先购买权造成了转让股东、其他股东、公司与第三人之间的利益失衡,以及大量的制度成本,严重损害社会公共利益。股东优先购买权应该从法定主义走向当事人约定主义。《公司法(修订草案)》(二次审议稿)在坚持股东优先购买权基础上加以修补的方式并不可取,应以约定方式代替目前的法定方式。

关键词 股东优先购买权 利益衡量 同等条件 同等清偿能力 第三人利益 公司利益

我国有限公司数量众多,在公司纠纷案件中,有限公司股权对外转让成为最为常见的纠纷。有限公司股权对外转让往往涉及股东优先购买权问题。《公司法(修订草案)》(二次审议稿)[以下简称《公司法(修订草案二)》]第84条第2款对股东优先购买权作了修订,但依然存在问题,需要认真反思。

一、股东优先购买权的困扰与利益衡量方法的引入

我国公司法学界的通说认为,人合性是有限责任公司的根本属性。① 与此相适应,我国1993年《公司法》第35条明确将股权转让区分为内部转让与外部转让。外部转让需要经公司股东过半数同意,在同等条件下,其他股东享有优先购买权。我国现行《公司法》第71条基本延续了这一规则。该条第3款规定了股东优先购买权,即经股东同意转让的股权,在同等条件下其他股东有优先购买权。两个以上股东主张行使优先购买权的,协商确定各自的购买比例;协商不成的,按照转让时各自的出资比例行使优先购买权。通说认为,股东优先

① 参见郑玉波:《公司法》(再修订版),台北,三民书局1980年版,第231页;柯芳枝:《公司法论》,中国政法大学出版社2004年版,第542页;王文宇:《公司法论》,台北,元照出版有限公司2003年版,第589页;江平主编:《新编公司法教程》,法律出版社1994年版,第124页;叶林、段威:《论有限责任公司的性质及立法趋向》,载《现代法学》2005年第1期;赵旭东主编:《公司法学》(第3版),高等教育出版社2012年版,第80页。

购买权是基于有限公司人合性产生的,是维护公司人合性的主要措施,[②]而且认为,股东优先购买权是公司法赋予股东的法定权利,他人不得侵害。

截至2021年11月,我国注册登记公司的数量为3800万家。[③] 股权转让纠纷案件几乎占所有公司纠纷案件的半壁江山。例如,河南省各级法院2016~2018年3年间共受理涉公司纠纷案件6272件,审结6235件,股权转让纠纷占比近半。[④] 其中,股东优先购买权问题是股权转让纠纷频发的诱因。[⑤] 为此,《最高人民法院关于适用〈中华人民共和国公司法〉若干问题的规定(四)》[以下简称《公司法司法解释(四)》]专门用7个条文对股东优先购买权作出详细规范。但是,股东优先购买权纠纷并没有随着司法解释的出台而消失,反而又出现了新的纠纷,真所谓"按下葫芦浮起瓢"。为什么会造成这一局面?笔者认为,根本原因在于没有将股东优先购买权放置于复杂的利益关系网络中来衡量不同主体的利益,造成了不同主体之间的利益失衡。

立法过程是对不同利益主体之间的利益进行衡量的过程。[⑥] 权利存在于制度中,制度利益影响着权利的属性。应当以制度涉及的社会广泛性为依据,对所涉及该制度的具体利益作广泛的"铺陈"与"罗列",作出妥当的利益衡量。[⑦] 在股权对外转让的场合,其他股东行使优先购买权时,涉及多方利益主体。这些利益主体分别为转让股东、其他股东、有限公司与第三人。这些利益主体形成不同的利益关系,这些利益关系之间存在利益冲突,这些利益冲突在股权对外转让过程中编织成复杂的利益关系网络。我国公司立法对这一复杂的利益关系网络没有深刻的认识。从《公司法》第71条第3款的规定来看,其涉及的

---

② 参见安建主编、全国人民代表大会常务委员会法制工作委员会编:《中华人民共和国公司法释义》(第2版),法律出版社2013年版,第120~121页;桂敏杰、安建主编:《新公司法条文解析》,人民法院出版社2006年版,第175页;《〈最高人民法院关于适用《中华人民共和国公司法》若干问题的规定(四)〉新闻发布会》,载最高人民法院网2017年8月28日,https://www.court.gov.cn/fabu-xiangqing-57392.html。

③ 参见全国人大常委会法制委员会:《关于〈中华人民共和国公司法(修订草案)〉的说明》,2021年12月24日。

④ 参见史昶伟、王磊、支尚斌:《提升商事案件审判质效 优化营商发展法治环境》,载《人民法院报》2019年7月18日,第8版。

⑤ 参见胡晓静:《论股东优先购买权的效力》,载《环球法律评论》2015年第4期。

⑥ 参见梁上上:《利益的层次结构与利益衡量的展开——兼评加藤一郎的利益衡量论》,载《法学研究》2002年第1期。

⑦ 参见梁上上:《制度利益衡量的逻辑》,载《中国法学》2012年第4期。

主体仅为转让股东与其他股东之间的关系。就该关系而言,“同等条件”表面上似乎很好地平衡转让股东与其他股东之间的利益关系,但“同等条件”足以保护转让股东的利益吗？就公司而言,其与其他股东的利益关系究竟是“重合还是分离”？就第三人而言,其已成为公司法中的“利益失踪者”,根本谈不上利益保护问题。第三人利益是否值得保护？如果需要保护,应该如何保护？公司法似乎没有厘清,造成公司法规定出现“南辕北辙”的现象。

反观主要经济体的公司法,只有我国大陆与我国台湾地区的公司法规定了股东优先购买权。为什么其他国家或者地区没有规定有限公司(或者闭锁公司)股东优先购买权？我国规定股东优先购买权的价值何在？随着这些疑问的不断叠加,直抵最根本的问题:股东优先购买权是否需要保留或者重构？

对于这些问题,需要放置于股权对外转让的场景中,对复杂网络的利益关系进行厘清,引入利益衡量理论,得出妥当的结论。为此,本文设置两种不同场景的利益状态来进行比较研究:

第一种场景为“现行法规定”的场景,即存在“法定”股东优先购买权的情况。⑧ 当存在优先购买权时,股权对外转让涉及的利益主体为有限公司、转让股东、第三人与其他股东。第一种场景的利益状态较为复杂,各方利益衡量将以显性方式详细展开。

第二种场景为“假设”场景,即不存在股东优先购买权的情况。当不存在股东优先购买权时,股权对外转让涉及的利益主体只有转让股东与第三人。设置第二种场景的利益状态的目的是,将第一种场景与第二种场景的利益状态进行比较。第二种场景的利益状态较为简单,本文将以隐性的暗线方式进行描述,但始终与第一种场景保持对比关系。

本文将通过对两种不同场景的各方主体利益状态的仔细刻画、比较分析,完整地呈现出股东优先购买权的制度成本。这是从“零”开始重新的思考,最终得出是否应该重构该制度的结论。

---

⑧ 从《公司法》第 71 条第 4 款规定来看,股东优先购买权可以由公司章程加以排除,并不是完全意义上的“强制性法定”,但是从全国市场监督部门提供的示范公司章程来看,并不存在可以用公司章程来排除《公司法》第 71 条第 3 款的情况,事实上其依然属于“强制性法定”(参见梁上上:《人合性在有限公司中的终结》,载《中国社会科学》2022 年第 11 期)。为简化论述,本文用“法定”来定性目前的股东优先购买权。

二、公司在股东优先购买权中的利益衡量

我国通说认为,人合性是有限公司的基本属性,公司法设置股东优先购买权的主要目的是维护公司的人合性利益。但是,股东优先购买权可能无法实现维护有限公司人合性利益的目的。具体分析如下。

(一)股东优先购买权是极为个别的立法例

从经济发达国家或地区的立法例看,基本不存在法定的有限公司(或闭锁公司)股东优先购买权。在英美法系的美国、英国,以及英联邦国家都不存在优先购买权。在大陆法系,欧洲大陆的德国、法国、瑞士公司法根本就没有规定所谓的股东优先购买权,东亚国家的日本、韩国公司法也没有规定股东优先购买权。我国于1993年制定《公司法》时,大陆法系的主要经济体中只有我国澳门特区与我国台湾地区采取股东优先购买权制度。

从我国澳门特区立法例看,原先的股东优先购买权已经废止。2000年《澳门特别行政区商法典》修改前,该法典第367条第1款规定,"公司对股之生前移转享有优先权;公司不行使该权时,各股东根据其股之比例对该移转享有优先权;但章程另有规定者除外"。可见,《澳门特别行政区商法典》原有股东优先购买权的设置,其位于公司优先购买权之后。但是,2000年4月《澳门特别行政区商法典》第367条已经修改为:"股之生前移转可自由作出;但章程另有规定者除外。"该条的主旨也从"股移转上之优先权"更名为"股之可移转性"。所以,我国澳门特区已经彻底废止强制性的股东优先购买权。

我国台湾地区是境外唯一规定股东优先购买权的地区,但其立法宗旨与我国大陆不同。我国台湾地区"公司法"(2021年)第111条第3款第1句规定,反对股东享有优先购买权。该条款将优先购买权的主体范围限定为"反对股东",只有反对股东才可以行使优先购买权。为什么赋予反对股东优先购买权?其立法理由书指出,为"尊重"反对股东的意见,该法规定不同意之股东有优先受让权。[9] 这与大陆公司法完全不同。大陆公司法是"全体其他股东"都可以行使

---

[9] 参见王文宇:《公司法论》,台北,元照出版有限公司2003年版,第601页。

优先购买权，而优先购买权设置的目的是有限公司的人合性利益，不是对反对股东的尊重。我国在移植过程中对台湾地区公司法股东优先购买权制度产生了异化。

（二）股东优先购买权无法维护公司利益

1.其他股东利益区别于公司利益

从股东与公司之间的利益关系看，公司与股东是两个不同的主体。股东是公司的出资人，以营利为目的，希望通过公司利润分配等方式来实现自身利益。公司具有独立于股东的法律人格。根据我国法律规定，公司是依法独立享有民事权利和承担民事义务的法人组织。公司具有自己的名称、组织机构、住所、财产或者经费，以其全部财产独立承担民事责任。[⑩] 只要是不同的主体，就有不同的利益追求。虽然在某些情况下，股东利益可能与公司利益相一致，但在大多数情况下，股东利益与公司利益是不同的，不能以其他股东利益来替代公司利益。

公司利益与其他股东利益相区别，还可以从2000年修改前的《澳门特别行政区商法典》关于两种优先购买权的规定中反映出来。该法典第367条第1款规定，公司优先购买权与股东优先购买权是两种完全不同的优先购买权。而且两种优先购买权之间存在先后顺位，公司的购买权优先于其他股东的购买权，其他股东只有在公司不行使购买权时才可以行使。可见，公司利益是通过公司自己的购买权来实现的，不是借助股东优先购买权来实现的；股东优先购买权并不是为了公司利益，而是为了股东自身利益。

2.股东行使优先购买权实现的是自身利益

其他股东行使优先购买权的目的在于实现股东自身的利益，而不是维护公司的人合性利益。当转让方对外转让股权时，其他股东因行使优先购买权而替代第三人成为股权转让合同的当事人。从股权转让合同当事人来看，一方为转让股东，另一方为其他股东，公司并不是合同的双方当事人。从合同订立目的来看，理性的其他股东是基于自身利益来决定是否行使优先购买权，恐怕没有股东是为了公司利益而牺牲自己利益来订立合同的。从合同履行结果来看，其他股东取得股权，将在公司中取得更大的股权利益。所以，以设置股东优先购

---

⑩ 参见《民法典》第57条、第58条第2款、第60条，《公司法》第3条。

买权的方式来维护公司利益是不妥当的。

3.股东行使优先购买权可能损害公司利益

股东行使优先购买权甚至可能损害公司利益。这是因为有限公司的人合性本质上是一种人际关系,是一个处于不断变动中的动态过程。就像男女之间在结婚后会发生很多变化一样,人合性在公司运营过程中也会发生变化。股东行使优先购买权后,其持股比例会增加。这种增加会直接改变公司原来的股权结构,股权结构的变化会影响股东之间对公司的控制能力。股权结构的改变可能符合某些股东的期待,也可能不符合其他股东的意愿,会造成股东之间的矛盾。所以,股东行使优先购买权可能会造成损害公司利益的结果。

(三)维护公司利益依赖的是公司同意

与维护公司利益存在关联的是公司或者多数股东的同意制度。坚持有限公司人合性的公司法理论认为,基于有限公司具有闭锁性,为了维持股东之间的信赖关系,不能采取自由转让原则,需要加以限制。从某些市场经济发达国家或地区的立法例来看,这种限制并不是通过股东优先购买权来实现的,而是通过同意制度——需要经过公司或者全体股东(或者其他股东)的多数同意才可以转让的制度来实现的。在欧洲大陆国家中,《法国商法典》在第L223－14条第1款规定了对外转让股权需经半数以上股东同意的制度,并在第3款规定不同意的其他股东存在购买股权的义务。⑪《瑞士债务法》在第786条第1款也规定了股权转让须经股东会同意制度。⑫ 在东亚国家中,《韩国商法》第556条规定向非股东转让股权时,必须经全体股东的过半数以及持有全体股东表决权的3/4以上同意的股东会特别决议通过。⑬ 这些国家只规定同意制度,根本没有涉及其他股东的优先购买权。这是因为股权对外转让是否损害公司利益,公司自身才是最好的判断者,公司可以通过同意与否的权利来维护自身利益。目前,既规定同意制度又规定股东优先购买权制度只有我国大陆与我国台湾地区的

⑪ 法国的同意制度与我国类似。《法国商法典》第L223－14条第3款规定,如公司不同意转让股份,其他股东应在此项拒绝(决定)之日起3个月内,按照《民法典》第1843－4条规定的条件所确定的价格,取得或让人取得这些股份,但……参见《法国商法典》,罗结珍译,北京大学出版社2015年版,第218页;[法]伊夫·居荣:《法国商法》(第1卷),罗结珍、赵海峰译,法律出版社2005年版,第558～559页。

⑫ 参见《瑞士债务法》,戴永盛译,中国政法大学出版社2016年版,第357页。

⑬ 参见《韩国商法》,吴日焕译,中国政法大学出版社1999年版,第150页。

公司法。我国台湾地区“公司法”(2021年)第111条第1款规定，股东向他人转让出资需要其他股东过半数同意，但是设置股东优先购买权的目的并不是维护有限公司人合性利益。⑭ 可见，如果要坚持有限公司的人合性，那么也只能通过同意制度来维护公司人合性利益，而不是通过股东优先购买权来维护其利益。⑮

综上所述，我国公司法设计股东优先购买权的相关规范时，将其他股东利益与公司利益混为一谈，将股东优先购买权的制度目的设置为维护公司人合性利益，并以强制性规定方式加以干预。这是对该制度的误解，是一种制度的错置。⑯ 这种制度错置不但不能维护公司利益，还可能损害公司利益。

三、转让股东在股东优先购买权中的利益衡量

在转让股东与其他股东的利益关系中，其他股东行使优先购买权应当以不损害转让股东利益为底线。⑰ 但是我国《公司法》第71条第3款关于其他股东在同等条件下可以行使优先购买权的规定，可能损害转让股东利益。具体分析如下。

---

⑭ 需要注意的是，我国大陆与我国台湾地区关于“不购买视为同意转让”的含义并不相同。我国台湾地区“公司法”第111条第3款第1句规定，其他股东“如不承受，视为同意转让，并同意修改章程有关股东及其出资额事项”。这一规定是为了解决出资额转让时的股东同意与变更公司章程时的规定同意之间人数上可能存在的互有出入问题。这是因为我国台湾地区“公司法”规定，股东姓名及其出资额乃是有限公司章程的绝对记载事项，股东转让出资额势必牵动公司章程的修改，但是章程变更尚需股东全体同意。为此，虽然股权转让已经获得过半数表决权同意，但是可能发生股东以不同意修改公司章程的方法再一次阻扰其他股东转让出资的机会。该条款以拟制同意修改公司章程的方式，解决因表决人数不同而产生的难题。参见王文宇：《公司法论》，台北，元照出版有限公司2003年版，第601页；柯芳枝：《公司法论》，中国政法大学出版社2004年版，第552页。

⑮ 需要注意的是，日本公司法与我国澳门特区公司法已经放弃同意，与德国公司法一样，采取自由主义的股权转让制度，既没有所谓的股东优先购买权制度，也没有所谓的同意制度。我国《公司法(修订草案二)》也已经采取股权自由转让原则，已经删除公司或过半数其他股东同意的制度。这是妥当的。

⑯ 参见梁上上：《人合性在有限公司中的终结》，载《中国社会科学》2022年第11期。

⑰ 参见梁上上：《有限公司股权对外转让的自由与限制——以利益位阶理论为视角展开》，载《清华法学》2022年第2期；赵磊：《股东优先购买权的性质与效力——兼评〈公司法司法解释四〉第20条》，载《法学家》2021年第1期。

(一)同等条件的不确定性容易引发争议

我国《公司法》第71条第3款明确规定,其他股东以"同等条件"行使优先购买权。普遍认为,满足"同等条件"可以保护转让股东利益。但是从实际情况看,同等条件的确定较为困难,容易引发争议,并不能保护转让人利益。

1. 同等条件构成的争议

在优先购买权中,什么是同等条件?我国长期以来存在绝对同等条件说与相对同等条件说的争论。绝对同等条件说认为,优先购买权人认购的购买条件应当与第三人达成的所有交易条件都相同。⑱ 而相对同等条件说认为,优先购买权人购买的条件与第三人的购买条件大致相同即可。⑲ 我国的通说是,确定股东行使优先购买权时的同等条件标准应该采取"相对同等说",并获得司法系统的支持。我国《公司法司法解释(四)》第18条明确采取相对同等条件说,其强调在实务操作中不能僵化理解。

相较于绝对同等条件,相对同等条件似乎有利于优先购买权人实现购买权。但是,相对同等条件存在很大的不确定性,主要有:(1)如何判断相对同等条件的构成因素?《公司法司法解释(四)》第18条规定,人民法院在判断是否符合《公司法》第71条第3款及本规定所称的"同等条件"时,应当考虑转让股权的数量、价格、支付方式及期限等因素。这一规定似乎明确了同等条件的构成要素,但是究竟什么是"等因素"呢?"等因素"包括哪些因素呢?(2)从股权转让所涉及的第三人范围看,如何看待转让方近亲属在其他股东行使优先购买权时的法律地位?对此,有两种不同的观点。第一种观点认为,近亲属不属于第三人的范围,其购买股权时其他股东不能行使优先购买权。第二种观点认为,近亲属不能阻却其他股东行使优先购买权,其他股东可以直接以转让给近亲属的条件作为优先购买权的同等条件。⑳ (3)转让方与商业伙伴之间的股权转让能否给予适当优惠?一个企业的成长与发展要经过不同的阶段,每一阶段

---

⑱ 参见最高人民法院民法典贯彻实施工作领导小组主编:《中华人民共和国民法典物权编理解与适用》(上),人民法院出版社2020年版,第508页。

⑲ 参见叶林:《公司法研究》,中国人民大学出版社2008年版,第228页;王福祥:《论优先购买权》,载《法制与社会发展》1995年第2期。

⑳ 参见杜万华主编、最高人民法院民事审判第二庭编著:《最高人民法院公司法司法解释(四)理解与适用》,人民法院出版社2017年版,第409页。

都与不同的交易对象发生了许许多多的交易活动，商业关系千丝万缕，对某些特定交易对手给予一定优惠似乎天经地义。那么，此时如何判断同等条件呢？可见，相对同等条件说的缺陷在于相对同等条件的模糊性。

2. 相对同等条件判断的成本

强调同等条件的相对性，表面上似乎有利于其他股东行使优先购买权，但构成要素的模糊性可能会大幅增加纠纷。这些纠纷增加了当事人之间的成本。大量的纠纷需要在当事人之间协商解决，或者向第三人申请调解，向仲裁机构申请仲裁，向法院提起诉讼。特别是当争议方向法院提起诉讼时，这意味着该纠纷在交易双方之间已经达到无法调和的矛盾。此时，同等条件将交由法院作出判断。关于同等条件的判断，法院作为国家裁判机构，固然有权作出自己的自由判断，但可能也是作为一种解决纠纷的需要而不得不作出的判断。法院毕竟不是行业专家，可能还不如商人判断更为准确。这种判断可能不是一种科学的妥当判断，而是无奈的判断。这样，关于同等条件的诉讼将增加法院的负担，消耗大量的司法诉讼等社会成本。总之，虽然同等条件的争议可以通过法律途径加以解决，但是会增加当事人与社会的成本和负担。

（二）同等条件无法保护转让股东利益

即使转让股东与受让股东之间不存在同等条件的争议，同等条件的设置也难以充分地保护转让股东的利益。转让股东的利益要获得保护，受让方需要有“同等清偿能力”或者“同等履约能力”。

1. 非即时清结合同更在于合同清偿能力

合同可以分为合同订立与合同履行两个不同阶段。这两个阶段互相独立，分别有不同的属性与内容。合同的履行不仅是合同法律效力的主要内容，而且是整个合同法律制度的核心。[21] 无论是合同的订立、生效，还是担保、违约责任的规定，都是围绕合同履行为目的展开的。同等条件只发生于双方当事人订立合同的阶段，而履约能力强调的是合同履行阶段。如果不能得到切实的履行，对转让方而言只是空口许诺，是没有任何实际意义的。

同等清偿能力才是优先购买权行使中最为核心的问题。从合同履行的时间看，可以将其分为即时清结与非即时清结。对于即时清结的履行，只要满足同

---

[21] 参见韩世远：《合同法总论》（第4版），法律出版社2018年版，第328页。

等条件，转让方的权利就可以实现。非即时清结，意味着合同存在履行期限，可以是一定期限内的一次性履行，也可以是分期履行。对于非即时清结的股权转让，就存在如何使转让方的权利真正获得实现的问题。所以，对于转让方的利益保护，在满足同等条件的同时，更重要的是“同等履约能力”。

2. 同等清偿能力的保障

合同履约主体的变更必然导致履约能力的差异。其他股东行使优先购买权代替第三人(原合同的买受人)成为股权买卖合同中债务人，对转让方而言是履约主体的重大变更，法律需要加以特别的保护。具体分析如下。

(1)转让股东的反悔(同意)

其他股东行使优先购买权时，转让股东是否可以反悔？通常认为，转让股东能否反悔，与优先购买权的性质有关。关于优先购买权的性质，有不同的学说。[22] 第一种学说为形成权说。该学说认为，转让方与第三人成立股权转让关系时，一旦优先权人主张或者行使优先购买权，就能够使优先权人与转让方之间按照同等条件产生买卖合同关系，无须转让方同意。[23] 所以，转让股东不能反悔。第二种学说为请求权说。该学说认为，优先购买权是权利人可以请求出卖人与自己订立买卖合同的权利，若优先购买权人依同等条件声明购买的，出卖人有承诺出卖的义务。[24] 据此，转让股东可以反悔。但是，最高人民法院并没有采取这两种学说。其认为，股东优先购买权的属性并不是决定转让股东是否有权反悔股权转让的依据。[25] 其主要理由为：《公司法》第71条第2款、第3款规定的优先购买权的立法目的在于保护有限公司人合性。在转让股东撤销转让

---

[22] 关于优先购买权的性质，除形成权说与请求权说外，还存在期待权说和附条件的形成权说。期待权说认为，在某项财产出卖前，权利人不能向其他人主张任何权利，该权利能否行使、何时能够行使都是不确定的。附条件的形成权说认为，赞同优先购买权为形成权，但其进一步主张权利行使以转让方出卖标的物于第三人为条件。参见崔建远：《物权法》(第2版)，中国人民大学出版社2011年版，第234~237页；赵旭东：《股东优先购买权的性质和效力》，载《当代法学》2013年第5期；蒋大兴：《股东优先购买权行使中被忽略的价格形成机制》，载《法学》2012年第6期。

[23] 参见[德]迪特尔·梅迪库斯：《德国债法分论》，杜景林、卢谌译，法律出版社2007年版，第128页；王泽鉴：《民法学说与判例研究》(第1册)，中国政法大学出版社1998年版，第507页。

[24] 参见于午丁、王宏：《有限责任公司股东优先购买权法律性质刍议》，载《吉林省经济管理干部学院学报》2010年第1期。

[25] 参见杜万华主编、最高人民法院民事审判第二庭编著：《最高人民法院公司法司法解释(四)理解与适用》，人民法院出版社2017年版，第444页。

的场合，有限公司的人合性没有遭到不利影响。此外，在其他股东提出优先购买后，转让股东不同意与他们签订书面合同的，股权转让合同没有成立。没有书面合同，在合同都没有成立的情况下，转让股东不应该受到合同约束。[26] 为此，《公司法司法解释（四）》第20条[27]明确规定，有限责任公司的转让股东在其他股东主张优先购买后可以"反悔"转让股权。应当说，最高人民法院赋予转让股东反悔的权利，使转让股东不必强制转让该股权，转让股东的利益似乎没有损失。

转让股东对其他股东需要承担因反悔而导致的赔偿损失责任。《公司法司法解释（四）》第20条第2句明确规定，"其他股东主张转让股东赔偿其损失合理的，人民法院应当予以支持"。这里的损失主要是指其他股东相信转让股东会按照自己提出的条件履行合同，其他股东为履行自己的合同义务所做的准备而造成的损失。[28] 这里的适例是，转让股东书面通知其他股东，其拟转让自己持有的20万股股权，交易条件是在股权转让合同签订后的一个月内支付转让价款1000万元。公司的某一股东有意购买该股权，准备履行合同，其提前筹款500万元，并和贷款人签订了支付相应利息的合同。但是，转让股东后来反悔了。对于准备购买该股权的利息损失，就属于合理损失。[29] 所以，即使转让股东行使反悔权，其利益仍然不能获得有效保护。

但是笔者认为，转让股东承担赔偿责任是不妥当的。这是因为，其一，股权转让合同的受让人从第三人变更为其他股东，属于债权债务一并移转，直接涉及合同债务人履行能力的改变，转让股东有权为保护自己的利益而拒绝其他股东行使优先购买权。这是正当地行使自己的权利，不存在赔偿损失问题，除非转让股东滥用权利损害其他股东的利益。其二，从《公司法》第71条第2款、第

[26] 参见杜万华主编、最高人民法院民事审判第二庭编著：《最高人民法院公司法司法解释（四）理解与适用》，人民法院出版社2017年版，第444～445页。

[27] 《公司法司法解释（四）》第20条规定，有限责任公司的转让股东，在其他股东主张优先购买后又不同意转让股权的，对其他股东优先购买的主张，人民法院不予支持，但公司章程另有规定或者全体股东另有约定的除外。其他股东主张转让股东赔偿其损失合理的，人民法院应当予以支持。

[28] 参见杜万华主编、最高人民法院民事审判第二庭编著：《最高人民法院公司法司法解释（四）理解与适用》，人民法院出版社2017年版，第447页。

[29] 参见杜万华主编、最高人民法院民事审判第二庭编著：《最高人民法院公司法司法解释（四）理解与适用》，人民法院出版社2017年版，第447页。

3 款的立法目的看,其他股东的优先购买权主要在于维护有限公司的人合性,在转让股东撤销与第三人合同的情况下,人合性已经得到维护。如果有限公司人合性受到破坏,那么转让方赔偿的对象为公司,而不是其他股东。其三,其他股东行使优先购买权不一定能够与转让股东成立合同关系。《公司法》第 71 条第 3 款规定,两个以上股东主张行使优先购买权的,协商确定各自的购买比例;协商不成的,按照转让时各自的出资比例行使优先购买权。这意味着,股东并没有与转让股东达成协议。所以,其他股东自行作出履行合同的准备所遭受的损失,转让股东不应当承担赔偿责任。

(2)其他股东提前清偿债务或者提供担保

有学者主张优先购买权的性质属于形成权,优先购买权是公司法明确赋予其他股东的权利,转让股东不享有所谓同意或者反悔的权利。笔者认为,如果法律不赋予转让股东同意权或者反悔权,那么应该赋予其"提前清偿债务或者提供担保"的替代性救济措施。[30] 从国外的立法例看,有的国家规定当优先购买权人行使购买权时需要对转让方提前清偿债务或者提供担保。例如,《德国民法典》第 468 条第 1 款规定,在合同中允许第三人延期支付(缓期清偿)价金的,仅在先买人为允许延期支付的金额范围内提供担保时,先买人始得请求延期支付。[31] 这是因为延期付款时,优先购买权人的清偿能力具有核心意义。[32]

需要注意的是,在现行法规定下,转让方要求提前清偿债务或者提供担保不太可能获得支持。例如,在楼某君与方某荣等 8 人股权转让与优先购买权纠纷案[33]中,虽然转让股权的价款相同,但是方某荣等 8 名转让股东要求楼某君(其他股东)一次性付款,而第三人可以分期付款。最高人民法院认为,转让股东采取"内外有别"的方式提高股权转让条件,不符合《公司法》相关规定,有违诚实信用原则。相反,支持第三人转让合同的条件行使优先购买权。其实,相

---

[30] 在同意权(或反悔权)与提供担保(或提前清偿债务)之间是择一的关系,只要采取其中一种措施就可以保护债权人利益。

[31] 参见《德国民法典》(第 5 版),陈卫佐译注,法律出版社 2020 年版,第 182 页;杜景林、卢谌:《德国民法典——全条文注释》,中国政法大学出版社 2015 年版,第 345 页;《德国民法典》,台湾大学法律学院、台大法学基金会编译,北京大学出版社 2017 年版,第 405 页。

[32] 参见杜景林、卢谌:《德国民法典——全条文注释》,中国政法大学出版社 2015 年版,第 345 页。

[33] 参见最高人民法院民事判决书,(2011)民提字第 113 号。

较于“分期付款”而言，转让股东要求其他股东“一次性付清”，“一次性付清”的实质为提前清偿债务，最高人民法院的判决并不妥当。

(3)两个以上股东行使优先购买权时的连带责任

两个以上股东行使优先购买权时，转让股东利益的保护存在疏漏。我国《公司法》第71条第3款明确规定，“……两个以上股东主张行使优先购买权的，协商确定各自的购买比例；协商不成的，按照转让时各自的出资比例行使优先购买权”。这一规定协调了两个以上股东之间行使优先购买权的难题，却忽略了转让方利益的保护。两个以上股东同时行使优先购买权时，对转让股东利益的保护会增加难度与复杂性。这与受让股东的责任形式有关。当受让的其他股东为二人以上时，他们对转让股东承担的是连带责任还是按份责任？我国《公司法》并没有明确规定。根据我国《民法典》第518条第2款和第178条第3款的规定，连带责任由法律规定或者当事人约定。由此可见，如果转让合同没有明确约定，受让股东对转让方承担的是按份责任。显然，按份责任是不利于保护转让股东利益的。

（三）转让股东被诉欺诈、恶意串通的风险

1. 转让股东被强制缔约的风险。《公司法司法解释（四）》第21条第1款规定，有限公司的股东向第三人转让股权，以欺诈、恶意串通等手段，损害股东优先购买权的，其他股东可以按照同等条件购买该股权。转让股东的欺诈，主要是指转让股东告诉其他股东的转让股权的所谓的“同等条件”，不是其与第三人交易的同等条件，使其他股东因受欺诈而放弃了行使优先购买权的机会。恶意串通，是指转让股东与第三人为了达到使其他股东放弃优先购买权的目的，串通抬高转让股权的交易价格或者其他交易条件。需要注意的是，该条第1款在欺诈、恶意串通后面加了“等”字，这意味着不限于欺诈、恶意串通等手段，其他手段损害其他股东的优先购买权的，其他股东也可以按照同等条件购买该转让股权。例如，在覃某松与林某侵害股东优先购买权纠纷案[34]中，法院认为，林某与李某斌签订的股权转让合同约定的股权转让价款畸高，存在二人故意抬高股权转让价格之嫌，侵害了覃某松的股东利益，林某与李某斌之间的合

---

[34] 参见广西壮族自治区田东县人民法院民事判决书，(2011)东民二初字第402号；广西壮族自治区百色市中级人民法院民事判决书，(2012)百中民二终字第39号。

同无效。[35] 在此，其他股东享有强制缔约以优先购买的权利。

2. 转让股东承担损害赔偿责任的风险。根据《公司法司法解释（四）》第21条第2款的规定，当转让股东存在欺诈、恶意串通等手段损害其他股东的优先购买权时，其他股东如果不是因为自身原因导致无法行使优先购买权的，可以请求损害赔偿。

需要强调的是，《公司法司法解释（四）》第21条与第20条之间的关系。两者适用的场合是不同的。根据《公司法司法解释（四）》第21条第1款的规定，当转让股东存在欺诈或者恶意串通等手段时，转让股东是没有同意或者反悔的权利的。根据该条第2款的规定，转让股东还可能承担损害赔偿责任。可见，《公司法司法解释（四）》第21条与第20条互相呼应，大大压缩了转让股东行使反悔权（同意权）的空间。

（四）小结：转让股东与其他股东之间利益失衡

在股权对外转让的场合，转让股东与其他股东之间存在利益冲突。转让股东与其他股东之间，转让股东的利益不能受到损害是其与其他股东之间的最大底线。我国公司法以同等条件来保护转让股东利益的制度模式存在明显的缺陷。只要存在履行期限，表面上的同等条件难以掩盖合同清偿（履行）能力的本质不同，难以真正保护股权转让方的利益，只有同等清偿能力才能保护转让方的利益。在其他股东享有法定优先购买权的情况下，转让股东还可能陷入被诉欺诈、恶意串通等风险。总之，其他股东行使优先购买权时，转让股东的利益并不能切实地得到保护。

四、第三人在股东优先购买权中的利益衡量

在股东优先购买权的复杂利益关系网络中，第三人是重要的利益主体之一，但是第三人在我国《公司法》第71条中已经成为“失踪者”。在其他股东行使优先购买权的场合，第三人利益往往受到损害。具体分析如下。

---

[35] 参见罗福生、邓梅君：《侵害股东优先购买权的股权转让协议无效》，载《人民司法·案例》2014年第24期。

（一）优先购买权的行使与第三人的利益受损

1. 同等条件时点的确定与第三人损失的最大化

其他股东行使优先购买权的场合，什么时候为确定同等条件的时间点？有三种不同的学说。[36] 第一种学说认为，同等条件应在转让股东有出让股权的意图时就确定。第二种学说认为，同等条件应在转让股东与第三人之间达成出售标的物意向时确定。第三种学说认为，在转让股东与第三人之间的股权转让合同成立后，同等条件才能确定。从这三种学说可以看出，第一种学说的时间点最为靠前，而第三种学说所确定的时间点最为靠后。同时，前两种学说所确定的时间点是变化的时点，不易确定，而第三种学说所确定的时间点为唯一的时间点，容易确定。根据《公司法》的规定，"同等条件"的确定只能以转让股东与第三人之间的交易条件为参照，只有在转让股东与第三人之间的完整交易条件确定下来之后，其他股东的优先购买权才有行使的依据。所以，第三种学说为通说，在司法实践中得到较多的支持。例如，在丁某明等与瞿某建优先认购权纠纷案中，最高人民法院在再审判决中明确指出，股东行使优先购买权的前提是，拟转让股东与股东以外的人已经就股东转让达成合意，该合意不仅包括对外转让的意思表示，还应该包括价款、付款时间、付款方式等在内的完整对价。[37] 又如，在蔡某山等诉钟某国股权纠纷案中，江苏省南京市中级人民法院认为，未经与其他拟受让的第三人先行磋商，无法形成优先购买权行使的基础，即"同等条件"。[38] 在现行法的规定下，这样的理解与判决是没有问题的。

但是，以转让股东与第三人之间合同成立为同等条件的确定时点严重损害第三人利益，并使其损失最大化。这是因为第三人为订立股权转让合同是需要投入精力、付出成本的。在合同订立过程中，转让股东与第三人之间从双方接触之日起为订立合同需要展开多轮次的磋商，讨价还价，签订备忘录，甚至签订预约合同。根据通说，这些时点都不是同等条件的确定时点，只有转让股东与第三人之间合同成立之日才是同等条件的确定时点。从双方接触到合同正式订立是一个漫长的过程，时点越往后，转让合同双方花费的成本越大，其他股东

---

[36] 参见杜万华主编、最高人民法院民事审判第二庭编著：《最高人民法院公司法司法解释（四）理解与适用》，人民法院出版社2017年版，第403～405页。

[37] 参见最高人民法院民事判决书，(2012)民抗字第32号。

[38] 参见江苏省南京市中级人民法院民事判决书，(2014)宁商终字第610号。

行使优先购买权的时间越晚,对转让合同双方的伤害也越大。所以,通说所主张的以合同成立为确定时点给第三人造成的损失最大。

2. 行使优先购买权导致的第三人损失

第三人与转让股东之间成功签署股权转让合同,需要付出大量成本,主要为:(1)信息收集成本。在现实交易活动中,第三人为获得股权,需要寻找所需求的股权与有转让意向的股东。从最初的大范围寻找,到圈定若干有意向的股东,第三人可以自己去寻找,也可以通过中介公司去寻找。无论是自己寻找还是通过中介公司去寻找,都需要投入较大成本。(2)谈判成本。第三人找到有转让意向的股东后,需要与其展开一系列的谈判,谈判的内容涉及转让股权的数量、价格、支付方式与支付期限等。双方当事人将就合同的每一个条款进行讨论与协商。股权数量、每股价格、支付方式等任何一个条款的讨价还价都可能影响谈判的进程,有时甚至需要推倒重来,需要双方妥协,需要用智慧去解决面临的难题。谈判的过程是极为复杂的,时常需要凭借专业机构的帮助。例如,第三人可能会聘请会计师事务所就拟受让股权所在公司的财务状况进行调查,也可能聘请律师事务所就相关的法律问题进行咨询。(3)时间成本。从寻找有转让意向股东,到与转让股东之间开展谈判,再到股权转让合同的签署,需要花费大量的时间。这些时间往往在不经意的谈判中流逝,从双方接触到合同订立往往需要几个月,有时甚至需要花费几年才能订立合同。所有的这些成本,如果转让股东与第三人之间达成合同并得到履行,那么这些成本的投入都属于正常的商业风险,都是可以被合同的履行内化或者转化成企业效益的,由第三人来承担与化解是合适的。当然,由于有限公司股权转让不同于上市公司,没有成熟的交易市场,对于某一具体的股权转让合同,第三人究竟为签订合同支付多少交易成本可能难以评估。[39]

在其他股东行使优先购买权的场合,第三人的成本将显著增加。这可以分为两种情形加以分析:

---

[39] 成熟的交易市场公开透明,交易成本容易确定。证券市场为成熟市场,证券公司收取的中介费用即为交易成本。二手商品房交易市场也是成熟的市场,房屋转让合同中的交易成本也是明确的。例如,链家房地产公司的房屋转让中介服务费为房费的2.7%左右。北京价值1000万元的房屋,中介费用高达27万元。由于有限公司股权转让并不是成熟的交易市场,交易费用要远高于股票市场与房地产市场的费用。

第一种是其他股东行使优先购买权并且成功的场合。随着其他股东优先购买权的行使，第三人与转让股东之间的合同将无法履行，其为订立股权转让合同所付出的前述成本都无法在合同履行中加以消化，可谓“竹篮打水一场空”。换言之，合同原本都已经成立生效了，第三人可以期待获得相应的利益，但是其他股东突然强行介入，使该合同无法获得履行。这就是典型的“煮熟的鸭子飞走了”。相反，对于其他股东而言，却是第三人尽力地为他与转让方谈判了合同条款，还不必支付任何报酬，几乎不需要投入任何成本。这就是典型的“干等果子熟了，来摘果子”的行为。所以在这种场合，其他股东获得重大利益，而第三人血本无归，利益严重受损。

第二种是其他股东行使优先购买权但没有成功的场合。虽然第三人与转让股东之间的合同最后成功签订，但是与没有优先购买权的合同相比，付出了更多的成本。该成本主要有：(1)根据法律规定而增加的必要时间成本。根据《公司法》第 71 条第 2 款的规定，转让股东需要通知其他股东是否同意其出让股权，其他股东应当在 30 日内作出反馈。经过半数股东同意出让股权的，其他股东可以行使优先购买权。《公司法司法解释(四)》第 19 条规定，有限责任公司的股东主张优先购买转让股权的，应当在收到通知后，在公司章程规定的行使期间内提出购买请求。公司章程没有规定行使期间或者规定不明确的，以通知确定的期间为准，通知确定的期间短于 30 日或者未明确行使期间的，行使期间为 30 日。可见，存在优先购买权的场合，将至少增加 30 日以上的时间成本。(2)因当事人之间的争议而增加的不可控制的时间成本。在现实交易活动中，增加的时间远不止这些法定期限。例如，在 P 公司与 F 公司股权转让纠纷案中，P 公司与转让股东 F 公司于 2006 年 7 月 31 日签订合同后向其他股东询问是否行使优先购买权。其他股东 D 公司不同意股权转让，要行使优先购买权，并且要求对转让股权聘请有资质的评估机构进行评估。对于评估所涉及的事项，转让股东与其他股东之间多次函件往来，无法达成一致。直到 1 年后的 2007 年 7 月，P 公司无奈向法院提起诉讼。一审法院经审理，判决 P 公司与 F 公司应继续履行合同，并在判决生效之日起 20 日内履行完毕。[40] 从该案可以看出，虽然 P 公司

---

[40] 参见《P 公司与 F 公司股权转让纠纷案》，载杜万华主编、最高人民法院民事审判第二庭编著：《最高人民法院公司法司法解释(四)理解与适用》，人民法院出版社 2017 年版，第 393～394 页。

赢得了官司，但是优先购买权的行使大大增加其与转让股东履行合同的时间成本。不但会因为同等条件的争议增加时间，而且会因为纠纷诉讼所导致的履行停止而增加时间。对于"时间就是金钱"的商人而言，其增加的成本是巨大的。

（二）股权转让合同的效力与第三人的损益

在其他股东行使优先购买权的场合，第三人利益与股权转让合同的效力直接相关。转让方与第三人之间的股权转让合同的效力，主要有无效说、可撤销说与有效说。无效说认为，有限公司股东出资转让不能完全自由，需要获得其他股东的同意，此为股东转让出资的生效要件。[41] 不同意的股东享有优先购买权，其行使该权利时转让方与第三人的合同无效。有的法院采取无效说。例如，在陈某真与韩某等股权转让纠纷上诉案中，云南省曲靖市中级人民法院认为，侵害其他股东优先购买权的股权转让合同无效。[42] 可撤销说认为，股东向股权以外的第三人转让股权侵犯其他股东优先购买权的，其他股东可以行使撤销权，但该撤销权专属于其他股东，转让股东与第三人不得行使撤销权。[43] 可撤销说获得《最高人民法院关于审理外商投资企业纠纷案件若干问题的规定（一）》第 12 条的认可。[44] 有些法院支持股权转让合同为可撤销合同。例如，在王某生、鹿某评与胡某涛股权转让纠纷抗诉案中，北京市高级人民法院认为，股东对外转让股权，其他股东在同等条件下享有优先购买权。违反这一规定的合同可以被撤销。[45] 又如，在李某悦与吴某锋股权转让协议纠纷上诉案中，重庆市第五中级人民法院判决，侵害其他股东优先购买权的股权转让合同应该被撤销。[46] 有效说认为，转让方与第三人之间的合同并不因为优先购买权的存在而无效。例如，在林某姗诉林某忠、林某菁、宏憬公司与公司有关的纠纷案中，广州市中级人民法院认为，转让股东与第三人之间的合同虽然侵犯其他股东优先购买权

---

[41] 参见王文宇：《公司法论》，台北，元照出版有限公司 2003 年版，第 600 页；柯芳枝：《公司法论》，中国政法大学出版社 2004 年版，第 561 页。

[42] 参见云南省曲靖市中级人民法院民事判决书，（2016）云 03 民终 366 号。

[43] 参见叶林、刘向林、麻锦亮：《外商投资企业法发展的新动向——"外商投资企业法高端论坛"综述》，载《法律适用》2010 年第 8 期。

[44] 《最高人民法院关于审理外商投资企业纠纷案件若干问题的规定（一）》第 12 条第 1 款规定，外商投资企业一方股东将股权全部或部分转让给股东之外的第三人，其他股东以该股权转让侵害了其优先购买权为由请求撤销股权转让合同的，人民法院应予支持……

[45] 参见北京市高级人民法院民事判决书，（2012）高抗民提字第 2788 号。

[46] 参见重庆市第五中级人民法院民事判决书，（2010）渝五中法民终字第 4034 号。

但依然有效。[47] 可见，无论是公司法理论界还是实务界，关于转让方与第三人之间的股权转让合同效力都众说纷纭。

股权转让合同效力的摇摆不定导致当事人对交易结果的明确期待难以满足，直接影响市场交易的安全，给经济生活带来严重的社会利益损失。直到2017年《公司法司法解释（四）》就股东优先购买权作出规定，特别是《全国法院民商事审判工作会议纪要》（以下简称《九民纪要》）第9条对股东优先购买权作出规定后，关于股权转让合同效力的观点趋向统一，即转让合同原则有效，例外无效。具体分析如下。

1. 股权转让合同有效与第三人利益的保护

在没有其他因素影响合同效力的情况下，股权转让合同是有效的。《九民纪要》第9条就是这样规定的。这是因为：(1)转让方与第三人之间的股权转让合同是基于当事人之间的合意，只要双方意思表示一致，并且不违反法律、行政法规的强制性规定，该合同就是有效的。(2)基于合同相对性。合同效力是当事人双方之间的关系，往往不涉及当事人之外的其他人，其他人的行为不影响转让合同的效力。(3)合同生效与合同履行是互相关联但又互相独立的阶段，属于两个不同的概念。合同履行以合同生效为前提，但合同有效并不一定可以履行。《民法典》第502条第1款规定，除非法律另有规定或者当事人另有约定外，依法成立的合同自成立时生效。而合同履行是以权利变动为核心，是当事人按照合同的约定各自行使权利，履行义务。其他人的行为可能影响合同履行，但是不影响合同效力。(4)股东优先购买权的目的在于通过优先权维护公司内部的信赖关系。法律要否定的并不是转让股东与第三人之间的合同关系，而是赋予其他股东优先于第三人获取股权的权利。在司法实践中，其他股东并不在意股权转让合同的效力，其关心的是优先购买权的实现。其他股东真正在乎的是，股权转让合同的履行问题。就股权转让合同的履行而言，并不是只有撤销股权转让合同或者否定股权转让合同的效力才能达到保护其他股东优先购买权的目的。所以，转让股东与第三人之间的股权转让合同是有效的。

当股权转让合同已经生效，在其他股东行使优先购买权的场合，第三人利

---

[47] 参见广州市中级人民法院民事判决书，(2013)穗中法民二终字第488号。

益保护主要通过转让股东的违约责任来实现。《公司法司法解释(四)》第21条第3款规定,股东以外的股权受让人,因股东行使优先购买权而不能实现合同目的的,可以依法请求转让股东承担相应民事责任。这里的相应民事责任涉及责任种类较宽,但主要是指违约责任。例如,《九民纪要》第9条明确规定,其他股东行使优先购买权不影响第三人依约请求转让股东承担相应的违约责任。当事人对违约责任有约定的,应当按照约定承担违约责任。没有约定的,按照《民法典》的规定承担违约责任。根据我国《民法典》第577条的规定,当事人一方不履行合同义务或者履行合同义务不符合约定的,应当承担继续履行、采取补救措施或者赔偿损失等违约责任。由于其他股东的优先购买权是基于公司法的明确规定而行使的,转让股东不可能继续履行合同,只能采取补救措施或者赔偿损失。根据《民法典》第583条的规定,当事人一方采取补救措施后,对方还有其他损失的,应当赔偿损失。关于赔偿损失的范围,《民法典》第584条规定,当事人一方不履行合同义务,造成对方损失的,损失赔偿额应当相当于因违约所造成的损失,包括合同履行后可以获得的利益;但是,不得超过违约一方订立合同时预见到或者应当预见到的因违约可能造成的损失。

2. 股权转让合同无效与第三人利益的保护

转让股东与第三人之间恶意串通损害其他股东的优先购买权时,该合同为无效合同。这是因为《民法典》第154条明确规定,行为人与相对人恶意串通,损害他人合法权益的民事法律行为无效。同时,《公司法司法解释(四)》第21条第1款规定,有限责任公司股东向第三人转让股权,以欺诈、恶意串通等手段损害其他股东优先购买权的,其他股东主张按照同等条件购买该转让股权的,应当获得法院的支持。[48] 从这两个条款可以看出,如果转让股东与第三人之间恶意串通损害其他股东行使优先购买权的,他们之间的合同是无效的。对于合同无效的法律后果,根据《民法典》第157条的规定,分为返还财产、折价补偿与

---

[48] 《公司法司法解释(四)》第21条第1款规定,有限责任公司的股东向股东以外的人转让股权,未就其股权转让事项征求其他股东意见,或者以欺诈、恶意串通等手段,损害其他股东优先购买权,其他股东主张按照同等条件购买该转让股权的,人民法院应当予以支持,但其他股东自知道或者应当知道行使优先购买权的同等条件之日起30日内没有主张,或者自股权变更登记之日起超过1年的除外。该条款涉及两种情形,即欺诈与恶意串通。就欺诈而言,大多发生于转让股东一方,发生于第三人一方的情况较少。所以,本文只讨论恶意串通的情形。

赔偿损失。就第三人而言，因股权转让合同无效的法律后果主要是返还已经取得的股权。股权转让合同无效为自始、确定、当然的无效，如果第三人已经根据无效合同取得股权，则其取得股权的基础已经丧失，第三人必须返还股权。此外，第三人如有过错，还应当承担相应的责任。

3. 股权转让合同的附条件与第三人利益的保护

股权转让双方可以将股权转让设定为附条件的合同。[49] 股权转让双方为控制合同生效带来的风险，有两种不同的路径可供选择。其一，将股权转让合同设定为附生效条件的合同，将其他股东不行使优先购买权作为合同生效的条件。如果其他股东行使优先购买权，则该合同不生效。其二，将转让合同设定为附解除条件的合同，将其他股东行使优先购买权作为合同解除的合同。该合同原为有效合同，但当其他股东行使优先购买权时，该合同变为无效。例如，《德国民法典》第465条就是这样规定的。该做法既维持了先买权的法律效力，又妥当照顾了转让人的利益，可谓两全其美。[50] 其实，在这两种场合，虽然当事人不需要承担违约责任，但是双方已经为订立合同付出了大量的成本。

需要注意的是，在其他股东行使优先购买权的场合，虽然转让股东与第三人之间的合同有效，但是第三人获得违约责任的救济并不能完全弥补其损失。一方面，第三人作为合同的签订者，其真正目的是获取股权，违约责任并不是其所期待的，仅是一种救济方式。另一方面，第三人从签订合同到获得违约救济的全过程中，需要付出大量的时间、精力与财力，所获得违约金数量往往难以弥补其付出的代价。此外，无论股权转让合同的效力为有效、无效还是附条件生效，第三人所获得的违约救济或者赔偿救济都是转让股东支付的，是在股权转让合同之间责任的内部循环。这与行使优先购买权的其他股东没有关系，其他股东无须为合同有效或者无效承担责任，没有遭受任何损失。这对善意的第三人是不公平的。

（三）第三人承担侵权责任的风险

第三人承担损害赔偿责任的风险因优先购买权而增加。根据《公司法司法

---

[49] 关于股权转让合同效力的学说，还存在附法定生效条件说。采取附法定生效条件说的学者较少，该学说不是主流学说。这里讨论的是股权转让合同双方通过自我设定方式来规范合同效力。

[50] 参见常鹏翱：《论优先购买权的法律效力》，载《中外法学》2014年第2期。

解释(四)》第21条第2款的规定,在转让股东与第三人以恶意串通等方式[51]损害其他股东优先购买权的场合,其他股东非因自身原因导致无法行使优先购买权的,可以向转让股东与第三人请求损害赔偿。这种赔偿责任属于侵权责任。[52]此时,其他股东通常已经无法通过确认股权转让合同无效等合同法上的救济途径,但可以借助侵权法上的救济。《民法典》第1168条明确规定,二人以上共同实施侵权行为,造成他人损害的,应当承担连带责任。有人认为目标公司也有可能成为共同侵权人。[53] 可见,优先购买权的强制性介入制度增加了第三人的交易成本。

总之,在其他股东行使优先购买权的场合,第三人应有一席之地。但是,第三人利益被忽视了,没有得到应有的尊重与保护,需要加以修正。

五、股东优先购买权的制度设计:从法定到约定

股东优先购买权与有限公司人合性利益没有必然联系,我国公司法设置股东优先购买权制度的立法目的已经落空。股东优先购买权应该重新定位,回归到为股东自身利益的定位,对优先购买权进行重新设计。

(一)股东优先购买权的重构

股东优先购买权究竟采取什么样的法律规制方式?有两种规制方式可以选择,一种是法律的强制性介入方式,另一种是当事人自主约定方式。哪种方式更优?具体分析如下。

1. 废除法定的股东优先购买权:基于两种场景的比较

从前文的分析看,在本文所称的第一种场景(现行法规定法定股东优先购买权的场景)中,股东优先购买权难以实现维护有限公司人合性的目的,不仅不能充分保护转让股东利益,而且导致转让股东、其他股东与第三人之间利益严

---

[51] 参见《公司法司法解释(四)》第21条规定的欺诈方式,通常对第三人不适用。

[52] 参见最高人民法院民法典贯彻实施工作领导小组主编:《中华人民共和国民法典合同编理解与适用》(三),人民法院出版社2020年版,第1568页。

[53] 参见李建伟:《有限公司股东优先购买权侵害救济研究——兼评〈九民纪要〉的相关裁判规则》,载《社会科学研究》2020年第4期。

重失衡。在第二种场景（假设不存在法定股东优先购买权）中，由于不存在法定的股东优先购买权，其他股东无法强行介入转让股东与第三人之间的股权交易。该交易由转让方与第三人自主决定，自愿承担风险。这种制度安排，可以避免因法律强行介入而产生的其他股东与转让股东、第三人、公司之间的利益失衡。

随着其他股东行使优先购买权的介入，其他股东与转让股东、第三人之间的纠纷将明显增加，导致通过法律解决纠纷的成本显著增加（与假设不存在法定优先购买权的场景相比）。这些纠纷涉及优先购买权同等条件的确定、行使优先购买权的期间、转让股东反悔权、受让人损害赔偿请求权等各种不同的类型。解决纠纷的方式是多种多样的，既可以当事人协商解决，又可以申请第三方调解，还可以通过仲裁或者诉讼解决。无论哪种方式，都会发生成本。例如，在复星商业与SOHO中国股权纠纷案中，上海市第一中级人民法院作出一审判决，认定SOHO中国与证大房地产、绿城公司之间的股权收购交易意图规避复星商业在项目公司海之门有限公司中的优先购买权，以"合法形式掩盖非法目的"，应当无效。[54] 该案涉及标的金额40亿元人民币，被称为"史上最大股权纠纷案"。这一案件中，双方当事人都聘请律师投入大量精力与财力来打官司。相反，在第二种场景中，如果法律不规定强制性的股东优先购买权，那么双方当事人之间就不存在所谓的优先购买权纠纷，就不会存在多方不同当事人为解决纠纷投入大量成本。

从上述利益衡量中可以看出，其他股东行使优先购买权损害了转让股东与第三人利益，甚至可能损害公司利益，但是无须支付报酬或者承担责任。这是一种典型的具有"负外部性"的行为。当存在外部性时，社会对市场结果的关注要扩大到参与市场的买方与卖方的福利之外，包括哪些间接受到影响的其他人的福利。由于买方与卖方在决定其需求量或者供给量时忽略了他们行为的外部性，因此当存在外部性时，市场均衡并不总是有效率的，均衡并没有实现整体社会总利益的最大化。[55] 可见，强制性的股东优先购买权的设置并不符合经济

---

[54] 参见潘静波、周凯：《上海外滩"地王"案宣判》，载《中国青年报》2013年4月25日，第6版。

[55] 参见［美］N.格里高列·曼昆：《经济学原理——宏观经济学分册》（第8版），梁小民、梁砾译，北京大学出版社2020年版，第203页。

学原理。所以,彻底废除法定的股权优先购买权更为可取。

2. 引入约定的股东优先购买权

公司或者股东可以通过约定的方式设置股东优先购买权。如果公司认为股权对外转让会影响有限公司的人合性,可以通过公司章程对股权转让加以限制。如果其他股东愿意购买转让股权,也可以通过合同方式预先加以约定。例如,美国《示范商事公司法》就是以约定方式来规范股东优先购买权的。[56] 美国《特拉华州普通公司法》也是这样规定的。[57] 与法定优先购买权相比,约定优先购买权的基本特点:(1)是否需要设置优先购买权由当事人自主决定。基于意思自治原则,当事人在交易上认为有必要时,可以通过约定设立优先购买权。[58] 法定优先购买权是法律的强制性介入,可能并不符合当事人的需求。(2)如何设置优先购买权由当事人自主决定。当事人之间可以对股权转让合同的价格、履行期间、支付方式、违约责任等进行全面的自主约定。相反,法定优先购买权强行规定以第三人的条件为基础建立合同关系。从某种意义上讲,这严重侵害了第三人利益。应当说,市场主体的交易自主权是营业自由的具体体现。营业自由是一切采取市场经济体制的国家实行的原则,并且由宪法和法律所确认。[59] 约定优先购买权尊重股权转让各方的意思自治与经营自由,是股东优先购买权的发展方向。

(二)对《公司法(修订草案二)》股东优先购买权的评析

我国《公司法(修订草案二)》第84条对有限公司股东优先购买权作出了修订。与《公司法》第71条第3款相比,主要修订为:(1)明确转让股东的通知义务。《公司法(修订草案二)》第84条第2款第1句规定,股东向股东以外的人转让股权的,书面通知其他股东,其他股东在同等条件下有优先购买权。(2)增设其他股东行使优先购买权的期限。该款第2句规定,股东自接到书面通知之日起30日内未答复的,视为放弃优先购买权。从整体上看,在继续保留股东的

---

[56] See Model Business Corporation Act § 6.27 (d).

[57] See Delaware General Corporation Law § 202 (c).

[58] 参见郑玉波:《论先买权》,载郑玉波:《民商法问题研究(一)》,台北,三民书局1983年版,第415页;王泽鉴:《优先承买权之法律性质》,载王泽鉴:《民法学说与判例研究》(第1册),中国政法大学出版社1998年版,第505页。

[59] 参见王保树:《商法总论》,清华大学出版社2007年版,第195页。

法定优先购买权的前提下，进一步细化规则有利于明确各自的权利义务。但是，这种小修小补难以彻底解决问题，需要推倒重新设计。换言之，股东的法定优先购买权不利于股权对外转让的制度利益，不利于社会公共利益，应该将其彻底废除，以约定的优先购买权代替它。

六、结语

时至今日，法定的股东优先购买权只存在于我国大陆与我国台湾地区，市场经济发达国家或地区已经没有法定的股东优先购买权制度。

股东行使优先购买权时，转让股东、其他股东、公司与第三人构成复杂利益网络，需要引入利益衡量方法对所涉及主体的具体利益进行衡量。就其他股东与公司的利益关系而言，他们之间的利益存在区别，并不完全重合。其他股东行使优先购买权的目的在于实现自身利益，不在于维护有限公司的人合性。就转让股东与其他股东的利益关系而言，《公司法》第71条第3款试图以同等条件来保护转让股东的利益，但是同等条件的构成本身存在争议。在非即时清结的场合，同等条件将不可避免地损害转让股东的利益，需要以同等清偿能力（或同等履行能力）代替同等条件，采用提前清偿债务或者提供担保等方式保护转让股东利益。就第三人与其他股东的利益关系而言，第三人是复杂利益网络中的“失踪者”。其他股东行使优先购买权，将直接造成第三人与转让股东之间的合同难以履行，使合同目的落空，其他股东似乎成为“劫掠者”。就转让股东与第三人的利益关系而言，转让股东与第三人之间的转让合同通常是有效的，但恶意串通的转让合同是无效的。第三人基于有效的转让合同可以获得违约救济，但是其获取股权的合同目的难以实现。相应地，转让股东为此需要承担违约责任，为其他股东行使优先购买权付出惨重代价。当转让合同因恶意串通无效时，转让股东与第三人需要承担因侵害其他股东优先购买权的侵权责任。在股东行使优先购买权的复杂利益网络中，为实现其他股东的利益，损害了转让股东、第三人与公司利益，还制造了大量纠纷，产生了解决各种纠纷的成本，产生了严重的负外部性，造成了社会公共利益的重大损害。股东优先购买权应该从强制性的法定主义走向当事人约定主义。

《公司法(修订草案二)》明确了转让股东的通知义务,增加了其他股东的行使期限,这是对法定主义的股东优先购买权的小幅度修补。但是,这种修补没有顺应优先购买权从法定主义走向约定主义的基本规律。我国公司法应当彻底废除法定式优先购买权以消除其制度成本,允许公司或者股东基于当事人意思自治原则引入约定式优先购买权。

上市公司股东表决权委托及其规制

燕道德*

目　次

摘　要　表决权委托在证券市场的运用已日益广泛，且逐渐成为上市公司控制权交易的主要方式之一。就其定性而言，表决权委托虽名为委托，但实际上构成了表决权转让。固然委托合同并不因规避法律而无效，但协议本身的脆弱性也容易造成上市公司控制权的不稳定；而作为"两权分离"实践的产物，对其代理成本的分析却不能一概而论；在证券监管层面，目前监管机构对这一新型交易模式态度并不明确，故对其规制也并没有形成相对完备的规则。基于此，本文从维持上市公司控制权稳定、降低代理成本及维护公司和中小股东利益等角度出发提出建议，主张原则上承认不可撤销条款之效力，合理分配委托

* 燕道德，法律硕士，现供职于易方达基金管理有限公司。

方与受托方的责任义务,同时禁止规避限售等监管规定,确定合理委托期限。在此基础上,强化信息披露规则并完善权益变动规定,限制股东通过表决权放弃对要约减持义务的规避。

关键词 表决权委托 “两权分离” 控制权变动 规避监管

一、问题的提出

在金融实践不断创新发展的背景下,股东权利安排日益呈现出多样化的态势,而表决权委托正是这一趋势下的典型产物,利用这一新型方式实现控制权的转让有成本低廉、简易便捷的巨大优势,因此自 2015 年出现以来它就迅速为证券市场各主体所接受。从 2015 年 1 月 1 日到 2022 年 12 月 31 日,京沪深三市 A 股共有 619 条有关表决权委托的公告,近一年也有 102 条关于表决权委托的公告,[①]这足以说明表决权委托在实践中日益受到上市公司股东的青睐。不过表决权委托协议的合同属性本质上就带有脆弱性,且不可撤销条款的效力在实践中仍然存有争议,因此,利用这种方式所达成的表决权安排也容易引起上市公司控制权的不稳定。除此之外,表决权委托也带来了其他的潜在风险,如规避证券法律监管,规避实际控制人的认定,产生高昂代理成本,肆意委托或解除扰乱证券市场正常秩序等,这些都给证券市场的健康发展带来了不利影响。

而目前学界关于表决权委托的研究大致可以分为两个阶段,前一阶段的表决权委托主要限于传统的委托代理、股东表决权征集等,这一阶段的研究比较深入成熟,各方面的著作论述较多。但早期学者的普遍观点认为,表决权委托基本等同于代理投票,并未对其赋予新的内涵,通过查找上市公司的公告也发现,新型表决权委托相关的公告是从 2016 年开始才增多,证明这种新型委托开始被广泛运用有其特殊的时代背景。后一阶段的表决权委托与传统的委托代理有着明显不同,作为市场实践创新的产物,其有着“不可撤销”、“全权委托”、

① 数据统计来源:巨潮资讯网官网(截至 2022 年 12 月 31 日),http://www.cninfo.com.cn/new/index。

允许"按照受托人意志"自由行使表决权等典型特征，且通常具有较长的委托期限，这种新型表决权委托也是本文讨论的重点。但我国学术界目前对于新型表决权委托是否适用传统委托代理关系及其合法性仍然存在一定的争议，且在监管思路上，不同的学者也各有侧重，主要从是否纳入一致行动人、发布示范协议指引及加强信息披露等方面提出相关建议。

鉴于目前学界对这种新型表决权委托的研究较少，而这种表决权委托涉及民法、公司法及证券法等多种法律的交叉领域，因此从多学科的视角入手有助于构建对这一制度更完整的认知。此外，监管机构对于新型表决权委托的规制尚处于零散、个案处理的状态，并未形成比较完善统一的监管标准，比如，证券监管机构发现表决权委托有规避监管的嫌疑，往往通过及时发函的方式要求上市公司对表决权委托的事项进行说明，此举虽能进行有针对性的处理，但往往效率低下、威慑力不足，并非长久之计。因此本文将在原有理论研究基础上，重点探讨这种新型表决权委托的合法性问题，同时在借鉴域外法律法规和现有监管措施的基础上，提出更加切实有效的规制建议。

二、上市公司表决权委托的实证分析

（一）上市公司表决权委托现状

本文以"表决权委托""投票权委托"等为关键词，在巨潮资讯网站深沪京信息披露公告页进行搜索，截至2022年12月31日，共检索到619条相关公告（含深沪京A股主板、中小板、创业板、北交所数据，不含新三板数据），涉及296家上市公司。通过筛选同一上市公司的委托公告、相同委托的不同进程、律师事务所就表决权委托的专项意见、交易所问询函的回复公告等，共存在372项表决权委托。②

② 统计时采取宽口径，对于同一主体多次委托给不同受托方（多次交易中），不同主体分别委托给同一受托方（不在同一次交易中集中委托）等情况单独统计，同时对于到期续签、变更重要条款内容等，若属于较长时间间隔也单独列入，但对于到期解除或终止委托、短期补充更正（较短时间间隔）等不单独统计。

从数量上来看，表决权委托数量自 2015 年以来不断增长，[③]在 2020 年达到峰值，虽然总体数量在 2021～2022 年有所下降，但仍然保持在较高水平（见图 1），可以看出表决权委托在证券市场的运用已经非常广泛。

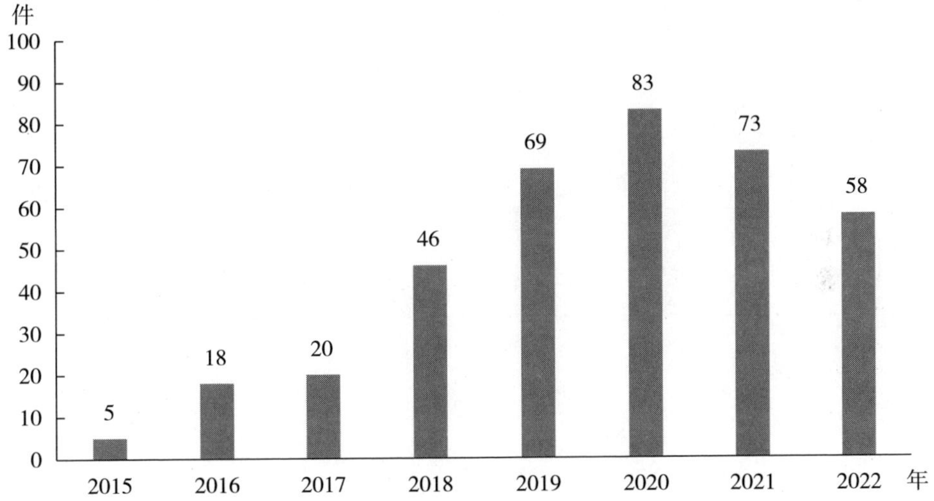

图 1　表决权委托案例逐年分布情况

另外，表决权委托目前已经成为上市公司控制权交易的主要方式之一。一般来说，收购上市公司的传统交易方式主要包括协议收购、要约收购、间接收购、定向增发、大宗交易等，但上市公司股东股权转让往往受到的限制比较多，如股份常常处于限售、冻结或质押等状态，股权转让难以一次性达成目的，此外控制权交易中股权转让价款涉及的金额也比较高昂，因此，不管是为了提前锁定股权，担保后续股份顺利交割，还是为了降低收购成本，均促使表决权委托成为上市公司收购交易中的常用工具。从实证考察来看，在笔者统计的 2022 年 A 股上市公司 113 例控制权变更案例中，[④]上市公司控制权交易方式虽然仍以协议转让为主，但表决权委托的使用已经非常频繁，其频率已经明显高于认购非

③　巨潮资讯网上有关表决权委托的案例，公开可检索到的最早为 2015 年，鉴于早期表决权委托存在一定隐蔽性，且没有强制披露规则，故不排除此前存在相关案例，但总体来看 2015 年及以前相关案例较少，自 2016 年自减持新规等规则出台以后才逐渐增长。

④　数据来源 Wind 金融终端，统计方式以各家发布的控制权变更公告为准。

公开发行股票、一致行动协议等方式（见图2）。⑤ 当然，表决权委托在商业实践中更多的是与协议转让、非公开发行等方式组合使用，其主要目的还是作为后续股权转让的担保，为公司控制权的顺利交接提供一个过渡期。

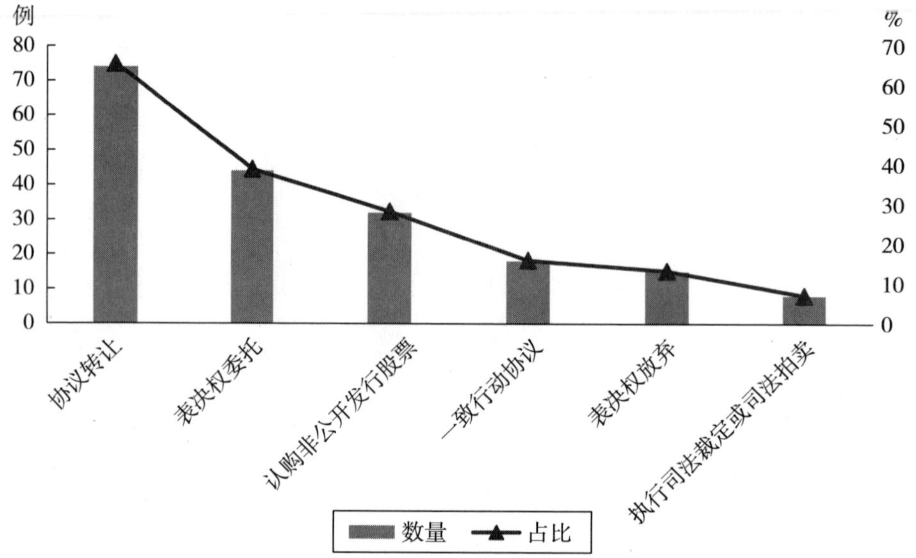

图2　2022年A股上市公司控制权变更方式统计

（二）上市公司表决权委托的主要特征

如前所述，目前市场盛行的表决权委托与传统的表决权委托存在很大的不同，这一点在条款设置上就体现得尤为明显。笔者通过分析2022年1月1日至2022年12月31日深沪京上市公司发生的58例表决权委托案例及相关协议，可以发现其条款主要有以下几个典型特征。

1.“不可撤销”与受托人意志

首先，“不可撤销”条款在目前的表决权委托中几乎成为不可或缺的条款，在笔者统计的2022年表决权委托案例中，几乎所有的委托都明确约定委托方将其表决权在“委托期限内唯一、排他且不可撤销地”全部委托给受托方行使，并且在后续的条款中也会多次强调“未经受托方同意，委托方不得单方面撤销或

⑤　注：2022年A股上市公司控制权变更方式比较复杂，多以两种及以上的组合交易方式为主，在此仅统计每一种方式的单独频率而非组合方式的使用频率。

者解除表决权委托”，由此来保证委托的稳定性。此外，在协议中也经常规定受托方可以按照自己的意志来决定表决权的行使，甚至为保证受托方行使表决权的顺利，直接在委托协议中排除了委托方行使表决权的可能性，如在盛讯达(300518)的相关委托案例中，协议直接约定委托方不得再就目标股份行使委托权利，无论是委托方亲自出席股东大会并自行投票，还是另外委托第三方或者通过网络线上的方式进行投票，其投票行为及结果都是无效的，最终股东大会认可的表决及投票结果只能以受托方的为准。⑥

2. 委托范围概括性

在委托范围方面，虽然目前表决权委托的核心标的是表决权，但实际上往往包含了其他一系列非财产性权利，以中来股份(300393)表决权委托案例为例，其中约定受托方可以行使的权利包括但不限于股东大会召集请求权、提名权、提案选举权、对公司各决议事项的表决权，以及其他除财产性权利以外的所有股东权利，如知情权、监督建议权等。从中可以看出，新型表决权委托所包含的权利范围已经远远超出了传统“代理投票制度”的范畴，其委托的或者说转让的已经是完整的股东管理权(非财产性)，而非对特定事项的单次表决权，原委托股东手中还保有的只是有限的收益权和处分权(质押、转让)等权利。

3. 委托期限长期化和复杂化

就目前的表决权委托来说，协议中约定的期限主要包含三种情况：一是明确约定了固定期限，如 18 个月、2 年、3 年等，但是这种约定明确期限的情况大多较长，在 2022 年 58 例表决权委托案例中，有 42 例约定了明确的期限(其中 40 例约定的期限在 1 年及以上，仅有 2 例在 6 个月及以内)，期限长达 2 年以上的多达 34 例，占比高达 59%；二是未明确约定期限，这种情况多发生在配合股权转让、纾困重整等情况下，如常见的条款会约定表决权委托期限至股份完成过户之日/定向增发完成之日/至委托方不再持有上市公司股份之日等；三是固定期限与其他方式相结合的情况，在这种情况下，委托期限安排更为复杂，一般委托协议中会给出固定的期限兜底，在此基础之上会给出提前终止的条件，如果

---

⑥ 参见盛讯达:《关于控股股东签署〈股份转让协议〉、控股股东及其一致行动人签署〈表决权委托协议〉暨控制权拟发生变更和权益变动的提示性公告》，载巨潮资讯网，http://www.cninfo.com.cn/new/disclosure/detail?stockCode=300518&announcementId=1214233985&orgId=9900023060&announcementTime=2022-08-05。

条件达成则协议提前终止。总之，表决权委托的期限总体上呈现长期化和复杂化的特点，组合期限的广泛运用也更加凸显表决权委托的过渡性色彩。

4. 权利与责任归属的分离化

在目前多数的表决权委托当中，对行使表决权以后的责任承担较少有明确约定，从部分约定责任义务归属的案例来看，行使表决权的后续责任与义务仍然归于委托方承担。比如，在岭南股份（002717）的表决权委托案例中，协议中明确约定，“在任何情况下，乙方（受托方）不会因其行使本协议项下委托权利而被要求对其他方或任何第三方，承担任何责任或作出任何经济上的或其他方面的补偿”⑦。这种情况下，表决权委托中权利的行使与责任义务的履行已经实现了完全的分离，在传统的委托代理关系中，因为受托人是为了委托人的利益而进行代理行为，其责任归属于委托人自然无可争议，但目前这种新型表决权委托下，委托完全是受托人基于自身利益与委托人达成的商业交易，受托人仍然不需要就表决权的行使承担任何责任，则其本质上是不合理的，受托人难以受到有效约束，进而容易对公司利益造成损害。

（三）上市公司表决权委托的主要目的

如前所述，新型表决权的出现主要源于商业实践，但实践中各主体的应用场景不尽相同，从委托协议签订时是否持有上市公司股份为节点区分内部股东⑧和外部股东来看，不同股东之间的表决权委托目的有明显的区别。

1. 内部股东之间：以加强控制权和改善公司治理为主

从搜集的上市公司案例来看，当委托发生在公司内部股东之间时，其目的以加强公司控制权为主，尤其是当上市公司实际控制人因离婚、继承或其他原因造成控制权不稳定时，通过内部股东之间的表决权委托来加强控制权就成为非常经济便捷的方式。比如，在凤形股份（002760）的表决权委托案例中，公司原实控人的几个继承人为了维护上市公司控制权稳定，在继承分割股份前一致

⑦ 岭南股份：《关于控股股东签署股份转让协议、表决权委托协议暨控制权拟发生变更的提示性公告》，载巨潮资讯网，http://www.cninfo.com.cn/new/disclosure/detail? stockCode = 002717&announcementId = 1214636840&orgId = 9900023171&announcementTime = 2022 - 09 - 21。

⑧ 注：内部股东也包含属于同一实控人的不同主体，同时，因表决权委托往往伴随其他关联交易，通过先转让后委托、同时转让并委托等方式提前持有公司股份的股东，并不列入内部股东范围之内。

决定将股份集中委托于一个继承人，从而避免出现权属不明的状态；而在信捷电气(603416)的表决权委托案例中，公司实控人因离婚的原因持股股权由36.92%下降到23.10%，为避免离婚股份分割对公司控制权造成影响，实控人与另一股东签署了表决权委托协议，以维持自身实控人的地位。除此之外，也存在先对外协议转让股份引入战略股东，再通过内部表决权委托加强控制权的案例，如在欧比特(300053)的表决权委托案例中即是如此。总之，内部股东之间的表决权委托多以集中上市公司控制权为主，当然也有便于公司经营管理集中投票权的情况，但是这些表决权委托在效果上其实与一致行动协议很类似，从某种意义上来说就相当于强化版本的一致行动协议，主要区别在于表决权委托将原本需要股东内部讨论决策才能形成的统一决定直接以概括委托条款的形式固定了下来。[⑨] 除加强控制权之外，也存在其他如财务并表、国有股份划转等特殊原因进行表决权委托的情况，如在牧原股份(002714)、蓝科高新(601798)等表决权委托案例中就有体现。总体来说，以上几类表决权委托都属于上市公司内部的治理问题，并未导致上市公司的实控人发生变更，这种情况下表决权委托更多的是作为完善公司治理的工具，并无规避监管规定的嫌疑。

2. 内部与外部股东之间：以规避监管限制获取控制权为主

不同于内部股东之间集中控制权的目的，当表决权委托发生在内部股东与外部股东或外部第三方[⑩]之间的时候，多数包含转移上市公司控制权的目的，不管是为了帮助上市公司重整纾困暂时获取控制权，还是为了实现公司战略发展需要长期获取控制权。当然这其中也存在部分不谋取控制权，而是为了实现经营托管或担保债务履行的情形，但是之所以没有采取传统的交易方式而采取表决权委托，确实是因为存在多方面的阻碍。

其一，规避限售、质押、冻结造成的转让限制。在我国，上市公司股东、董监高等群体的股权转让有着严格的限制，其主要目的是避免大股东肆意套现损害公司和其他股东利益，扰乱证券市场秩序。比如，我国《公司法》《上市公司收购管理办法》《上市公司重大资产重组管理办法》《上市公司股东、董监高减持股份

⑨ 参见蒋学跃：《上市公司表决权委托问题研究》，载《证券市场导报》2018年第5期。

⑩ 外部股东或外部第三方，是相对原本公司内部股东而言，是指在表决权委托相关交易之前并未持有上市公司任何股份的受托人，但通过表决权委托及系列相关交易之后，会持有一定数量公司股票进而成为上市公司股东(当然也可能从始至终均未持有公司股票，但通过委托拥有一定表决权)。

的若干规定》等文件均对上市公司股东、董监高取得及减持股份作出了限制性规定，明确了首次公开发行或定向增发取得股票的锁定期，同时规定了董监高每年减持的比例等。由于锁定期和减持规则的存在，上市公司股东、董监高只能就无限售股进行转让，而通过表决权委托则可以在不转让股份的前提下达成转让控制权的目的，同时可以帮助受让股东提前锁定股份，以确保后续股份的顺利让渡。此外，司法冻结和股权质押等权利限制也是上市公司股东普遍存在的现象，在笔者统计的 2022 年的表决权委托案例中，委托表决权的股份大多数存在质押或冻结情况，质押状态会导致股权转让存在阻碍，同样冻结也会导致股权交易无法办理登记过户，在这种情况下表决权委托就成为一种常用的过渡方式。但是如此规避上述限制明显违背监管的初衷，故在很多情况下监管机构也会就相应的委托进行问询。

其二，规避要约义务履行和重组上市规定。根据《上市公司收购管理办法》的相关规定，收购目标上市公司股份超 30% 的比例时，收购人就需要向全体股东发出全面或部分要约，这一方面是为了避免控制权转让产生的溢价分配不平等，另一方面是给予其他股东退出公司的机会。也就是说，通过传统方式收购上市公司的时候很容易触发全面要约义务，但通过表决权委托则在一定程度上可以避免，如市场上通常利用"协议转让 + 表决权委托"的方式将不超过 30% 的股份表决权转让给受托方，如果未受到监管机构的问询则顺利完成转让；如果容易被监管机构认定为"一致行动人"，则通过在前述方式的基础上叠加"表决权放弃"的操作，先转让部分表决权，然后委托方放弃部分表决权的方式控制比例，从而避免因构成"一致行动人"触发全面要约义务。除此之外，在现有证券监管体制之下，控制权发生变更成为实践中判定构成重组上市的重要依据之一，而借用表决权委托可以规避实际控制人的认定，从而避免重组上市的严格审核与监管。比如，现实中有部分公司为达到公司控制权不变的目的，会主动将表决权委托给原实控人，甚至会结合表决权放弃的方式，如在王子新材（002735）、全新好（000007）的收购案中就存在这种情况，但是这种规避重组上市的做法容易受到监管机构的问询，故成功的例子并不多见。

三、上市公司表决权委托性质之界定

（一）表决权委托的法律依据

市场上存在的表决权委托到底是否属于传统的委托代理范畴，目前理论界和司法界并没有形成一个统一的认识。不过梳理相关上市公司委托律师事务所发布的“法律意见书”来看，多数援引《公司法》第106条、《上市公司股东大会规则》第20条、《上市公司章程指引》第60条等，得出上市公司股东可以委托代理人出席会议并投票的结论。但这些法律法规能否成为表决权委托的合法性依据？可能有待商榷，因为这些法律法规所表述的内容乃是有关公司法上关于股份有限公司的“代理投票制度”，其立法本意是便利股东行使其表决权，同时是为了保证在股份高度分散情况下满足法定最低人数的要求。比如，在《中华人民共和国公司法释义》中已有明确说明，只有当股东是因为交通、健康等特殊原因不方便亲自参加股东大会时，才允许股东委托其他人代理出席并行使表决权，并且要求代理人应当在原股东的授权范围内行使相关表决权，超出授权范围的投票将作无效处理。[11] 由此可见，本文所论述的新型表决权委托与公司法上的代理投票制度存在很大的区别。从域外视角来看，大陆法系的国家虽然基本上承认表决权委托的存在，但也主要局限于代理投票的范畴，如《德国股份公司法》第134条、《日本公司法典》第310条均明确规定股东可以委托他人代理行使投票权，同时对期限、授权有着明确的限制，并且委托方原则上是可以随时提前撤销委托的。这一点与我国现行《公司法》的规定基本一致，但仍难以解决新型表决权委托所带来的一些潜在问题。

至于是否应当将表决权委托纳入传统委托代理范畴，则需要回归代理的基本定义来看。依照委托代理的基本规则，代理应当是代理人在代理权限范围内，以本人（被代理人）名义与第三人实施民事行为，其法律效果由本人直接承受的行为。[12] 但从代理的基本特征来分析，目前市场上的表决权委托与传统表

---

⑪ 参见安建主编：《中华人民共和国公司法释义》，法律出版社2013年版，第173页。

⑫ 参见王泽鉴：《民法总则》，北京大学出版社2009年版，第413页。

决权代理有很大的不同。

首先，权利行使主体法律地位不同。在我国民法上，民事主体可以通过代理实施民事法律行为，但必须充分遵循被代理人的意志，具体到公司法上的“代理投票”制度，体现为股东可以委托他人代理行使表决权，不过这种代理应是被代理股东意志的延伸。但通过前述统计的案例发现，多数上市公司表决权委托协议中特别约定，受托人可以不经委托人的同意，完全按照自己的意志进行投票，也就是说，受托人有自主决定权，不再是委托人意志的单纯执行者。这其实从本质上就违反了委托代理制度的理论基础，违背了我国民法及公司法设置相关制度的初衷和本意。其次，解除限制的不同。传统民法意义上，委托代理是建立在代理双方的信任基础之上的，委托人基于对受托人的信赖从而授权其处理相关事务，当信赖基础不存在时，自然也允许委托方为自身利益单方解除委托合同，这一点体现在法条上就是《民法典》第933条规定的任意解除权。但目前通过梳理表决权委托相关案例来看，几乎所有的委托协议都规定了“委托方不可撤销地授权受托方作为唯一的、排他的代理人”，这种“不可撤销”的约定实质上是排除了传统委托代理的“任意解除权”制度。最后，存续的期限不同。传统的表决权代理制度下，股东因各种客观原因不能及时出席股东会议，一般会逐次授予表决权，这种表决权代理往往具有短期性、临时性。但是通过分析表决权委托案例中协议条款可知，这种委托通常具有长期性，如约定一年及以上，或特定事项、交易完成前为止，由此可知，此时委托的主要目的已经不再是促进股东大会的顺利进行，而是借委托掩盖真实的股权交易目的。因此，从以上几个方面可以看出，虽然这两种制度表面上很相似，但表决权委托实质上已经超出了委托代理的基本范畴，将其局限于委托代理范畴内进行讨论显然已不合时宜。

（二）表决权委托性质的界定

从现有表决权委托的条款出发，发现目前市场上的表决权委托协议基本形成了固定的结构，即在代理投票制度的外壳下，叠加“受托人意志”及“不可撤销”等固定条款，以及为了实现某些特定目的而作出的特殊安排。从其根本属性来说，现有的表决权委托绝不是对股东表决权行使的临时性、一次性安排，更多的是在股份转让受限或规避监管的情况下，提前让受托人获得参与公司经营管理的权限。当然，也有学者认为，现有的表决权委托仍然没有突破传统的委托代理关系，因为在传统的委托代理合同中也可能存在双方合意约定排除任意解除权、一方委托另一方全权代为处理所有事务、委托期限不固定等情形。[13] 不可否认的是，上述情形在某些特定委托合同中有相关约定，但这些约定并非委托合同的常态，且代理法律关系的核心仍是私域自治的扩张，也就是说，即便约定代理行为也应以维护和实现被代理人的利益为主要目的。但是目前大多数的表决权委托并非为委托人的利益而存在，反而多是受托人为谋取上市公司控制权或其他目的来实现自己的经济利益，[14]并且在协议中双方经常约定"委托方不得干涉受托方行使表决权"[15]，如此设计恐怕早已脱离传统的委托代理制度的立法初衷。此外，传统的委托代理的另一个主要特征在于代理行为的法律效果归属于委托人，但是在个别特殊案例中，如在明阳智能（601615）的表决权委托案例中，协议明确约定表决权行使的相关后果均由受托方承担，只有在委托方违规、违约或其他不可归责于受托方的情况下才除外。[16] 这种情况下，行使表决权的责任已完全由受托方承担，而委托人几乎完全脱离于表决权行使的法律后果之外，此时表决权委托虽然仍名为"委托"，但早已形成转让之实，若仍认定其属于传统的委托代理范畴之内，恐怕难以令人信服。

综上，从其本质出发，已经难以再将表决权委托纳入传统的委托代理法律关系之内，在协议规则的巧妙设计之下，委托双方所进行的实际上是物权性质上的"表决权转让"行为而非债权性质上的"表决权委托"行为，这一行为本质上将股权一分为二，原股东仅保留了财产权、处分权和部分参与权（包括知情权等），而股权中最为核心的表决权及其附属权利则归属于受托人。通过表决权委托协议，受托人可以完全按照自己的意志行使表决权进而参与公司管理，若持有达到一定比例甚至可以直接获取上市公司控制权，这种通过协议的方式比

---

[13] 参见普峰：《上市公司控制权交易下表决权委托问题研究》，载《投资者》2020 年第 2 期。

[14] 在目前大多数表决权委托案例中，虽然委托双方很少约定行使表决权的利益归属，但是表决权委托往往附随股权转让、担保交易等其他安排，表决权委托作为实现后续其他主要目的的担保，其直接或间接利益归属自然属于受托人。

[15] 如在越博动力（300742）表决权案例中就有此约定，委托方不得干涉受托方润钿科技行使委托股份的表决权。

[16] 参见明阳智能：《明阳智慧能源集团股份公司关于控股股东签署表决权委托协议暨权益变动的提示性公告》，载巨潮资讯网，http://www.cninfo.com.cn/new/disclosure/detail?stockCode=601615&announcementId=1215367737&orgId=9900036760&announcementTime=2022-12-16。

直接受让股份更加便利和实惠，但同时带来了规避监管、不利于上市公司控制权保持稳定等风险。无奈目前监管机构仅是通过问询函等方式进行规制，这种做法并没有有效遏制表决权委托潜在风险的发生，因此仍需从其他方面进行更加精细化的制度设计。

四、表决权委托的合法性及影响分析

表决权委托协议通过借用委托合同的外壳，实现了上市公司股东表决权的重新配置，其实质是通过私人之间的协议约定实现了组织法上的效果，这其中本就牵涉了合同法、公司法和证券法上的诸多规则，但在现实中其复杂性并没有被深入探讨。因此，不能仅局限于单一视角来看待上市公司表决权委托的合法性及影响，需要综合民法、公司法及证券法的规则特性来逐一分析，进而建立衔接有效的规则体系来进行规制。

（一）民法视角：委托合同的合法性争议及影响分析

1. 委托合同及不可撤销条款之效力判断

从民法视角来看，表决权委托协议仍然建立在委托双方的合意基础之上，按照民法的基本原理，应以尊重当事人之间的意思自治为原则，除了法律规定的无效情形之外，不应轻易否定协议的效力。而对照《民法典》规定的无效情形来审查，表决权委托可能存在通谋、虚伪表示无效或违反法律强制性规定无效的情形。具体来说，表决权委托尽管名义上以《公司法》第106条为合法依据，但实际上早已脱离委托代理制度范畴，并且从委托动机来看，不乏规避减持限售规定、规避要约义务履行等情况。因此，是否能直接认定隐藏在委托合同之下的表决权转让行为因违法相关规定而无效呢？这一点可能有待商榷。委托合同是否因违反法律规定而无效，需要判断违反的法律规定是否属于效力性强制性规定。从通俗意义上来说，《民法典》第153条涉及的两个强制性规定，一个在性质上属于效力性规定，另一个则属于管理性规定，违反前者当然无效，但违反后者则不一定无效。具体到表决权委托来说，委托协议纵有规避监管之嫌疑，但鉴于我国上位法对这种转让表决权的行为没有定性，也没有相应的禁止性规定，故直接判定其无效于法无据；此外，即便构成规避股份减持限售、要约义务履行等，这也只是违反证券监管层面的规定，属于管理性禁止性规定，并不影响委托协议的有效性。这一点在延华智能(002178)的表决权委托纠纷案中就有体现，比如，对于委托协议是否违反了限售股不得转让的规定而无效，法院认为："《承诺函》中关于限售期内委托投票权及股票质押等约定亦未改变股票所有权关系及股东身份，不构成《证券法》第三十八条所规定的法律意义上的转让。再者，若双方上述约定违反了相关监管规定，亦应属行政处罚范围，并不影响《承诺函》的有效性。"[17]因此，从民法视角来说，并不能直接判定表决权委托协议因违法相关法律规定而无效。

不过，表决权委托协议生效并不意味着协议中的条款效力没有争议，无论是理论界还是实务界，"不可撤销条款"到底效力如何到目前仍然没有一个统一的定论。从现有搜集到的案例来看，实务中法院对"不可撤销条款"的效力主要有两种观点：一种观点认为，表决权委托在性质上仍属委托合同关系，在委托方与受托方信任基础动摇或丧失信任的情况下，双方所作出的不可撤销约定显然不具有强制力；另一种观点认为，不可撤销条款系当事人之间真实意思表示，应属合法有效，双方合意可以排除任意解除权的行使。从法理上来说，我国之所以规定了委托合同的任意解除权制度，既有人身信赖性之考量，也有委托履行具有较大不确定性因素的影响，因此在当事人之间丧失信任基础时，任何一方都可以行使任意解除权。但实践中越来越多的观点认为，要区分无偿委托和有偿委托的不同：对于无偿委托合同，人身信赖属性较强，不能限制任意解除权的行使并无争议；但有偿委托合同中，当事人双方不仅有人身信赖关系，还具有利益关系，且在有偿商事委托日益增多的情况下，若仍然允许一方当事人任意解除合同，则很可能使得另一方利益受损，因此，应允许当事人通过特别约定的形式对任意解除权予以适当限制。[18]

具体到表决权委托合同，虽然大多数表决权委托协议中并没有约定对价，表面上属于无偿委托合同，但实际上大多数的委托协议并非孤立的，而是与《股份转让协议》《股份认购协议》《借款协议》《纾困协议》等系列安排绑定在一起，

---

⑰ 上海金融法院民事判决书，(2020)沪74民初825号。

⑱ 参见最高人民法院民法典贯彻实施工作领导小组主编：《中华人民共和国民法典合同编理解与适用》(四)，北京人民法院出版社2020年版，第2529页。

是双方结合当时的情况作的符合双方利益的一个整体性安排，某种程度上应当属于商事有偿委托范畴。比如，在海伦哲（300201）的表决权委托案例纠纷中，原实控人丁某平在与现任控股股东中某泽签订《股权转让协议》以及《表决权委托协议》之时，同日还签订了一份《股份认购协议》，即约定海伦哲（300201）以每股 2.92 元的价格向中某泽的一致行动人中航基金锁价定增融资 33,580 万元，[19]由此可见，不能孤立地看待表决权委托的无偿性。从商事委托特性出发，也不能直接适用《民法典》第 933 条规定的任意解除权，因为如果将表决权委托协议解除，那么势必影响整个交易的安排，同时不符合商业实质和其他协议的目的，应当在一定程度上承认当事人之间通过意思自治来限制任意解除权的行使。

2. 委托合同本身的脆弱性对上市公司的影响

通过上述讨论发现，表决权委托虽然有规避监管的嫌疑，但并不影响协议本身的成立生效，为了进一步巩固表决权交易的稳定性，实践中也多约定"不可撤销条款"来达成这一目的。不过，通过委托协议来达成表决权让渡的交易安排，本身就带有巨大的不稳定性，合同固有的违约风险传导至上市公司的控制与管理，极易使公司陷入僵局或混乱之中。

以"不可撤销条款"为例，基于商事实践的特性及维稳的考虑，本应肯定这一条款的效力，但是《民法典》在立法上依然保留了任意解除权的设置，立法者试图通过提高赔偿标准在一定程度上限制任意解除权的行使，如《民法典》第 933 条中规定的"有偿委托合同的解除方应当赔偿对方的直接损失和合同履行后可以获得的利益"，但表决权委托协议约定的利益非常模糊，合同履行利益是继续行使表决权？还是继续掌握公司控制权？这种利益损失难以具体量化，故这一条款并没有起到遏制任意解除权的行使，反而促使协议双方继续争夺表决权。而实践中关于"不可撤销条款"的争议仍然层出不穷，如海伦哲（300201）的控制权争夺战仍在进行，目前已经面临退市警告；在吉药控股（300108）的表决权委托纠纷中，受托方本草汇医药曾提议召开临时股东会，但吉药控股董事会认为原实际控制人卢某奎与本草汇医药对解除表决权委托尚存异议，不同意按

---

⑲ 参见文艺馥欣：《表决权委托争议再现，海伦哲原实控人撤回"不可撤销"表决权委托》，载 21 经济网，https://m.21jingji.com/article/20210521/herald/4edb5205afdd56c91982b8cb6 cb28ee5.html。

本草汇医药要求召开临时股东大会,[20]直到双方协商一致才解除表决权委托。除此之外,实践中也存在委托人"一权多授"、短期多次委托并解除等情形,如ST 云网(002306)的表决权委托案例中,其实控人孟某在 2015 ~ 2017 年将其持有股份的表决权"一权多授"给不同的受托方;[21]在已经退市的腾邦国际(300178)的表决权委托中,其实控人钟某胜曾在两个月内多次签订又解除表决权委托协议,导致公司控制权两次易主,由此招致深交所发关注函提出 19 问。[22]从以上案例可以看出,通过委托合同实现的表决权让渡交易,不仅本身具有不稳定性,而且会进一步导致上市公司的控制权及管理混乱,能否在私人自治与商事组织法之间构建一道强有力的屏障,以减小这种表决权委托产生的问题,可能是值得进一步思考的问题。

(二)公司法视角:"两权分离"背景下的合法性及代理成本分析

表决权委托脱胎于传统委托代理合同的框架,但其本质仍然是以表决权这一股东核心权利为基础。在金融市场创新的背景下,股份表决权的工具化倾向越发明显,表决权逐渐脱离股份本身成为独立的一项权利,并且随着实践的发展日益与股份收益权相分离,[23]目前市场上盛行的表决权委托正是这一趋势的产物,不过这种趋势却是对传统"股权禁止分离"原则的违反,在这种背景下,如何看待表决权委托的合法性及其影响,可能需要从更加全面的角度来加以审视。

1. 股权禁止分离原则及其新趋势

股权作为一种权利束,其本身具有非常丰富的权利内容,按照我国《公司法》的规定,股权按照权利性质不同可以分为经济性权利和参与性权利,其中表决权就是参与性权利中最为核心的组成部分。在传统公司法上,经济性权利和参与性权利一般是禁止分离的,即所谓的"股权禁止分离原则"[24],这一原则主要

---

[20] 参见洪瑜、胡胜训、武文径:《表决权委托中"不可撤销"条款之研究》,载汉盛律师事务所官网 2022 年 8 月 10 日,https://www.hanshenglaw.cn/CN/08/aed21386c34485df.aspx。

[21] 参见廖森林:《权利分置下的上市公司表决权委托探析》,载《济宁学院学报》2021 年第 4 期。

[22] 参见陈慧东、曾福斌:《腾邦国际控制权转让悬疑》,载界面新闻 2019 年 9 月 11 日,https://weibo.com/ttarticle/p/show?id=2309351000894415248516907115。

[23] 参见李安安:《股份投票权与收益权的分离及其法律规制》,载《比较法研究》2016 年第 4 期。

[24] 汪青松:《论股份公司股东权利的分离——以"一股一票"原则的历史兴衰为背景》,载《清华法学》2014 年第 2 期。

基于股东“同质化”和“效率原则”两个基础性假定。

所谓“同质化”假定，是指股东在功能上作为公司无差异的资本载体，其在目标、能力和利益等方面也都是同质的，都是为了追求自身利益的最大化，都具有完全的缔约能力、同等的得失权衡能力等，[25]因此，在这一前提下，股东所拥有的权利也应当是同质的，正如布莱恩将股权类比作馅饼，那么切开其中每一块理所应当都该具有相同的成分。[26] 在公司治理中，股东通过表决权控制公司，从而获得剩余索取权所带来的利益，这就意味着每一股份的表决权都要与其剩余利益成比例，而不能有质的区别，这既是股东平等原则的体现，也是将股东同质性偏好整合为公司整体目标的有效方式。相反地，一旦股东的表决权与其剩余利益不成比例，甚至相分离时，就必然会产生代理成本，这是法经济学基于“效率原则”得出的有力论证。正如伊斯特布鲁克所主张的，如果股东的表决权与其剩余索取权不成比例，那么他们既不能享受妥善行使表决权所带来的同等利益，也不会因自己滥用表决权而承担同等比例的损失，这种利益与风险机制的缺失难以促使股东作出最佳的选择。[27] 因此，无论是基于“同质化”假定还是代理成本的考虑，股东表决权与收益权都是不能分离的，唯有与之相对应的剩余经济利益作为基础，股东才能激励去通过表决权参与公司事务，这一原则长期以来为各国公司法所遵循，并且对公司的平稳运行起着举足轻重的作用。

但是随着商法理论的发展，越来越多的学者认识到股东“同质化”并非像理论中的那么完美，现实中股东之间实际存在多维度利益分歧，如控股股东和中小股东之间，长期持股股东和短期持股股东之间，持股比重高、在公司中任职的股东和散户之间，他们掌握的信息和决策能力并不一致。[28] 在实践中，“股权禁止分离”原则也同样不断遭受市场创新的冲击，这其中典型的就有实践中常用的类别股份，如在公司盈余或财产分配有特殊安排的优先股，在表决权方面有特殊安排的双重股权结构，这种新型的股份形态使得表决权与收益权的分离在

㉕ 参见汪青松、赵万一：《股份公司内部权力配置的结构性变革——以股东“同质化”假定到“异质化”现实的演进为视角》，载《现代法学》2011年第3期。

㉖ 参见［加］布莱恩·R.柴芬斯：《公司法：理论、结构和运作》，林华伟、魏旻译，法律出版社2001年版，第509页。

㉗ 参见［美］弗兰克·伊斯特布鲁克、［美］丹尼尔·费希尔：《公司法的经济结构》，张建伟、罗培新译，北京大学出版社2005年版，第82页。

㉘ 参见冯果：《股东异质化视角下的双层股权结构》，载《政法论坛》2016年第4期。

特定范围内被固定下来。此外，还有一重冲击则是来自以合同方式重新划分表决权的各种创新型协议，如表决权拘束协议、表决权征集、表决权信托等，[29]而本文所要探讨的新型表决权委托也是其中的一种，通常这些方式在上市公司控制权争夺中也扮演着非常重要的角色。由此可知，随着商法实践的发展，"股权禁止分离"已非亘古不变的经验法则，表决权与收益权的分离正逐渐被市场接纳，而表决权委托作为"两权分离"实践的产物，也并不能因其违反"股权禁止分离原则"而直接否定其效力，对其效力的判断可能需要进一步论证。

2. 表决权委托之下的代理成本问题

作为"两权分离"实践的产物，表决权委托无法避开的一个问题便是代理成本，一般来说，表决权与收益权分离不可避免会产生代理成本，但能否认定只要"两权分离"就会产生高昂的代理成本，从而否定表决权委托的合法性？这种观点可能是有失公允的，实际上，现实交易背景下的表决权委托通常伴随着其他复杂交易安排，因此对其代理成本的高低也不能一概而论。

(1)传统视角下的代理成本分析

按照伊斯特布鲁克和费希尔的理论，股东作为公司剩余财产的剩余索取人，因其表决权与剩余索取利益成比例配置——股东每一权重的表决权对应相同比例的利益或损失，故股东是最有动力审慎行使表决权的人。因此，一旦股份上的表决权与收益权不成比例配置，甚至直接相分离，就容易产生代理成本，这一论证有一定的合理性。具体来看，当委托发生在公司内部股东之间时，受托股东就会拥有超出其持股比例的表决权，由于超出部分的利益激励和损失风险没有股份约束，很容易产生滥用表决权的风险，但是从另一方面来看，内部股东的表决权委托其实与一致行动协议有很多相似之处，只不过表决权委托将一致行动协议的内部决策权作了更加稳固的约定，因此，此时代理成本的增加并非表决权委托的独有现象，而是内部股东协调的一般结果。

当受托方来自外部时，尤其是不持有公司股票的第三方(即使接受委托后也仍然未持有)，此时代理成本可能是非常高昂的。因为一方面，受托方没有相应股票绑定，意味着其既没有剩余索取利益的激励，也不用承担决策失

---

[29] 参见朱慈蕴、[日]神作裕之:《差异化表决制度的引入与控制权约束机制的创新——以中日差异化表决权实践为视角》，载《清华法学》2019 年第 2 期。

误所带来的风险；另一方面，当受托人自身利益可能会和公司利益发生冲突时，由于不用承担经济上的不利后果，受托人反而更容易去滥用表决权为谋取私利，如通过关联交易等方式掏空公司等。但在现实中，这种较为极端的情况其实非常少见，首先，公司股东不会无故将表决权委托给外部第三方；即便会引入第三方，也必然有其他方面的考虑，如引入成熟的外部管理机构开展纾困及（预）重整工作，如ST东洋（002086）引入五矿金通股权投资基金公司帮助主导纾困，[30]或者引入外部资金化解公司债务纠纷，如越博动力（300742）引入润钿科技担保后续借款。[31] 虽然上述情况都没有相应的股权安排作为支撑，但都是为了挽救公司、促进公司发展而作出的决策，此时虽然表决权和股权实现了完全的分离，却并没有产生高昂的代理成本，所以对于"两权分离"产生的代理成本不能一概而论。

（2）复杂交易背景下的代理成本分析

当然，前述代理成本的分析主要是建立在表决权和收益权相分离的特定情形下，而现实中表决权委托的交易方式却更为复杂，如会结合股权转让、认购新股、借款、质押等多种方式，同时表决权委托的期限长短、后续安排等也不尽相同，此时对代理成本的分析可能需要考虑更多的因素。以实践中最常见的"协议转让+表决权委托"的交易方式为例，在不同的具体交易安排下，其代理成本的高低也是不一样的。比如，在部分委托案例中，经常出现先以极小部分股份转让，同时委托大部分股份表决权来转移控制权的现象，暂且不论其是否存在规避限售或要约收购的嫌疑，单就代理成本而言，这种方式就有产生高昂代理成本的风险。比如，在先河环保（300137）[32]的表决权委托案例中，原控股股东李某国仅转让1.04%的股份，却把剩下9.51%的股份委托给受托方青岛清利新能

---

[30] 参见ST东洋：《关于股东签署表决权委托协议暨权益变动的提示性公告》，载巨潮资讯网，http://www.cninfo.com.cn/new/disclosure/detail? stockCode=002086&announcementId=1214189786&orgId=9900001344&announcementTime=2022-08-02。

[31] 参见越博动力：《关于控股股东、实际控制人签署合作协议、表决权委托协议暨控制权拟发生变更的提示性公告》，载巨潮资讯网，http://www.cninfo.com.cn/new/disclosure/detail? stockCode=300742&announcementId=1215244692&orgId=9900034450&announcementTime=2022-11-30。

[32] 参见先河环保：《关于对深圳证券交易所关注函回复的公告》，载巨潮资讯网，http://www.cninfo.com.cn/new/disclosure/detail? stockCode=300137&announcementId=1213357591&orgId=9900014612&announcementTime=2022-05-13。

源有限公司,其对价是青岛清利新能源有限公司向李某国提供无息借款 1.3 亿元,此举不仅受到了监管机构的问询,也引起了中小股东的不满,而且自先河环保实控人变更之后,公司在手资金却出现加速消耗迹象,从 2022 年年初的 8.1 亿元快速下降到 9 月底的 5.4 亿元,为此,中小股东更是直接通过公开征集表决权与控股股东争夺董事席位,以防止大股东违规掏空公司。[33] 当然,实践中也有诸多通过"协议转让 + 表决权委托"平稳过渡控制权的成功案例,如在高乐股份(002348)的表决权委托案例中,华统集团先协议受让上市公司 14% 的股份,再通过表决权委托掌握 7.74% 的股份表决权,并且约定后期认购公司发行前股本总额 30% 的股票,以此来巩固上市公司控制权。[34] 从最终的效果来看,华统集团也顺利完成了控制权的交接,并且没有发生控制权纠纷或中小股东集体诉讼等情况。

从上述案例中可知,表决权委托的代理成本可能需要结合交易的整体结构来进行审视。在高乐股份的案例中,华统集团虽然通过表决权委托获得了一定数量股份的控制权,但是其本身就已经通过协议转让的方式成为公司的大股东,委托的目的仅是提前获取控制权或担保后续定向增发的成功,此时虽然委托股份的表决权和收益权呈现分离,但只是短暂的过渡状态,实际上受托股东已经与公司整体利益绑定在一起,故其代理成本相对较小一些。而在一些其他试图通过低成本控制公司的案例中,外部受托方通常只会提前受让小部分股份,甚至当下及未来都没有受让或认购公司股份的打算,其大部分表决权试图通过表决权委托掌握,那么在这种情况下表决权与现金流收益权的分离就更加明显,若不是为了挽救上市公司,那么此举很难说没有掏空公司、掠取公司剩余利益的嫌疑。

总体来说,对于表决权委托之下的代理成本问题,我们不能孤立地去看待,空泛地去谈"两权分离"所带来的代理成本实际上忽视了现实中复杂交易背景的特殊性,表决权委托的代理成本需要结合委托的目的、期限、"两权分离"程

---

[33] 参见惠凯:《先河环保易主牵出"真假实控人",拼抢董事席位,高管层或有变动》,载证券市场红周刊,http://finance. ce. cn/stock/gsgdbd/202212/08/t20221208_38277558. shtml。

[34] 参见高乐股份:《详式权益变动报告书 – 华统集团(协议转让 + 表决权委托)》,载巨潮资讯网,http://www. cninfo. com. cn/new/disclosure/detail? stockCode = 002348&announcementId = 1215169013&orgId = 9900010387&announcementTime = 2022 – 11 – 22。

度、后续相关安排来综合看待。一般来说，委托期限越长、持股比例与受托比例越失衡、后续受让或认购股份的安排越不明确，在没有合理目的的情况下，这种委托的代理成本是非常高昂的；如果委托仅仅是短期的过渡状态，自身持股远超受托股份比例，后续受让或认购股份的安排非常具体可行，那么其代理成本会相对小很多。当然，表决权委托协议中的受让人既有可能是上市公司内部股东，也有可能是外部受托人，二者作为受托人不会产生本质的区别，只不过相较于内部股东而言，受托人来自外部时，其本身可能就不持有公司任何股份，且后续受让或认购公司股份的安排不确定性更大，因此其产生高昂代理成本的风险也就越高。

（三）证券监管视角：上位法缺失下的监管现状与不足分析

与民法及公司法上的讨论重点不同，证券相关法律规范更加注重维护整个交易市场秩序和资本的有效流动，故当表决权委托作为一种新型交易工具出现在证券市场当中时，其合规风险就一直是各监管部门的重点。由于缺乏明确的上位法规范，监管部门对有规避监管嫌疑的表决权委托交易态度也并不明确，故而一直采取的也只是发问询函的方式去进行规制，而2018年沪深两大交易所分别制定的《上海证券交易所上市公司收购及股份权益变动信息披露业务指引（征求意见稿）》（以下简称上交所《指引》）、《深圳证券交易所上市公司收购及股份权益变动信息披露业务指引（征求意见稿）》（以下简称深交所《指引》）虽然细化了一些规则，但至今尚未正式出台，且其中将表决权委托纳入一致行动人的做法也引起一些争议，故该如何进一步完善表决权委托的监管规则，仍然是一个重要且现实的难题。

1. 上市公司表决权委托的监管现状

最初的表决权委托本是为便利股东行使权利而设计的制度，在公司法上也有明确的依据，故在监管层面并无违规之处。自2015年以来，新型的不可撤销表决权委托开始盛行，这种新的方式因契合市场交易需要，如可以规避限售减持规定、规避重组上市审核、转让控制权等，开始迅速在证券市场上流行开来，但是纵有规避监管之嫌疑，监管部门对其态度却比较模糊。与此同时，现实中上市公司的专项"法律意见书"也在有意回避委托和转让的区别，注重从要件层面强调其合法性，这一做法也得到了监管机构的默认。因此，在上位法规定缺失的情况下，表决权委托的合法性问题在证券监管层面并没有被直接回应，监管机构也主要是从维护证券市场稳定性的角度去进行个案问询。在监管机构缓和的监管态度下,这种新型"表决权委托"的滥用也并未得到有效遏制,反而因其模糊不定给市场提供了新的适用空间。

鉴于个案问询的方式所带来的监管效果并不显著,为统一判定标准,2018年沪深交易所分别发布了指引,试图对表决权委托的一些基本问题进行相应规定,如将表决权委托纳入一致行动关系;均要求委托协议中应明确委托期限,并对(提前)终止协议后各方主体的义务履行进行规定;最后还明确了通过委托获取上市公司控制权后相应主体所应尽的信息披露义务,包括委托期限、权限及解除条件等。不过,虽然指引的发布表明了我国证券监管机构对表决权委托的监管态度,但其中仍然有诸多不足之处。

首先,对于表决权委托的定性不同,导致规制标准不统一。在深交所《指引》中,明确将表决权委托定性为"让渡表决权",而上交所《指引》却仍然沿用表决权委托的说法。正是二者对表决权委托的界定不一致,所采取的监管措施也存在松紧之分,相较于上交所而言,深交所采取的是更加严格的监管规则,如信息披露义务中要求明确股份是否处于限售状态、是否有偿等,而上交所发布的文件中并没有如此要求;在委托期限方面,深交所规定委托协议均应明确委托期限,而上交所则规定持有权益达到5%及以上时才要求约定委托期限。其次,目前两个交易所的指引都更加注重维护交易市场的稳定性,以注重信息披露为重点,而对表决权委托的核心问题较少触及。比如,二者都要求明确委托期限、指出提前终止协议应当履行的义务等,这些都是为了尽量避免表决权委托纠纷影响上市公司的稳定,但对于"两权分离"造成的代理成本问题、对违反"不可撤销条款"的效力问题,均没有提及;对于表决权委托的期限长短、能否有偿交易等也没有规定,仅要求完整披露相关信息,这种方式效果如何,可能有待进一步商榷。最后,这两个指引到目前为止仍未出台,即便是正式发布,证券交易所的地位也决定了其强制力有所不足,因此,对这种新型表决权委托还是需要从更高阶的法律规范去进行规制,不过,鉴于两个指引的相关规则更加贴合监管实践,未来制定相关规范时可能需要加强借鉴。

2. 纳入一致行动人监管的不足

如前所述,沪深交易所的指引均将表决权委托双方纳入一致行动人进行监管,这就意味着,委托双方均应遵守有关一致行动人的持股合并计算、信息披露、强制要约与收购等规则，这种做法虽然能够在一定程度上遏制表决权委托的滥用，但也带来了一些其他问题。首先需要明确的是，一致行动人与表决权委托是否属于同一法律关系？按照我国《上市公司收购管理办法》第83条的规定，一致行动是一种行为或事实，其最为重要的特征是各方投资者共同扩大了对上市公司的表决权数量。要达成这种一致行动关系，既可以通过协议约定，也可以通过某些客观法律事实进行推定，如亲属关系、股权控制关系等。[35]表决权委托之所以能与一致行动关系类比，主要在于委托存在于内部股东之间时，也会呈现某一股东表决权扩大的结果，但这仅是效果相似，并无股东联合扩大投票权之本意。因为表决权委托的主要目的是表决权的转让，不在于扩大联合，协议的签订仅实现了表决权从委托方到受托方的转移，是此增彼减的结果，这一点在受托人是外部第三人时体现得更加明显。此外，即便在一致行动关系中，各方也均是有自主投票权的行动人，只是意思表达受到一致行动协议的约束，但在表决权委托中，受托方完全可以按照自己的意志行使受托表决权，而委托方却完全不能插手，不能干预受托方的决策，这显然已经超出一致行动的关系范畴。在司法实践中，一致行动人的认定也是一个事实问题，[36]而《上市公司收购管理办法》也允许当事人提出相反证据来否定这一关系，如在莱美药业(300006)、宝馨科技(002514)的表决权委托案例中，两家公司回应交易所的问询函论证不构成一致行动人也得到了认可。因此，二者并不属于同一法律关系，直接将表决权委托双方认定为一致行动人可能欠缺合理性。

其次，就效用上而言，将表决权委托纳入一致行动关系所起到的作用也有限，虽然它能在一定程度上阻止委托双方规避在信息披露和强制要约收购方面的义务，但这仅是表决权委托潜在问题的一个方面，对于较为关键的规避限售减持等问题并未起到明显抑制作用。此外，表决权放弃的流行也使得纳入一致行动关系的效果大打折扣，实践中表决权委托的多数目的是取得上市公司控制权，为了规避强制要约收购义务，部分表决权委托的双方直接结合使用一致行动协议与表决权放弃协议的方式，来规避30%的强制要约条件，如在田中精机

---

[35] 参见张斌、陈洪天：《上市公司股东一致行动关系监管评述》，载《清华金融评论》2019年第9期。

[36] 参见符望：《上市公司收购中的报告义务及一致行动人法律问题研究——从新梅诉讼到万科事件》，载《证券法苑》2017年第4期。

(300461)的案例中就是如此。由此可见,将表决权委托纳入一致行动人并未从根本上阻止现实中委托的滥用。

最后,将表决权委托纳入一致行动人还会面临一些新的问题,如在部分委托表决权的情况下,表决权的分割行使甚至反向行使该如何解决?如果在委托协议签订前还存在其他的一致行动关系,那么此前的一致行动关系是否应直接自动纳入?对于这些问题,现实中完全可能出现,但是在监管层面或者指引中并没有给出有效解答。

五、上市公司表决权委托的规制路径

新型表决权委托的兴起有其特殊的背景,虽然存在规避监管、影响控制权稳定等弊端,但不可否认的是,表决权委托在多数情况下也能起到帮助公司纾困重组、挽救上市公司的积极作用。面对此类新鲜事物,我们需要认清且重视其所带来的问题与挑战,但这永远不是我们因噎废食,全面禁止它的理由,因此,当务之急是要尽快构建一套行之有效的规则体系,让其更好地为上市公司长期发展提供助力。

(一)确认“不可撤销”效力与责任分配规则

1. 具有“附随利益”的委托原则上不可撤销

规制上市公司表决权委托现象首先需要解答的问题,就是如何看待协议中“不可撤销”条款的效力?如前所述,目前学术界和司法界对其效力如何并没有一个统一的定论,这也导致现实中存在很多关于控制权争夺的纠纷。但在笔者看来,目前盛行的表决权委托还是不能作为普通的委托合同来看待,其表面的“无偿”其实关联着其他交易安排,在这种新型表决权委托下,受托人的主要目的并非代理委托人进行投票,而是基于受托人自身利益考虑进行的商业交易行为,故并不直接受到任意解除权的约束。这一点类似于美国司法判例中“附随其他利益”(coupled with an interest)的委托,美国法院在判断一项委托是否可撤销时,通常会看委托书是否明确约定不可撤销,并且委托本身是否附随受法律保护的其他利益,这是因为没有和公司经济利益密切相连的单纯投票权的滥用是很可能损害公司和公司股东的利益。而像有公司股票质押的质权人、同意购买公司股票的买方、为公司提供借款或其他财产的第三方，他们作为受托人与公司的经济利益是一致的，[37]故这种情况下的委托可以认定为不可撤销。

这其实与我国目前盛行的表决权委托比较相似，现有委托基本上是作为股权转让、质押、借款等交易的担保工具，担保后续股权的顺利转让或是债权的顺利履行，虽然这其中更为深层次的目的可能是获取上市公司的控制权，但如果确实是为了挽救公司、谋求战略协同等而与公司利益绑定在一起，自然也无可厚非。相反，如果在这种有附随利益的背景下，仍然拘泥于委托代理关系的外壳，允许任意解除权的适用，那么更容易造成上市公司控制权的争夺纠纷，不利于公司的长期稳定发展。因而如果"不可撤销"约定确实是委托双方的真实意思表示，且受托方与公司有休戚与共的利益联系，那么这种双方利益博弈的结果应当予以尊重，双方的履行利益均应得到保护，不能以任意解除是法定权利来加以破坏。不过，"不可撤销"条款的效力原则上应加以肯定并不意味着没有例外情况，即使按照"附随利益"的标准，其前提也是在不损害公司和其他股东利益的情况下，但如果有证据证明表决权委托是为了恶意掏空上市公司而非挽救公司，损害了公司和其他股东利益，任何一方都有权提前解除委托。

2. 信义义务原则下的责任分配规则

在传统委托代理框架下，受托人遵从委托人意志进行投票，为委托人的利益进行相关代理行为，由此产生的相关责任由委托人承担，这种责任分配机制是符合"权责统一"基本原则的。但是在新型表决权委托下，受托人往往会受到免责条款的保护，除非因为"故意或重大过失"损害上市公司或其他股东利益的，才会被要求承担相关责任，这种规定仍然是在套用传统委托代理的责任分配机制，忽视了新型表决权委托的本质变化。实际上，新型表决权委托中的受托人已经不再遵从委托人的意志，维护的也主要是其自身利益，如果仍然将行使责任归于委托人，那么将会严重造成权利与义务的分离，加剧受托人滥用表决权的风险，因此应当重新审视现有的责任义务分配机制。

诚然，信义义务在我国公司法上主要约束的是公司董事、监事及高级管理人员，因其受股东及公司之信任，故而有审慎、忠实行使管理之职责。但由于控

---

[37] 参见［美］罗伯特·W. 汉密尔顿：《美国公司法》（第5版），齐东祥译，法律出版社2008年版，第206页。

股股东在公司成长发展过程中的重要地位，以及控制权的行使难免会对公司和其他股东的利益造成影响，故对其科以适当的信义义务已经成为学界与业界普遍的共识。[38] 表决权委托常常涉及上市公司控制权的转移，让双方共同承担信义义务也并非过分苛责，一方面，委托人作为原控股股东本应对公司和其他股东负有信义义务，其不能利用委托攫取公司资产、掏空上市公司，同时应审查受托人的资质及目的；另一方面，受托人接受委托成为控股股东，实际上承接了信义义务的转移，受托人在行使控制权时也应兼顾公司和其他股东的利益，不得肆意滥用。在这种前提下，受托人与委托人均不能逃离责任范围之外，对外应当承担连带责任，尤其是受托人，作为公司控制权行使的主体，其理应对公司及其他股东的损失承担直接责任，如果能够证明这种损失是由委托人的过错造成，可以申请向委托人追责。总之，在新型表决权委托之下，委托双方的责任应与其权利相匹配，不能让任何一方豁免于责任范围之外，只有这样才能让表决权的行使受到有效的约束，避免滥用权利对公司或其他股东造成损害。当然，以上这种责任承担机制主要建立在控制权转移的情况下，如果表决权委托属于内部股东之间为加强控制权而设，或内部股东邀请外部股东进行纾困仅短暂委托部分权利（内部股东仍可随时解除委托），那么这种情况就回归了一致行动人或传统委托的范畴，此时约定受托人免责可以视为合理的诉求。

（二）规定禁止事项及合理过渡期限

1. 禁止规避监管，加强控制权稳定

如前所述，表决权委托发生内部与外部股东之间时，很容易出现规避限售、规避重组上市规定的现象，对此应该坚决予以禁止。我国证券法之所以规定股票限售期或减持规则，一方面是为了防范股东在窗口期进行内幕交易，另一方面是为了保障上市公司控制权的稳定，如果允许通过表决权委托规避限售规则，就使得上述目的难以实现，同时容易促使公司控股股东借用“委托”之名，行溢价转让之实，故应当坚决禁止此类规避监管的行为。对于规避重组上市之行为，在满足向收购人及其关联人购买资产导致上市公司发生六种“根本变化”情

[38] 虽然我国法律上对控股股东的信义义务没有明文规定，但在《上市公司治理准则》（2018 修订）第 63 条、《上市公司章程指引》（2022 修订）第 40 条中均明确控股股东对上市公司及其他股东负有诚信义务，包括不得滥用控制权损害上市公司及其他股东合法利益；不得利用借款担保、资金占用等方式损害公司及其他股东的利益等。

形之一时，应重点审查表决权委托或放弃的原因，若存在变相维持控制权不变的嫌疑，应直接认定为借壳上市，从而避免上市公司达到规避审核、实现套现等目的。

此外，除一些明确禁止规避的事项之外，对于质押、冻结此一类的限制，虽尚不构成禁止委托的理由，但是出于维护上市公司控制权稳定性的考虑，一方面应当要求披露质押、冻结的相关风险，另一方面应当在协议中约定当质押、冻结情况发生变化，委托方减持或向第三方转让股份，出现司法拍卖等例外情况的相关安排，这主要考虑表决权委托极易受到相关股份行使状态的影响，如果出现例外情况难免会造成委托安排的不稳定。最后，应当明确的是表决权委托仍然是合同框架范围内的一种特殊安排，尽管前文已经明确“不可撤销”条款之效力，但仍然可能因各种原因出现违约的现象，故从维护上市公司控制权稳定性的角度出发，应当要求在委托协议中明确违约责任与争议解决条款，以便尽快解决纠纷，加强控制权稳定。此外，为避免委托产生纠纷时上市公司经营管理陷入僵局，还应明确争议发生后股东大会上委托股票表决权的归票安排等。如此，即便是表决权委托产生纠纷，也不会影响上市公司的正常运转。

2. 回归过渡属性，确立合理期限

如前所述，表决权委托实质上造成了股东管理性权利和财产性权利的分离，这种“两权分离”状态所持续的时间越长，所带来的代理成本也会更加高昂。而在控制权转移的背景下，本文认为表决权委托仍然只是一种临时过渡措施，无论其是为了让受托方提前获取控制权，还是为了锁定受让的股票，均只是一种临时状态，而这种状态维持得越久，往往越容易因交易各方或上市公司情况的变化发生争议。但在沪深交易所 2018 年发布的指引中，仅要求披露表决权委托的期限而没有对期限的长短作出规定，此举并不利于维持上市公司控制权的稳定，故应当从实际出发为表决权委托行为规定合理的期限。

至于委托期限具体如何设定，鉴于目前新型表决权委托的盛行以及其传统委托代理行为的差异，直接将其限制在极短期限内的单次委托可能并不可取，如果放任委托双方肆意约定长期委托、无限期委托或永久委托，只会加重“两权分离”所造成的代理成本，故不妨从交易实践中的数据来进行考虑。从笔者统计的 2022 年表决权委托案例来看，58 个案例中有 24 个案例均约定在 3 年（包括组合约定期限的情况），占比最高，其次是约定在 2 年以及未明确约定期限的情况。正如前文所述,上市公司表决权委托的目的主要是担保相关交易的顺利完成,虽然也有为了集中控制权,便于公司经营管理等原因,但前者更容易引发代理成本问题且后者完全可以通过一致行动协议来代替,故笔者建议还是应当使表决权委托回归一个过渡工具的作用,参照相关交易的完成时间及证券法上的相关规定,可以设置表决权委托的默认期限为18个月,最长可以延长至36个月但必须经过上市公司股东大会及董事会审核。其中,设定一个默认期限是为了避免委托双方通过模糊条款达到长期转让表决权的目的,同时也允许双方在最长期限内自由约定委托期限条款,给双方留下意思自治的空间。如此,既能担保相关交易的顺利完成,也能减小"两权分离"所造成的代理成本,避免委托的不稳定对公司长期经营管理造成影响。

(三)完善信息披露与权益变动规定

1. 强化信息披露规则,加强委托目的审查

信息披露是证券监管的核心措施,不同于交易所以问询函直接监管的模式,信息披露的监管手段更加温和,同时更容易保障广大中小股东的知情权,完善信息披露规则能有效避免控股股东"暗箱操作",维护上市公司与广大股民的利益。但如前所述,2018年沪深交易所发布的指引中关于表决权委托的披露规则并不完善,存在标准并不统一、披露范围有限等一系列问题,故应在此基础上进行一定程度的调整。

具体来说,首先,应统一深沪京A股市场关于表决权委托安排的披露标准,避免标准不一致造成的监管差异,鉴于目前表决权委托对上市公司所造成的潜在风险,故应当采纳深交所从严监管的态度。从目前市场上多数表决权委托公告的内容来看,许多公告披露的内容详略不一,部分公告只包括表决权委托的委托股份数量、委托范围(各项权利)、委托期限等内容,甚至个别公告还隐藏了委托期限,这显然没有达到保护投资者必要知情权的要求。因此,在披露上述内容的基础上,还应进一步披露委托股份的状态,如是否处于限售状态,是否处于质押、冻结状态等;同时还要披露委托双方需要履行的权利与义务、委托解除条件、委托是否有偿等。其次,对于表决权委托的目的也应作重点披露,因为表决权委托既有集中控制权、引入外部资金自救纾困等正当目的,也可能存在变相违规转让、规避监管的目的,故应加强对委托目的的披露与审查,要求上市公司披露此次委托的合理性及正当性。具体来说,不妨要求上市公司披露表决权

委托相关的整体交易安排，如与之关联的股权转让协议、借款协议、定向增发协议等，避免委托双方通过拆分交易达到规避监管的目的。最后，当上市公司控制权发生变更或存在其他重大影响时，应当在披露公告中详细列明。如果控制权变更，需要披露新实控人的资质及财务状况，对公司未来经营管理造成的影响等；如果受托方将来有巩固控制权的进一步安排，也需要列明相关安排的时间节点、交易方式、各方权利义务以及情势变更后的备选方案等。总之，关于信息披露的详细程度主要视表决权委托对上市公司控制权造成的影响，若委托并未影响控制权的变动，则披露必要事项即可，若造成上市公司控制权变更，则需要从严披露，重点论证委托目的的合理性和后续安排的稳定性。

2. 参照适用一致行动人规定，限制部分规避行为

如前所述，将表决权委托直接纳入一致行动人监管有其合理之处，尤其是将委托双方的持股权益合并计算能够在一定程度上抑制对信息披露和要约收购义务的规避，此种规制做法的积极意义应是值得肯定的。但问题的关键在于直接将“受托人与委托人视为存在一致行动关系”将带来其他难以解决的问题，如实际情况可能与一致行动人的定义存在矛盾，部分委托情况下容易出现表决权分割或反向行使的问题，现有一致行动关系能否直接与表决权委托合并等。对于这些问题，虽然部分学者建议可以规定同一持股主体不得进行部分表决权委托来避免与一致行动之间的逻辑矛盾，[39]但这仅是治标不治本且此举并没有解决二者的本质差异问题，反而限制了当事人之间的意思自治，故直接将表决权委托纳入一致行动人监管稍显不妥。不过从另一方面来说，纳入一致行动人其实仅是一个监管手段，并非本质目的，此举主要还是希望通过合并计算委托双方的权益，来避免双方规避在披露、减持和要约收购方面的义务。因此，不妨通过上位法进行规定，将表决权委托参照适用一致行动人监管，如果双方实质上构成一致行动人关系，则直接适用一致行动人的相关规定；如果双方实质上并不构成一致行动人，但就本次委托中，双方在同一个上市公司中所拥有的权益应当合并计算，这样既避免了两个规定的龃龉之处，同时也达到监管的本质目的。当然，对于部分委托情况下存在的表决权行使不一致问题，笔者认为，既

---

[39] 参见施金晶、张斌：《上市公司股东不可撤销表决权委托研究——问题、挑战与监管》，载《证券市场导报》2020年第5期。

然承认了表决权委托(或者称转让)的事实效力,那么相应股份的行使意志已经不受原委托人左右,且域外各国立法大多认可表决权不统一行使的效力,[40]只要能够明确最终表决权的计算规则,且在不损害公司、股东及债权人利益的情况下,此种做法就应该得到承认。

最后,即便在权益合并计算的情况下,也可能出现表决权委托的一方通过放弃表决权的方式来规避要约收购义务的情形。对此,笔者认为应当对此类行为进行严格监管,尤其是针对放弃表决权委托的原因、目的进行审查,如果发现存在刻意规避要约义务履行的情形,可以适当限制某些表决权放弃行为的应用。当然,一般情况下,权利放弃的本身在公司法上并不存在障碍,考虑表决权放弃对上市公司控制权及中小股东利益的影响,还是应当将这一模式作为信息披露的范畴,参照上述表决权委托披露的要点进行相关披露,尤其是重点揭示表决权放弃对上市公司控制权的影响,表决权恢复的设置条件等,以便广大股东能够意识到其中存在的风险。

六、结论

表决权委托作为我国资本市场实践创新的产物,虽然脱胎于委托代理制度的框架,但其本质上已经构成了表决权转让,并且由于其操作便捷、成本低廉的巨大优势,近年来在我国资本市场备受青睐。本文通过实证分析,梳理了现有上市公司表决权委托的发展现状,发现目前其已经成为上市公司控制权交易的主要手段之一,并且区别于传统的代理投票制度,表决权委托在条款设计上有着自身明显的特征。在委托目的上,上市公司内部股东的委托多以加强控制权、改善公司经营为主,而内部股东与外部股东或外部第三方的委托往往涉及控制权的转让,其中既有引入投资、纾困自救、债务重组等正当目的,也不乏规避监管、规避重组上市审核之现象。

表决权委托制度本身并不复杂,却牵涉了民法、公司法、证券法三大规则体

[40] 参见李建伟、林树荣:《〈公司法〉修改背景下股东表决权不统一行使规则》,载《财经法学》2022 年第 6 期。

系。从民法上来看，表决权委托纵然有规避监管之嫌疑，但并不会因此被判定无效，至于其中最为核心的“不可撤销”条款，其效力争议至今也无统一标准，从本质上来说，合同构筑的表决权委托框架存在固有的违约风险，这也是导致上市公司控制权不稳定的一个重要因素。另外，“一股一权”作为我国公司法的基础原则，目前已经遭受到了表决权委托等制度所带来的冲击，表决权与收益权的分离正逐渐为市场所接纳。不过，即使需要重视这种“两权分离”创新制度下的代理成本，对于实践中不同交易模式的代理成本分析也不能一概而论，有时候往往需要结合委托目的、期限、后续相关安排等因素进行综合考虑。鉴于表决权委托所带来的制度风险，我国监管机构已经重点关注，不过由于缺乏上位法的规定目前主要还是通过发问询函的方式去进行规制，其实践效果终究有限，而 2018 年发布的指引明确将表决权委托纳入一致行动人监管，此举有其正面效果，但也带来了法理上的巨大争议。

表决权委托作为市场实践创新的产物，其存在本身是具有合理性的，但这种工具也可能被用于规避监管、掏空公司等非法目的，故应当对其进行有效监管。鉴于“不可撤销”条款引发的控制权争夺纠纷，本文主张原则肯定“不可撤销条款”的效力，但同时要求合理分配表决权行使的相关责任，对于规避监管等不正当目的，应当坚决予以禁止，同时考虑代理成本与交易时间的需要，也建议设置合理的委托期限。除此之外，还需进一步强化信息披露规则，加强委托目的审查，同时参照适用一致行动人规定，避免以委托形式规避减持、要约收购等义务。总体来说，表决权委托作为“两权分离”制度创新的产物，其交易灵活性与市场合规性之平衡永远是法律规制的核心议题，全面禁止这种交易方式自然一劳永逸，但无疑也抹杀了某些上市公司的自救之路，故本文从实践出发试图为规制这一新的现象提出新的思路，以期为促进证券市场的长远健康发展提供有力的建议。

董事对第三人责任研究

王珂晨*

目　次

摘　要　公司法人制度是应社会经济发展需要而创设的法律文明，是平衡各方利益的制度选择。然而，随着董事职权日益扩张，公司法人制度产生之初的平衡格局被打破，现有的法律制度又难以解决这一问题，失衡的利益格局迫切需要新的法律制度来平衡。《公司法修订草案》一审稿与二审稿第190条所确立的董事对第三人责任制度正是在社会变迁中为满足各方利益平衡的客观需要而出现的一项特殊法律制度。本文以《公司法修订草案》一审稿和二审稿第190条为中心，从法理基础、利益衡量、构成要件、赔偿限度等方面对董事对第三人责任制度进行了深入的研究与探讨，以期为董事对第三人责任制度在我国的建立与开展提供一些有益的建议。

关键词　董事对第三人责任　公司法修订草案　利益衡量

---

* 王珂晨，法律硕士，现供职于云南省人民检察院。

一、问题之缘起

随着市场经济的不断发展，公司在社会中扮演的角色越来越重要，受其影响，人们的生活也发生了翻天覆地的变化。在给人们带来丰富福祉的同时，公司为了追寻利益而违法侵权的情形也屡见不鲜。近年来，非法排污、财务造假、食品安全事故等事件频频发生，不仅侵害了他人的人身、财产权利，危害了社会公共利益，还影响了人们对环境安全、金融安全、食品安全等社会秩序的合理预期，带来严重的负外部效应。这些公司侵权事件让人们不禁产生了疑问：公司到底是什么？谁应该为公司的行为负责？

根据传统理论，公司经登记成立取得法人资格后就成为一个独立的法律主体，以自己的名义享有民事权利和承担民事义务，任何人都不能随意干涉公司的行为。目前来说，公司应当就自己的违法侵权行为对第三人承担责任已经成为当今社会的共识，但是这样就足够了吗？作为不同于自然人的组织体，公司其实是通过股东会、董事会等机关成员来进行活动的。伴随"两权分离"的加剧，董事会中心主义的治理模式日益成为现代公司治理的主流，董事会在现代公司的经营管理中逐渐处于核心地位。尽管董事会决策一直以集体决议制为准则，但是揭开集体决议制的面纱，董事会始终是由董事等自然人组成的，其必须依赖董事等具体的自然人来形成意志和实施行动，董事会权力的急速膨胀实际上意味着董事权力的急速膨胀。董事等具体的自然人的意志决定着公司的意志，他们的行为也决定着公司的行为。因此，当各种公司违法侵权事件层出不穷时，社会开始出现一种声音：只让公司承担责任真的公平吗？为什么不能让这些有过错的董事与公司一起对第三人承担责任呢？这些拷问看似朴素，实际上反映了社会现实与法律制度的矛盾，体现了人民群众的客观需求，其引出的问题令人深思：在市场经济不断发展、董事权力不断扩张的当下，我国是否应该建立董事对第三人①责任制度？

① 本文认为，《公司法修订草案》一审稿和二审稿第190条所确立的董事对第三人责任制度中的"第三人"，应限缩为债权人（合同之债与侵权之债），具体的理由后文详述，本文的论证均基于这一前提展开。

关于董事是否应该向第三人承担责任这一问题，我国以往的通说持否定态度，认为董事不应对第三人承担民事赔偿责任。很多学者曾提出，法人机关成员在执行法人职责时产生的责任不应当由法人机关成员承担，而应当由法人承担。[②] 否定说的主要理由如下：首先，法人机关理论认为董事是法人机关的成员，其职务行为被视为法人的行为，法人的行为应由法人承担责任，如果让董事与法人一起对外承担责任显然与法人机关理论相矛盾；其次，一般情况下公司的经济实力和偿债能力都强于董事，让董事对第三人承担责任没有太多实际意义；最后，现有的法律制度（如公司人格否认制度）已经能够很好地保护第三人的利益，不需要再创建新的法律制度。

近年来，随着公司的不断发展以及学界对公司法人理论认识的进一步深入，我国理论界对董事对第三人责任制度逐渐从排斥、容忍的早期阶段进入接纳和认可的新阶段。一方面，最高人民法院在适用《公司法》的过程中发展出让董事对第三人承担责任的裁判规则，通过司法解释确认了董事在怠于清算或者协助股东抽逃出资等情形下需要对第三人承担连带赔偿责任。另一方面，我国《证券法》也对董事责任进行了规定。当然，鉴于《证券法》的特殊性，这些规定的保护对象仅限于证券市场投资者，通常不包括普通第三人。由上可知，我国此前虽然存在董事对第三人责任的个别规定，但这些规定都有特殊的适用情形，并没有董事对第三人责任的一般性规定。针对这一空白，2021 年年底公布的《公司法修订草案（一审稿）》在扩大董事会权限的同时作出了回应，就董事对第三人责任进行了明确规定。[③] 该规定反映了立法机关想进一步强化公司董事责任，提升公司治理水平的立法初衷。此后，全国人大法工委又于 2022 年年底公布了《公司法修订草案（二审稿）》。二审稿在一审稿的基础上，充分吸纳社会各方面意见建议，在董事责任上作出了进一步的调整和优化。[④]

对比二审稿和一审稿，我们可以发现，二审稿删除了关于连带责任的规定，

---

② 参见佟柔：《民法总则》，中国人民公安大学出版社 1990 年版，第 165 页；马俊驹：《法人制度通论》，中国政法大学出版社 1994 年版，第 155 页；江平：《法人制度论》，中国政法大学出版社 1994 年版，第 39 页。

③ 《公司法修订草案（一审稿）》第 190 条规定，董事、高级管理人员执行职务，因故意或者重大过失，给他人造成损害的，应当与公司承担连带责任。

④ 《公司法修订草案（二审稿）》第 190 条规定，董事、高级管理人员执行职务，给他人造成损害的，公司应当承担赔偿责任；董事、高级管理人员存在故意或者重大过失的，也应当承担赔偿责任。

这其实也折射出董事对第三人责任制度中被忽视的重要矛盾:如果要让董事对第三人承担责任,那应该如何承担?不可否认的是,引入董事对第三人责任制度有相当的积极意义,通过强化董事责任,可以更好地推动董事勤勉尽责,从而进一步提升公司的治理水平,但一旦运用失当,过重的董事责任可能会产生驱离效应。事实上,与实际控制人、控股股东不同,大部分董事只是薪酬的获得者,与其所任职的公司相比,董事很难具有更高的偿债能力。在这个时代,市场瞬息万变,经营公司本就是一件非常复杂的事情,除了日常运营,董事往往还需要面临各种各样的风险挑战。可以说,董事这一职业极具风险性。此外,董事执行职务的行为常常受制于实际控制人和控股股东的意志,其行动往往是为了公司的利益。如果盲目让董事承担过大的责任,很可能因为偶尔一次的失误使其倾家荡产,这对大部分尽心尽职、勤勤恳恳的董事来说十分不公平。一味地扩张董事责任,只会大大挫伤董事的工作积极性,甚至会让他们不再愿意担任公司董事,这将摧毁董事职业队伍,最终阻碍公司发展。显然,这对公司和第三人来说都是极为不利的。我们不仅要维护第三人的利益,也需要维护董事的利益,如何更好地平衡董事、第三人、公司之间的利益冲突关系,是在我国建立董事对第三人责任制度必须解决的核心问题。

在公司董事权力扩张、公司侵权违法事件频发的背景下,建立董事对第三人责任制度具有重要意义,《公司法修订草案》的一审稿和二审稿也紧随时代潮流,回应了社会期待。但要在我国建立该制度,还需对其正当性法理基础开展进一步的论证。《公司法修订草案》一审稿和二审稿第190条规定董事对第三人承担责任的法理依据何在?如何科学合理地设置董事对第三人责任的构成要件?是否需要适当限制董事对第三人的责任?这些问题不仅具有重要的理论意义,也具有深远的现实意义。

二、董事对第三人责任的证成

(一)公司法人机关理论的再思考

长期以来,我国通说对“董事是否应该向第三人承担责任”这一问题均持否定态度,其中一个主要理由是如果让董事与公司一起向第三人承担责任,那就会在法理上与法人机关理论相冲突。[5] 即使有部分学者支持董事对第三人承担责任,他们也认为这一命题无法从法人机关理论获取立论根据。[6] 由此看来,法人机关理论似乎成为在我国建立董事对第三人责任制度最大的理论挑战和立法障碍。但是,法人机关理论与董事对第三人责任制度真的就如此水火不容吗?为什么要创造法人机关理论?法人机关理论的主要功能和基本内涵究竟是什么?法人机关理论真的必然排斥董事对第三人承担责任吗?对于这些问题的回答,也许会带给我们一些不同于传统观点的新思考。

1. 法人机关理论的基本内涵和主要功能

虽然法人以其自身的名义和财产对外独立承担责任,但法人毕竟是法律拟制的"人",必须借助内部机关才能进行意思表示,法人机关是法人维持其人格的基础与保障。各国对于法人机关与法人之间的关系存在不同的观点,主要分为代理说和机关说。[7] 代理说以法人拟制说为理论基础,认为法人机关是为了弥补法人欠缺行为能力而建立起的代理机关,其与法人之间是代理关系,通过法律的拟制,根据代理规则将法人机关行为的后果归属于法人。机关说则以法人实在说为理论基础,认为法人机关属于法人的"法律肉身",法人通过法人机关形成意思,法人机关的行为就是法人的行为,两者之间不存在委托代理关系。

出于对法人本质的不同认识,代理说和机关说在法人对董事等机关成员行为的责任承担问题上的思考逻辑也有所不同。代理说比较复杂,因为代理只能限于合法的法律行为,所以代理说无法直接解决法人对其机关成员违法行为的责任承担问题,需要借助归属理论和雇主责任理论才能解决,即对于法人机关的侵权行为,法人承担的是转承责任。而机关说则更为直接,既然法人机关成员的职务行为是法人机关的行为,法人机关的行为又是法人的行为,那么法人机关成员的职务行为所造成的损害当然应该由法人来承担责任。由此看来,尽

---

⑤ 持反对意见的主要是民法学者。参见马俊驹:《法人制度通论》,武汉大学出版社 1988 年版,第 155 页;尹田:《民事主体理论与立法研究》,法律出版社 2003 年版,第 210 页;王利明:《侵权行为法归责原则研究》,中国政法大学出版社 2004 年版,第 341 ~ 342 页;杨立新:《侵权法论》,人民法院出版社 2013 年版,第 639 页。

⑥ 参见李飞:《论董事对公司债权人负责的法理正当性——从法人组织体说的局限性及其超越之路径展开》,载《法制与社会发展》2010 年第 4 期。

⑦ 参见龙卫球:《民法总论》,中国法制出版社 2002 年版,第 355 ~ 364 页。

管不同学说就法人本质所持观点存在的差异使得他们在解释法人民事责任时的逻辑进路有所不同，但无论过程如何，这些学说都不约而同地达成了一致结论，即要求法人对其机关成员因职务行为给他人造成的损害承担责任。换言之，无论出发点持何种学说，法人机关理论的基本内涵最后都殊途同归：法人通过法人机关的成员进行活动，法人机关成员的职务行为给他人造成的损害由法人承担责任。⑧

《德国民法典》规定的法人制度使法人成为现代民法上与自然人并列的民事主体。通过权利能力这一立法技术工具，德国民法实现了人的概念在私法领域的形式化。法律将伦理学意义上的人所具有的其他特性予以剔除，对自然人与法人进行了权利能力这一最大公约数提取，从而使两者均成了法律意义上的"人"。然而，法人终究只是一种社会组织，没有自然人的意识和躯干，不具备自然人的思维、行动等生物属性。虽然法律制度赋予了法人独立的主体资格和权利能力，但这只能是抽象意义上的，在具体的现实中，法人应该如何进行行为活动呢？为了解决这一问题，法人机关理论应运而生。各国法律之所以在采用法人制度的同时为法人设置董事会等相应机关，根本原因就在于法人的非自然属性决定了法人必须通过自然人组成的法人机关来进行行为活动。法人机关是法人法律人格的组织基础，离开法人机关，法人无法成为独立的民事主体。因此，法人机关理论的主要功能是形成和执行法人意志，解决法人这一社会组织的行为能力问题。

此外，法人机关理论还解决了法人的责任承担问题。作为民事主体，法人不仅需要有能力进行民事活动，也需要对这些活动的法律后果承担责任。除了订立合同等合法行为以外，法人也会实施违法行为。事实上，在现实生活中，法人从事违法行为的情形屡见不鲜，很多违法行为是在非法利益的驱动下进行的。当法人实施违法行为时，应当由谁来承担责任呢？法人机关理论回答了这一问题。如前文法人机关理论的基本内涵中所提到的，无论是代理说还是机关说，均认为法人应当承担责任。通过法人机关理论，法人被纳入对受害者承担责任的主体行列，进一步加大了对受害人的保护力度。

⑧ 参见王长华：《公司法人机关理论的再认识——以董事对第三人的责任为视角》，载《法学杂志》2020年第6期。

2. 法人机关理论绝对化

通过上文的分析可知,法人机关理论的主要功能是解决法人的行为能力问题和责任承担问题,正是因为有法人机关理论,法人才能作为一个独立的民事主体进行活动并承担责任。根据法人机关理论,法人应该就董事等法人机关成员因职务行为给他人造成的损害承担责任。但是,回到最初的问题本身,法人承担责任是否就意味着董事等法人机关成员的责任被免除呢?法人机关理论真的必然排斥董事对第三人承担责任吗?

过去的通说认为,让法人机关成员与法人一起向第三人承担责任在法理上是冲突的。法人机关成员与法人处于同一个民事主体之中,既然法人机关理论认为法人机关成员的职务行为是法人的行为,应该由法人对行为后果承担责任,那就不能再让法人机关成员与法人一起共同对外承担责任,法人机关成员承担的应该仅是法人的"内部责任"⑨。要么让法人单独承担责任,要么让法人机关成员单独承担责任,不得让二者同时对第三人承担责任,这种"二选一"的责任承担方式成为我国很长一段时间理论界以及司法实践默认的思维模式。⑩过去的习惯并不意味着永久的正确,这种"二选一"的论断实际上是对法人机关理论认识的绝对化。⑪

这种法人机关理论绝对化认识的形成,与当时特殊的社会环境有很大关系。在《民法通则》制定之时,我国还处于改革开放初期,刚刚开始发展商品经济,计划经济仍然是经济发展的主导,企业制度也刚刚起步,公司还没有得到全面的普及和发展,现代公司治理模式尚未建立。正如参加《民法通则》制定的江平教授所说的一样,之所以让法人来承担责任而不是让厂长、经理⑫等人员来承

⑨ 参见马俊驹:《法人制度通论》,武汉大学出版社1988年版,第155页;尹田:《民事主体理论与立法研究》,法律出版社2003年版,第210页;王利明:《侵权行为法归责原则研究》,中国政法大学出版社2004年版,第341~342页;杨立新:《侵权法论》,人民法院出版社2013年版,第639页。

⑩ 1986年公布的《民法通则》第43条规定:"企业法人对它的法定代表人和其他工作人员的经营活动,承担民事责任。"2009年公布的《侵权责任法》第34条第1款规定:"用人单位的工作人员因执行工作任务造成他人损害的,由用人单位承担侵权责任。"2020年公布的《民法典》第62条规定:"法定代表人因执行职务造成他人损害的,由法人承担民事责任。法人承担民事责任后,依照法律或者法人章程的规定,可以向有过错的法定代表人追偿。"

⑪ 参见王长华:《公司法人机关理论的再认识——以董事对第三人的责任为视角》,载《法学杂志》2020年第6期。

⑫ 基于当时特定的时代背景,公司的经营管理人员主要是厂长、经理而非董事。

担责任，其实是由我国当时的实际情况所决定的。由于种种原因，当时的厂长权力并不大，比起厂长、经理等人员对公司的管理，公司经营更多的是受行政因素的干扰。如果让厂长、经理等人员承担责任，对其显然是不公平的，而且当时的厂长、经理工资并不高，过于沉重的责任也不符合权利、义务、责任相一致的原则，不但不会起到监督和激励作用，反而会产生严重的驱离效应，让人们不敢当厂长。[13] 此外，当时我国的企业仍以国有企业和集体企业为主，企业有足够的经济实力来对外承担责任，相较于收入较少的厂长和经理，让企业承担责任显然更有利于对第三人的保护。在当时的人们看来，国有企业和集体企业有国家作为后盾，破产几乎是不可能的事，因此，让厂长、经理与企业共同承担责任也没有必要。

但是，随着市场经济的不断发展，我国目前的社会现实已经发生了巨大变化，如今公司法人组织所面临的现实问题与《民法通则》制定时的实际情况已不可同日而语。相较于我国当时的公司发展和治理状况，现在的公司有了翻天覆地的改变。非公有制经济成为我国社会主义市场经济的重要组成部分，越来越多的私营企业出现在市场上，公司“两权分离”趋势加剧，董事等法人机关成员的控制问题也日益突出，为了谋取利益通过公司侵犯他人权益的事件更是频频发生，若一味因循守旧坚持惯例，一概排除董事对第三人承担责任，在当下的市场经济条件下显然并不可取。任何理论都有其特定的适用空间，过于绝对化就会产生弊端，法人机关理论也不例外。曾经的社会背景让我国选择了“二选一”的责任承担方式，但是随着社会实践发展带来新的问题与需求，我们有必要适时修正对于法人机关理论的绝对化认识，破除过去的成见，重新思考法人机关理论与董事对第三人责任制度的互动关系。

3. 董事的双重身份与法人机关理论的例外

如前文所述，法人机关理论的主要功能和目的是解决不具备自然人生理功能的法人的行为能力问题和责任承担问题，并非免除董事等法人机关成员对第三人的责任。虽然法人机关理论让法人对其机关成员的职务行为承担责任，但这并不意味着董事等法人机关成员就无须对其自身的行为承担责任。事实上，

---

⑬ 参见顾昂然等：《中华人民共和国民法通则讲座》，中国法制出版社2000年版，第116～117页。

坚持“二选一”模式，认为董事只应承担“内部责任”的学者忽视了一个客观事实，那就是当董事以公司的名义实施侵权行为时，实际上具有双重身份：一个是代表公司的机关成员身份，另一个是代表自己的普遍法上的行为人身份。[⑭]

从我国通说法人实在说来看，法人意志的形成与表达以及行为的进行都需要依赖董事等法人机关成员，这些法人机关成员就相当于法人的肢体，因此这些“肢体”所做出的行为为法人的行为。但是现实中的法人机关成员与自然人的肢体完全不同，我们不能把自然人的生理功能直接套用到法人机关成员与法人的关系上。自然人的肢体是没有意识的，完全服从于自然人本身的意志，但法人机关成员是有意识、有思想的，是具有完全民事行为能力的独立的民事主体，[⑮]他们从事的行为不仅会受到法人这一组织总体意志的影响，还会受到其自身意志的影响。把董事视作公司的一部分并不会改变董事是一个独立个体的事实，董事的个人意志不会因其进行的是职务活动就凭空消失，最大化自己的利益仍然是董事行为的内生动力。法律的逻辑推演不能忽略实践中董事的双重身份，也不能忽视董事被“吸收”和“掩藏”的个人人格，否则，很有可能使法人机关理论沦为部分董事逃避责任、谋取私利的工具。

基于董事具有双重身份，当发生董事在职务活动中侵害第三人利益的情形时，应该一分为二来进行讨论（见图1）。一方面，董事具有公司机关成员的身份，如果侵害了第三人的利益，其职务行为视为公司的行为，公司应该对第三人承担责任；另一方面，董事具有普遍法上的行为人身份，当其行为存在过错侵害了第三人时，也应该对自己的个人行为承担责任。实际上，刑法中单位犯罪的双罚制就在一定程度上体现了这一观点。正如刑法学者提到的一样，单位成员是在自己的主观犯意支配下实施了犯罪行为，其意志具有独立性和本源性，单位犯罪的主体其实应该是单位和相关责任人员的复合主体，根据罪责自负原则，单位及其相关责任人员都需要对自己的犯罪行为承担相应的刑事责任。[⑯]

---

⑭ 参见王长华：《公司法人机关理论的再认识——以董事对第三人的责任为视角》，载《法学杂志》2020年第6期。

⑮ 各国法律通常要求董事等高级管理人员必须具有完全民事行为能力，我国《公司法》第146条规定，无民事行为能力或者限制民事行为能力不得担任公司的董事、监事、高级管理人员。

⑯ 参见叶良芳：《论单位犯罪的形态结构——兼论单位与单位成员责任分离论》，载《中国法学》2008年第6期。

只有对董事等法人机关成员的行为实行有效控制，才能更好地规制法人行为，从而更全面地保护交易安全。

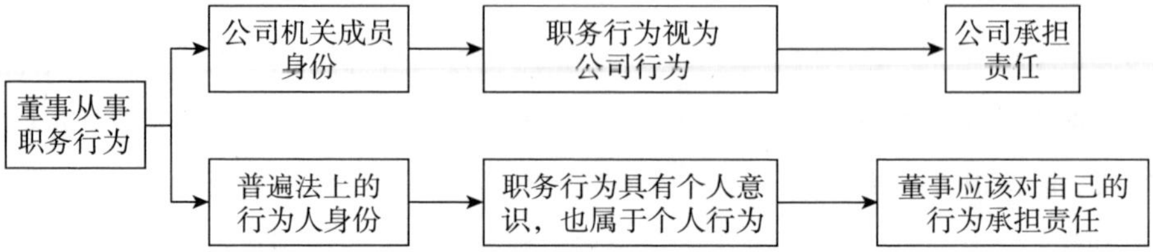

图 1　董事从事职务行为时的双重身份

作为公司法的基本原则，公司法人制度是公司法的基石，我们不能轻易地否定和推翻它，否则可能造成整个公司法体系的大动荡。但是，法律制度不是一成不变的，当公司法人制度不再适应现实情况，难以满足现实发展需求时，我们应该因时因势而变，从实际出发，对其进行必要的修正。正如曾经为了解决公司法人制度异化所产生的弊端而创建了公司法人格否认制度与股东派生诉讼制度一样，我们也应该根据当前的社会实际为规制董事行为设置必要的例外制度。董事对第三人责任制度并未根本否定公司法人制度，而是在坚持公司法人制度的基础上所作的一项特殊的例外设计，是在新的社会背景下对原有法律制度的补充与完善。我们应该回归法人机关理论的本初功能，跳出过去的局限思维，全面认识董事的双重身份，避免法人机关理论绝对化，正确看待董事对第三人责任制度。

（二）董事对第三人责任的利益平衡

通过前文的研究，我们重新梳理了法人机关理论与董事对第三人责任制度的关系，明确了两者之间并非对立排斥。但这只是为我国建立董事对第三人责任制度清除了理论障碍，不能直接说明建立该制度的必要性。要想论证《公司法修订草案》一审稿和二审稿第 190 条规定的合理性，还需要从正面进一步研究董事对第三人责任制度的正当性法理基础。

法律制度不仅是理性构建的产物，也是利益平衡的产物，立法的过程实际上是一个利益衡量的过程。立法正是从公平、正义等价值理念出发，对各种冲突的利益进行平衡，通过不断的调整，使这些冲突的利益处于平衡状态并以权利义务的形式固定下来。[17] 但法律的调整并不是一成不变的，社会的发展使得不同主体间的利益格局发生变动。旧的利益格局被打破，新的利益格局亟待确立，法律应根据社会需要作出相应的制度应对以协调利益冲突，平衡被破坏了的旧的利益格局，重新建立适应现实的新的利益格局。

伴随董事会权力的急速扩张，董事在现代公司治理中发挥着越来越重要的作用，董事、第三人以及公司之间的利益矛盾日益突出，如何平衡这种利益冲突成为现代公司法律制度必须解决的问题。因此，本文试图从利益平衡理论出发，探讨董事对第三人责任在法理上的正当性，为我国建立董事对第三人责任制度提供更为充分的法理依据。

1. 公司法人制度下的利益格局

作为一种社会组织，公司是所有对公司享有利害关系的主体实现各自利益的组织形式。无论是公司的所有权人、公司的管理者，还是公司的劳动者、公司的第三人，这些利害关系主体都与公司的兴衰成败息息相关，不同利害关系主体之间既矛盾又统一，既相互依存又相互制约。

公司法人制度的产生是法律为了解决投资者与第三人之间的冲突而进行利益平衡的结果。在公司产生之前，投资者通常就是企业的管理人，直接负责企业[18]的经营管理，拥有企业财产的所有权，与之相对应，投资者也需要对企业的债务承担无限责任。在这种情况下，投资者与第三人的关系十分简洁明了，由投资者直接向第三人负责。但随着企业的发展以及生产规模的扩大，投资者与第三人之间的冲突日益明显。一方面，由于投资者对企业经营所产生的债务承担无限责任，一旦决策失败可能会让投资者陷入万劫不复的境地，投资者承担着巨大的经营风险；另一方面，作为自然人，投资者的偿债能力有限，还会受到其个人债务的影响，这就使得第三人的权益无法得到有效保障。为了平衡两者之间的冲突，公司法人制度应运而生。

公司法人制度将公司与投资者区别开来，明确了公司法人具有独立人格，以自己的全部财产对外独立承担责任，股东仅需承担有限责任。投资者不再直接参与企业的经营管理，而是通过持有公司的股份来获取公司的收益，以此换

---

⑰ 参见梁上上：《利益衡量论》，北京大学出版社 2021 年版，第 134 页、第 163 页。

⑱ 如合伙企业。

取对公司债务以出资额或者所持股份为限承担有限责任的优待。在这种情况下，股东的责任得到了适当的限制，不用再担心会因为公司的债务而承担过多的风险，这使得股东可以放心投资公司，从而吸引更多投资者的加入。与此同时，公司法人制度将公司作为一个独立的法律主体，使得公司通过自己的财产来承担债务，大大增加了对第三人的保障。此外，第三人还可以根据公司的经营状况和财务状况来评估债权实现的预期，从而更好地控制自己的风险。虽然公司法人制度让公司介入股东与第三人之间，将股东与第三人的关系由直接化转为间接化，但通过合理的制度设计，公司法人制度让股东与第三人之间实现了利益平衡。

需要强调的是，公司的行为活动始终要依赖具体的自然人才能得以进行，因此要想实现理论上的完美平衡，就必须要求股东在实践中贯彻分离原则，确保公司的独立人格。首先，公司的财产必须与股东的财产彻底分离。这意味着股东不能随意动用公司的财产或将其个人财产与公司财产混淆，这样才能确保公司财产的独立完整性，从而更好地维护第三人的利益。其次，公司经营权必须与所有权彻底分离，这意味着股东不能插手公司的经营管理，以确保公司人格独立于股东的人格。这是为了保护第三人对公司独立运营的信赖和预期，使第三人确信与其交易的相对方是公司这样一个依法独立经营运作的法律主体，而非躲在公司背后任意操作却只需承担有限责任的股东。如果股东严格遵守分离原则，确实可以维护股东与第三人之间的利益平衡，但是，现实并没有想象中那么美好，股东可能会为了追寻自身利益而违反分离原则，侵吞公司财产，进而侵害第三人的利益。与公司股东相比，第三人在获取公司经营信息方面还存在较大的障碍，这使得其处于极为不利的地位。为了进一步实现股东和第三人之间的利益平衡，公司法在公司法人制度的基础上制定了一系列旨在保护第三人利益的制度，如资本维持原则、法人人格否认制度等，这些制度使得股东和第三人之间的平衡格局得以维系。但是，公司治理的进一步发展使得这种利益格局又发生了改变，社会对法律制度提出了新的需求。

2.失衡的利益格局：董事权力的扩大与第三人处境的恶化

伴随科技的不断发展，大规模生产技术得到了飞速进步，公司在技术的保障下为了规模经济优势不断扩大，而市场竞争的加剧以及公司联合的优势也在不断推动公司合并,种种因素的作用下,越来越多的大型公司开始涌现。这些大型公司所需要的巨额资金远远超过了个人或家族所能承担的范围,为了筹集更多的资本,公司开始向社会公众发行股份。与创始人不同,社会投资者往往更倾向于限制自己单项投资的金额,进行更多元的投资以控制风险,这就导致股权结构进一步分散,股东的影响力随着股权的分散而降低。与此同时,公司规模的不断扩大使得公司的治理日趋复杂,传统的股东会治理结构在处理复杂的公司运营中显得笨拙而缺乏效率,公司想拥有独立法人资格而需要遵守的分离原则也在呼吁着所有权和经营权的分离。在这种背景下,所有权与经营权的分离成为现代公司的一个重要特征,公司的经营权从拥有公司所有权的股东手中分离出来,逐渐集中到专业的公司治理机构——董事会的手中,公司的权力重心逐渐从股东会向董事会转移。越来越多的国家在公司立法中确立了董事会在公司治理中的核心地位,我国当前的公司法修订中也呈现出了显著的董事会中心主义倾向。

随着董事成为公司与第三人利益格局中的重要主体,原来公司法人制度下暂时平衡的利益格局出现了严重失衡,原本就处于劣势地位的第三人的处境越发恶化,其在利益格局中的平等地位岌岌可危。在法人机关制度的庇护下,董事明明掌控着公司的经营管理大权,却无须对其行为给他人造成的损害承担赔偿责任,这使得曾经可以维系的利益天平严重倾斜,具体而言,会带来以下问题。

问题一:董事侵犯公司利益,公司却怠于追究。

根据公司法人制度,公司具有独立的法人资格,若董事侵犯公司利益,应当由公司自行决定是否追究其民事责任。但是,公司始终不是自然人,必须依赖董事或法定代表人等真正的自然人来进行诉讼。也就是说,当董事实施侵犯公司利益的行为时,只能期待董事具有超高的道德水平来自己起诉自己,事实上,这几乎是不可能发生的事。在这种情况下,股东与董事、公司之间的利益关系显然失衡,遭受实际损害的公司和股东因为公司法人制度的庇护而无法追究董事责任,法人制度不仅没有有效维护公司利益,反而助纣为虐,成了无良董事的"保护伞"。

问题二:董事侵犯第三人利益,第三人无法得到有效救济。

根据传统的法人机关理论,董事作为公司机关的成员,其职务行为被视为公司的行为，应当由公司对其行为后果承担责任。也就是说，只要董事侵犯他人利益的行为是在执行公司职务，该行为的后果就得由公司承担，被侵害利益的第三人只能向公司要求赔偿，而躲在公司背后的真正的肇事者（董事）却得以免除责任。尤其是当公司破产时，第三人对公司的请求就显得更加无助，通过破产清算程序，公司可以将风险和负担甩给第三人，董事更是可以在此时隐身而置身事外，最终只有第三人受害。这显然是极为不公的，不仅增加了公司、第三人权利救济的成本，而且大大放纵甚至助长了董事的不法行为。

问题一已有相应制度，问题二亟待解决。

随着公司法理论的不断发展，目前我国针对问题一已经设置了相应的救济措施，在规定董事责任的同时，还赋予了受害股东可以通过股东诉讼寻求救济的权利。如果董事的滥权行为直接损害了股东的利益，根据我国法律规定，此时股东可以直接对董事提起诉讼，要求其承担赔偿责任。即使股东是因为董事的行为导致公司利益受损而间接受损，也可以通过股东派生诉讼来保护自身权益。⑲ 通过相关的责任追究机制，董事的行为得到了规制，公司和股东的利益也得到有效的保护，三者之间的利益关系重新回归适当的平衡。

与此形成鲜明对比的⑳是，被忽视的第三人——董事权力的急剧扩张使得第三人本就不利的处境更为恶化。在过去，侵害公司、第三人利益的主体主要是股东，如前文所述，这种利益失衡通过资本维持原则、法人人格否认等制度得到了矫正。但是在董事会成为公司管理核心的当下，董事逐渐成为侵害第三人利益的主要主体，而在《公司法修订草案》出台前，我国公司法上并未有统一的

---

⑲ 《公司法》第151条规定："董事、高级管理人员有本法第一百四十九条规定的情形的，有限责任公司的股东、股份有限公司连续一百八十日以上单独或者合计持有公司百分之一以上股份的股东，可以书面请求监事会或者不设监事会的有限责任公司的监事向人民法院提起诉讼；监事有本法第一百四十九条规定的情形的，前述股东可以书面请求董事会或者不设董事会的有限责任公司的执行董事向人民法院提起诉讼。监事会、不设监事会的有限责任公司的监事，或者董事会、执行董事收到前款规定的股东书面请求后拒绝提起诉讼，或者自收到请求之日起三十日内未提起诉讼，或者情况紧急、不立即提起诉讼将会使公司利益受到难以弥补的损害的，前款规定的股东有权为了公司的利益以自己的名义直接向人民法院提起诉讼。他人侵犯公司合法权益，给公司造成损失的，本条第一款规定的股东可以依照前两款的规定向人民法院提起诉讼。"《公司法》第152条规定："董事、高级管理人员违反法律、行政法规或者公司章程的规定，损害股东利益的，股东可以向人民法院提起诉讼。"

⑳ 此处将股东的处境与第三人进行对比，是因为本文认为公司法语境下的第三人应限缩为公司的债权人，不包括股东，具体在后文详述。

制度对其行为进行约束,这就使得第三人难以在利益受董事损害时得到及时有效的救济。特别是与股东相比,董事与股东的利益具有更大的同质性,这种同质性会进一步加剧第三人的不利地位。在实践中,董事的人选通常是由股东精心挑选的,如果董事背离股东意愿或与股东利益发生冲突,股东有权罢免董事。除了可能被罢免外,董事的酬劳也由股东组成的股东会决定,这些都会使董事更加倾向于维护股东利益。某种程度上,董事的利益与股东的利益趋于一致,当董事在为股东利益最大化努力时,也是在为自己利益最大化努力。为了尽可能地实现股东利益最大化,董事的权力运行可能会突破第三人的合理期待,从而损害第三人的利益。

当公司处于濒临破产的状态时,董事、股东和第三人的利益冲突会更加明显。濒临破产通常意味着公司面临巨大的债务负担,如果公司的经营再没有改善,很可能将迎来破产清算。一旦破产清算,股东将丧失公司的股份,董事也会失去职位和高额报酬,这显然是他们不愿接受的结果。要想尽快扭转局面让公司扭亏为盈,最有效的方法莫过于投资高收益的项目。高收益通常也意味着高风险,成功了可以让公司摆脱困境,但是一旦失败,则会让原本可以用来偿债的公司资产遭受更大的损失,这显然与第三人的利益背道而驰。由于法人机关理论的掩护使得董事不用对第三人承担责任,极大地降低了董事风险决策的成本,如果冒险成功,董事会为自己和股东寻求更多利益,即使冒险失败,董事也无须承担更多的责任。在这种情境下,董事自然会以第三人利益为代价作出更有利于自己的选择,第三人的利益完全无法得到有效的保护。

3. 其他法律制度对第三人保护的缺失

有学者认为,法人人格否认制度可以给第三人提供足够的保护,[21]但这种观点有待商榷。我们需要明确,法人人格否认制度的主要目的是约束股东的行为,防止股东滥用权力,其适用对象是公司的股东,而不是公司的董事。虽然商事实践中有部分公司的董事由股东兼任,但股东和董事绝不是完全一致的,不管是上市公司还是有限公司,股东并不会全部成为董事,董事也不一定具有股东身份。因此,以股东作为适用对象的法人人格否认制度无法完全覆盖董事侵害第三人利益的所有情形,难以给第三人提供全面的救济通道。

---

[21] 参见尹田:《民事主体理论与立法研究》,法律出版社2003年版,第210页。

当然，为了有效降低自己的风险，第三人可寻求民法所提供的法律手段的保护，通过行使民法上的契约性请求权，要求公司在违约时对自己承担契约性责任。此外，第三人也可以在与公司从事交易时要求公司就公司与自己的债权提供担保或设定抵押，以确保公司破产时自己的债权可以作为有担保的债权而享受优先受偿的权利。然而，民法对第三人所提供的契约保护同样存在问题。一方面，通过契约对第三人提供保护在特殊情形下可能会失灵，因为即便第三人的利益因董事的一些行为严重受损，这些行为也可能根本没有违反相关的契约性条款，这就使得第三人在监控公司违约方面面临极大的困难。另一方面，对于有担保的第三人而言，虽然公司对其债权设置了担保，使得公司违约风险得到合理的控制，但是第三人仍需要担心用于偿还债权的特定担保物的价值波动问题。在第三人与公司就其债权设定担保之际，由于公司经营正常，其担保物的价值评估也会较高，一旦公司因为经营不善而濒临破产时，其担保物的价值很可能会大幅下降，甚至低于第三人债权的总额，此时，即使有担保的第三人也会面临债权不能清偿的风险。

综上，我们可以发现，无论是法人人格否认制度还是民法相关制度，均不能对第三人提供强有力的保护，而法人机关理论的庇护更使得董事肆无忌惮，第三人孤立无援。公司法的核心目标之一就是保护第三人的利益，作为公司法律框架的基石，这一目标的实现对于确保公司经营的正常运转、维护社会经济秩序具有十分重要的意义，是维护公司长期稳定发展的重要前提。如果在保护第三人利益的问题上放弃或动摇，那么将会撼动公司法大厦的根基，给公司法律制度带来重大的冲击和不可估量的风险。因此，为了减少董事权力的急速扩张给第三人造成的不利影响，全面有效地保护第三人利益，更好地平衡公司、董事与第三人等各方主体之间的利益关系，在我国公司法中构建董事对第三人责任制度势在必行。

4. 董事对第三人责任利益衡量的展开

利益是一个复杂的概念，有不同的分类，根据利益衡量的需要，有学者把利益分为“当事人的具体利益”、“群体利益”、“制度利益”（法律制度的利益）和“社会公共利益”㉒。这种分类兼顾了具体利益与抽象利益，形成了一个有机的

㉒ 梁上上：《利益衡量论》，北京大学出版社 2021 年版，第 119 页。

层次结构,本部分将根据这一层次结构,对董事对第三人责任进行利益衡量。

在衡量的过程中,我们遵循这样的思路:在现今的社会环境中,是否需要让董事对第三人承担责任来加强对第三人的保护?如果坚持不让董事对第三人承担责任,结果怎么样?如果适度让董事对第三人承担责任,结果又怎么样?如果建立董事对第三人责任制度,对法人制度的制度利益会产生什么样的影响,对社会公共利益又会产生什么样的影响?具体的衡量分为两种情形,结果如表1和表2所示。

表1　不让董事对第三人承担责任的利益衡量结果

选择保护对象	结果							
	当事人具体利益			群体利益			制度利益	社会公共利益
	第三人利益	董事利益	公司利益	第三人群体利益	董事群体利益	公司群体利益	法人制度	公平、正义以及社会经济发展利益
不让董事对第三人承担责任	×	√	×	×	√	×	○	×

注:表格中的"√"表示利益有所增加,"×"表示利益有所减损,"○"表示没有影响。

如表1所示,在现代社会,如果不让董事对第三人承担责任,会带来以下结果:首先,对于具体的第三人而言,如果不让董事对其承担责任,其利益受损的风险将有所增加,尤其是当公司无力清偿债务时,是否能够使用其他财产来偿还债务对第三人的利益具有关键性的影响。扩展到第三人群体也一样,若不让董事对第三人承担责任,整个群体的利益都会面临更大的风险。其次,就董事个人以及董事群体而言,不让董事对第三人承担责任显然减轻了他们的责任负担,也意味着减少了对董事的监督和约束。董事个人责任的缺位很有可能会导致部分董事怠于履行职责和义务,甚至为了逐利从事违法行为。而董事怠于履职,不仅不利于第三人利益保护,同样不利于公司的发展。因此,不让董事对第三人承担责任也可能会损害公司的利益。当然,根据传统的法人机关理论,董事本就不用对外承担责任,所以不让董事对第三人承担责任并未对法人制度的制度利益产生影响。最后,就社会公共利益而言,不让董事对第三人承担责任显然会对社会公共利益造成损害。如果董事就其过错行为不用对受害人承担责任，那么董事就很有可能在"保护伞"下肆意妄为，社会公众必将时刻处于担惊受怕之中。社会的公平、正义等价值理念无法得到有效维护，社会经济很难得到健康长久的发展。

表2　让董事对第三人承担责任的利益衡量结果

选择保护对象	结果							
	当事人具体利益			群体利益			制度利益	社会公共利益
	第三人利益	董事利益	公司利益	第三人群体利益	董事群体利益	公司群体利益	法人制度	公平、正义以及社会经济发展利益
让董事对第三人承担责任	√	○	√	√	×	√	√	?

注：表格中的"√"表示利益有所增加，"×"表示利益有所减损，"○"表示没有影响，"?"表示没有确定的方向，需要分情况讨论。

如表2所示，如果让董事对第三人承担责任，社会总福利将会得到增加。第一，就第三人个体以及群体的利益而言，将董事纳入责任主体中显然能够提升对第三人的保护力度，从而更有效地保护第三人的利益。第二，就个案中具体的董事个人而言，让董事对第三人承担责任并不意味着董事的利益就必然会有所减损。从表面上看，这样确实是加重了董事责任，实际并非如此，这只是董事在现代公司中权利增大后的必然发展，是一种正常责任的回归，是滥用权利的董事本应承担的责任。让董事对第三人承担责任的目的不是让第三人获得双重赔偿，而是更充分地保障第三人的利益。如果第三人已经得到公司的赔偿，则董事无须再对第三人进行赔偿。在这种情况下，公司可能会向董事追偿，此时董事应公司追偿而承担的责任仅是就自己的过错行为第一次承担责任。同样地，如果第三人已从董事处获得足额赔偿，则不能再从公司处获得赔偿，此时不存在公司对董事的"追偿"问题，董事依然是就自己的过错行为第一次承担责任。因此，在具体的个案中，让董事对第三人承担责任并未加重其责任，只是从公平正义的法律理念出发，让董事承担本就应由其承担的责任（见图2）。第三，就公司利益而言，通过对董事加以约束，可以更有效地规范董事对公司的治理，保护公司的利益。如果要求董事也要承担责任,那么董事就会更有动力监督公司的资本总额和保险状况以控制风险。这样一来,公司过度冒险的激励就会减少,公司能够更长久稳健地运行,更好地推动经济社会的可持续发展。第四,就法人制度的制度利益而言,正如前文所述,董事对第三人责任制度并没有否定公司法人制度,而是在公司法人制度的基础上所作的一项例外设计,合理地让董事承担责任并不会减损法人制度原有的制度利益,反而能遏制法人制度弊端的发生,是对公司法人制度的补充与完善。

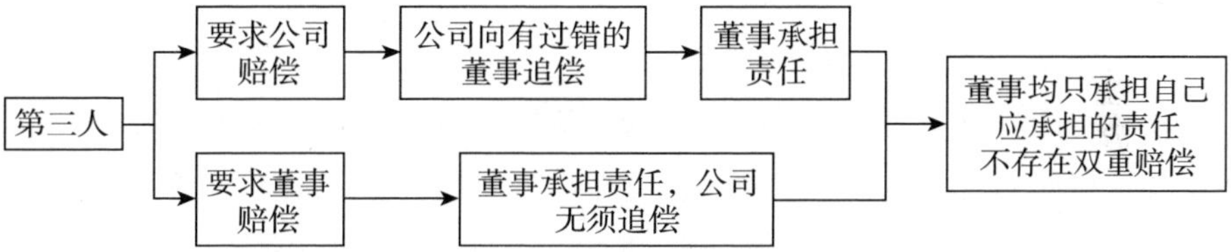

图 2　具体个案中不存在双重赔偿示意图

当然,我们也发现,尽管让董事对第三人承担责任能推动公平正义等社会价值的实现,但如果董事承担的责任过重,也会带来其他负面影响。过重的董事责任会大大加重董事的从业负担,打击董事的工作积极性,甚至会产生驱离效应,让人们不再愿意担任董事,摧毁董事职业队伍,阻碍社会经济的发展。因此,在确立董事对第三人责任制度的同时,有必要对董事责任予以适当的限制,具体的限制措施将在后文展开。

综上,让董事对第三人承担责任,是公司法人制度变迁中实现各方利益平衡的客观需要和现实需求,是法律基于公平正义的价值理念所作的制度设计,对于公司法人制度的发展具有十分重要的现实意义。不过该制度也会在一定程度上带来负面影响,为了更好地平衡各主体的利益关系,有必要对该制度予以完善。

三、董事对第三人责任的构成要件

通过前文的利益衡量,董事对第三人责任制度的正当性得到了更充分的论证。董事对第三人责任制度主要适用于利益格局失衡时第三人利益无法得到有效保护的情况，是为了解决社会变迁中出现的利益失衡问题而对公司法人制度进行的例外设计。此前我国法律法规中已经存在董事对第三人责任的个别规定，《公司法修订草案》一审稿和二审稿通过第190条直接进行了一般性规定，虽然可以有效降低司法实践中的法律推演成本，但是也扩张了该例外制度的适用范围。需要明确的是，任何例外制度都必须被予以必要的限制，否则过度扩张的例外制度可能会导致基本制度的瓦解。为了进一步减少该一般性规定对公司法人制度的冲击，需要对《公司法修订草案》一审稿和二审稿第190条所规定的董事对第三人责任的适用条件进行科学、合理的限制。

（一）董事对第三人责任的性质

民事责任的适用条件通常由其性质所决定。董事对第三人责任的性质界定不仅会直接影响责任构成要件的确定，而且引领着相关的司法实践，甚至会对该制度的适用范围以及价值发挥产生影响。因此，有必要就董事对第三人责任的性质进行讨论。

在学术界，对于董事对第三人责任的性质存在不同的观点，主要是法定责任说和侵权责任说。其中，法定责任说认为，董事对第三人的责任是由法律特别规定的法定责任，不是侵权责任。有学者就曾指出，鉴于董事对第三人的责任通常由间接损害所导致，而且第三人往往是不特定的，所以董事对第三人的责任不应该是侵权责任，而应该是基于法定事由而引起的法定责任。[23] 而侵权责任说则认为，如果董事在执行公司职务时基于故意或重大过失损害第三人利益，那从法律的角度来看，董事主观上有故意或重大过失，客观上从事了损害第三人利益的行为，而且这一行为与第三人所受损害有因果关系，满足了侵权责任的构成要件，应该承担侵权责任。[24] 还有学者认为，董事职务行为所造成的第三方利益损失本质上是董事侵犯了第三方的债权，因此董事对第三方的责任属于侵权责任。[25] 与上述观点有所区别，本文认为，董事对第三人的责任是一种特殊责任，虽然在本质上接近于侵权责任，但又具有特殊性。

首先，董事对第三人责任在本质上接近侵权责任。尽管董事与第三人之间

---

[23] 参见王保树：《股份有限公司机关构造中的董事与董事会》，载梁慧星主编：《民商法论丛》（第1卷），法律出版社1994年版。

[24] 参见叶敏：《公司控制人的法律分析》，中国政法大学出版社2015年版，第168页。

[25] 参见冯果、柴瑞娟：《论董事对公司债权人的责任》，载《国家检察官学院学报》2007年第1期。

并没有合同,即董事与第三人之间没有相对法律关系,但这并不意味着董事与第三人就毫无关系,事实上,两者之间存在一种绝对法律关系。根据现代法治的基本精神和原则,任何人都不得非法侵犯他人的合法权益,即相对于权利人,其他人都负有一种不作为的义务,公司董事也不例外,甚至在特殊情况下,董事还可能对第三人负有注意义务。这种义务并非来自董事与第三人之间的约定,而是来自《民法典》《公司法》等相关法律的强制性规定,是一种法定义务。当董事违反这种法定义务时,处于这种绝对法律关系中第三人的权利可能会遭到侵害,而侵权责任是行为人违反不得侵害他人财产和人身的普遍性义务以及其他法定义务所产生的责任,[26]由此看来,董事对第三人责任在本质上更接近侵权责任。

其次,董事对第三人责任虽然在本质上接近侵权责任,但是又具有诸多特殊之处,是通过《公司法》这一特殊法而对作为一般法的《民法典》中的侵权责任所进行的适度创新。究其根本,董事对第三人责任是为了在新的社会背景下通过强化董事的责任来平衡失衡的利益格局,其特殊性不是在于对第三方的直接侵权行为,而是对公司的职务懈怠在与第三方的关系上存在违法性,董事对第三人负有不得侵害第三人财产和人身的普遍性义务,而董事在职务行为中存在的过错违反了这一义务,这就使得董事具有了可归责性。因此,在认识到董事对第三人责任在本质上更接近侵权责任的基础上,我们也需要认识到这种责任的特殊性,并根据其特性来确认具体的构成要件。

关于董事对第三人责任性质的不同观点使得学界对该责任的构成要件也存在不同看法,具体而言,可分为二要件说、三要件说与四要件说。二要件说以法定责任说为理论基础,认为董事对第三人责任的发生条件只有两个,一个是董事有违法行为,另一个是第三人因董事的违法行为而受到损害,董事的主观状态并不属于考虑范围,即董事无须就侵害第三人的行为有故意或过失。[27]三要件说和四要件说则均以侵权责任说为理论前提,并以此为基础来考虑责任构成要件。三要件说认为,董事对第三人责任的构成要件应该包括董事的过错、

㉖ 参见王利明等:《民法学》(第2版),法律出版社2008年版,第166页。

㉗ 参见张龙文:《论董事之责任》,载林咏荣主编:《商事法论文选辑》(上),台北,五南图书出版股份有限公司1984年版。

第三人的损害事实和因果关系。[28] 四要件说认为，除了三要件说提到的几项构成要件之外，董事的违法行为也属于董事对第三人责任的构成要件。[29]

显然，若坚持二要件说，不管董事主观状态而直接归责将会极大地加重董事责任，于理不合。三要件说和四要件说都充分认识到董事对第三人责任的法律本质，具有一定的合理性，但没有充分重视该责任的特殊之处。如上所述，本文认为董事对第三人责任虽然在本质上接近侵权责任，但是具有特殊性，在充分考虑其特性的基础上，董事对第三人责任应具备以下要件。

（二）董事对第三人责任的主体要件

损害赔偿责任的主体包括赔偿义务主体和赔偿权利主体，同样地，董事对第三人责任在主体上也应包括赔偿义务主体和赔偿权利主体。根据《公司法修订草案》一审稿和二审稿第 190 条的规定，赔偿义务主体为董事，赔偿权利主体为他人（第三人）。为了在实践中更准确地适用该责任，我们需要对董事与第三人的范围进行更深入的探讨。

1. 董事的范围

董事对第三人的责任，是指董事这一赔偿义务主体需对第三人这一赔偿权利主体所承担的民事责任。只有当行为人是公司的董事时，才能根据董事对第三人责任制度追究其责任，如果行为人不是董事，则该制度对其并无意义。因此，在判断行为人是否需要依据董事对第三人责任制度来承担责任时，必须先考虑其是否为公司的董事。

一般而言，董事的认定较为简单，看职位即可判断，但有时候也会出现复杂情况。在实践中，董事的判定并非只需要关注其是否具有董事的头衔，还需要根据公司的性质、其在公司经营中所起的作用等因素来进行综合判断。根据董事是否经过正式程序选任并在公司章程中记载以及董事对公司的实际控制力不同，可以将董事分为正式董事与非正式董事。[30] 正式董事理应属于董事对第三人责任的责任主体，而非正式董事通常在表面上没有董事身份，这是否意味着非正式董事就无须对第三人承担责任呢？非正式董事包括事实董事和影子

---

[28] 参见冯果、柴瑞娟：《论董事对公司债权人的责任》，载《国家检察官学院学报》2007 年第 1 期。

[29] 参见孙建江、陈永旭：《公司侵权行为中董事对第三人的责任》，载《宁波大学学报（人文科学版）》2003 年第 3 期。

[30] 参见朱慈蕴：《公司法原论》，清华大学出版社 2011 年版，第 286 页。

董事,接下来将对二者分别进行论述。

事实董事,顾名思义,就是指表面上没有董事身份,实际上却以董事身份进行活动的人。他们虽然没有经正当程序被选任为董事,姓名也没有作为董事被章程以及工商登记资料记载,但实际上却行使着董事职权。就享有的权利而言,事实董事与正式董事并没有区别,公司的行为和意志同样可以通过事实董事实施和表达。因此,本文认为,事实董事应该属于董事对第三人责任的责任主体。当然,事实董事的判定并非黑白分明,实践中认定事实董事时不能过于机械和草率,需要具体情况具体分析,综合考量各项因素来加以确定。具体而言,该"董事"不仅需要表现出董事的外观特征,还需要具有与其他正式董事类似的权限,并且能够长时间参与公司的经营管理。

影子董事通常不具备像事实董事那样的外观表征,他们不仅未经正当程序被选任,也不以董事名义公开进行活动,而是躲在正式董事背后,通过正式董事来管理和掌控公司,是公司的幕后决策者和真正控制者。[31]《英国公司法》第251 条规定,影子董事是指公司董事遵循其发出的指示或指令而行事的人。然而,并非董事遵循建议的所有人都要被视为影子董事(也有可能是律师、会计师等),要想判定一个人是影子董事,必须证明该人对公司有切实的影响力。在公司的管理经营中,正式董事其实只是影子董事的傀儡,其行为只是影子董事意志的体现。因此,为了防止影子董事实际操控公司损害第三人利益,影子董事也应该属于责任主体的范围,承担与正式董事一样的法律责任。

综上所述,无论是事实董事还是影子董事,都属于董事对第三人责任的责任主体,应该向第三人承担责任。将非正式董事纳入责任主体范畴,可以有效规避非正式董事实际控制公司运营却不用承担责任和义务的现象,促进公司治理的透明化和规范化。需要明确的是,实践中对事实董事和影子董事的判定应该保持审慎的态度,避免责任主体的过度泛化造成董事和第三人之间利益关系的失衡。

2. 第三人的范围

除了董事以外,第三人的范围也需要明确。按照一般的理解,董事与公司之外的其他人均为第三人。本文认为,在公司法语境下,《公司法修订草案》一

---

[31] 参见黄辉:《现代公司法比较研究》,清华大学出版社 2011 年版,第 191 页。

审稿和二审稿第190条规定中的“他人”（第三人），应该限缩为公司的债权人。主要原因如下：首先，第三人应限于与公司具备基础法律关系的主体，不应扩大为任意的第三人。其次，《公司法》已经存在董事对股东责任的其他规定，如果认为第三人包括股东，不仅对股东保护的意义不大，还有可能造成实践中多种制度的适用冲突。最后，第三人向公司的求偿通常建立在其对公司的债权（合同之债或侵权之债）无法实现的基础上，即原本非债权人的第三人㉜利益受到公司行为的现实侵害后会转化为公司的债权人。鉴于此，本文认为《公司法修订草案》一审稿和二审稿第190条规定中所指“他人”（第三人），应限缩为公司的债权人。

（三）董事对第三人责任的主观要件

1. 董事对第三人责任的归责原则的确定

不同的归责原则将直接影响责任的构成要件，㉝特别是在主观要件方面表现得尤为明显。根据过错责任原则，行为人只有在主观上有过错时才需要承担责任，无过错则无责任。而根据无过错责任原则，行为人即使没有过错也需要承担责任。因此，在讨论董事对第三人责任的主观要件前，有必要先讨论该责任的归责原则。

董事对第三人责任的归责原则存在不同的观点。第一种观点是过错责任说，该说认为董事对第三人责任需要董事存在恶意或重大过失。㉞ 第二种观点是无过错责任说，该说认为董事对第三人责任的成立不用考虑董事是否有过错。㉟

本文认为，在确定董事对第三人责任的问题上，过错责任原则比无过错责任原则更具公平性和合理性，董事对第三人的责任应坚持过错责任原则，即董事对第三人责任需要董事存在过错。若坚持无过错责任原则，只要董事的行为使得第三人利益受损，即使董事主观上没有过错也仍需承担赔偿责任，这显然对董事太过苛刻，给董事带来了过重的责任负担，显著降低人们担任公司董事

㉜ 如雇员、消费者等与董事相关的其他主体。

㉝ 参见王利明：《侵权责任法研究》（上），中国人民大学出版社2011年版，第280页。

㉞ 参见［韩］李哲松：《韩国公司法》，吴日焕译，中国政法大学出版社2000年版，第496页。

㉟ 参见张龙文：《论董事之责任》，载林咏荣主编：《商事法论文选辑》（上），台北，五南图书出版股份有限公司1984年版。

的意愿,长此以往,必将影响公司的正常经营和健康发展。与无过错责任原则不同,过错责任原则把过错纳入董事对第三人责任的要件范畴,根据过错责任原则,只有存在过错的董事才需要承担责任。这样不仅可以对董事进行监督与约束,而且为董事提供了更多的防御空间,降低了董事的风险。相比无过错责任原则,在过错责任原则下,董事的责任更合理,其积极性也更易激发和调动,对于经常面临商业经营风险的董事来说,将过错纳入构成要件显然更为公平且十分必要。

当前已有不少国家将过错作为董事对第三人责任的构成要件,《韩国商法典》第 401 条要求董事存在“恶意或重大过失”,《日本公司法》第 429 条也要求董事有“恶意或重大过失”。我国《公司法修订草案》一审稿和二审稿第 190 条规定中同样将“故意或者重大过失”纳入了董事对第三人责任的要件范畴,这一设计值得肯定,不仅能加强对董事的监督,防范公司经营风险,提高公司的治理水平,同时也切合了公司经营的现实需要,兼顾各方当事人的利益。

2. 董事的过错限于故意和重大过失

如上所述,为了不对董事造成过大的责任负担,应把过错纳入董事对第三人责任的构成要件。过错包括故意和过失,过失又可细分为重大过失和一般过失。本文认为,董事的过错应仅限于故意和重大过失,不包括一般过失。

就董事对第三人的责任而言,故意是指董事明知自己的行为会对第三人造成损害,但仍然希望或放任损害发生。过失是指行为人应当预见自己的行为可能发生有害后果却没有预见,或者虽然预见却轻信可以避免。我国民法将过失分为和一般过失和重大过失。如果行为人达到了一般人的注意义务,但是没有达到法律要求的注意义务,此时就认定行为人是一般过失;如果行为人连一般人最起码的谨慎和注意都不具备,那就应认定行为人是重大过失。相比一般过失,重大过失在主观上具有更强的可非难性。

在董事对第三人责任的构成要件中,本文认为过失应该限于重大过失,不应当包括一般过失。在商事经营中,收益与风险往往呈正相关,高收益通常意味着高风险,而公司作为以营利为目的的商业组织,其营利性通常只有在高风险的经营中才能得以实现。实际上,现代生活中许多技术和产业的发展源于公司的创新和冒险,而这些其实是由董事等自然人去推动和完成的。因此,尽管我们需要对董事的职务行为加以规范和约束,但不应过度限制。随着经济的发展，现代商业经营越来越趋向于专业化和复杂化，充满了更多的风险和不确定性，为了抓住稍纵即逝的商机，董事经常需要在商业态势诡谲多变的情况下迅速作出决策，这就导致董事没办法作出万无一失的完美决定，偶尔出现商业判断失误也在所难免。如果一般过失也要让董事承担责任，那将大大限制董事的经营自由度，从而扼杀公司的创新和发展。将董事对第三人责任的主观要件限定为重大过失，可以有效缓解董事的经营压力，在保护第三人利益的同时，鼓励董事积极地探索新的商业机会，推动公司实现更大的发展和成功。

综上所述，仅仅因为董事的疏忽或轻微的过失导致的损失并不足以构成董事的过错责任，董事只有在主观上具有故意或重大过失时，才需要对第三人承担责任。我国《公司法修订草案》一审稿和二审稿第 190 条将过错限定为“故意或者重大过失”值得肯定，不仅保护了董事的合法权益，也促进了公司的稳定发展和社会的公正运行。

（四）董事对第三人责任的行为要件

董事对第三人责任制度是一种特殊责任制度，其特殊性之一就是该制度是基于董事在公司中所担任的职务而产生的，只能追究董事职务行为的责任。如果董事的行为是以个人身份实施，那么这种行为就不属于董事对第三人责任制度的涵射范围，若这种个人行为对第三人造成损害，依据侵权责任法应该让董事自己对受害人承担责任，与公司无关。如果董事的行为具有职务性，即该行为是其在董事身份下履行职责的行为，那么所带来的损害结果就属于董事对第三人责任制度所要解决的范畴，而且根据法人机关理论，此时公司也应当对受害人承担责任。因此，适用董事对第三人责任制度之前需要先考量董事的行为是否属于职务行为，属于职务行为才能根据该制度追究董事责任。

一般而言，董事的职务行为是指其在代表公司行使职权、履行职责时所进行的行为。但在实际操作中，职务行为的判定往往比较复杂，需要建立明确的职务行为判定标准。具体而言，应综合考虑以下因素：

第一，判定职务行为最常用最直观的方法是看该行为是否以公司的名义所为。通常情况下，董事以公司名义进行的行为，应被视作职务行为。[36] 如前所述，董事在行为时可能具有双重身份，即个人身份和公司的董事身份。作为具

---

[36] 参见王长华：《董事对第三人责任的认定》，载《西部法学评论》2017 年第 2 期。

有完全民事行为能力的人，董事具有明确的识别、判断能力，当董事以公司名义进行行为时，其能够意识到自己是在代表公司行事，并且行为的后果将对公司产生约束力。

第二，判断是否履行董事职权的行为也是判定职务行为的重要方法。董事的职责就是履行法律以及公司所赋予的职权，只要某个行为是董事在履行其董事职权时所进行的或者与其行使职权相关，原则上该行为就可以被视为职务行为。当然，董事行为是否履行董事职权还需要根据具体情况来判断。如果董事的行为是在其职权范围之内，与公司业务相关，符合公司的利益，那么就可以被视为履行董事职权的行为，也就是职务行为。如果董事的行为是在其职权范围之外，与公司业务无关，或者与公司利益相悖，那么就不能被视为履行董事职权的行为，因而也不能被视为职务行为。

第三，行为的外观如果足以让人认为是董事执行职务的行为，那么也应视作职务行为。为了保护交易安全，在民法语境下，虽然某些法定代表人（代理人）的行为事实上没有获得授权，但相对人有理由相信该行为人有权限而与其进行法律行为时，其行为的法律后果由公司（被代理人）承担。为了维护法律制度的协调统一，董事对第三人责任的认定应该也适用民法语境下对职务行为的认定标准。也就是说，即使董事的行为不属于其职权范围，只要这些行为的外在形式足以让善意第三人相信其是在履行职权，那就应该认定这些行为为职务行为。

在实践中，对于某些复杂的董事行为，除了需要从以上几个方面进行判断外，还需要结合董事的行为是否符合相关法律和公司章程的规定、是否符合公司利益最大化的原则、是否符合公司的实际情况和业务需要、是否符合行业标准和职业操守等因素进行综合判断。只有对董事行为的具体情况进行全面分析，才能准确判断其是否属于职务行为。

（五）董事对第三人责任的结果要件

根据侵权责任法的基本原理，侵权责任有两个基本构成要件：一是受害人受到了损害；二是受害人的损害与侵权人的行为之间存在因果关系。[37] 如前文所述，董事对第三人的责任本质上接近侵权责任。与其他法律责任相比，侵权

[37] 参见王利明：《侵权责任法研究》（上），中国人民大学出版社2011年版，第281页。

责任更关注对受害人的补偿，如果被侵害对象并没有因为侵权行为遭受损害，自然无须对其进行赔偿。因此，损害是侵权责任的基本前提，任何归责原则的适用都以发生损害事实为基础，无损害则无救济。[38] 如前文所述，董事对第三人的责任本质上接近侵权责任，第三人如果要求董事承担损害赔偿责任，需要提供自己受到损害的证明。如果董事的行为并没有对第三人造成损害，或者第三人无法证明自己遭受损害，那就不能让董事对第三人承担责任。基于此，董事对第三人责任的结果要件可概括为第三人受到了损害，且第三人受到的损害与董事的过错行为之间存在法律上的因果关系。[39]

我国相关的司法解释已经对损害赔偿的原则、损失的计算方法等问题进行了详细的规定，学界对此也有广泛的论述，这些规定和理论也适用于董事对第三人的责任，在此不再赘述。问题的焦点在于第三人的损害是否仅包括董事的过错行为直接对第三人造成的损害（直接损害），还是应该包括因董事过错行为给公司造成损害进而间接对第三人造成的损害（间接损害）。换言之，第三人受到的直接损害和间接损害是否都应由董事来承担责任？

本文认为，就董事对第三人责任制度而言，第三人所遭受的损害不仅包括直接损害，还应包括间接损害。

1. 第三人因董事的过错行为受到了直接损害

如前文所述，董事对第三人的责任在本质上接近侵权责任，而侵权责任的损害赔偿制度通常以直接损害为基础来进行构建，侵权责任的主要目的是弥补受害人因侵权行为所遭受的直接损害。鉴于此，就董事对第三人的责任而言，当董事在履行职务时的过错行为直接损害第三人利益时，第三人有权要求董事承担相应的损害赔偿责任。

这可能会引发一个疑问，那就是董事的职务行为如何直接对第三人造成损害？我国传统的法人机关理论认为，董事的职务行为就是公司的行为，直接侵害第三人的主体是公司而非董事。然而，如前文所述，这种绝对化认识值得反思和商榷。之所以把董事的职务行为视为公司的行为，是为了解决公司的行为活动问题和责任承担问题，董事作为自然人本身所具有的利己属性是不容忽视

---

[38] 参见王利明：《侵权责任法研究》（上），中国人民大学出版社2011年版，第287页。

[39] 参见王长华：《董事对第三人责任的认定》，载《西部法学评论》2017年第2期。

的。董事在进行职务行为时,除了代表公司的机关成员身份,还具有代表自己的普遍法上的行为人身份。事实上,在具体的实践中,董事为了自身利益滥用职权,侵犯他人权益的情形层出不穷。这些侵权行为通常与董事的过错相关,有时甚至由董事亲自实施。例如,当董事会决定制造和销售假冒伪劣产品并实施该计划,使得消费者遭受重大损失时,董事的过错行为显然直接侵害了第三人的利益,在这种情况下,相关董事当然应对遭受损害的第三人承担责任。

总体来说,直接损害是指董事亲自或控制公司对第三人直接实施侵权行为而对第三人造成的损害,包括公司侵权、虚假陈述等。董事在公司清算过程中未履行清算义务以及在公司破产或濒临破产时欺诈破产而对第三人造成的损害也属于该种情形。

2. 第三人因董事的过错行为受到了间接损害

间接损害,是指董事在履行职务过程中虽未直接对第三人造成损害,但却给公司带来了损失,进而也间接地损害了第三人的权益。换言之,董事的行为导致了公司利益受损,进而阻碍了第三人权益的实现。例如,当董事违法分配公司利润使得公司财产大幅减少以至于无法清偿第三人的债权时,第三人由此遭受的损害就是间接损害。

对于第三人所遭受的间接损害是否应由董事承担责任,不同的学说持不同的观点,其中,法定责任说认为董事对第三人承担责任的范围不仅包括直接损失,还应包括间接损失,而侵权责任说则认为董事对第三人承担责任的范围应仅限于直接损失。如前文所述,董事对第三人责任虽然比较接近侵权责任,但实际上是一种特殊责任,损害范围正是这一责任的特殊性所在。对于第三人因董事的过错行为所遭受的间接损害,本文认为董事应该承担责任。主要理由如下:

第一,第三人的间接损害与董事的过错行为之间存在法律上的因果关系,[40] 让董事对第三人的间接损害负责更符合立法精神。法律上的因果关系是指存在于加害行为与损害结果之间的联系,是很多法律责任的基础。一般来说,即使董事的过错行为给公司造成了损失,第三人的利益也不一定因此受损。例如,尽管董事的过错行为让公司财产遭受了重大损失,但是该行为并未使公司

---

[40] 参见王长华:《董事对第三人责任的认定》,载《西部法学评论》2017 年第 2 期。

丧失偿债能力，公司依然有足额的财产来实现第三人的债权，此时第三人的利益就不会受损，也就不存在追究董事责任的问题。相反，在公司即将丧失偿债能力或者本就无力清偿债务的情况下，董事的过错行为使得公司可用于偿债的财产减少或者本应当增加的财产没有增加，以至于第三人的债权不能实现或者不能全部实现，此时第三人的利益就受到了侵害，而且这种侵害与董事的过错行为之间存在相当的因果关系。有观点认为将间接损害也纳入董事承担责任的范围是对因果关系的扩大，本文认为不然。在判断法律上的因果关系时，除了要符合客观事实外，还要综合考虑经验常识、立法意图等因素，这不仅是一个事实判断问题，也是一个价值判断问题。我国《公司法修订草案》之所以要设立董事对第三人责任制度，本就是为了更好地解决第三人难以追究董事责任的问题，而这种情况很有可能是因为第三人受到的是间接损害。若只追究董事行为对第三人的直接损害，通过民法中一般的侵权责任原则就可以解决，没有特地在《公司法修订草案》一审稿和二审稿中规定第190条的必要。就董事对第三人责任而言，严格恪守传统的因果关系理论显然无法满足董事权力急剧扩张下第三人利益保护的需要，因此，应采用广义的因果关系理论。

第二，让董事对第三人的间接损害承担责任，不仅能更好地保护债权人权益，而且能更有效地约束董事滥用职权的行为。当董事的过错行为导致公司遭受损害进而使得第三人的利益也受损时，虽然第三人可以通过公司来追究董事的责任，但在实践中，公司是否提起诉讼往往由董事（会）决定。因此，当董事自己是侵权行为人时，公司很难会积极主动地要求董事进行赔偿。那是否可以通过股东派生诉讼制度追究董事的责任以实现对第三人的救济呢？答案依然是不容乐观的。即使不考虑股东派生诉讼制度本身所要求的一系列适用条件限制，就股东提起派生诉讼的动机而言，其动力也严重不足。这是因为股东的剩余索取权位于第三人的债权求偿权之后，在间接损害的情形下，公司大多濒临破产或者已经破产且有大量债务仍待偿还，此时，为了实现自身利益的最大化，大多数股东不会积极主动地提起股东派生诉讼。[41] 如前文所述，股东的利益在很多时候更倾向于与董事的利益一致，董事的很多决策甚至可能是由股东授权或示意的。若认为董事对间接损害不用担责，那第三人受到间接损害时就无法直接针

---

[41] 参见王长华：《董事对第三人责任的认定》，载《西部法学评论》2017年第2期。

对董事提起利益救济之诉,只能把救济希望寄托在公司和董事身上,这样很难让第三人的利益得到切实有效的保护。只有让董事对第三人的间接损害承担责任,才能在发生间接损害时更及时有效地保护第三人利益,同时能提高董事的责任意识,倒逼董事依法经营,规范运营,促进公司健康有序地发展。

第三,当董事因过错行为给公司造成损害时,本就应承担相应的损害赔偿责任。赋予受到间接损害的第三人直接请求董事承担责任的权利并没有加重董事的负担,只是为第三人提供了更多更高效的权利救济途径。

综上所述,董事对第三人的责任作为一种特殊责任,虽然更接近侵权责任,但在主观过错、损害认定等方面都较为特殊。围绕该特殊责任的性质,本文对我国《公司法修订草案》一审稿和二审稿第 190 条规定的董事对第三人责任的构成要件进行了更深入的分析和拆解。具体而言,在主体要件上,《公司法修订草案》一审稿和二审稿第 190 条的主体应为董事和第三人,其中董事不仅包括正式董事,也包括事实董事和影子董事等非正式董事,而第三人的范围应限定为债权人。在主观要件上,《公司法修订草案》一审稿和二审稿第 190 条将过错限定为故意和重大过失值得肯定。在行为要件上,《公司法修订草案》一审稿和二审稿第 190 条将行为限定为董事执行职务的行为也同样值得肯定,但在具体实践中,对董事的行为是否属于职务行为需考虑多项因素以进行综合判定。在结果要件上,第三人需受到损害且其受到的损害与董事的过错行为具有法律上的因果关系。此处应采广义的因果关系理论,即董事对于自己的过错行为给第三人造成的损害,无论是直接损害还是间接损害,均应承担责任。

四、董事对第三人责任的限制

《公司法修订草案》一审稿和二审稿第 190 条建立的董事对第三人责任制度回应了社会公众的现实期待,是在董事权力急剧扩张的当下更好平衡董事与第三人利益的创新设计。尽管强化董事责任对于推动董事勤勉尽责有着明显的积极影响,但是如果董事面临过重的责任压力,会对其产生一定的驱离效应,甚至可能会导致董事们选择辞职或避免担任董事职位。这种驱离效应会进一步加剧公司的治理不善,引发公司管理层空缺、缺乏管理经验的董事进入董事会等问题。此外，如果董事们面临着过重的责任压力，他们可能会过于谨慎或者避免决策，这将会大大降低公司的创新力以及决策效率，甚至影响公司的正常经营。因此，在强化董事责任的同时，必须谨慎平衡董事责任的强度，确保责任的承担公平合理，以此来减少该制度可能带来的负面作用。当我们以公司法强化董事责任时，需要思考一些问题：董事责任的规范目的究竟是什么？董事连带赔偿责任有无正当性？在强化董事责任的同时，是否需要设置一些限制董事责任的配套制度？

（一）董事责任的规范目的：弥补损失抑或合理惩戒

虽然董事对第三人承担责任有助于保护第三人利益，但董事对第三人责任制度也存在一定的局限性。我们需要认识到，让董事承担相应责任从而增加责任主体数量的方式并不一定能够显著提高对第三人的保护效果。事实上，在现实生活中，只有少数相对富有的董事才具备赔偿所需的财力。对于更多的董事而言，他们只是公司的薪酬获得者，并不具有强于公司的偿付能力，期望通过让董事承担赔偿责任就能大大增强对第三人的保护力度是不现实的。通常情况下，我们无法得出董事赔偿责任能显著提高第三人保护程度的一般结论，[42]董事承担责任是否真的能有效弥补第三人的损失，需要在实践中根据个案情况进行权衡和判断。

除了保护第三人利益外，董事对第三人责任制度也有助于提高公司治理水平。作为一种强有力的惩戒措施，董事对第三人责任制度可以推动董事们更加谨慎地履行职责，规范公司的经营管理，提高公司的社会责任感。当董事们意识到如果不认真履行职责将会承担赔偿责任，他们会更加注重公司内部风险管理和控制，从而减少公司经营风险，防范公司损失，维护公司财产的安全，提高公司经营效率和经济效益。

然而，过于严苛的董事责任，必然会导致驱赶效应和恐惧心理。如果董事承担的责任过重，有可能会造成董事权利与义务的失衡，从而严重挫伤董事职业群体的积极性，甚至使其不愿再担任董事这一职位。董事毕竟是我国经济社

---

[42] 参见叶林、叶冬影：《公司董事连带/赔偿责任的学理考察——评述〈公司法修订草案〉第190条》，载《法律适用》2022年第5期。

会中比较优秀的群体,太过打击他们的工作积极性,很可能会阻碍经济发展。[43]如果法律的调整让作为市场经济重要组成部分的职业经理人阶层远离市场,那这一调整无疑是失败的。因此,在确立董事对第三人责任制度的同时,我们必须要明确,这一制度的规范目的是什么,是为了弥补第三人损失还是为了合理惩戒董事?

本文认为,弥补第三人损失和合理惩戒董事是董事对第三人责任制度的双重功能,但究其根本,这一制度的规范目的应该是协调好两种功能,在有力保护第三人利益的同时,尽量避免过度赔偿带来的问题,形成合理的董事履职约束机制。经营管理者有多大的权力,就要承担与此相对应的责任,与此同时也应该享有与此相适应的利益,权、责、利三者必须均衡,这是建立企业经营管理者激励与约束机制应遵循的基石。只有在这样的机制下,经营管理者才能真正做到"为我所用",才能充分地发挥他们的才能和能力,为企业带来可持续的发展。

(二)董事责任的承担方式:连带责任抑或补充责任

关于董事对第三人责任的承担方式,当前学界较为一致的观点是董事与公司一起对第三人承担连带责任。部分国家和地区的立法也作了类似规定,如韩国、我国台湾地区等。但让董事承担连带责任真的合理吗?事实上,太过沉重的董事责任可能让利益格局重新失衡。在现代社会中,商业环境瞬息万变,董事可以说是极具风险性的一种职业,不仅要经营复杂的公司业务,还要经常面对各种困难和挑战。如果动辄就让董事承担连带责任,这对于大多数兢兢业业、认真履行职责的董事来说显然是不公平的,这大大增加了董事在执行职务过程中的责任风险,而且很多时候董事也是为了公司利益而行事,连带责任意味着董事在公司经营中要承担针对第三人的直接的全面的注意义务,使得董事的权、责、利出现了脱节。第三人的利益要维护,董事的利益也同样需要维护,董事对第三人责任制度要在两者之间寻求平衡,而非对任何一方加以偏袒。

那么,董事对第三人的责任究竟应该是什么形式呢?本文认为,可采用连带责任与补充责任的梯度设计,根据第三人所受侵害以及董事主观要件的不同,让董事对第三人承担不同的责任。

---

[43] 参见李志刚、邹宇、叶林等:《证券虚假陈述纠纷中独立董事的赔偿责任:案例、法理与制度完善》,载《人民司法》2022年第1期。

就第三人所受侵害而言，如前文所述，第三人所遭受的损害不仅包括直接损害，而且包括因董事过错行为给公司造成损害进而给第三人所造成的间接损害。无论直接损害还是间接损害，只要第三人受到损害的结果与董事的过错（故意或重大过失）行为相关，董事就具有可归责性。但是不同损害结果与董事过错行为的因果关系并不相同，董事的可归责程度自然也应有所不同。在直接损害的场合下，董事的过错行为是第三人受损的直接甚至唯一原因，董事具有极高的可归责性。而在间接损害的场合下，董事的过错行为对第三人的影响是不确定的。换言之，第三人权利能否实现，虽然与董事过错行为所造成的公司财产的增减有一定的相关性，但并不是绝对关联，还可能会受到市场这一变量的影响，董事对公司财产的注意义务并不完全等同于对第三人利益的注意义务，在这种情况下，虽然董事也具有可归责性，但具体程度有待商榷。

结合董事的主观要件，在直接损害的场合下，若董事对第三人是故意侵害，应对其自身行为承担本应承担的侵权责任，这自不待言。若董事对第三人的侵害是出于重大过失，由于受到直接损害的权利主要是第三人的人身权、财产权等绝对权，任何人都应对他人之绝对权利负有注意义务，董事的重大过失已然违反侵权理论所规定的“一般人的注意义务”，其也应该为自己的侵权行为承担责任。因此，对于直接损害，不管董事是故意或者重大过失，都应该与公司一起对外承担连带责任。

而在间接损害的场合下，董事所需承担的责任应该有所区别。若董事持故意心态，如故意损害公司财产，那么董事的故意行为与公司财产的增减是确定的因果关系，此时公司财产为确切的受损状态，第三人债权无法实现的概率确定提升，董事的行为确定会对第三人权利造成消极影响。在这种情形下，若第三人的利益确实因董事的行为遭受损害，那董事当然应对第三人承担责任。如果董事只是重大过失，那必须注意到商业决策的不确定性，要让董事在日理万机中永远作出万无一失的决策显然是不可能的，而且在董事作出决策的当下也无法明确该决策会在之后产生何种影响，如在公司即将破产时，董事选择让公司从事高收益高风险的活动，如果失败，第三人的债权会更难实现，但如果成功，那公司的收益会有所增加，第三人的债权也会得到更好的保障。因此，就董事重大过失所导致的公司偿债能力减损而对第三人造成的间接损害，很难说应由董事来直接承担责任，这将商业风险完全付诸董事之上，实在有违公平。考虑董事不是一般过失而是重大过失,完全不让其承担责任也无法实现董事对第三人责任制度合理惩戒的功能,因此,在董事是重大过失的间接侵害场景下,应让董事承担补充责任,即第三人权利的第一指向是公司,只要公司尚能满足其诉求,就没有必要直接向董事求偿。在公司不能对其足额赔偿时,第三人可以要求董事对不足部分承担责任。

此外,还需考虑一种特殊情况,即在股东控制的情形下,若董事行为完全受制于股东意志,让其和股东承担相同的责任有违权责一致的基本法理。因此,在人格否认的场合下,应由股东与公司一起对第三人承担连带责任,受其控制而为其提供帮助的董事承担补充责任。

综上所述,董事对第三人的责任承担不应直接规定为连带责任,而应考虑实际情况进行梯度设计(见图3)。具体而言,在直接侵害的场合下,无论董事是故意还是重大过失,都应与公司一起对第三人承担连带责任;在间接侵害的场合下,如果董事是故意,那也应该和公司一起对第三人承担连带责任,如果董事是重大过失,那应该对第三人承担补充责任;在董事完全受制于股东,适用人格否认的特殊场合下,应让股东与公司一起对第三人承担连带责任,董事承担补充责任。

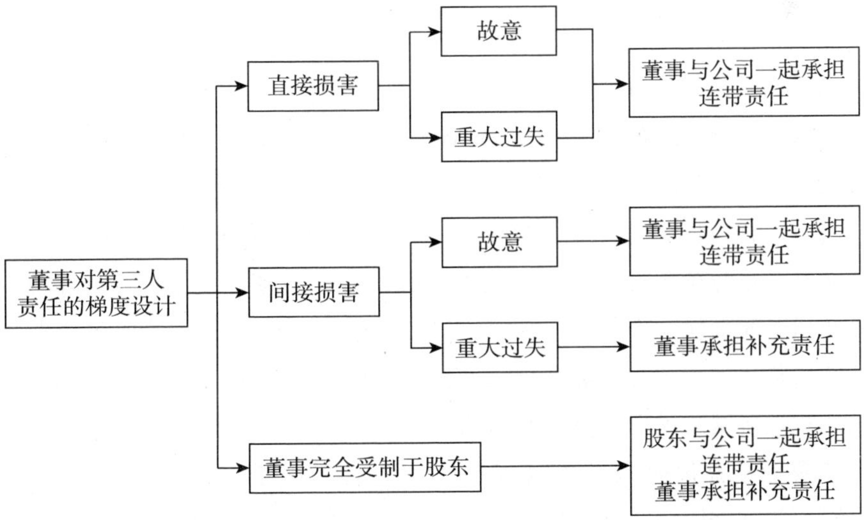

图3　董事对第三人责任的梯度设计

（三）董事责任的配套制度：董事责任保险与第三人利益保护

《公司法修订草案》二审稿相比一审稿有一个重大变化，那就是在第192条中规定了公司可以在董事任职期间为董事因执行公司职务承担的赔偿责任投保责任保险。尽管我国此前已经在《上市公司治理准则》以及《关于在上市公司建立独立董事制度的指导意见》中规定了董事、独立董事应购买责任保险，但这次修改是我国《公司法》首次明确规定董事责任保险制度。在公司法进一步加强董事责任的背景下，董事责任保险作为分散董事执行职务风险的保障机制，其重要性不言而喻。在这一层面上，《公司法修订草案》二审稿新增的第192条无疑具有重大意义，是对《公司法修订草案》一审稿和二审稿第190条所确立的董事对第三人责任制度的有益补充。

1.董事责任保险概述

董事责任保险是一种企业风险管理工具，旨在为公司董事在履行职务过程中可能面临的责任风险提供一定的保障。其基本原理是，公司为董事支付一定的保险费用，保险公司在保险责任范围内承担因董事执行职务行为引起的第三方损失及诉讼费用等责任赔偿。董事责任保险合同通常由公司与保险公司签订，其中包括保险责任、保险费用、保险范围、赔偿限制等方面的内容。

在具体实践中，董事责任保险可以有效减轻公司董事在职务执行中可能承担的风险和责任压力，缓解董事履职的后顾之忧，提高董事的工作积极性和投入度，同时有利于公司规避潜在的法律风险和减少公司的财务损失。对于一些高风险行业或复杂业务环境下的企业而言，董事责任保险更是一种必要的风险管理工具，有助于提升企业的稳定性和发展能力。

需要注意的是，董事责任保险并不能完全取代董事个人的职务执行责任，其作用主要是为董事提供一定的保障和缓冲，以应对董事职务执行过程中可能面临的风险和责任。因此，公司在考虑购买董事责任保险时，需要充分考虑其具体的风险管理需求和实际情况，合理选择保险公司和保险条款，并建立完善的内部管理制度和风险预警机制，以最大限度地保障公司和董事的合法权益。

2.第三人直接请求权之赋予

鉴于董事责任保险制度并非本文所讨论的重点，本文就董事责任保险不再深入介绍。从保护第三人利益的角度出发，有一个重要问题需要讨论：哪些主体应该享有董事责任保险的直接请求权？本文认为，除了本就享有请求权的公

司和董事以外,有必要赋予第三人直接请求保险人赔偿保险金的权利。主要原因如下:

一方面,赋予第三人直接请求权可以更充分地保护第三人的利益。在董事责任保险诞生之初,其核心理念和价值追求就在于填补董事、监事及高级管理人员因对第三人承担赔偿责任而遭受的损失,以分散这些主体的经营责任风险,保护他们的利益。在公司社会责任理论兴起的背景下,董事责任保险也应当承载更深层次的价值追求,即通过保护利益相关主体的合法权益来实现公司的社会责任。当董事个人赔偿能力有限而无力承担数额巨大的赔偿责任时,董事责任保险可以显著提高董事承担民事赔偿责任的能力。如果只让被保险人享有保险金请求权,一旦被保险人怠于行使该权利,第三人就无法得到赔偿,这对第三人的保护是极为不利的。因此,赋予第三人董事责任保险的直接请求权,可以保证受害的第三人能够获得一定的赔偿,从而更加全面地保护其合法权益。

另一方面,赋予第三人直接请求权让第三人的索赔更方便高效并减少诉讼成本。传统的理赔方式通常需要被保险人先向保险公司提出请求赔偿,然后再将取得的保险金交付给第三人。在这种方式下,第三人获得赔偿金需要通过两道程序,这样不仅增加了第三方索赔的难度,也增加了诉讼成本,浪费了诉讼资源。相比之下,让第三人直接向保险公司提出请求赔偿的方式将更加方便快捷,能够显著降低索赔难度和诉讼成本,有利于保护第三方的合法权益。尽管我国《保险法》第 65 条中已经规定了第三人可以享有直接的保险金赔偿请求权,[44]但该权利是附条件的,即只有在被保险人消极不作为、怠于请求时第三人才享有,这意味着第三人获得保险金赔偿仍然需要被保险人的介入,而且法律并没有详细规定何为“怠于请求”,这给第三人的索赔造成了很大的不便。与之相比,英、美等国的保险立法则更为完善。根据这些国家的规定,只要被保险人应当对第三人承担赔偿责任,第三人就可以直接向保险公司请求赔偿,而无须被保险人的介入。这种方式能够更好地保护第三人的合法权益,降低索赔难度

[44] 《保险法》第 65 条第 2 款规定:“责任保险的被保险人给第三者造成损害,被保险人对第三者应负的赔偿责任确定的,根据被保险人的请求,保险人应当直接向该第三者赔偿保险金。被保险人怠于请求的,第三者有权就其应获赔偿部分直接向保险人请求赔偿保险金。”

和诉讼成本，可以考虑加以借鉴。

所有法律制度的有效落地都需要相关配套制度的大力跟进，董事对第三人责任制度同样如此，引入董事责任保险制度正是对该制度的有益补充。董事责任保险可以有效地降低董事因行使职责而遭受的执业风险，从而增强其积极性和责任感。同时，董事责任保险还可以通过加强对董事行为的规范和监督，推动公司治理的进一步完善。总体来说，我国《公司法修订草案》在二审稿中引进董事责任保险制度是一个有力的配套措施，但是该制度在具体实践中的落实还有待进一步完善，只有董事对第三人责任制度与董事责任保险制度相互补充，相互配合，才能更好地激励董事，推动公司长期良性的发展。

五、结语

随着公司治理的现代化，董事会中心主义逐渐成为公司治理的主流模式，董事的权力日益扩张。法人机关理论并非董事对第三人责任制度建立的理论障碍，在董事、公司和第三人利益难以实现平衡的当下，法律有必要在坚持公司法人机关制度的基础上，例外性地让董事与公司一起对第三人承担赔偿责任，以便对失衡的利益关系进行适度调整，进而促使公司法人制度沿着更加健康的方向发展。《公司法修订草案》一审稿和二审稿第190条确立董事对第三人责任制度，是公司法人制度的特殊例外和有益补充，具有十分重要的现实意义和理论意义。但我们也要认识到，《公司法修订草案》一审稿和二审稿第190条是对董事对第三人责任的一般性规定，这意味着董事对第三人责任不再只适用于一些特殊情况，大大扩张了这一例外制度的适用范围。因此，有必要对这一例外制度的适用条件进行合理的限制。

诚然，董事对第三人的责任制度能够更有效地保护第三人利益和限制董事滥权，但是如果该制度适用不当，会大大加重董事的负担，从而削弱董事参与公司经营管理的积极性，严重时甚至会产生驱离效应，摧毁董事职业队伍，最终影响公司的长远发展。《公司法修订草案》二审稿相比一审稿就第190条的表述有所调整，应该是出于适当限制董事责任的考虑，调整后的表述在内涵上与一审稿差别不大，但删除了“连带责任”的规定，并通过语序强调了公司才是第一责任主体,董事的责任只是补充,这一调整给予了司法裁判更多的空间。让董事对第三人承担责任不仅是为了赔偿第三人损失,同时是为了合理惩戒董事,对董事行为进行规制和约束,应该充分协调这两种功能,在保护第三人利益的同时避免过度赔偿带来的问题,形成合理的董事履职约束机制。就董事承担的责任而言,不应直接规定为连带责任,而应结合实践情况采用连带责任与补充责任的梯度设计。此外,我国《公司法修订草案》二审稿中第 192 条引入的董事责任保险制度是一个非常有力的配套措施,该制度能够有效缓解董事履职顾虑、降低董事履职风险,是对董事对第三人责任制度的有益补充。但是,在具体实践中,董事责任保险制度的落实与执行细则还有待进一步讨论与完善。

双层股权结构下的日落条款安排

王　珏*

目　次

摘　要　双层股权结构,作为差异化表决权的一种,其本质是一场投资者和创始人的交易,投资者基于相信创始人的能力,相信其特质愿景能够带来高于市场水平的回报,选择让渡自己的决策权,投资双层股权结构。而创始人为了获取投资者信任和投资,在章程中通过设置日落条款进行自我设限。但基于不完全有效市场以及投资者有限的博弈能力,实现公平有效率的结果需要监管机构介入,以提升投资者的博弈能力。日落条款在投资者—创始人天平中作为投资人侧的砝码,能够灵活调整两者的利益平衡机制而广受关注。

本文主要从日落条款的评价标准和适用方式两个角度分析在我国环境下日落条款的优化设计和适用空间。在评价标准的层面,根据双层股权结构的特点,日落条款既需要发挥保护创始人实现特质愿景的功能,又需要避免中小股

* 王珏,法学硕士,现就职于中国进出口银行。

东代理成本的升高,从而实现两种价值的平衡。在适用方式的层面,法定化强监管仅能提供标准化的解决方案,而难以提供个性化因公司而异的利益平衡机制,因此监管机构的介入程度应当与投资者的博弈能力相匹配。

关键词 日落条款 双层股权结构 差异化表决

一、引言

传统的一股一权原则曾经作为公司法最为基础的一项原则,代表了公司治理的理想模式,是实现公司正义与经济民主的要求。随着经济发展与高科技企业的涌现,企业融资需求不断提高,为应对敌意收购的需要,具有吸收融资功能而不至于控制权旁落的双层股权结构被越来越多的企业采用。实践中,出于交易所的竞争压力等因素,监管部门对双层股权结构的整体态度也已经由否定转向了附条件的肯定,我国科创板也采纳了允许双层股权结构公司上市的规则。国务院于 2018 年 9 月 18 日发布了《关于推动创新创业高质量发展打造“双创”升级版的意见》,其中特别包含允许科技企业实行“同股不同权”的治理结构的规定。而上海证券交易所也于 2019 年 3 月 1 日颁布了《上海证券交易所科创板股票上市规则》,表明正式接纳了差异化表决权结构公司上市。

然而,大量的理论研究和实证研究表明,双层股权结构下现金流与表决权的背离会使得管理层更有动机谋取私利,过度冒险,而罔顾乃至于侵害低表决权股东的利益。控制权的集中也使得投资者对于管理者的决策缺少监管能力,外部监督失灵。传统公司法上对于规制单一股权结构公司的法律保护机制在双层股权结构中存在失灵的现象,双层股权结构下的利益冲突调整机制应存在其独特之处,以更好的平衡对创始人管理层的创造提升公司价值的追求以及对中小投资者减少代理成本的追求这两种公司法保护的重要价值。

日落条款则是众多对于双层股权结构公司治理进行规制的措施下最具灵活性,能够适用于各种公司特性,并且已有多样化实践的一种规制措施。此外,不同法域下对日落条款的适用方式也存在不同的规定。相较于其他规制措施的改革而言,在我国语境下探索日落条款的设计安排似乎更具实践意义。结合此次公司法修订的大背景,《公司法(修订草案)》中首次对类别股进行了规定,也体现了立法对于差异化表决权的重视与投资者的保护。为了更好地激活我国资本市场内生动力，吸引优质上市资源，同时保护投资市场中大量的中小投资者，笔者将结合当前的科创板对于日落条款的规定以及我国的商事实践，梳理日落条款相关学说，并比较域外治理经验与实践情况，探索在我国语境下针对双层股权结构的日落条款的法律适用与可能的优化设计。

本文的正文行文逻辑主要分为以下三个部分，第一部分主要讨论日落条款的评价标准，从其规制对象双层股权结构的历史沿革、功能定位以及其引发的特殊公司治理问题出发，梳理日落条款的基本类型和特别功能以及四维评价标准。第二部分通过对不同法域日落条款的适用路径和其市场环境的对应分析，探索日落条款的适用路径。第三部分主要是梳理我国的日落条款规定，同时根据上文的评价标准和适用路径，类型化分析日落条款在我国的适用现状和优化空间。

二、日落条款评价标准：价值平衡与四维评估

自双层股权结构诞生以来，日落条款作为一项平衡规制手段相伴而生，已经存在丰富多样的理论和实践经验。为了在后文能更具有针对性的探讨在我国语境下的日落条款优化设计，需要首先探讨较为普适的对日落条款的评价标准。

（一）日落条款规制对象：双层股权结构的功能定位与特殊风险

双层股权结构主要指公司的普通股中存在高、低两种投票权，是相较于"同股同权"的单一股权架构而言的特殊化结构，在"一股一票"的A类股的基础上，发行股数一定，但表决权更高的B类股，通常由创始人或管理层持有。为了探讨评价标准，需要对其规制对象本身的定位、目的功能、治理风险进行梳理，以便在制度设计时发挥其预期功能的同时控制其特定风险。

双层股权结构的特殊性主要在于以下几点，首先，从公司治理的角度来说，双层股权结构本质上是赋予某些特定股东特别表决权以集中控制权，属于一种控制权强化机制。① 与"金字塔结构"通过层层持股间接实现控制权集中不同，

① 参见汪青松、李仙梅：《差异化股权结构的控制权强化及约束机制——以科创板相关制度设计为视角》，载《南方金融》2020年第8期。

也并非表决权征集这一类通过合同形式获得其他股东授权而间接实现控制权集中。双层股权结构的强化功能更为直接和明确,并且由章程规定。这一以章程为盾牌的结构也表现出高度的稳定性。其次,与传统一股一权结构相比,双层股权的特殊性主要体现于其控制权与现金流请求权的背离。该背景下"两权分离"触发机制与传统治理结构下亦存在差异。双层股权结构作为股东自由协商选择的模式,能够实现最小化公司总控制成本主动让渡控制权的形式,实际上是投资人基于对控制权人能力的信任和肯定,是自主协商和主动选择的结果,因此投资者的地位并不十分弱势。

正是由于存在上述特殊性,双层股权结构有其特定的预期功能和目标。

第一,公司存在控制权集中的内部需求。采用双层股权结构的公司多是初创公司,在其快速成长阶段需要大量融资,双层股权结构下可以避免发生同股同权下控制权转移,避免控制权稀释。保证内部控制权稳定对于投资者来说能够稳定其投资预期,也有助于创始人开展长期战略,避免投资者短视偏差的影响。

除上述初创公司需要控制权集中外,在我国国企改革的语境下,双层股权结构亦有其意义所在。党的十九届四中全会指出要深化国有企业改革,增强国有经济的控制力、影响力。当前改革方向主要是引入民营资本,国有资本逐渐减持股份。但国企改革的目的是其作为落实宏观经济政策的重要载体,首要目标仍然是其承担的政策性目标。② 因此,双层股权结构对实现持股较少的国有资本落实国有企业公共政策目标意义重大。

第二,从外部原因看,双层股权结构的重要目标之一是在于抵御敌意收购。双层股权结构下,公司可供收购的股权并不足以更换管理者的表决权,而高投票权股又不具有转让性,潜在收购方会因此失去收购的动力。③ 通过将"野蛮人"拒之门外,避免并购后对管理层洗牌影响公司持续发展,能够使得管理层专注公司长期发展,提升公司价值。

第三,创始人有实现特质愿景的内在需求。无论是能够避免控制权稀释,

② 参见冯果、诸培宁:《差异化表决权的公司法回应:制度检讨与规范设计》,载《江汉论坛》2020年第5期。

③ 参见陈若英:《论双层股权结构的公司实践及制度配套——兼论我国的监管应对》,载《证券市场导报》2014年第3期。

避免受到投资者短视偏差影响,还是抵御敌意收购,其本质都可以归纳为鼓励创始人追求其特质愿景,激励其创造高于市场水平的价值回报。特质愿景理论也是有力支持双层股权结构的理论基础。所谓特质愿景,主要是指企业家的经营理念,外界无法观察和验证,一旦成功会获得高于市场水平的经济回报,由投资者共同分配,这并不单纯是创新或发明,只要企业家有计划且主观认为该计划会产生高于市场水平的回报就为特质愿景。

戈申(2019)总结了企业家试图集中控制权的三种理论,④一是控制权私人收益说,主张企业家寻求控制权的目的是利用对公司主导地位,从公司或者投资者处获转移价值从而获取私人收益。二是最优奖励说,允许企业家获取一定私人收益,作为激励其有效监督和积极表现的必要成本,控制人虽然牺牲了投资者利益,但作为平衡手段,有利于投资者和公司的整体利益。上述两种理论都是认为企业家攫取控制权是为了私人利益。三是特质愿景理论,主张控制权保护企业家用自认合适的方式追求特质愿景,实施高于市场水平回报的商业战略,控制权能够保护企业家使得其愿景或能力免受投资者的事中反对。

基于上文所述双层股权存在的特殊性,在带来了优势的同时,不可避免引发了特有的公司治理风险。首先,由于控制流和现金流请求权两权背离这一特征所导致的内部代理成本⑤加剧问题。双层股权结构下,因为享有表决权与持有股权份额不成比例,而持有表决权与持有经济份额越是互相背离,控股股东借其持有的控制权来牺牲公司或其他股东利益以谋求个人利益的可能越大,⑥控制人进行自我交易和关联交易也更为便利。其次,存在内外部监督失灵的问

④ 参见[美]佐哈·戈申、[美]阿瑟夫·哈姆达尼:《公司控制权与特质愿景》,林少伟、许瀛彪译,载《证券法苑》2019年第3期。

⑤ 所谓代理成本问题是由于代理人比委托人掌握更多信息,委托人无法确信代理人是否言行一致,而导致代理人有动力实施机会主义行为。而这意味着或降低代理人履行义务绩效,或由委托人支付高昂的监督成本。而对于公司来说,一般存在三类代理问题:(1)所有者与经营者的利益冲突(公司管理层与股东),问题在于确保经营者关心所有者的利益而非个人利益;(2)绝大多数控制性利益的所有者与小的非控制性利益的所有者(控股股东与小股东的冲突),问题在于保证后者不受前者剥削;(3)公司本身(包括所有者)与缔约伙伴(债权人、雇员、客户)的利益冲突,问题在于保证代理人的公司不对委托人实施机会主义行为,如压榨、剥削、欺骗等。此处的内部代理成本主要指第一类。参见[美]莱纳·克拉克曼、[美]亨利·汉斯曼等:《公司法剖析:比较与功能的视角》,罗培新译,法律出版社2012年版,第55页。

⑥ 参见蒋小敏:《美国双层股权结构:发展与争论》,载《证券市场导报》2015年第9期。

题。正如上文所述,双层股权结构是由章程赋予的,具有高度稳定性,一方面,内部股东难以通过行权来撤换管理层;另一方面,外部的控制权市场也难以对其进行干预。最后,时间型低效问题也是双层股权结构特有的一种公司治理风险。一方面,双层股权结构的人身依附性特征也意味着控制人的卓越才能存在消失风险,市场环境会完全改变,科技发展水平也日新月异,并且创始人自身因年龄增长也会受到身体层面的限制;另一方面,特质愿景也具有不稳定性,可能会随时间而消失,因此该结构如果永久持续,最终会造成公司效率低下和资源浪费,损害投资者利益。⑦

此外,除上述双层股权结构特有的公司治理风险之外,其与传统的公司治理结构所引发的风险的特殊之处还在于强监管手段的不适用。由于"两权分离"的触发机制不同,在经理人革命中,投资人权力被剥夺属于被动结果,为了遏制其权利继续遭到侵害,需要用公权力的强监管手段加以遏制。而在双层股权语境下,投资人对控制权的让与具有主观性,不因让渡控制权而被动处于绝对弱势地位。在投资人主动选择此种权力配置模式时,由于具有可预见性,投资人也有机会将保护内容作为双层股权结构的内嵌部分,与投资人展开博弈,从而根据自身偏好制定与公司特征适配的投资人保护方案——下文中日落条款的设计。当然对于无法参与公司初始契约的小额投资者,仍然需要法律适度监管,提供契约自由限度外的保护。

(二)日落条款的评价标准

上文对于日落条款的规制对象双层股权结构及日落条款基本功能进行了简要论述,双层股权结构作为一项对于传统结构的突破,作为规制手段的日落条款在有效针对其风险进行控制时,也应当避免影响双层股权结构本身功能的发挥。

从双层股权结构本质看,其实质是创始人与中小股东在IPO过程中谈判磋商形成的有效私人秩序,这种市场驱动的公司治理安排允许公司各方根据自身属性和素质配置组合现金流权和表决权结构。⑧ 对双层股权结构公司的投资实

---

⑦ See Lucian A. Bebchuk & Kobi Kastiel, *The Untenable Case for Perpetual Dual-class Stock*, Virginia Law Review, 103(4), p. 585 - 630(2017).

⑧ See Sharfman B. S., *A Private Ordering Defense of a Company's Right to Use Dual Class Share Structures in IPOs*, Villianova Law Review, 63(1) (2018).

质上也是一场外部投资者（investors）与创始人（founders）的交易，[9]如图 1、图 2 所示，与传统一股一权结构相比，双层股权结构的交易在基础资本与公司股权交易后，还多了一种表决权与特质愿景的交易。投资者付出资本投资，希冀获得创始人的特质愿景实现后的价值回报。本质上投资者愿意接受这种非一比一的投票权现金流比例安排，让渡自己的表决权，而对双层股权公司进行投资，完全是基于对于创始人特质愿景的信任以及获得价值回报的欲望。

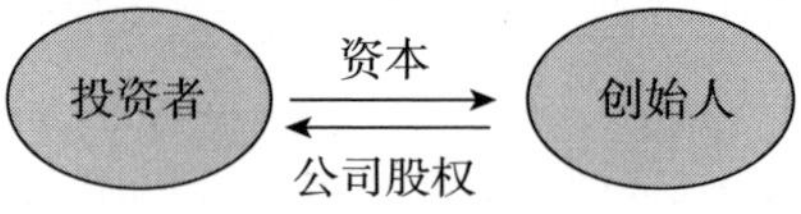

图 1　传统一股一权结构中的投资者—创始人交易

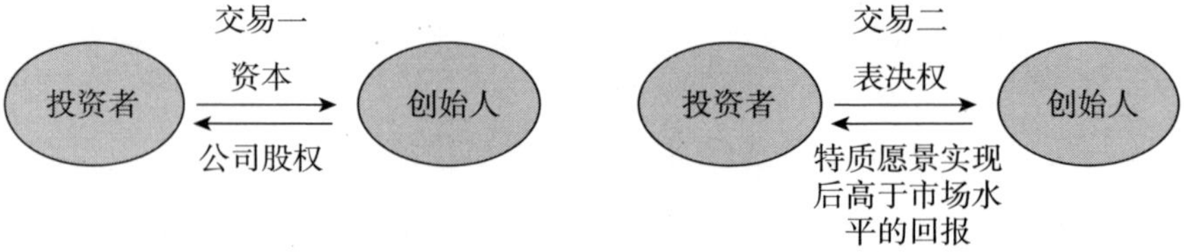

图 2　双层股权结构中的投资者—创始人交易

在这种市场驱动、有效私人秩序下，既然双层股权结构公司的投资是一种交易，其"价格"必然受到市场供求的影响。在此处，"价格"则体现为公司章程中对于公司治理的安排，即日落条款的设置。例如，在供大于求的市场中，即市场上存在充裕的资本，追求有限的价值创造，或是创始人对特质愿景充满信心，此时创始人可以待价而沽，设置较少或者存在豁免机制的日落条款。而在供小于求的市场中，资本有限而投资机会较多，为了吸引投资者，创始人会自我设限，写入限制程度更大的日落条款取信于投资者。在这个过程中，一方面，投资者对创始人的特质愿景进行投资，希冀获得高于市场水平的价值回报，让渡自己的表决权给创始人。另一方面，创始人则通过日落条款作为安抚投资者的手段，在公司治理的层面减少风险，从而获取投资者的信任，获得投资。因此，如果一股多权的投票权配置造成创始人—投资人天平天然朝创始人侧

⑨　部分文献将外部投资者侧称为中小股东，将创始人侧称为企业家（entrepreneur）或管理层，本文为统一表述，统一称为投资人侧与创始人侧。

倾斜，那么日落条款则是在创始人—投资者天平的投资人侧加码，通过将日落条款写入章程，可以自由地对于不同倾斜程度的天平进行调节，使得双方利益平衡。

如图3所示，双层股权结构中，创始人由于高投票权掌握天然优势，因此在投资人侧日落条款与其他的法律保护机制需要为投资者保护加码。图3中的其他机制包括日升条款、信息披露规定、司法保障等。

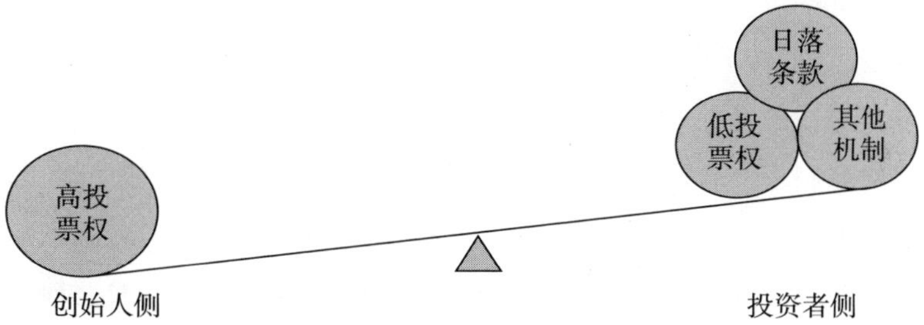

图3　双层股权结构中的创始人—投资人天平

这种对于双层股权交易本质的理解为日落条款的评估标准奠定了初步基础。如上文所述，投资者之所以对这类双层股权公司进行资本投资，是对于特质愿景的信任，期待特质愿景实现后获得高于市场水平的价值回报，而创始人设置双层股权，也是由于希望获取控制权，担心因为信息不对称或观点差异而影响其特质愿景的实现。把握交易本质，可以理解在设计制度的价值取向应当注重保护这种特质愿景的实现与价值创造。

戈申指出，传统公司法的主线是通过抑制代理成本以保护外部投资者，例如控股股东的关联交易或其他剥削少数股东的方式，然而却忽视了隐藏的监督成本，即干预了企业家追求特质愿景的自由。而在双层股权结构被广泛采用的当下，现代公司法应当存在两条主线，一条主线固然是保证投资者能够按比例获得现金流权，保护中小股东免受关联交易等大股东的剥削以及公司价值的减损造成的伤害。另一条主线是应当承认并保护创始人追求特质愿景的自由。简言之，即在制度设计时保护创始人做大公司“蛋糕”的自由与保护投资者按投资比例分享公司“蛋糕”的自由。

不可否认的是，这两个价值目标存在张力关系，抑制代理成本的制度难免会限制创始人特质愿景的发挥，从而阻碍其追求创造重大价值的愿景，导致社会损失，而对创始人保护过多的制度则可能会造成代理成本攀升至极高的水平。例如，限制现金流与表决权分离的干预措施可能会削弱创始人追求实现特质愿景的自由，而识别保护创始人特质愿景还是实现私人利益的关联交易等剥削、渎职行为也存在困难，控制人不公平的关联交易行为和为追求特质愿景实行合法决策的边界模糊不易判断。

如上文所述，双层股权结构隐含着投资者与创始人之间的博弈，作为博弈结果体现的日落条款实质是管理层为了“安抚”投资者，进行自我设限。自我设限的程度越高，意味着能提供给投资者的保护越充分，同时也意味着创始人或管理层享有的对公司控制权减弱，对公司的控制能力削弱。[10] 双层股权结构下，高度集中的控制权和较小的财产利益带给投资者高风险的代理成本，需要给投资者影响管理层的途径以更好保护投资者，但不能超过限度，避免影响投资者进行公司战略决策和管理层选举，从而影响追求特质愿景这一双层股权架构的根本目的实现，但也不能给创始人过度决策权，超过实现特质愿景的必要限度，避免过高的代理成本，以及作出糟糕的管理决策致使公司价值减损。

因此，进行总体制度设计时应当秉持的原则是衡量其实现特质愿景的必要性以及最小化投资者代理成本，[11]寻找到在保护投资者与保护创始人特质愿景追求的平衡。据此，关于理想日落条款的评估标准，则可以将这两种价值取向具体化为四个维度：(1)该条款是否有利于实现特质愿景；(2)是否给投资者影响管理层的途径(存在给投资者最低限度的保护)；(3)对于削弱代理成本的必要性；(4)是否存在对创始人限制更少的削弱代理成本的替代方式。[12] 维度(1)、(3)、(4)侧重于创始人侧的保护，而维度(2)侧重于投资人侧的保护。

由于进行投资的交易双方的根本目的都是从特质愿景的价值中获益(创始人希望实现个人特质愿景，投资者希望从创始人的特质愿景中获得高于市场价

---

⑩ 参见郭雳、彭雨晨：《双层股权结构国际监管经验的反思与借鉴》，载《北京大学学报(哲学社会科学版)》2019 年第 2 期。

⑪ See Winden A. W. , *Sunrise*, *Sunset*: *An Empirical and Theoretical Assessment of Dual-Class Stock Structures*, Columbia business law review, 2018(3), p. 909.

⑫ See Winden A. W. , *Sunrise*, *Sunset*: *An Empirical and Theoretical Assessment of Dual-Class Stock Structures*, Columbia business law review, 2018(3), p. 909.

值的回报),因此维度(1)、(3)、(4)都是从保护创始人决策自由,有助于特质愿景实现的角度出发。维度(1)是目的合理性评估,由于双层股权结构作为一场交易,交易双方都希冀于特质愿景的实现,因此作为天平中的利益调节砝码,日落条款的设计也应当有助于实现特质愿景这一根本目的。维度(2)是功能有效性评估,基于价值平衡的角度,日落条款作为投资人侧的砝码,应当至少给投资人最低限度的保护,这也是日落条款基本功能——保护投资者的要求。只有让投资者至少存在一种方式影响管理层决策,才存在降低代理成本的可能性。维度(3)是规制必要性评估,因为无论种类和豁免机制如何设计,日落条款本质上是指在日落条件发生时结束双层股权结构,是对于创始人的限制,过多的限制会有碍于创始人积极性和自由决策。另一个理由则是根据戈申的观点,其认为创始人的特别表决权受到财产规则的保护,因为双层股权结构作为一项交易,各方在 IPO 前协商,考虑特质愿景、公司性质、企业家个人品质、行业、资本、运营要求综合决定。强制规定的日落条款将在一定条件下强行剥夺创始人的表决权,本身的合理性存疑,因此在设计时需要充分考虑该条款对于代理成本的削减是否必要。维度(4)是替代可能性评估,在存在替代的有效保护投资者的其他方式选择时,应当尽可能选择对创始人限制较少的选项,因为发挥创始人自由决策积极性有助于特质愿景的实现。

三、日落条款的中国适用

随着注册制的全面推行,多层次资本市场的逐步建立,双层股权结构也已经被我国各级资本市场接纳,例如科创板、创业板、新三板与北交所都允许设立差异化表决权,并设置了专门的条款进行规制。日落条款在我国的法定化适用也已经有了部分实践,如 2020 年 1 月 20 日首家双层股权结构公司优刻得科技股份有限公司在科创板上市。任何脱离具体国情语境对于制度的探讨都是纸上谈兵。因此,本节将简要梳理我国对于双层股权结构的规制现状,以及类型化按照四维评估标准进行具体评估,探索可优化的日落条款与其在我国的适用空间。

（一）政策演变及规制现状

首先是规范设计中的公司法回应。我国公司法传统中长期坚持一股一权原则。例如在《公司法》股东大会一节中，第103条提及一股一权条款⑬，第126条规定同种类的每一股份应当具有同等权利⑭，但并未完全禁止双层股权结构。《公司法》在第131条规定了国务院可以另行规定发行本法规定以外的其他种类的股份，为特别表决权留下适用空间。除上述基本规定外，在配套制度设计层面，我国在公司法规范外，借助交易所规则、部门规章、司法裁判规则等来拾遗补缺，完成"最后一公里"的法律任务。

我国现行的规定差异化表决安排的法律规范笔者归纳如表1所示。

表1　中国双层股权结构公司法律规范

法律层级	出台部门	规范名称	发布时间
部门规章	证监会	《首次公开发行股票注册管理办法》⑮	2023年2月17日
		《关于在上海证券交易所设立科创板并试点注册制的意见》	2019年1月
		《北京证券交易所上市公司持续监管办法（试行）》	2021年10月
		《创业板上市公司持续监管办法（试行）》	2020年6月
		《科创板上市公司持续监管办法（试行）》	2019年3月
司法解释	最高人民法院	《关于为设立科创板并试点注册制改革提供司法保障的若干意见》⑯	2019年6月

⑬ 参见《公司法》（2018修正）第103条第1款。

⑭ 参见《公司法》（2018修正）第126条。

⑮ 原《首次公开发行股票并上市管理办法》（证监会令第196号）、《科创板首次公开发行股票注册管理办法（试行）》（证监会令第174号）、《创业板首次公开发行股票注册管理办法（试行）》（证监会令第167号）废止。

⑯ 根据2021年3月24日《最高人民法院关于对部分规范性文件予以修改或废止的通知》（2021）第5条，本司法解释第17条已修改。

续表

法律层级	出台部门	规范名称	发布时间
行业规定	上海证券交易所	《上海证券交易所科创板股票上市规则》(2023修订)	2023年8月
	深圳证券交易所	《深圳证券交易所创业板股票上市规则》(2023修订)	2023年8月
	北京证券交易所	《北京证券交易所股票上市规则(试行)》(2023修订)	2023年9月
	全国中小企业股份转让系统有限责任公司	《全国中小企业股份转让系统挂牌公司治理指引第3号——表决权差异安排》	2020年4月

具体分析我国对于差异化表决权安排的规范,首先,证监会在《关于在上海证券交易所设立科创板并试点注册制的意见》(以下简称《试点意见》)中要求采用双层股权结构的公司章程中应当设置对于特别表决权的限制事项,这构成了我国法定化适用日落条款的依据。在此基础上,随着股票注册制的全面实行,在充分总结注册制成功经验的基础上,2023年2月17日证监会发布了《首次公开发行股票注册管理办法》(以下简称《管理办法》),对于主板、科创板、创业板的首次公开发行股票相关活动进行了统一规定,整合了过去分别规定在《科创板首次公开发行股票注册管理办法(试行)》(证监会令第174号)、《创业板首次公开发行股票注册管理办法(试行)》(证监会令第167号)的内容。在其信息披露一章中,第43条明确规定存在特别表决权股份的,应当在招股说明书中披露相关情况和风险,第2款明确指出中介机构需对特别表决权股份设置是否合规发表专业意见,例如特别表决权股份的持有人资格、特别表决权股份拥有的表决权数量与普通股份拥有的表决权数量的比例安排、持有人所持特别表决权股份能够参与表决的股东大会事项范围、特别表决权股份锁定安排以及转让限制等事项。该类限制事项也构成了日落条款法定化适用的依据。而交易所规则作为当前双层股权结构公司差异化表决权安排的主要规则,进一步细化规定了公司章程所需要设立的日落条款类型和内容,具体包括上交所的《上海证券交易所科创板股票上市规则》(2023修订)(以下简称《科创板上市规则》),

深交所的《深圳证券交易所创业板股票上市规则》(2023修订)(以下简称《创业板上市规则》),全国股转公司的《全国中小企业股份转让系统挂牌公司治理指引第3号——表决权差异安排》(以下简称《挂牌指引》)。北交所的《北京证券交易所股票上市规则(试行)》(2023修订)第四节对于差异化表决权也有所规定。

可以看出,随着我国多层次的资本市场的完善,除了主板以外,各板块都设置了对于差异化表决权安排的规定,换言之,全面接纳了双层股权结构公司上市。而本次公司法修改后,《公司法(修订草案)》(二次审议稿)对于类别股也特别增设了多条规定,包括类别股种类、类别股公司章程应当载明的事项,以及类别股股东的分类表决制度等。上交所、深交所、北交所等均在上市规则中也对于日落条款进行了细化的规定,笔者总结归纳如表2所示。

表2　科创板[17]、创业板[18]、新三板(基础层、创新层)[19]、北交所(新三板精选层)[20]差异化表决权安排

		科创板	创业板	新三板	北交所
设立阶段	阶段限制	仅限首次发行上市前,禁止IPO后安排设置或提高比例(具体参见第4.5.2条、第4.5.6条)	同科创板(第4.4.1条)	禁止事后同股不同权(第15条)	禁止事后同股不同权(第4.4.1条)
	市值限制	100亿元人民币;或50亿元人民币及近一年营业收入不低于5亿元人民币(具体参见第2.1.4条)	100亿元,且最近一年净利润为正;或50亿元,近一年净利润为正且营业收入不低于5亿元(具体参见第2.1.4条)	不低于6亿元,近两年净利润不低于1500万元或近一年不低于2500万元等四种财务条件之一(第6条)	—

[17] 参见《上海证券交易所科创板股票上市规则》(2023修订)(上证发〔2023〕128号)。

[18] 参见《深圳证券交易所创业板股票上市规则》(2023修订)(深证上〔2023〕702号)。

[19] 参见《全国中小企业股份转让系统挂牌公司治理指引第3号——表决权差异安排》(股转系统公告〔2020〕270号)。

[20] 参见《北京证券交易所上市公司业务办理指南第5号——表决权差异安排》(北证公告〔2021〕44号)、《北京证券交易所股票上市规则(试行)》(2023修订)(北证公告〔2023〕49号)。

续表

		科创板	创业板	新三板	北交所
设立阶段	行业限制	科创板企业	创业板企业	科技创新公司㉑	额外要求:表决权差异安排至少一个完整会计年度(第2.1.5条)
	持有人身份	有重大贡献的董事或其控制实体(第4.5.3条第1款)	同科创板(第4.4.3条)	重大贡献的董事;额外增加禁止规定(具体参见第7条)	—
运行阶段	表决权最高倍数	高投票股的表决权不得超过普通股表决权的10倍(第4.5.4条)	同科创板(第4.4.4条)	同科创板(第8条)	—
	低表决权股最低比例	普通表决权比例不低于10%(第4.5.7条)	同科创板(第4.4.6条)	同科创板(第20条)	同科创板(第4.4.8条)

㉑ 指符合国家统计局《战略性新兴产业分类(2018)》划定的战略性新兴产业等标准的公司。

续表

		科创板	创业板	新三板	北交所
运行阶段	比例日落	持有特别表决权股份的股东在上市公司中拥有权益的股份合计应当达到公司全部已发行有表决权股份10%以上（第4.5.3条第2款；第4.5.9条第1款）	同科创板（第4.4.3条）	同科创板（第7条）	—
	决议日落	特定事项采取一股一权表决（第4.5.10条）	同科创板（第4.4.9条）；额外增加聘请解聘监事	特定事项一股一权（第17条）；额外增加选举更换监事；决定董事监事薪酬；终止挂牌；章程规定其他事项	特定事项一股一权(第4.4.5条)；额外增加选举更换监事；决定董事监事薪酬；退市；章程规定其他事项
退出阶段	转让日落	向他人转让或委托他人行使（第4.5.9条第3款）	同科创板，增加额外规定：转让或者委托给受该特别表决权股东实际控制的主体除外（第4.4.8条第3款）	以特定事项协议转让方式向他人转让(第19条第3款)；因司法裁决、离婚、继承等原因需要办理过户(第19条第2款)	协议转让(第4.4.7条第3款)；因司法裁决、离婚、继承等原因需要办理过户（第4.4.7条第2款）
	分离日落	不再符合资格和最低持股要求，或丧失相应履职能力、离任、死亡（第4.5.9条第1款）；失去对持股主体控制（第4.5.9条第2款）	同科创板（第4.4.8条第1、2款）	同科创板（第19条第1款）	同科创板（第4.4.7条第1款）

续表

		科创板	创业板	新三板	北交所
退出阶段	公司控制权变更	全部特别表决权股转换(第4.5.9条第4款)	同科创板(第4.4.8条第4款)	实际控制人发生变更(第19条第6款)	实际控制人发生变更(第4.4.7条第6款)
	时间型日落	—	—	表决权差异安排的实施期限届满或者失效事由发生(第19条第4款)	表决权差异安排的实施期限届满或者失效事由发生(第4.4.7条第4款)
信息披露		—	—	具有表决权差异安排的,其股票特别标识为"W";应当在其披露公告的显著位置标明本公司拟设或设有表决权差异安排的情况㉒	同新三板(第1.2.1条;第1.2.2条)㉓
		充分、详细披露相关情况特别是风险、公司治理等信息(第4.5.1条)	在定期报告中披露该等安排在报告期内的实施、股份变动、表决权恢复及行使情况等,特别是风险、公司治理等信息,以及该等安排下保护投资者合法权益有关措施的实施情况(第4.4.10条)	在年度报告、中期报告中披露表决权差异安排的运行情况、特别表决权股份的变动情况以及投资者保护措施的落实情况(第23条)	在年度报告、中期报告中披露表决权差异安排的运行情况、特别表决权股份的变动情况以及投资者保护措施的落实情况等(第4.4.11条)

㉒ 参见《全国中小企业股份转让系统表决权差异安排业务指南》(股转系统公告〔2021〕1030号)第一章一般规定中第4条"特别标识"。

㉓ 参见《北京证券交易所上市公司业务办理指南第5号——表决权差异安排》(北证公告〔2021〕44号)。

续表

		科创板	创业板	新三板	北交所
公司治理		监事会应当在年度报告中，就表决权差异安排事项出具专项意见（第 4.5.12 条）	同科创板（第 4.4.12 条）	监事会、独立董事（如有）应当在年度报告、中期报告中出具专项意见（第 21 条）	监事会、独立董事应当在年度报告、中期报告出具专项意见（第 4.4.9 条）

从表 2 可以看出，对于双层股权结构和日落条款的规定随时间不断细化，这些规则对于分离日落、稀释日落、转让日落、决议日落都进行了统一规定，而在最新的新三板及北交所的规定中，首次新增对于时间型日落的规定，要求公司在章程中规定特别表决权的存续期限，意味着一旦期限届满或者出现失效事由，特别表决权将转为普通表决权股[24]，这也表明了时间型日落条款正式进入了监管部门的视野。对于决议日落条款，《挂牌指引》相较于《科创板上市规则》规定了更宽广的决议事项内容，同时还设置了兜底条款[25]，允许新三板中小股东根据章程作出更多更广泛的限制。总结来说，我国对于部分日落条款采取了法定化的适用途径，整体监管模式更类似于港交所的严格监管。

（二）日落条款实践情况及评析

本节将对不同日落条款的类型进行评析并分析其在中国的实践适用情况。首先探讨在三类规则中统一规定法定适用的日落条款种类，其次探讨尚未适用其他类型日落条款的适用空间。

1. 比例型日落

比例型日落条款对限制现金流和表决权的背离程度，具有重要作用。各国在实践中也普遍将其作为法定化予以强制适用。比例型日落条款进一步可细分为稀释日落与撤资日落两类。

所谓稀释日落（dilution sunsets）主要是指公司章程约定，当特别表决权股的数量与特别表决权股和普通表决权总数的比例低于一定阈值时，特别投票权股转化为普通投票权股。撤资日落（divestment sunsets）更关注发行和流通在外的

---

[24] 参见《挂牌指引》第 8 条。

[25] 参见《挂牌指引》第 17 条。

特别表决权股本身的数量。撤资日落条款主要有两种类型:一是流通在外的高投票权股数量低于特定数量;二是特别表决权股持有人出售的特别表决权股占其初始持有的特别表决权股的比例高于特定阈值。相较于稀释日落条款,撤资日落优势在于即便仍然会担心增发新股会造成稀释,但并不用担心手中的高投票权股发生转换,只要不出售、转让手中的高投票权股,就不会造成双层股权结构的破坏,从而规避了稀释日落不利于公司成长的因素。

我国各大交易所整体对于比例型日落条款采用了稀释日落条款的规定方式。以科创板为例,《科创板上市规则》中规定,特别表决权股东的最低持股要求为10%,即其所持有的权益股份应占发行有表决权股10%以上,[26]同时也规定特别表决权股份的股东不符合《科创板上市规则》第4.5.3条规定的股东资格和最低持股要求时,发生向普通表决权的转换。[27] 换言之,在全体特别表决权持有人共同持股比例低于10%,双层股权结构终止。需要注意的是,我国该条款限制的是全体特别表决权股持有人的持有股权合计,而非个别人持股比例。该规定的预期功能是,通过限制特别表决权股东必须至少持有占公司10%的股份,因此在其进行公司决策时,如果特别表决权股东利用特别表决权作出了有损于公司集体利益或减损普通股股东利益的决策,至少这些特别表决权股东的损失也会达到10%的程度,不至于出现违法所得与公司利益的过于不成比例而导致激励的扭曲。

对于我国规定的稀释日落条款,可以通过四维评估方式进行分析。其一,对于目的合理性进行分析。笔者认为,稀释日落条款的规定不利于实现特质愿景。一方面,稀释日落条款难以量化构成创始人出售公司权益分散投资而对公司实现特质愿景的剩余承诺不足的阈值,到达这个阈值创始人将失去对公司的控制权。当前规定的"10%"似乎过于严格和僵化。对此的优化方式可以参考港交所的规定,其对于IPO阶段的10%规定,允许公司上市后在一定范围内轻微下调特别表决权股份所占的比例,从而满足公司发展运营以及在资本市场的现金流安排的需要,[28]对于稀释日落条款进行了弱化规定。从特质愿景理论以

---

[26] 参见《科创板上市规则》第4.5.3条。

[27] 参见《科创板上市规则》第4.5.9条第1款。

[28] 参见《香港交易所主板上市规则》(2018年版)第8A.12条。

及避免代理成本的目的出发，需要判断创始人稀释的原因。如果是为了公司成长，实现高于市场回报的特质愿景而增发新股，创始人不应因此被惩罚而失去控制权。如果创始人是为了分散投资而出售个人持有的公司股权，表明他对于实现公司的特质愿景的承诺水平较低，此时则需要对这一倾向进行规制。因此，当前不区分稀释原因规定，低投票权增加和高投票权减少都会触发稀释日落条款，其存在优化的空间。对此，可以运用上述撤资日落条款，重点关注稀释原因，只惩罚那些为了撤资的控制人。例如，Snap 的章程中规定了创始人持续拥有的高投票权股份占其 IPO 时拥有的数量的百分比应当保持一定阈值否则触发日落。[29]

其二，考察功能合理性。从创始人与投资者博弈的角度看，笔者认为该条款对投资者的保护作用有限。一方面，只要创始人从自利行为（如关联交易等）中获取的个人利益大于该决策造成公司股价下跌而造成的损失，根本上仍然存在从事牺牲公司集体利益和普通股股东利益而谋求自身利益的行为。[30] 另一方面，该条款也存在容易规避的弊端。是否触发转股的条件根本上完全取决于持有特别投票权的股东是否有意向主动转让或放弃公司控制权。只要特别投票权股东自身不存在主动放弃控制权的意向，触发稀释日落条款的可能性就极低。对此，有学者建议可以改为规定创始人表决权比例低于30%结束双层股权结构，[31]该条款的考虑类似于公司控制权发生变更结束双层股权结构的规定，[32]因为在此时，创始人所持有的表决权过低不足以掌握公司的控制权，从而使最初赋予其特别表决权来抵抗敌意收购，实现特质愿景的目的不能达成。但这个规定与控制权终止的规定不同之处在于创始人可以通过购买普通股等方式维持个人表决权，防止触发该条款，动态缓解了因持股比例低而失去双层股权结

---

[29] See Snap, Inc., *Registration Statement* (*Form S-1*) (Feb. 2, 2017), exhibit 3.1, https://www.sec.gov/Archives/edgar/data/1564408/000119312517029199/d270216dex31.html.

[30] 参见樊健、朱锐：《科创板上市公司双层股权结构中的日落条款》，载《财经法学》2021年第3期。

[31] 参见樊健、朱锐：《科创板上市公司双层股权结构中的日落条款》，载《财经法学》2021年第3期。

[32] 《科创板上市规则》第4.5.9条第1款第4项规定，公司的控制权发生变更。该条第2款规定，发生前款第4项情形的，上市公司已发行的全部特别表决权股份均应当转换为普通股份。

构的情况。[33]

其三，考虑其规制必要性。上文已经提出，稀释日落的功能能够防止两权背离超过一定比例，限制创始人的资产于公司之中，从而保证其经济性利益与公司更一致，避免其激励过于扭曲。不可否认，这一考虑存在合理性，但是必要性也需要对该规定隐含的成本进行分析，考虑是否代价过大。规定创始人的经济性利益不能低于10%是一种不区分原因的比例型标准，高投票权股的减少和低投票权股的增加都会触发该机制，其存在隐含代价，即会削减创始人提升公司价值，获得融资的动力。为了避免触发该机制，创始人可能会放弃新增融资，收购其他业务或公司，对员工进行激励等，可能造成因噎废食的效果。

其四，关于其可替代性的考察。上文已经提出，撤资日落与稀释日落同为比例型日落的一种，都具有类似“共担风险”的功能，防止创始人滥用高投票权而进行侵害普通股股东利益的行为。而撤资日落较稀释日落区分了稀释的原因，重点关注高投票权的减少，更具有针对性，也可以避免稀释日落条款不利于公司成长弊端。

此外，有学者提出应当删去《科创板上市规则》中控制权发生变更，双层股权结构终止的规定，认为其功能与比例型日落条款重合，且定位较为模糊不清，仅规定了控制权变更而未规定具体标准。笔者认为，之所以规定控制权发生变更，双层股权结构终止，其根本逻辑在于此时控制权已不在创始人手中，实现特质愿景的目标难以实现，该结构也失去了正当性，应当予以终结。但事实上这一规定容易规避，且其确实与比例型日落存在重复，可以进行优化。

2. 时间型日落

时间型日落条款在学界堪称最受争议的一种日落条款。但实践中，时间型日落是美国上市公司最常使用的日落条款，有41%的上市公司采纳了该条款，该比率在逐年上升，时间从5年到25年不等，目前最常使用的时间期限是10年制。[34] 从我国的规定看，时间型日落条款已经逐渐纳入监管者的视野，尽管科创板和创业板并不存在强制性的期限规定，但新三板存在期限日落的规定，《挂牌

---

[33] See Yvan Allaire, *The Case for Dual-Class of Shares*, https://ssrn.com/abstract=33184477.

[34] See A. W. Winden, *Sunrise, Sunset: An Empirical and Theoretical Assessment of Dual-Class Stock Structures*, Columbia business law review, 2018(3), p.895.

指引》第 8 条中要求存在差异化表决权的公司章程中必须明确实施期限，但法律并未规定固定时间，这显示了固定时间型日落已经逐渐进入监管者的视野。

从四维评价标准进行分析，其一，时间型日落条款对创始人实现特质愿景的保护作用有限。企业家实现特质愿景的时间难以估计，部分科技公司前期研发时间长，不存在一个适合所有公司的固定期限方案，也不可能在 IPO 阶段就对于实现特质愿景的期限作出估计。即便允许中小股东投票决定是否延期，中小股东也无法作出理性决策，因为对中小股东来说结束双层股权结构能够减少代理成本。学者将其评价为生硬的工具（blunt instrument），[35]缺乏精确校准，试图解决创业者避免干扰追求特质愿景与投资者希望受到保护减少代理成本的两者张力关系。

其二，时间型日落条款的功能有效性存疑。理论上，时间型日落条款固定时间结束双层股权结构能够避免无效率的双层股权结构无限延长，保护投资者免受经济效率低下的影响。但是，一方面，投资者可能也在期待特质愿景实现后的大额回报；另一方面，存在大量豁免机制使得该日落条款也未必能够达到理想效果。从我国当前规定看，为了避免过于僵化"一刀切"的弊端，时间型日落条款允许公司自行规定期限，但这样一来创始人大可以规定时间更长的期限，对其并无实际影响，有裁判参与比赛之感，作用微乎其微，并没有从根本上起到加强投资者博弈能力的效果。

其三，强制规定的时间型日落条款对于削弱代理成本也不具有必要性。强制的时间型日落条款确实能够结束一些无效率的双层股权结构公司，但同时许多有效率的公司也因此结束了该结构。实践经验表明，没有必要采取如此严厉的措施来鼓励合并或出售双层股权公司，因为近年来很多公司自愿结束双层股权结构或出售公司。Ronald Gilson（2006）说明了双层股权结构无法在代际环境中存在。[36] 控制权集中带来的主要是非金钱的私人利益，对特定控股股东具有特殊性，而控股股东身份会随着时间而变化，该价值也会随着时间推移而变化。大量的收购溢价或者放弃控制权集中而聘请职业经理人增加市场价值，超过了

---

[35] See A. W. Winden, *Sunrise*, *Sunset*: *An Empirical and Theoretical Assessment of Dual-Class Stock Structures*, Columbia business law review, 2018(3), p. 917.

[36] See Ronald J. Gilson, *Controlling Shareholders and Corporate Governance*: *Complicating the Comparative Taxonomy*, Harvard Law Review, 119(6), p. 1641 – 1679(2006).

控制权私人利益,从而企业家会愿意放弃控制权集中,此时双层股权结构对他们来说并不具有吸引力。

其四,存在其他成本更小而同样有效的替代措施。在有利于公司利益时,某些情境下,控股股东能够被说服采取单一股权结构或出售公司。例如 Uber 的首席执行官特拉维斯·卡兰尼克(Travis Kalanick)在受到股东压力要求辞职后辞去了首席执行官一职。

如上文分析,时间型日落条款并不能实现对创始人特质愿景的充分保护,并且在仍有其他方法可用时,存在保护投资者免受经济效率低下影响的余地,因此不需要强制规定时间型日落条款。即便在中国的情境下,需要对于投资者博弈能力进行强化,防止控股股东规避日落,笔者认为也不需要法定时间型日落条款,因为即便在国际金融市场上也不存在可供借鉴的时间型日落条款的经验,贸然规定或许会降低我国交易所的竞争力。可以通过如新三板的规定,要求公司在章程中明确双层股权结构期限,允许公司自行规定,在新三板的公司时间型日落条款经过一定实践经验后再考虑在科创板适用的必要性,学者提出的“遵守或解释”的进路也是可供过渡的灵活适用的方式。

3. 事件触发型日落条款

由于事件触发型日落条款种类繁多,笔者在此将分别予以进行分析。上述两类的日落条款分别针对双层股权结构的时间型低效和两权背离激励扭曲的问题进行设计,而事件触发型日落则主要针对特别表决权的高人身依附性的特点进行设计。

(1)分离日落条款

分离日落条款(separation sunsets),主要是指特别表决权股东在离开其职位或公司之时,其持有的特别表决权股份将转换为普通表决权股份,包括特别表决权股东死亡、丧失行为能力、退休、辞职、离任等情形。这一条款也主要是针对当特别表决权人离开公司和职位,其特质愿景的承诺明显不足,高人身依附性的特别表决权也应当予以转换。

死亡或无行为能力日落最为常见,几乎在所有交易所规则中都进行了规定。该条款的理论逻辑非常简单,因为此时创始人已经没有能力实现其特质愿景,该特别表决权也失去了其赋予的意义。在美国的实践中,存在两种变体,一是规定只要创始人死亡,双层股权结构终止;二是规定仅该持有人手中的股票发生转换。这体现了部分公司关注所有高投票权股的持有人，而部分公司关注创始人。该条款的例外豁免条件则是提前将特别表决权股份转让给另一位高投票权持有人。我国《科创板上市规则》中也有对此的类似规定，强调持有人丧失第4.5.3条规定的资格以及丧失相应履职能力及死亡时，发生其持有的特别表决权股向普通股的转换，其中，持有人死亡转换的规定简明，而丧失履职能力需要进一步解释。丧失履职能力并不简单等同于丧失行为能力（incapacity）的规定，除了法律上的不能外，丧失履职能力还应当结合我国对于特别表决权股持有人的身份规定进行解读。根据《科创板上市规则》第4.5.3条的规定，我国特别表决权持有人的身份必须是董事或受其控制的实体，因此，其范围比法律上的不能更宽广。第一，满足《公司法》对公司董事资格的禁止性规定[37]的对象，当然不应当继续持有高投票权。第二，任职公司存在对董事或管理层的特别任职要求，[38]对于不满足该要求的对象，也不能担任董事职务，当然无法持有特别表决权。第三，受到证监会市场禁入的行政监管措施的对象，其在市场禁入期内不能担任董事职务。第四，交易所认定的不适当人选，也应当认为其失去资格。[39]

该类条款的重要目的之一是可以避免创始人的控制权代际传递。按照纯粹自由市场的理论，创始人应该有机会向投资者提供允许代际转移控制权的公司股份，并且当创始人去世时，投资者可以接受这笔交易。因为交易时包含了将参与创始人的企业产生的高于市场的回报作为条件，以接受创始人的后代在创始人去世后管理公司。但这种交易，不能通过保护创始人追求公司特质愿景而具有正当性。相反，从宏观经济角度看可能会造成社会资源的浪费。每一代人都有不同的愿景和能力，实证研究表明随代际传递，创始人控制的表现带来的价值减退。[40] 尽管支持者或许会主张家族成员和工作许多年的雇员可能与创始人有类似或相同的特质愿景，但投资者投资时，尤其是针对创始人领导类型的公司（founder-led company），投资者投资的是创始人的愿景。因此无论如何，投

---

[37] 参见《公司法》（2018修订）第146条。

[38] 例如《证券公司董事、监事和高级管理人员任职资格监管办法》第9条。

[39] 参见《上海证券交易所纪律处分和监管措施实施办法》（2019修订）第8条第1款第3项。

[40] See Morten Bennedsen, Kasper Meisner Nielsen, Francisco Perez-Gonzalez & Daniel Wolfenzon, *Inside the Family Firm: The Role of Families in Succession Decisions and Performance*, The Quarterly Journal of Economics, 122(2), p.647－691(2007).

资者应当至少有权利决定是否延续控制权给家族成员或继任者，这一规则的实质是允许投资者对新的个人或管理层下注，保证投资者有选择权。

对该条款的批评主要在于适用模式的被动性上。该条款所规定的条件，即持有特别表决权股东（如公司创始人）死亡或失去行为能力是否发生、何时发生，存在不确定性，这与由创始人终生持有特别表决权无异，会导致该条款形同虚设，而是否离职实际上也仅仅取决于高投票权股东的个人意愿。但笔者认为尽管该条款触发概率不高，但其存在本身对于保护中小股东和保护实现特质愿景都具有积极意义，即实际上是强制要求持有特别表决权的股东始终作为公司董事或管理层，进行公司决策以实现提高公司价值和特质愿景的根本目的，同时特别表决权股东在行使高表决权时也应接受董事信义义务的约束。因此，该条款应当在双层股权结构的公司中进行设计，并尽量避免豁免条款。

另一点争议在于《科创板上市规则》第 4.5.3 条规定中的分离条款主体。我国《科创板上市规则》中，特别表决权持有主体的范围包含董事和其控股实体，也就是除了董事本人之外，也可以包含董事实际控制的公司、合伙企业及信托。对于前者，分离日落不存在适用困境，但是对于控制实体，由于其内涵宽广且定义模糊，存在适用困境。将实体作为特别表决权持有人的第一重困境可能会导致不同投票权结构的无限期存在。不像个人股东受到自然寿命的影响，法团作为公司法人，其寿命不存在自然限制，因此分离日落条款对法团身份的不同投票权持有人限制将大大削弱。我国香港特区对此特别为法团持有人设定时间型日落条款，要求法团身份持有人必须设置有时限的日落条款，该时限不得超过 10 年，此后得到独立股东的同意后可以延长。但控股实体内涵有在董事的控制之下的意味，因此可以自然得到推论，实体日落也受到自然人董事的任职资格和能力方面的影响，也就不具有上述无限期存在的担忧。

但当前国际资本市场存在将特别表决权持有人放开对实体控制的趋势。港交所最初限定不同股权持有人仅限于重大贡献的董事个人，但其在 2020 年 10 月《法团身份的不同投票权受益人咨询结论》[41]中宣布，允许法团作为不同投票

---

[41] See HKEX，2020，*Corporate WVR Beneficiaries*，Consultation Paper. [2022 - 03 - 29] [EB/OL]. https://www.hkex.com.hk/-/media/HKEX-Market/News/Market-Consultations/2016 - Present/January - 2020 - Corporate-WVR/Conclusions-(Oct - 2020)/cp202001cc.pdf? la = en.

权持有人的双层股权结构公司于港交所二次上市。主要考虑是基于当前创新公司多在一个“生态圈”中运营，生态圈的领导者策略、愿景和协同效应将对公司发展有重大影响。只有允许法团股东持有超级投票权，生态圈中的领袖企业方可透过不同投票权的架构，维持对其的控制权。数据显示，2010 年至 2019 年 11 月在美国上市的 91 家内地同股不同权架构公司中，42% 的公司的法团股东具有不同投票权，展示了当前国内企业对于特别表决权持有主体扩展的重大需求。

第二重困境在于《科创板上市规则》第 4.5.9 条第 1 款第 2 项规定，实际持有特别表决权股份的股东失去对相关持股主体的实际控制时发生转换。然而，如何判断实际持股主体和失去控制是难点。控股方式在实践中存在多种类型，例如，金字塔持股、交叉持股等，而主体的含义也内涵丰富，包含名义股东与实际股东、单一股东与持股团体等。在实务中，不同主体的控制关系通常由股东协议进行规定，但是类似《一致行动协议》等股东协议作为合同，囿于相对性的限制，仅仅具有内部约束力，因此在涉及第三方或外部人时，合同的内容和效力容易引发争议，应当按照商事外观主义进行处理。而面对持股主体是公司或合伙等企业形式的情况，则应按照实质重于形式原则，进行穿透式监管，确定最终的实际控制人。[42]

此外，允许实体作为特别表决权持有人的第三重困境在于其作为实体而非个人，难以证明对于公司有重要贡献，合理性存疑。假设允许其拥有特别投票权，特别表决权极有可能作为交易“标的”，即拥有这种特别投票权本身将成为公司收购动因，控制权交易可以不依靠经济所有权的交易市场来实现。针对这一点，亚洲企业管治协会也深表关注，担心对持有特别表决权公司的收购行动，会产生更多的特别表决权公司，从而弱化普通投资者的表决权，减损投资者的权利。[43] 这一点可以参考港交所对于法团身份作为特别表决权持有人的贡献要求，其明确要求法团身份持有人的贡献需要具有无法复制和取代的性质，一般金融投资和非财务贡献（如战略建议和技术）都不足以使法团符合持有资格。

---

[42] 参见樊健、朱锐：《科创板上市公司双层股权结构中的日落条款》，载《财经法学》2021 年第 3 期。

[43] 参见章颖芝、李曜：《双重股权结构在香港资本市场的实践反思》，载《上海金融》2020 年第 12 期。

同时,法团需要证明在企业上市时(及后续)拥有及运营让企业受益的“生态圈”,且对生态圈的具体特征也进行了全面规定。[44] 而我国对于持股实体的限制仅仅是要求其处于董事的控制之下,监管更多关注于该实体背后的实际控制人。既然选择了此种监管方式,笔者认为更应当阐明“实际控制”的含义,明确是否允许共同控制,还是必须单独控制。这一点将在后文转让日落条款的例外机制中详细说明。

另外,可通过要求增设董事代表来解决当法人实体作为特别表决权持有主体时分离日落条款的适用主体的混乱。当特别表决权由实体而非自然人持有时,该实体需要推选至少一名股东担任董事代表。该制度的优势在于延展公司法上忠实义务和注意义务的承担主体,因为董事代表由实际持股主体推选产生,因此实际持股主体涵盖区间均承担信义义务。实际持股主体内部的权利义务关系可以由协议规定,董事代表满足分离日落条件将触发特别表决权股向普通表决权股的转换,如果实际持股主体选任了新的董事代表,则可以豁免日落。[45]

(2)转让日落条款

转让日落条款(transfer sunsets)也是当前普遍适用的一种日落条款。转让日落条款是指特别表决权持有人一旦将该股票转让他人,将会触发高投票权向低投票权股的转换。转让日落条款主要是基于特别表决权的高人身依附性,之所以赋予某人特别表决权,是出于对该持有人的能力、才华等人力资本的投资,而新的股权所有人并不具备特别表决权持有人相同的人身特殊性。严格的转让日落条款结合上述分离日落条款,能够将控制权有效限定于创始人的寿命内。

转让日落条款通常伴随一些豁免机制,例如受让人身份豁免、经过股东大会批准豁免等。在美国实践中,这一日落条款的整体趋势是例外限制越来越

---

[44] 具体对于“生态圈”的内涵规定如下:(1)有一群公司及其他组成部分围绕该法团拥有的技术或专有技术平台或一组核心产品或服务成长和共同发展;(2)生态圈中的组成部分(包括上市申请人)通过共享某些数据、用户和/或技术从生态圈中互惠互利;(3)生态圈已达到有意义的规模;(4)生态圈内的核心组成部分和上市申请人实质上由公司不同投票权受益人控制;(5)上市申请人的成长和成功主要归功于其参与生态圈并与生态圈共同发展,预计申请人将继续受益于成为该生态系统的一部分。

[45] 参见张巍:《双重股权架构的域外经验与中国应对》,载《财经法学》2020 年第 1 期。

窄，转让日落的效力越来越强。

家族成员豁免是指例外允许将特别表决权转让给家族成员而不会发生转换，这一机制实则是促进了家族的控制权的集中和延长至家族后代，阻止家族成员将控制权股票出售给外部人。笔者认为，该例外对于追求特质愿景的保护并不必要，具体理由同上文分离日落条款所述，继承人控制通常会导致公司业绩下降。

创始人或其他高投票权股东豁免例外则是在转让给其他创始人或高投票权股东时高投票权股不会发生转换。这一机制允许控制权在创始人团队中流动，允许在其中一位创始人决定撤资和多元化投资时，其余创始人能够保持长期战略。这也是我国香港证券交易所和新加坡证券交易所在法定转让日落条款中伴随的豁免机制。笔者认为应当允许该例外，因为其有利于实现特质愿景，保持控制权的长期和稳定，专注长期经营。

控股实体例外是指允许转让给其控股实体或控股实体转让给其成员、股东或合伙人，这将允许高投票权股东与其他同样对该控股实体具有控制权的第三方分享投票权。背后的原因或许是现代创新企业在更广阔的“生态圈”中运营的需要。[46] 该例外具体可分为以下两种模式，一种是允许转让给共同控制下的实体，另一种是只允许转让给单独控制的实体。在这两种模式下有一种更严格的限制，要求高投票权股东在转让给不同法律实体时需要保留投票权和决定权。这一限制使得通过遗产传递高投票权股份变得更加困难，因为可以从中推断在高投票权股东去世并且不能再行使投票权或决定权后，该实体不再是允许的受让人，当然该推论也可以在死亡和丧失行为能力的日落条款中明确规定。模式 3 保留投票权的限制是在 Google 上市中引入的。而 Facebook 上市条款采取了模式 2，尽管没有保留表决权的转让限制，但对于允许转让的控制实体要求更为严格，必须受到创始人的单独控制。对于该类例外，笔者认为其实不具有合理性，因为这对于创始人追求特质愿景并非必需的。

我国的转让日落条款规定较为简单，《科创板上市规则》规定，特别表决权股股东转让或委托他人行使特别表决权股份，都将触发转换，而并未规定任何

---

[46] 关于生态圈理论的论述，参见上文分离日落条款主体部分的论述。

例外。[47] 基于上述分析,笔者认为应当至少允许特别表决权可以在特别表决权持有人之间转移。一方面,如果持有人是创始人团队,也有助于创始人团队控制权的稳定,有助于其追求特质愿景。另一方面,美国资本市场实践中,大量中概股公司则对控制权向关联方转让予以豁免,如中通、百世、哔哩哔哩、爱奇艺等,背后的原因或许是体现中概股公司存在大量实际需要。当然,由于我国规定持股主体包括董事及实际控制主体,一旦规定了允许在持有人中转让,也等于放开了向持股主体转让的限制。因此,必须要明确所谓的“实际控制”的含义,这也意味着允许转让的例外限制有多宽。例如,实际控制是否包括共同控制下的实体还是仅包含单独控制下的实体,一旦允许共同控制下的实体,另一个共同控制人如果是非创始人,暗含了将控制权与第三方分享,如上所述,笔者认为这是不具有合理性的。总而言之,对于转让限制规定了例外条款的情形下,需要关注豁免后关联交易实质公平与利益冲突下的合规控制。

(三)其他替代性日落条款

1.决议日落

决议日落,也有学者将其称为表决权复苏,[48]是指面对特定决议事项,表决权恢复为一股一权。具体模式也可以分为两种,一种是限制特别投票权的决策事项,另一种是赋予低投票权股东在某些事项平等投票的权利。其本质是创始人向投资者的妥协,同意将除让渡给管理层决策事项外的公司决策需要获得少数股东的支持。决议事项日落的法理依据与类别表决类似,主要是在关系到中小股东切身利益以及公司重大事项中,给予他们自我保护的权益。这将赋予企业家—控制人对公司日常管理的自由裁量权,同时为投资者提供杠杆来保护他们的利益。这一日落条款主要是为了弥补替代威胁失灵和市场监督失灵,规制创始人侵害公司权益,损害其他股东利益的行为。

对于决议日落的批评主要集中于三个方面,一是其仅能防止创始人从事积极的侵害行为,但不能督促创始人勤勉尽责,激励其创造价值提升公司业绩。二是决议日落的事项难以界定。一般来说,决定是否属于决议日落条款事项的

---

[47] 参见《科创板上市规则》第4.5.9条第1款第3项。

[48] 有学者认为表决权复苏与日落不同,因为只是针对部分事项临时恢复为一股一权,在事件结束后恢复,而日落则是发生不可恢复的转换。笔者此处为了更方便系统归纳,采纳Winden的分类,将决议事项一股一权表决也作为决议日落条款进行分析。

关键在于是否涉及普通股股东切身利益。但作为一种不完全契约的公司，本身难以穷尽涉及中小股东切身利益的事务，设置双层股权结构的上市公司很难通过在章程列举有限事项的方式来覆盖股东的多元诉求。[49] 股东对于公司决策事项只存在同意或否定的选择。三是决议日落可能存在"形骸化"风险。中小股东通常怠于行使个人权利，公开市场信息获取成本高昂，股东大会往往沦为"没有观众的演出"。即便限制特别表决权在特殊事项上行权，也无法作出公平决议，因为特别表决权股东可能采取其他替代性方案，例如一些具有经济强迫性的策略，如"甜味剂""胆小鬼策略"等[50]迫使中小股东作出有利于其利益的选择。

我国《科创板上市规则》中规定了决议日落：(1)对公司章程作出修改；(2)改变特别表决权股份享有的表决权数量；(3)聘请或者解聘独立董事；(4)聘请或者解聘为上市公司定期报告出具审计意见的会计师事务所；(5)公司合并、分立、解散或者变更公司形式。可以注意到，针对事项难以穷尽的问题，《挂牌指引》提供了兜底条款的方式进行保护。

由于当前我国公司法正在修订，尤其在《公司法（修订草案）》（二次审议稿）中已经包含针对类别股的分类表决制度（也称为类别表决制度），类别表决和决议日落存在一定功能相似性。因此，从替代可能性角度，笔者将决议日落与分类表决制度进行比较分析。在《公司法（修订草案）》（二次审议稿）第146条[51]中明确规定，对于涉及公司重大变更等需要2/3多数表决的事项，[52]也应当经类别股股东大会2/3出席股东通过，可见其建立了初步的分类表决制度。同时还规定了章程可以增列其他事项，设置了兜底条款。类别表决制度是解决股

[49] 参见李苗苗：《双层股权结构日落条款的适用困境与优化对策》，载《南方金融》2021年第5期。

[50] See Gorden J. N., *Ties that Bond: Dual Class Common Stock and the Problem of Shareholder Choice*, Columbia Law Review, 1989, 76(1).

[51] 《公司法（修订草案）》（二次审议稿）第146条规定，发行类别股的公司，对本法第116条第3款规定的事项，或者可能损害类别股股东权利的事项，除应当依照第116条第3款的规定经股东会决议外，还应当经出席类别股股东会的股东所持表决权2/3以上通过。

[52] 法定事项列举于《公司法（修订草案）》（二次审议稿）第116条中，包括股东会作出修改公司章程、增加或者减少注册资本的决议，以及公司合并、分立、解散或者变更公司形式的决议。

东利益冲突,平衡类别股股东保护与公司行为自由的重要机制。[53] 从比较法领域看,允许发行不同表决权的国家,在保护类别股股东的层面都设计了类似的表决制度,例如《美国示范公司法》第 10.4 节规定,公司章程的修订行为如影响某类股东或某系列股票持有人的利益,则应由该类股票持有人组成投票团体来进行投票。而决议日落条款的功能也是在面临特定事项时,特别表决权日落,回归一股一权进行表决,其目的也在于保护小股东的利益。如果未来的公司法中对类别股股东的类别表决机制进行系统规定,是否还有必要在发行类别股的公司章程中设计表决日落条款呢?笔者认为答案是肯定的,原因如下。首先,在决议事项层面,当前《科创板上市规则》等规定的事项与类别表决的事项存在差异,法定事项中,除了公司形式变更和公司章程修改之外,《科创板上市规则》中多了任免独立董事和聘请会计师事务所的规定。同时,作为一种契约性质的日落条款,可以填入的事项更为灵活。其次,在发挥功能层面,类别表决与决议日落发挥功能的方式也不同。传统上,类别表决主要意义在于通过恢复限制表决权的股东的投票权,例如掌握优先股的无投票权股东,在特殊事项上要求经过这一类无投票权股东组的多数通过,获得少数之多数同意,即少数之多数规则(majority of the minority)。而决议日落是要求在面临某些事项时恢复一股一权平等表决,对高表决权股东的表决权进行限制,决议获得通过的条件是总体多数,相较而言,类别表决的限制程度更高,决议日落的限制较轻。如果仅设置其中一种,在部分情况下同样的情形仍然会得到截然不同的表决结果。假设 A 公司发行了 100 股普通股,30 股特别表决权股,比例为 1 股代表 10 权表决权。如果某决议要求 2/3 的多数通过,按照分类表决制度,获得通过要求至少有 67 股普通股投通过票;而按照决议日落条款的规定,30 股特别表决权变为一股一权,因此获得通过的条件在 130 股中有 2/3 多数选择通过,即要求至少 87 股投赞成票,而由于特别表决权股通常利益一致,此处减去 30 股特别表决权股的赞成,则至少 57 股普通股选择支持才可获得通过。在此例子中,明确可见在只有决议日落条款的情况下,决议获得通过要求的普通股的比例更低,相较于只有分类表决的情况,对创始人的限制更少,更有利于创始人实现特质愿景。

---

[53] 参见刘胜军:《类别表决权:类别股股东保护与公司行为自由的平衡——兼评〈优先股试点管理办法〉第 10 条》,载《法学评论》2015 年第 1 期。

还应讨论的一点是在未来设置了分类表决的规定后，决议日落条款应当如何适用。一是根据特别法优于一般法，决议日落条款规定在《科创板上市规则》以及公司章程中，是针对上市公司和本公司的规定，在面临这些情形时应当优先适用，而不是适用公司法。二是公司法的分类表决规定如果是强制性规定，则不能主动排除适用，但由于也规定了决议日落条款，可以先适用决议日落的规定，特别表决权股变为一股一权，同时与普通股作为同一类类别股进行类别表决。

2. 绩效日落

针对决议日落难以解决监督管理层勤勉尽责问题，绩效日落条款（performance sunsets）则能够很好地弥补这一困境。绩效日落条款是指在章程约定特别表决权股东经营公司的收益或股价未达到一定水平时，特别表决权股份转换为普通股份。

特质愿景理论备受争议的一点就在于没有给投资者机会避免管理人糟糕经营决策的代理成本。戈申主张创始人的特质愿景中应当拥有财产性利益，投资者投资时也暗含了其对于创始人特质愿景的信任，这意味着投资者不能解雇创始人作为管理层，即便其作出了破坏公司价值的糟糕商业决策。解决这一投资者和创始人期待鸿沟的方法就是规定绩效日落条款，例如规定如果公司收入或股票价格在很长一段时间内（可能是两年到三年）低于首次公开募股时的水平，则可能触发日落。通过绩效日落的设计，要求特别表决权持有人不仅不能损害公司利益，且在经营决策时充分考虑公司利益，积极提升公司价值，履行注意义务。同时，也可以作为针对时间型低效的时间型日落条款的替代方案，绩效日落条款在衡量双层股权结构是否存续时更加具有针对性。

但是绩效日落面临的挑战主要有以下三个方面。其一，需要精确设计，以匹配公司和创始人的特质愿景，无法规定“一刀切”方案，因为一些愿景需要数年才能成功。但如果允许自由选入，要求公司创始人在章程中自行设计，则陷入了一种要求裁判者参与比赛的问题。其二，迫于绩效日落为了将股价维持在一定水平的压力，管理层可能会脱离公司实际，损害公司债权人利益。其三，需要考虑绩效日落条款是否会影响上市公司股权的清晰度和稳定性，否则极有可能在上市审核的过程中被要求清理。

基于该类日落条款难以设定普适性标准，在具体设计中，可以作为一种自由选入规则，一方面为公司治理提供一种正向示范，另一方面为普通投资者在投资时作为一种参考标准。另一种方案则是将这种绩效指标仅仅作为公司内部审查决定是否日落的触发机制。具体来说，可以在《科创板上市规则》中要求公司设置绩效日落条款，并将其列为专门披露事项，在触发后及时召开股东大会，由全体股东投票决定差异化股权结构的存续。同时，考虑到我国的投资者博弈能力较弱，应当加强监管和披露，可以结合交易所问询函制度，在连续低于其设置的营业收入指标时，针对其披露的原因进行问询核实。[54] 对于绩效指标，根据《科创板上市规则》中并未要求科创公司盈利，而是以营业收入作为上市审核标准，故绩效标准的设置也应以营业收入作为审查标准，限定最低的指标。

3. 信义日落

与上述颇为激进的绩效日落相比，信义日落（fiduciary sunsets）也能够对于特别表决权股东履行注意义务和忠实义务进行监督，在适用层面也有法律衔接。信义日落指公司章程约定，特别表决权股东违反了公司法关于董事、高管或控股股东的忠实、注意义务时，特别表决权股份将转换为普通表决权股份。

信义日落是降低代理成本的有效方式之一。在单一股权结构公司中，违背信义义务的董事和管理层会收到被替换的威胁，但双层股权结构中却不存在此类威胁，因为他们掌握特别表决权，也掌握管理层的选任。通过规定违反信义义务将影响其对公司的控制能够很好地对管理层进行规制。同时，在双层股权结构中，管理层通过持有特别表决权，拥有控股股东身份，存在双重身份的叠加，持有人应当承担比普通高管更高层次的信义义务。最高人民法院在 2019 年 6 月 20 日发布了《关于为设立科创板并试点注册制改革提供司法保障的若干意见》，其中第 10 条特别提及，禁止特别表决权股东滥用权利，要准确界定特别表决权股东权利边界，坚持“控制与责任相一致”原则，在“同股不同权”的同时，做到“同股不同责”，这体现了我国构建与差异化表决权相匹配的司法保障机制的重视。

但信义日落条款在我国仍然存在适用困境。首先，值得讨论的一点是信义

---

[54] 参见王利军、赵佩婕：《差异化股权结构时间性风险与科创板治理》，载《社会科学家》2021 年第 12 期。

日落的判断标准究竟是控股股东的信义义务还是董事、高管的信义义务。尽管日落条款是投资者和创始人商议确立自主选入,理论上可以自由设计该条款内容的具体是违背了控股股东的信义义务,或是高管的信义义务,抑或包括上述两者。但在本文讨论理想日落条款的适用模式,有必要明确这一问题。会产生这一争议的原因是当前就法律是否有设置控股股东的信义义务必要性仍未达成一致意见,而讨论控股股东的信义日落的前提是法律设定了控股股东的信义义务。反对者主要认为董事信义义务足以替代控股股东信义义务。如我国香港联交所就要求特别表决权股东持有者必须兼任董事,通过该身份限制以董事的信义义务进行替代控股股东信义义务。[55] 部分人也认为特别表决权人身份限制为董事,不需要增设规定。但笔者认为试图以董事信义义务取代控股股东信义义务存在疏漏之处,仍然需要以控股股东的信义义务作为限制其自利行为的终极枷锁。因为担任董事的控股股东可以躲避信义义务,在董事会决议中持否定意见后利用特别表决权优势,在股东大会上支持通过一项可能损害投资者的权益的决议而免于处罚。[56] 当前我国法律对于控股股东信义义务的规定主要根据是《公司法》第20条,禁止股东滥用权利,以及《公司法》第21条明确禁止控股股东通过关联关系损害公司利益,《科创板上市规则》第4.1.4条也列举了控股股东损害公司利益的行为。然而,对于滥用的法律责任,仅规定了予以改正、通报批评、公开谴责、收取惩罚性违约金等几种纪律处分规定,与其自利行为获得的收益相比远远失衡,因此,理论上,通过日落条款失去特别表决权这一惩罚相较于现有制度,能产生更为直接有效的威慑效果。

然而,第二个争议在于是否违反信义义务,更多依靠事后的司法审查,尤其是信义义务中的勤勉义务,需要依靠法官的自由裁量,而我国尚未形成明确的针对控股股东信义义务的司法裁判规则。当前,《科创板上市规则》第4.5.13条仅粗略规定了持有人不得滥用特别表决权,不得损害投资者利益,其中也对特别表决权进行了定义和规范,但无法在司法裁判中直接使用。当前我国对于表决权滥用的规制,主要是基于《公司法》第20条到第22条的规定进行识别,

---

[55] 参见《香港交易所主板上市规则》(2018年版)(第8A.37~8A.42条);《新加坡上市规则》610(10)、(753)。

[56] See Choper J. H., Coffee J. C. & Gilson R. J., *Cases and Materials on Corporations*, Aspen Publishers, p.570(2008).

以一股一权为基础，案例也主要见于有限责任公司中。此外，上市公司司法介入困难，当前权益救济主要还是依靠行政手段，例如交易所问询、证监会处罚，并且我国散户投资者居多，普遍存在“搭便车”心态，缺乏提起诉讼的动力。同时，从审查原则角度看，特别表决权持有人双重身份叠加意味着更高层次的受信义务，从双层股权结构制度目的本身看，特别表决权行使应当更加灵活，在尊重商业判断规则的基础上，法律给予更大限度的容忍。应当明确，在双层股权制度的股权架构下，控股股东的信义义务应当有其特殊性。有别于普通公司中控股股东的形成，双层股权公司的控股股东控制权是投资人自主选择的结果，因此对股东义务的履行的具体诉求在不同公司也有异质性，让渡表决权的内部投资人对于控制权人的品质能力也有个性化需求。应当明确，在未来控股股东法律规制日益完善的背景下，法官在现有法律对控股股东义务规定下结合投资人的特别约定对信义义务履行进行审查，优先考虑投资人的异质化需求。

要使这一机制真正落实，还需要加强诉讼便利化，给予散户投资者更多的诉讼动力。例如，美国存在退出制证券集团诉讼，如果作为一方的当事人人数众多而无法进行共同诉讼时，由一个代表人进行诉讼，此时所有的相关主体自动成为集团成员，除非个人明示退出，这使得投资者获得充足的事后救济。

四、结论

本文从双层股权结构的发展历程、理论基础出发，分析了双层股权结构的制度目的和预期功能，根本上是为了提升公司价值，实现特质愿景。通过分析双层股权结构具有“两权分离”、高度稳定性、人身依附性等特殊性的同时，也相应存在一些固有的弊端，如代理成本升高、内外部监督机制失灵、时间型低效等问题，因此需要日落条款加以规制，以更好发挥双层股权结构实现创始人特质愿景功能，同时规制固有弊端。

本质上双层股权结构是一场投资者和创始人的交易，投资者基于相信创始人的能力才华，相信其特质愿景能够带来高于市场水平的回报，从而愿意投资双层股权结构，让渡自己的决策权，而创始人为了获取投资者信任和投资，在章程中通过设置日落条款进行自我设限。但基于不完全有效市场以及投资者博弈能力有限，公平有效率的结果需要监管介入，以提升投资者的博弈能力，日落条款在投资者—创始人天平中作为投资人侧的砝码，能够灵活调整两者的利益平衡机制。

在具体日落条款的我国适用层面，我国逐渐搭建起多层次的资本市场，对于双层股权结构从准入、运行、退出都进行了全面规制，在日落条款的设计层面，对于分离日落、稀释日落、转让日落和决议日落进行了统一规定。针对稀释日落条款，当前规定存在优化的空间，同为比例型日落条款的撤资日落更利于创始人实现特质愿景，满足融资需要，避免被动型稀释，同时可对于10%的稀释比例进行适当放宽，允许上市后在限定范围内下调。对于争议较大的时间日落条款，由于当前世界交易所缺少法定化先例，也不应当贸然规定，可以采用遵守或解释的进路。对于分离日落的主体问题，针对董事的控股实体进行进一步明确，明确要求单独排他的控制相较于共同控制更有利于规制，而且通过层层穿透的原则对于"实际控制"这一要素进行认定。在转让日落层面，可以规定豁免机制，即在特别表决权持有人范围内转移而豁免，允许个别创始人的多样化投资和剥离。对于决议日落，在法定基础上，对决议事项提供更多自治空间，设计兜底条款，且在决议程序上落实中小股东少数之多数表决，避免股东决议形骸化倾向。同时，对于尚未进行规定的绩效日落，可以通过选入条款的形式提供正向引导，或作为触发决定是否日落的标准，要求章程规定和定期披露，结合问询函进行监督。信义日落条款在当前尚不具备适用空间，需要优先完善司法保障机制，如代表人诉讼制度等。

随着注册制的全面推行以及公司法修订对投资者保护等制度的完善和重视，作为平衡各方机制的日落条款，能够在未来发挥更重要的作用，更好地服务于双层股权结构公司，保护投资者利益。

二、向经典致敬

【经典重译】

利益法学

[德]菲利普·黑克(Philipp Heck)　著　施鸿鹏*　译

目　次

* 施鸿鹏,法学博士,复旦大学法学院副教授。

译者说明:第一,本文译自德国法学家菲利普·黑克的《利益法学》一书(Philipp Heck, Interessenjurisprudenz, Verlag von J. C. B. Mohr, 1933),内容系黑克于1932年12月15日在法兰克福大学所做的一次客座演讲。第二,原书包含目录,本文从略;脚注中亦仅就黑克本人的作品予以翻译,余者保留原文,以利检索。第三,翻译过程中,凡涉"[…]"的,系译者为行文所加,原书中无对应内容。第四,就译者阅力所及,傅广宇和吴从周均曾翻译该书。两位前辈译笔典雅畅达,阐幽发微,使译者得以互勘异同,匡已厥失,特致敬意。翻译过程中,一些疑难杂症多蒙朱朝晖指教,特致谢忱。

[本文所涉及的]本人作品简称如下:《概念形成》=《概念形成与利益法学》(Begriffsbildung und Interessenjurisprudenz),1932年版;《制定法解释》=《制定法解释与利益法学》(Gesetzesauslegung und Interessenjurisprudenz),载《民法实务档案》(Ziv. -Arch)第112卷,第1页以下,1914年版;《法律获取》=《法律获取问题》(Problem der Rechtsgewinnung),1912年版,1932年第2版;《物权法》=《物权法概要》(Grundriß des Sachenrechts),1930年版;《债法》=《债法概要》(Grundriß des Schuldrechts),1929年版。

一、纲要

亲爱的同学们,尊敬的各位听众:

相比其他主题,本次客座演讲(Gastvorlesung)的主题对我而言别具意义。它所涉及的并不是高校学者所研究的众多问题当中的某一个,而正是本人毕生事业之所在。从我的教授资格论文起,[①]我就开始在课堂上、理论研究及现实运用,尤其是关于《债法》和《物权法》的两本概要中,[②]为利益法学的方法而辩护。很高兴今天能够在新的听众面前讨论这一方法。当然,为免诸位听完之后感到失望,我在此需要先就演讲的内容说明一些限定。

利益法学是实用法学的一种方法论。[③] 其目的在于揭示法官在个案判决过程中应当遵循的原则。因此,对于想要协助为法官们的工作提供准备的研究者而言,其同样具有意义。不过,利益法学并不是一种生命哲学(Lebensphilosophie),也不是人们所说的法哲学的组成部分。我们的学说有时候[④]也会被人们批评,我们一直在谈论利益的衡量,但我们既未给立法者提供任何一般标准,也未向其提供能够得出法秩序的生活利益的排序。的确,我们没有给出过这样的排序,即便是今天,你们也不会听到这样的排序。因为我们从未给自己设定过如此崇高的目标。我们是要为法官服务,而法官无须自由地创设出一个新的法秩序,而是应当在一个既定的法秩序中,一起为实现公认之理念而努力。因此,我们方法的目标其实是受限制的,尽管它本身还是十分重要的。

由于时间紧张,对于方法论问题我也只能限定于基本观念。一个小时是讲不完方法论的。关于细节问题的讨论,我也只能请大家去阅读相应的文献。不过,对于一些基本问题,时间应该还是足够的。因为它本身并不是一种特殊的、难以掌握的艺术理论,其基本思想极为简明——这一点我必须在一开始就跟大

---

① 参见《概念形成》,第32页以下。

② 参见作品简称。

③ 参见《概念形成》,第25页以下。

④ 例如赫尔曼·伊赛(Hermann Isay)在《民法实务档案》(新系列)第117卷第1期所发表的内容。

家强调。或许除了我在后面会提到的“利益细分”(Interessengliederung)的准则或者“冲突理论”时,会涉及个别相对比较实证的准则,[今天的演讲]在我看来所涉及的是一些非常浅显的基本观察。在演讲结束的时候,可能部分听众还会觉得,就这么一个显而易见的道理,没必要搞一场客座演讲。但是,就是这样一些基本观察,长期以来人们也对其充满误读,包括今天也是如此。为了使之得到解放,使之从概念法学这一人造的学说及其影响中解放出来,对其加以澄清尤有必要。今天,我们也将重点关注这种解放行为。

[今天演讲的]另一个限定是,我仅考察私法以及当代德国法。[的确,上述]基本问题在其他法律部门也会产生。晚近以来,公法领域的相关讨论就尤为深入。⑤ 但考虑到时间问题,我必须作此限定。

如前所述,本次演讲的主要内容是将传统流派(Richtung),即概念法学,与新的学说进行对比。传统流派将研究重点置于学理化的一般概念之上,并将其视为是法律规范的基础及学术研究的主要对象。在今天,该流派受到了一些更强调现实影响(Lebenswirkung)的新型观念的排斥。这些观念的具体名义则纷繁复杂,称之为目的论流派、现实主义法学、社会法学或利益法学者均有之。其中,一个应予排除的分支是自由法学说,该学说试图使法官不再受拘束于制定法。我们可以将前面所说的那种以充分强调利益细分或冲突理论为形式的新学说称为狭义的利益法学。传统的概念法学尽管已经被排斥,但仍在寻求复辟。汉斯·凯尔森的方法论在一定程度上就属于这种尝试。此外还包括一些其他表现形式。尤其不能忽略的是,传统学说的余波时至今日依然还在荡漾。在学说、司法实践以及一定程度上的立法活动中,我们依然能与之相逢。⑥ 我们唯有熟稔传统学说,才能避免受其影响。因此,在我今天的演讲中,新旧流派之间的对立将是考察之重点。

我从三个维度分析这种对立,即以三个主要问题为视角。一是法律元素之间的因果关系,二是法官在个案裁判过程中的活动,三是法学的结构。我将逐一讨论上述三个问题。每一个问题,都会从传统学说的解决方案入手,再将其

⑤ 参见《概念形成》,第 4 页以下。

⑥ 新的著作权法草案也反映了浓厚的概念法学影响。有说服力的论述参见 de Boor, „Vom Wesen des Urheberrechts“, Marburg, 1933。

与新学说的解决方案进行对比。

二、法律元素之间的因果性

第一个主要问题，法律元素之间的因果性，涉及的是法律诫命（Rechtsgebot）、现实利益（Lebensinteressen）与学理化的归整概念（Ordnungsbegriff）* 之间的交互关系。

法学意义上的法属于一种意识内容，更确切地说属于像习俗与道德这样的诫命观念。当然，如果孤立地评价，大部分单一的法律规范或者说制定法条款不是诫命，而是陈述。但它是关于诫命的陈述，只有当所表达的诫命存在的时候，它才具有法律上的意义。［例如，］只有存在关于"孳息"诫命的情况下，《德国民法典》第 99 条中关于孳息概念的规定才会具有意义。［因此可以说，］法秩序作为一个整体是由诫命所组成的。⑦

对于法律上的诫命，还应考察其现实影响的状况或者说功能观察，就如同法律生理学一样。法律诫命一直作用于现实（Leben），也意欲作用于现实——那种动态的、迫切的、不断提着要求的现实，而非那个木已成舟的世界。⑧ 现实中的各种利益相互竞争。在日常用语中，我们就把现实的要求称作了"利益"。⑨ 这个词在表达上就不能仅仅考虑如物质财富的保护。上述日常用语本身就会关注人类的最高利益，以及道德、宗教的利益。只有在这种最广义的意义上，在覆盖了所有的财富和生活理念的意义上，"利益"这个概念对于法学而言才是有用的，而且也只有在这个最广义的意义上才会被我们所使用。

---

* 另译"秩序概念"（傅广宇）、"次序概念"（吴从周）或"编纂概念"（黄茂荣）。——译者注

⑦ 参见《制定法解释》，第 14 页。

⑧ 参见《概念形成》，第 36 页以下。

⑨ 利益是生活现实的组成部分。对于那些放弃了全然以合乎知性的方式进行因果解释的人而言，利益的具体考察和满足必定极具价值。当然，对面对量的生活事实，法学只会强调那些对其目的而言有举足轻重意义的［事实］特征。现实之全部不仅无法加以把握，［对于法学而言］也没有太大的意义。对于法学所应当处理的实质利益而言，关键并不是取决于像电子的数量多寡［这种事务］，这应该交由物理学来加以解决。因此，瓦尔茨（Walz J. W. 1932， S. 3749）对我所提出的反对意见并不具有合理性。

第三组法律元素由学理概念所组成。⑩ 为了能够进行整体考察,学理对诫命观念和利益观念进行了形式转换,即通过建立群概念(Gruppenbegriffen)**来实现分类。只要形式转换的结果为诫命概念,人们就习惯于将其称为学理上的一般概念,更准确的名称是"归整概念"。这种归整概念有的与制定法的文句相联,有的与新术语(如"形成权""抽象的法律行为"等)相联。这种归整概念包括如主观权利、个别主观权利以及法律行为及其种类的学理概念等。这种概念的形成并不是封闭性的,学术的进步总会带来新的归整概念和新的概念形态。

新旧学说之间的基本对立就与上述这三种法律元素之间的因果关系认识相关。

概念法学认为,学理的一般概念是法的原因性基本概念,是一种造就法律规范,并因此也间接对现实产生影响的观念。这种关于一般概念的原因性地位的学说通过历史法学派取得了统治地位。历史法学派认为,法律通过民众之确信而形成,在进步的文化中,法学家和法学代表了民众。被看作民族精神产物的不仅是价值判断(Wertung)和价值理念(Wertideale),更包括那些直接通过学术而形成的一般概念。[由此,]一般概念被看作法律规范的渊源。例如,从债之关系作为人与人结合的观念出发,可以推导出债权不得让与的结论;定义好法律行为(意思理论与表示理论)的概念,有关意思瑕疵的规范就能够得到解释;在指示证券或无记名证券中,基于其作为一种契约或单方允诺,债之关系成立的观念可以确立受让人的法律地位;从物上负担(Reallast)作为物法上的权利或债法上的权利出发,可以建立起其法律后果。这种传统的因果理论在今天已经被摒弃了。不管对法律形成的看法如何大异其趣,其共识在于,历史地看,先存在法律诫命,然后它才被纳入一般概念之中。诫命是基于现实需求及其评价而形成的,而不是基于被建构出来的一般概念的观念。[这一点,]无论是习惯法还是制定法,概莫能外。[例如,]德国法上的物上负担制度是基于需求而产

---

⑩ 参见《概念形成》,第63页以下。

** 选取该译法的理由参见舒国滢:《法学的知识谱系》,商务印书馆2020年版,第1079页。"群概念"是高等数学上的一个词,属于"群论"的一个部分。舒国滢老师猜测认为,黑克在自己的著作中频繁使用"Darstellung"(表达或表示)、"Gruppen"(群)等概念,可能与其早年学习高等数学有关;或者如学者所言,黑克可能真的确信法的多层面的制约条件能够通过一种"利益数学"(Interessenmathematik)来加以把握。后者可参见[德]格尔德·克莱因海尔、[德]扬·施罗德主编:《九百年来德意志及欧洲法学家》,许兰译,法律出版社2005年版,第191页。

生的，是为了对持续性法律关系之中不断发生的给付提供担保，而非基于对其债权或物权属性的考察。因为在德国法中，物债对立的观念彼时尚不存在。《德国民法典》中关于无记名证券的规定是基于当事人的利益状况而形成的，［立法者］并未关注当时各方业已存在的制度建构纷争。对于法律行为性的意思瑕疵的处理，同样如此。现行法的形成历史，诸位肯定大体上了解，我们可以看到这些制度形成背后的驱动力。驱动力之间相互角逐是为了满足利益，而非为了验证概念定义的正确性，或是逻辑一贯地对业已确立的定义加以贯彻。因传统学说的影响而产生的一些例外，纯属谬误。法律素来都是利益的产物，对此人们在今天已经普遍接受。

这一观点的流行在很大程度上应归功于伟大的罗马法学家鲁道夫·冯·耶林。他一开始是一个概念法学家，后来从“扫罗”（Saulus）变成了“保罗”（Paulus）。他确立了下述指导原则，并对其加以论证，即法律的创造者并非概念，而是利益与目的。就此而言，耶林堪称目的论流派（teleologische Richtung）的创始人，也是利益法学的创始人。但是，耶林并未完全贯彻这一新的基本理念。对其理论，存在两个方面的批评意见。［第一，］一般认为，耶林在法律发现方面并未得出妥当的结论。就是这同一个人，一方面摧毁了传统法律发现方法的基础，另一方面又是这一方法的杰出代表。第二，耶林认识到了现实影响的巨大意义，但是并未对这一现实影响予以充分区分。耶林的确强调了利益保护问题，并将其视为是制定法的目的——其新著也被冠以“法律中的目的”之名——但仅考虑制定法的目的是不够的。

更具底层逻辑意义的认知毋宁是：每一个法律诫命都决断了一种利益冲突，都以相互对立的利益交互作用为基础，都呈现了相应作用力的最终合力。制定法对利益的保护从来都不是发生于虚空之中，而是发生于充满利益的世界之中。在这个世界中，所有的好处（Güter）都在被人们追逐，［其一旦实现，］就必然以牺牲其他利益为代价，绝无例外。即便是对某一项新作品的著作权加以承认，或者授予某一项发明以专利权，也会使得竞争者或者后续发明者的利益被压制。制定法仅仅展示出了最终胜出的利益。至于法律规范的内容以及目的被满足的程度，则取决于被牺牲利益的分量。任何一部税法的目的都在于为共同体筹集资金，但是具体某一部税法的特征则取决于对纳税人［利益］的考量。可见，耶林的目的法学（Zweckjurisprudenz）尚有不足。其应当通过利益细分的准则来加以深化,这一准则亦可称作"冲突理论"。对于每一个法律规范都应分析出其所决断的利益冲突。当然,前提是该法律规范属于诫命。为识别规范所包含的冲突内容,对诫命之解释(Gebotserläuterung)就应置身于所解释的诫命之中。利益细分的准则是我们学说中的一项元素,我之前说它是"并非不证自明的"。我们必须习惯于这一准则。适用这一准则是需要自律的。这有点不太好理解,因为在很多情形中,我们都是用粗糙的目的概念来加以应付的。但是,任何一种深入的研究都要求对利益细分。利益细分就像是法学上的显微镜一样。[不过,]这一准则并未得到大家的普遍认可。它将狭义的利益法学与其他相近的流派区别开来。[就后者而言,]很多目的论流派的代表者常常也会强调目的概念。⑪ 正确的认知也正在逐渐被人们所接受。

去年在关于马克斯·吕梅林(Max Rümelin)⑫的演说中,我的图宾根同事奥古斯特·海格勒(August Hegler)更倾向于将目的看作一种操作概念(Arbeitsbegriff),并对利益法学派的代表者对利益衡量所给予的重视表示怀疑。不过,就在几周前,当海格勒作关于刑事司法⑬的第二次演说时,海格勒讲的完全就是利益冲突问题。现实的尝试已经扫清了海格勒在理论上的犹疑,而且我相信,任何但凡认真对待过利益细分准则的人,都会产生同样的体会。这一准则可能看起来没那么重要,但是事实证明它在适用过程中极富成效。践行这一准则需要自律,但这是值得的。

在其他学科中,对一些操作概念予以精确的细分也被证明是具有价值的。只有将物质分割为原子,即原子理论被广为流传之后,化学才有了今天的发展;而将原子进一步分割为电子则孕育了新的进步。当然,我绝不是要主张我们的冲突理论以及利益细分对于法学的重要性就如同原子理论对化学的重要性一样。但是,两者产生影响的方式是相似的。⑭ 同时,从我多年经验来看,我坚信冲突理论对我们的使命而言具有重要意义。

---

⑪ 参见《概念形成》,第 44 页以下。

⑫ „Zum Gedächtnis von Max Rümelin", Kanzlerrede 1931.

⑬ Die Reform der Strafrechtspflege, Kanzlerrede 1932.

⑭ 例如参见《概念形成》,第 147 页。

三、法官的个案判决[15]

我们所要讨论的第二个主要问题是法官的个案判决。对于私法而言，法官的个案判决处于任何一种方法论的中心地位。法律对现实的影响，首先是通过判决实现的。判决所带来的才是活的法律。如果想要成为一个慎思的法学家，必须熟稔法官在个案判决过程中的行为。

传统学说所持有的非常笃定的观念，我们可以称为“认知教条”(Erkenntnisdogma)。[16] 这一观念将法官的活动限定为一种知性的(Verstandesmäßig)过程：法官应首先了解法律规范，进而将案件事实逻辑化地涵摄于规范之下。法官应根据认知逻辑的法则适用法律，他不能评价规范，更不能自我创设规范。对此，典型的说法就是“用概念计算”。计算就是一种典型的排除任何感情因素的纯粹认知形态。换言之，法官就像是被当作法律机器一样，输入事实，输出判决结果，所依循的虽然不是机械法则，但同样也是一种客观的逻辑法则。于此，法官无须考虑裁判的现实妥当性(Lebensrichtigkeit)，这意味着他也无须为此负责。

将法官的工作限定于认知活动同样适用于有法律漏洞的情形。漏洞填补需要通过一种特别的方法来完成，即概念建构(Begriffskonstruktion)。[17] 从传统的因果理论角度看，这种方法从逻辑上看完全正确。如果现有的法律诫命是基于某一基本概念推演而来，那么对这一原因性的基本概念的认知就必然能够产生出新的规范。不过，尽管传统的因果理论已经被摒弃，学理化的归整概念也不再被看作法律诫命的成因，而是被看作对法律诫命的事后总结，但上述漏洞填补的方法仍然被保留了下来。[由此，]经由概念建构完成规范创制就从一种天

---

⑮ 深入讨论可参见拙著《制定法解释》，其补充可见于《概念形成》，第 91 页以下。详细论述亦可参见 Ehrlich, Juristische Logik, Ziv, Arch. 115, S. 125ff。

⑯ Vgl. auch Max Rümelin, „Erlebte Wandlungen in Wissenschaft und Lehre“, Kanzlerrede 1930, S. 14ff.

⑰ 需要特别指出的是，我在《概念形成》一书中已经通过“修复古画的比喻”(Restaurationsgleichnis)就“套用公式”的方法及其与符合利益要求的漏洞填补之间的对立进行了阐述。对于真正的套用公式，参见前注，第 93 页注 2；对于修辞式的套用公式，第 96 页注 2。

真的概念实在论观念演变成了一种法学中的技术学。这种独特的方法被称为“基于[概念]构造或[法律]体系实现漏洞填补”。对此,反对者称其为“真正的套用公式”(ernstliche Formelverwertung)或者“颠倒方法”(Inversionmethode)。人们先是从既有的法律规范中总结出一个概念,然后从这一概念出发推演出新的规范。

诸位可以在耶林的《罗马法的精神》第二卷第357页以下找到有关上述方法的经典论述。我建议每一位同学都去阅读一下上述内容。在该论述中,耶林区分了法学的两个阶段,即初阶的法学和高阶的法学。

按照耶林的想法,初阶的法学主要对制定法进行解释,阐明其内容,改善不确定性和矛盾,以及通过归整概念对[法律]材料加以整合。耶林认为,在逻辑上,这种思维活动与其他致力于阐明人类表达的学科相比,其操作方法并无差别。

高阶的法学则完全是法学自身所特有的方法。根据耶林的说法,这种方法存在于一般归整概念的独立化之中,也存在于将这些归整概念当成是具有确定形式的躯体加以处理的过程中,就如同自然的躯体一样。正因如此,耶林也称之为自然科学的方法。依其观点,总结出来的概念在结构上应当予以精准地确定。例如,对于每一个主观权利都应当确定其主体、内容与客体。这种结构问题包括——例如,共有究竟是多个主体分享物,还是权利,抑或相应的价值;罗马法上的连带债之关系究竟是由相同内容的复数债之关系所组成,还是一个债之关系但是存在多个主体。结构问题的研究结论应当在公式(Formel),即定义中记录下来。由此,概念就被建构出来了。一旦形成了这些结论,即确定的定义,就必须毫不动摇地加以坚持,并且应当作为获得新规范的基础来加以使用。换言之,即便对那些在概念确立之时未考虑到的案件,也应据此裁断。因此,人们就必须认真对待概念的独立性。[概念]建构的价值就在于这种无限的可利用性之中。由此,所确定的概念之总体,即体系,就被耶林赞颂为是新的素材永不枯竭的源头活水。

就当时而言,耶林对概念法学式的法律发现的论述在很大程度上仍然是妥当的。但这种法律发现的方法在当时也绝非独受推崇。在此之外一直都存在经由法律或制定法的类推来实现现实妥当性的漏洞填补方法,尽管其论证颇具误导性。没错,对裁判现实妥当性的追求也通过建构活动影响了漏洞填补。在具备多种建构可能性的情况下,人们会采纳那个具有现实妥当性的结果。这就是概念法学派的表见论证活动,有时候也会被称为是"秘密社会学",同时也正是耶林所偏爱的方法。

通过概念建构来实现漏洞填补是一种不合理的做法。⑱ 一个总结了一定量的诫命的形式,是无法推导出新的诫命的。比如,如果某个学者基于特定规范之适用而将某些法律行为看作"抽象的"法律行为,那么他仍不能仅仅以满足"抽象"为由,主张有新的法律规范的存在。⑲ 否则,人们将可以通过对特别不确定的法律概念的使用,来不断获取新的规范。法学之外的其他学科中也受到了这种做法的蛊惑。在一些讨论中常常可以发现,一项原理在某一种意义上被证明,然后却在另一种意义上被加以使用。但是,这种做法并不正确,它是一种有名的逻辑谬误(Trugschluss),名为"四词谬误"(quaternio terminorum)或者"偷换概念"(Begriffsvertauschung)。耶林的高阶法学实际上无非就是一种体系性的偷换概念。吊诡之处在于,一个如此公认的谬误居然被抬到了研究方法的高度。其历史成因我今天不想再追究。我坚持认为,《学说汇纂》的风格在根本上促成了这种现象。⑳ 真正的套用公式不仅在逻辑上是不成立的,而且还没有任何现实意义。在规范获取过程中,由于适当与否的问题并未纳入考量,因此所产生的结果就无法确保具有现实妥当性。这种结果也无法通过满足法的安定性需求来加以正当化,因为经验,即建构过程中的大量争议的出现,早已经说明了这一点。其积极意义看起来是在于能使法官相信其判决的客观性。法官就认为他应当适用既有的法律。但是,这种相信是一种幻想,它只存在于那些尚未看破逻辑谬误的人群中。真正的套用公式是一种魔法术,它只帮助那些相信魔法的人。我前面所提到的第二种形式,即概念法学式的表见论证,相对来说与现实需求更为契合,但仍有不足。因为建构的可能性是有限的。这种做法也违反了法官基于其尊荣地位所应当完成的真实论证义务。㉑ 此外,真正的套用公式还削弱了法官的自我负责意识——即便制定法存在明显的漏洞

---

⑱ 参见《概念形成》,第96页及相应文献。

⑲ 参见《物权法》,第123页。

⑳ 参见《法律获取》,第18页(15);亦可参见《概念形成》,第92页。

㉑ 在第二届德国法官大会(1911)上,人们就已经就一切表象论证表达了反对。参见《概念形成》,第98页以下。

(Lückenhaftigkeit),立法者明显绝不会创设那些基于概念建构所形成的规范,这些规范的实施将会损害到重要的现实利益,法官也会超然于责任之外,一身轻松。他可以如同彼拉多一样,[在下令把耶稣钉死在十字架上之后]洗完手平静地说,"罪不在我""罪在概念"。

新的流派不主张将法官的活动限定于纯粹的认知之上,也不主张通过归整概念的建构来填补漏洞。㉒ 新的流派所强调的是现实妥当性。帝国法院的司法实践也持同样看法,㉓尽管偶尔也会有一些倒退。就[司法实践过程中的]制定法解释及法律发现的具体问题而言,倒退的部分原因在于缺少深入的讨论,相应的观点也充满歧见。我在此仅仅阐述狭义的利益法学的立场。㉔

[对于这种立场,]首先要阐明两条认识。第一条认识是,根据我们的宪法,法官应当受拘束于制定法。法官也应当像立法者一样去区分利益,并决断利益冲突。在当事人的争讼中,法官所面临的就是利益冲突。不过,立法者所做的权衡优先于法官的个人评价,这种权衡结论对法官来说十分重要。第二条认识是,相较于海量的现实问题,制定法是有缺陷的,是不完整的,是不乏矛盾之处的。今天的立法者意识到了这一力有未逮的现实,因此期待法官不要拘泥于立法词句,而是本着对制定法合乎利益的忠诚之心,不仅去从事逻辑涵摄,同样也去裨补缺漏、匡正过失。换言之,法官不仅要适用具体的诫命,而且还要守护制定法所需保护的利益之整体。

对于从中得出的结论,我仅谈一谈漏洞填补的方法问题。在此也要适用利益细分的准则,即冲突理论。当[个案中]不存在制定法所规定的要件时,法官首先应当阐明争讼案件中所存在的利益冲突。接下来法官应当判断,对于同样的利益冲突,制定法是否已经通过其他形式的要件规定作了决断。若制定法已作决断,法官就应当转用制定法的价值判断,从而对同样的利益冲突作出同样的裁决。作为制定法类推或法律类推,这样的方法一直都在被人们所运用。但

㉒ 一些边界问题上仍有争议,但无伤大雅。参见《债法》,第 475 页;Rümelin, Erlebte Wandlungen, Kanzlerrede 1930, SS. 37, 38.

㉓ Lobe, „Zur Entwicklung der Rechtssprechung des Reichsgerichts", in „Fünfzig Jahre Reichsgericht", 1929; Müller-Erzbach, „Reichsgericht und Interessenjurisprudenz", in der Festgabe für das Reichsgericht Ⅱ, 161.

㉔ 参见《制定法解释与概念形成》,第 104 页以下。

是只有通过利益法学,正确之论证、清晰的边界及更大的适用安定性才能够得到保障。

法官在漏洞填补的过程中应当适用制定法中的价值判断,但有的时候也需要以自己的评价来决断现实利益的冲突,尤其是在许多情形中,制定法会通过明确授权(法官裁量)或者使用不确定的而需要评价的用语(更为重要的原因),来指示法官诉诸自己的评价。不过,在此之外,当某种判决的作出是基于法律的总体要求,而制定法的价值判断却相互矛盾或者无法发挥作用时,法官自己的评价仍有作用的空间。在这种情况下,法官就应当自居于立法者之地位,以形成相应的判决。《瑞士民法典》著名的第1条就提出了这一要求。本质上,它也适用于德国的法官。

如果我们要基于这样的原则从逻辑上对法官的个案判决打上标签,那么法官的活动就不能再被描述为是单纯的认知活动,或者被描述为对法律规范的认知与逻辑涵摄。法官不仅要适用现有的规范,而且还应当自己形成规范。法官的活动同样具有造法的属性。当然,其所创设的规范并不具有制定法规范的效力,不能拘束其他法官,尤其是相比立法者,法官创设规范的自由更受限制。法官首先应当遵循立法者的价值判断,其个人的评价仅处于备位地位。这种现代的法官并非远离人烟的法律机器,而是在很大范围内充任了立法者的助手。其享有了更多的自由,同时也承担了更重的责任。

至于对我们的方法而言,有意义的那些重要问题,如制定法的历史解释、制定法的时效性以及法官与制定法之间的关系问题,我就无法再一一展开了。我只能告诉大家我早年的一些研究,供大家参考。[25] 不过,我觉得可以通过一个例子来说明我们所讨论的两种方法在漏洞填补问题中的对立。

我选取了死因行为中的利益第三人契约问题作为例子,[26]其主要适用领域

---

[25] 参见《制定法解释》,第247页以下。

[26] 正文中所提到的问题是一个一般问题项下的子问题。质言之,继承法上的规定在多大范围内能够适用于"实际上的"死因行为(Geschäfte auf den Todesfall)。在一些以调整行为人死亡之后的财产关系为目的的处分,即死因处分中会形成独特的利益冲突。对于此种处分,历史上发展出了一些特别的典型形式,尤其是遗嘱以及一些兼顾利益冲突特点的特别法律规范。这些都是典型的死因行为。但是也存在另一种可能,即通过具体的约定、附期限和附条件,处分于死亡之后始生效力,而非于生前即生效力。这些是实际上的死因行为。借此就会形成与典型的死因行为相似的利益状况和利益冲突。由此所产生的问题是,这种相似性在大多程度上成立,以及通过转用继承法上的规定,这种相似的

是利他的人寿保险合同。不过,我不讨论保险法所调整的问题,仅就比较简单的事实构成问题加以阐述。

某退休人员在其遗嘱中通过遗赠的方式对他的几个侄女都做了平等的安排。但是,他不小心遗漏了一个侄女。该退休人员没有去修改遗嘱,而是在银行中存入了一笔相应数额的钱款,并同时与银行约定,在其有生之年只有他能够自由支配该存款,但是在其死亡之后,所余款项应归于这位被遗漏的侄女。㉗在退休人员生前,法律关系是十分清楚的:此时,该侄女并未取得任何主观权利,她所享有的仅仅是针对被继承人的不受保护的期待(《德国民法典》第331条)。现在,该退休人员过世了,然后发现遗产不足以清偿所有的债务。谁人得主张对银行中的存款权利?被遗漏的侄女还是遗产债权人?对此,并无直接可资适用的制定法规范。面对这一法律漏洞,我们拟根据前述讨论的两种方法,来对其加以填补。首先是通过对冲突利益的研究,按照利益衡量的方法来进行填补。

这种方法要求首先考察制定法对于类似的利益冲突是否已经作了决断。我认为,这毫无疑问是肯定的。无论是基于契约取得遗产的侄女,还是基于遗嘱取得遗产的侄女们,她们都存在与遗产债权人之间的利益冲突,即两种情形中的利益冲突是相同的。无论是哪种情形,侄女们的利益在死亡事件发生之前都是不受保护的。[此时,]侄女们并不享有任何主观权利,而遗产债权人则已经取得了权利,后者的利益已经据此受到了保护。对于遗产债权人与遗嘱中的侄女们的冲突,在现行法上是已经有决断的:遗产债权人的利益应当优先保护。这是一条强制性规范,而不是推定出来的遗嘱内容。被继承人根本没有将遗嘱受领人置于遗产债权人之前的资格。基于相同的利益状况可以得出下述结论:基于契约取得遗产的侄女应当相同对待,其地位劣后于遗产债权人。

利益状况在多大程度上应当作相同处理。我们的制定法只是在第2301条中对两种特殊情形作了差强人意的规定。对于如何处理的问题,理论上也众说纷纭。安德曼(Endemann)将这种[实际上的死因]行为称作"遗腹子"(postum)行为,他全然否定继承法之适用。[对此可参见]Lehrb. d. bürgerl. Rechts, Bd. 3 §30, Bd. 4 §78 Ⅳ Nr. 6. 此外尚有不同见解。参见Ortloff, Arch. für bürgerl. Recht 21, S. 361; J. Lehmann a. a. O. 36, 81; Eckstein, Gruch. 55. 751。我的观点是,对于相似的利益冲突应当尽可能地作相似处理。参见《债法》,第149页、第299页;对于旧法问题参见《民法实务档案》第4卷,第1页以下。

㉗ 举这个例子是受《帝国法院民事判例集》第88卷第137页中所载案件的启发。

如果适用另一条规范，即《制定法》第2301条对死因赠与的处理，也会得出相同的结论。对于被遗忘的侄女，被继承人除了可以通过修改遗嘱或约定利益第三人契约之外，也可以通过死因赠与使之获得相应的金额，以确保利益。如果被继承人只是单纯作出了赠与允诺，那么在被继承人生前，受赠与的侄女所享有的地位相比前述契约中的侄女还要更强一些。前述契约中的侄女在被继承人生前没有取得任何权利，而受赠与的侄女则已经取得了一个权利，尽管只是一个债权。但是，赠与允诺在《制定法》第2301条中是作为死因处分来加以对待的。因此，与基于遗嘱取得遗产的侄女们一样，受赠与的侄女面对遗产债权人同样应当退居其次。这种制定法的价值判断尤其必须转用到基于契约取得遗产的侄女的情形中，她此时尚未取得任何权利。

对基于遗嘱和基于契约取得遗产的侄女作相同处理的正当性可以进一步从历史变迁的考察，[28]以及从相反做法势必引发法律规避行为的后果来得到验证。被继承人不能通过遗嘱这一典型行为，使得最终意愿所确定的受遗赠人免受债权人优先地位的影响。如前所述，相比遗嘱，利益第三人契约并不会使遗产债权人承受更多的牺牲。如果利益第三人契约这种形式能够具有比遗嘱更强的法律效力，那么继承人就将会据此架空遗产债权人的保护措施，并取得债权人原本在遗产上的应得份额。其实，这种动机在人寿保险合同中就发挥着不可或缺的作用。一般来说，被诱导从事法律规避行为就意味着制定法对于相同的利益状况给出了不同的处理。[29] 鉴于此，《遗产税法》也将死因的利益第三人契约作为一种死因取得行为来加以对待。[30]

---

[28] 在法制史上，涉第三人的契约是一种古老而原始的形式，适用于与死亡事件相关的典型行为。古罗马“要式买卖遗嘱”（Manzipationstestamente）中的“家产买受人”（Familiae emtor），以及德意志法上（Deutschrechtlich）借以完成转让“遗产执行信托人”（Salmann）（撒拉卡法典上的遗嘱亦同），均是涉第三人契约中的“第三人”。我们所举例子中的银行就是家产买受人或遗嘱执行人的一种现代复活形态。

[29] 如果对法律行为上的新的、精致的交易形态适用强制性，从而在有些情况下不适宜某些规定，同时该规定又不转用于较为原始的交易形式，那么现实就会被迫回到原始的交易形式之中。如果遗嘱信托行为（Salmanngeschäft）相比遗嘱更受优待，那么前者又会重新流行。遗嘱信托行为的重新出现固然也受一些特殊情形的影响，但是在利益第三人的人寿保险合同的情形中，这已经是一种普遍现象了。

[30] 《遗产税法》（1925年8月22日修订）第2条第1款规定，“第4项情形视为死因取得：基于被继承人生前所缔结之契约，第三人于被继承人死亡时直接取得财产利益”。

由此,通过利益审查得出的结论是,通过转用继承法上遗产债权人优先保护的制度来填补漏洞。而相反的做法,即通过概念建构来进行漏洞填补,可见于帝国法院在司法实践中的明确阐述。在其一贯的实践中,[31]帝国法院对于上述利益冲突形成截然对立的决断。[依其见解,基于契约]取得遗产的第三人能够优先于遗产继承人而得到保护。何以如此?其原因不在于法官对利益冲突形成了不同的权衡,也不在于对何为现实合理性作了不同的判断。相反,帝国法院也认为其判决本身并非毫无争议。只是在裁判过程中所遵从的是另一种方法,认为其受拘束于概念,受拘束于"取得"这一概念的性质。帝国法院认为,《德国民法典》第328条的文本具有决定意义:"契约得约定对第三人为给付,从而发生使第三人取得直接请求给付之权利。"[根据这一规定,]在上述案件中,作为第三人的侄女就基于合同直接取得了权利。由此,帝国法院认为,权利的取得并不是源于被继承人的遗产。因此,该受益之第三人(Drittbedachte)所取得的权利,就排除了债权人再行取得之可能。受益之第三人,即上述案件所涉的契约中的侄女,应享有优先的权利。至于《德国民法典》第328条中的"直接"这个概念是否本身在内容上就囊括了该案所赋予的射程,抑或完全需要结合其他规范,帝国法院则未作论述。一旦提出了这个问题,则基于[制度]形成的历史、文义及体系脉络都能够得出毫无疑问的答案。[质言之,]《德国民法典》第328条中的"直接"只是要否定第三人作出承诺或者提供协力的必要性问题。其所考虑的只有受益之第三人和允诺人(Promittent)之间的利益状况。至于与遗产债权人的关系,在此则根本未加以考量。"直接"在此意味着"无须协力"。不过,很显然,"无须协力"本身并不能为受益之第三人的利益在评价上优于遗嘱受领人这一论点提供任何实质基础。因为对于遗嘱的受领人而言,同样不需要协力。换言之,帝国法院是从一个总结了界定明确的诫命内容的概念形式出发,推导出了一个全新的法律规范。这就是典型的公式套用,是方法论上的偷换概念,是被吕梅林称作"违反神圣精神的罪孽"的方法。这种现象并不是个别

[31] 《帝国法院民事判例集》第51卷,第405页(帝国法院第七民事审判庭);《帝国法院民事判例集》第71卷,第327页(帝国法院第七民事审判庭);《帝国法院民事判例集》第80卷,第177页(帝国法院第二民事审判庭);《帝国法院民事判例集》第88卷,第137页(帝国法院第三民事审判庭);《帝国法院民事判例集》第106卷,第1页(第一民事审判庭)。[51 S. 405 (Ⅶ. Ziv. S.), 71 S. 327 (Ⅶ. Ziv. S.), 80 S. 177 (Ⅱ. Ziv. S.), 88 S. 137 (Ⅲ. Ziv. S.), 106 S. 1 (Ⅰ. Ziv. S.)]

的错误判决问题，而是司法实践中一贯以来的做法，是由帝国法院的三个法庭（Senate）基于同一个错误而形成的一系列判决。没错，帝国法院[32]基于同一个“直接取得”的概念公式，又推导出了另一条规范。依法院见解，只要[对受益人的]指定未予以单独撤回，则受益的第三人的利益同样优先于基于生前的债权让与行为而取得债权的受让人。在我们前述案件中，假如被继承人在生前以担保为目的而将债权让与给了 X，同时他又未撤回对侄女[作为受益人]的指示，则侄女就优先于受让人 X 而受到保护，后者反而丧失了已经取得的担保而无任何补偿。这种基于传统的公式套用而得出的新结论完全背离了现实的需求与观念。[33] 当然，我们也应当乐于承认，帝国法院总体上仍然在追求具有现实正确性的答案，并未适用公式套用的方法。但是，对现实合理性的追求是一项不确定的工作。只有对利益状况进行根本上的审查，才能够使之免受概念法学的影响。

四、法学的构造[34]

两种学说的巨大对立将会产生重大意义的第三个主要领域，即法学的构造（Aufbau der Rechtswissenschaft）。和医学一样，法学是一门实践的科学。它应当为法官的个案裁判预作绸缪：首先是通过为不同的冲突案型提供适当规范的建议，即规范获取；其次还通过对规范内容进行条理化的构形（Formung）与归整（Ordnung）。基于不同的基本立场，这两项任务的关系也会有所变化。

传统学说并无精确区分上述两项任务的意愿。于此，法学的首要任务被认为在于精准地界定学理概念。这些概念有助于综观（Übersicht），但同时也对规范提供原因性解释，并进而为规范的漏洞填补提供坚实基础。[换言之，]它同时服务于现有规范的解释以及新规范的获取。建立精确的概念界定，并将其整合为一个统一的演绎体系或者说一个概念的金字塔之中，就构成了法学的目

---

[32] 《帝国法院民事判例集》第 127 卷，第 269 页（帝国法院第七民事审判庭）；《帝国法院民事判例集》第 136 卷，第 49 页（帝国法院第七民事审判庭）。[127 S. 269（Ⅶ. Ziv. S.），136 S. 49（Ⅶ. Ziv. S.）]

[33] 参见我对帝国法院最新判决的评论，载《法学周刊》（JW），1932 年，第 2517 页。

[34] 参见《概念形成》，第 126 页以下。

标。基于这种观念,德国的法学形成了大量的概念研究——在其他国家的法律人看来,这是一种十分引人瞩目且又独特的现象。概念的界定问题就被当成了一种认知问题,也被当成了对客观真实(Wirklichkeit)的一种追问。因此,正确的概念界定只有一个。也正因如此,对于各种定义以及对于像人们所说的法律事物(Rechtsdinge)的法律属性的问题,一直以来都争讼不休。主观权利及法人的概念,被反复研究;关于物上负担的法律性质的专著也是汗牛充栋;指示证券和无记名证券中债之关系的发生究竟基于契约还是单方行为,抑或结合形态的论述数量更为惊人。过去有名的争议就是这些概念建构上的纷争。彼时存在一种"概念崇拜"。但是,所有这些研究最终所追求的又完全是实践目的,因为正确的[概念]界定应当为所有法律问题的裁决提供可能。从物上负担的概念中应当能够推导出所有的规范,包括那些能够适用于现有法律规范所未决断的问题的规范。

相对于这种概念研究,关于现实关系和现实需求的研究就退居其次了。于此,现实构成了法律概念适用的场域,而非法律概念的渊源。[在这种认识下,]对于现行法而言,其他法律的比较就没有意义;有关法律改革(de lege ferenda)的评论也被置于法学之外。如果我们考察一下共同法研究的经典集大成作,即温德沙伊德的教科书,我们会发现他建构了一套极尽精微的概念体系。但是,从我们今天的视角来看,温德沙伊德对现实形态及现实需求的关注如此稀少,实在是不可思议。其著作的核心在于概念体系,而非现实及其秩序(Ordnung)。

依我之见,新的方法必须截然区分规范获取与归整(Ordnung)这两项任务。规范获取以现实及现实需求之观念为基础。如今,这种研究必须更受到重视。其名称包括利益研究、法社会学以及法律事实研究,所追问的是现实以及具有现实正确性的秩序。法律诫命将通过这些现实需求及利益状况出发来得到解释,并根据利益的需求进行填补。诫命之形成系源于具体、真实的现实,以便最终经由个案裁判继续形塑这种具体的现实。按这种方法所撰写的教科书将具有跟温德沙伊德的教科书完全不同的样貌。其内容不再是法律概念的体系,仅间或涉足现实问题的法律适用,相反,其固有之内容在于现实本身,以及现实之要求、现实之问题。而法律诫命及其所包含的法律共同体的价值判断,仅会被用作是一种解决问题的手段。法律续造是一项艰深的任务。作为辅助手段,比较法及有关法律改革的评论对其同样具有意义。

新的方法当然也需要综观和归整。学理化的归整概念[对于法学而言]是不可或缺的,利益法学的支持者们也并未忽略对概念的精耕细作。包括这些概念的整合,即法律体系,对于综观和描述而言也是重要的。但是对于这些概念以及体系的形成而言,真正重要的完全应当是综观和归整的目的。这是一个表达问题,而非认知问题;是对已经获取知识的总结,而非对原因的研究。因此,这是在时间上接续规范获取的第二项任务。在一项学术研究中,首先应当查明规范,并对其加以填补,然后再得出结论。归整为一个体系是这项研究的终点,而非起点。诸如"主观权利""法律行为"这些概念并不是用以解释、填补法律规范的基本概念,而是我们所贴的标签,是我们用以收纳既有的规范以及补充的规范的学术抽屉,以方便我们对其加以取用。基于这种观念,传统关于概念建构的争议问题就可以有另一种样貌——在很大程度上,有可能数种定义皆为正确。正如我在书中对概念形成问题已经深入探讨过的那样,多种等效的建构方式的可能性也是存在的。在很多情况下,相信存在唯一正确的定义被证明是一种错误。许多有名的争议实无必要。对此,我在我的概要中已经做了一部分证明。例如,《债法》教科书第一百零五章中所涉及的指示证券与无记名证券的争议问题,《物权法》教科书第一百零九章中所涉及的有关物上负担与质权的争议问题。当然,其他争议问题也一样,例如主观权利和法律行为的概念。法律体系也由此取得了另一种样貌:一个归纳体系取代了原先的演绎体系。

新的方法当然也像旧的方法一样,要求有法学(Rechtswissenschaft)的存在。如果有的人认为利益法学排除了学术工作的必要性,那这绝对是一个重大误解。恰恰相反,学术的范围更确切地说是扩张了。对社会现实以及对所要追求的价值理想进行研究是一项几乎永无止境的使命。法学至今犹在,其结构早已焕然一新。[过去]关于建构的争论、为正确的概念界定所展开的论战,以及概念崇拜,均丧失了其意义。取而代之的是现实的研究和现实的评价。

在基本问题方面,我向诸位所描述的方法转变可以说已经广为接受,但并不是方方面面,尤其是关于法学的结构、概念形成及体系形成的观念,一直以来都不像其他学说那样为大家所接受。持其他基本观念的研究者也会拒绝接受这些观点,其中包括私法领域杰出的代表者海因里希·厄尔特曼(Heinrich Oertmann)。他在他的《概念与利益》一书中就针对利益法学关于概念与体系的立场提出了强烈质疑。对于这个问题,我只能请大家去阅读我在著作《概念形成》中的回应，此处仅就一个对各位同学有特别意义的子问题加以展开，即我们的方法能否用于在校学习的问题。[35]

厄尔特曼认为，从利益作用的角度解释法律规范对于初学者而言过于困难。他认为，大学课程在今天也应当跟传统的方法一样，以概念的体系为基础，从一般概念中去推导出法律规范。顶多在实习过程中可能会涉及对利益状况的考察。我认为，这种观点不仅不切当，反而会造成极为严重的后果。我认为反过来才对。

理解法律规范与现实需求之间的关系并不难，相反它很简单。的确，在个别条款上可能会存在理解的困难，但相对而言这只是少数例外而已。总体而言，我们的制定法并不是玄奥的神谕，就如同古时候巫师或阿蒙神所操持的语言那样——制定法是人的决断，它诞生于众目睽睽之下，人们到处都可以观察到其间共同发挥作用的利益。法源于现实需要，这是一种对任何非专业人士而言都理所当然的看法，也是初学者在进入大学之前就已经具备的看法。同样的道理也适用于以下原则：现有规范的解释应合乎现实需求，必要的时候还应当据此进行漏洞填补。这是一种非常简单、基础的观念，人们在日常生活中随时随地都在运用它。掌握这一点对于初学者而言怎么会有困难呢？这跟传统的概念法学说及其相应的论述完全不同，即经由概念解释来法律规范。这种学说其实是一门艺术，很难学会，也很难理解，因为它本身就缺乏内在的论证。我们生气盎然的学术在很多初学者看来却是如此枯燥乏味、不通人情，完全是拜此种艺术所赐。传统方法在教学上的瑕疵可以通过大量证据来加以证明。普莱尼茨(Planitz)出版过一本著名法学家的自传汇编。[36] 书中一再被谈及的事情是，传主在第一学期的学习过程中被大量的概念探讨和建构争议所吓到，直到后来某位老师通过对现实效果的考察才唤起了他的学习兴趣。在这个有据可考的例子中，传统方法的这种阻遏效果影响到了一位日后取得卓越成就、对法学别具天赋的听众。即便在现在，这种教学上的差异也依然存在。不止一位同学跟我确认说，他们都是在了解了利益法学之后才感受到了学习的乐趣。此外，我还从《概要》的读者那里得到了相同判断。我可以跟每一位尚未用过这一

---

[35] 参见《概念形成》，第 212 页。

[36] 参见《概念形成》中的介绍，第 213 页注 1。

方法的学习者建议，去尝试用用这种方法。

就学术的结构而言，除上述内容外，传统方法的影响在其他方面仍然十分明显。在这方面，很大程度上仍有清理工作需要完成。对于效果妥当地运用冲突理论这一点而言也同样如此。我也完全明白，新的流派仍迫切需要进一步的扩充。旧的问题刚解决，新的问题又会产生，现实与科学都永无尽头。学者就跟演员一样，其影响都仅限于一段很短的时间。我这个年纪的学者正不断从共同奋斗的舞台上退下来，加入了观众席之中。但是，前景是乐观的。一大群年轻的研究者们正在献身于方法论事业，并取得了巨大的成就。他们正在接续我们的工作，并向着新问题发动进攻。对于我们方法论的未来，我无所担忧。在实务领域，尽管也存在一些犹疑，但是关于法官使命的正确见解在日益得到传播。尤为可喜的是帝国法院顾问瓦辛格（Wachinger）在《德国法官报》上所发表的论文。[37] 他在论文中所主张的，正是我向诸位报告的利益法学的原则。

五、结语

各位亲爱的同学们，尊敬的听众！我们的讨论已近尾声。在我们的学术中，我所经历的以及向诸位报告方法的变迁，可谓意义重大。在今天，只有耶林当时带有一点鄙视味道的“初阶法学”的方法，才会被当作科学来加以承认；其所称颂的高阶法学，对我们来说却是谬误。

从我长期生活经验所形成的确信来看，这种巨变包含着巨大的进步。我已故的朋友马克斯·吕梅林曾经经历过许多法律的变革，其中包括民法典的施行。但是在他的回忆录中，他说：在所有的改变中，方法的改变才是最大的进步。

在新方法的诸多优势中，尤居首位的是它的现实价值。我个人坚信，相比通过其他方式所得出的判决，利益法学的方法为法官形成更全面、正确地评价现实需求和民众法感情提供了可能。唯其如此，我们才能最有效地为我们为之奉献的民族共同体提供服务。除此之外，新方法还有相关的两大优势。其一，更高的职业满足感。法官不再觉得自己是台法律机器，而是以高度责任心充任

[37] See Deutsche Richterzeitung, 1932, S. 225ff. „Was not tut?“

立法者的共事者,此外当然还有因完成艰难使命而产生的骄傲感。其二,新的方法也将对司法的声望产生影响。我们的司法实践反复被批评为形式主义、脱离现实(Lebensfremdheit)。当然,这种批评在很大程度上源于其所追求的特殊目的。在今天,这其实并不合理。但是同样不容混淆的是,正是概念法学的传统方法事实上为形式主义及脱离现实的批评提供了口实。以我所见,这是我们前辈的过患,但却使我们承受了种种批评。如果我们意识到了这种过患,避免了相应的结果,则将为我们的志业重新赢得业已被侵蚀的声望。

【评议文章(一)】

学术生涯、范式转换与基本概念

贺健飞*

目 次

摘 要 《利益法学》是菲利普·黑克在生涯转折时期总结式的概要性作品。该文主要回顾了利益法学与旧流派的不同，而较少涉及与自由法运动的斗争。新的目的论流派对生活和利益的因果性的强调，带来了法学方法上的范式转换。随之而来的是规范材料的范围与处理方式的变化，利益探究在其中处于核心的地位。黑克对法学基本概念的分类方法有两种，其中涉及体系形成的是应然概念、实然概念与秩序概念的一种区分方式。应然概念是规范获取、内在体系形成的过程中使用的概念，而秩序概念只服务于外在体系的形成，即概观和分类的目的。

---

* 贺健飞，中国政法大学民商法学硕士研究生，德国图宾根大学法学硕士研究生。本文的写作感谢中国政法大学民商经济法学院张焕然讲师提供的德文资料，以及《利益法学》评议小组各位师友、张焕然讲师和易军教授的批评指正。

关键词 法学方法论 利益法学 概念法学 菲利普·黑克

作为简短的评议,难以做到面面俱到。因此,本文首先试图在黑克思想的整体脉络中理解《利益法学》的意义,另外说明利益法学相对于概念法学所带来的范式转变,并选取一些利益法学的基本概念进行补充、介绍和评论,以期加深学界对利益法学的认识。

一、从黑克的学术生涯看《利益法学》

《利益法学》是黑克于1932年在美因河畔法兰克福大学所做的客座演讲。在前一年,《概念形成与利益法学》[①]出版,与《法律解释与利益法学》《法律获取问题》《利益法学与法律忠实》等文章一起,完成了利益法学在法律解释理论上的最后一块拼图。在过去的几十年中,图宾根的利益法学派[②]用这些文章在与概念法学和自由法运动的两线作战中取得了重大胜利,利益法学在法律实践中逐渐取得了主导性地位。[③] 然而,好景不长,与该演讲同一年,希特勒上台,纳粹政府执政,德国法学即将迈入灰色时代。也是从这一年起,黑克的学术生涯进入了最后的阶段,即对于其方法理由的说明,以及对新的批评声音的回击。[④] 在黑克生命最后的10年中,利益法学遭遇了新的对手,他将面临对他的方法在意识形态和政治上的各种指责,而他的方法论事业也因此濒临毁坏。但他始终坚信,利益法学的方法是唯一正确的方法,这体现了他的中上层自由主义观念。[⑤] 他对学术自由和法律手段有效性的信念,在那个时代看来是幼稚的。但是,不

① Vgl. Heck, Begriffsbildung und Interessenjurisprudenz, Tübingen 1932.

② 在黑克看来可归入利益法学派的还有 Max Rümelin, Heinrich Stoll, Hegler(持特定保留观点,但基本观念一致),Müller-Erzbach 和 Triepel, vgl. Heck, Begriffsbildung und Interessenjurisprudenz, Tübingen 1932, S. 10f。

③ Vgl. Heck, Gesetzesauslegung und Interessenjurisprudenz, AcP 112 (1914), S. 2.

④ 参见[德]米夏埃尔·马丁内克:《德意志法学之光:巨匠与杰作》,田士永译,法律出版社2016年版,第169页。

⑤ 与他对学术自由的要求相对立的,是黑克坚定的民族观念,二者的冲突使得他的政治观念摇摆不定(尽管总体位于右翼的范畴),vgl. Heinrich Schoppmeyer, Juristische Methodenlehre als Lebensaufgabe, 2001, S. 31f。

管黑克的政治态度在时代变迁中如何摇摆，不变的是他对于利益法学正确性的坚定信念，正如叔普迈尔（Heinrich Schoppmeyer）的书名一样，黑克的一生将法学方法作为了终生使命（juristische Methodenlehre als Lebensaufgabe）。[⑥]

在如今，尽管“利益”这个概念已经成为所有法律人推理时所运用的重要工具，但黑克和他的利益法学的名字却被逐渐遗忘。相比同时代的法学家，他的名字仅仅成为法律史上的小小注脚。但或许黑克本人并不在意这种遗忘。正如他在《概念形成与利益法学》中所说的：“‘利益法学’这一标志是否会存续，抑或会被目的法学或者评价法学这些名称所取代，自然是不确定的。又或者，每个名称都会消失，这也是可能的。这些名称是为了与其他方法论相区别所必要的，它们是针对概念法学不可或缺的旗帜。然而，当有朝一日方法论之原则得到统一，这些不同的特称也就不再必要。当方法之争平息，就可以‘偃旗息鼓’了。”[⑦]尽管二者的具体联系尚不清晰，但黑克的方法论毫无疑问地在目前的评价法学上得到了继承。

作为黑克在生涯转折时期的作品，《利益法学》可以被看作他前期方法论观点的总结与概括。当然，《利益法学》主要还是针对概念法学的批判，并未体现在对自由法运动的作战。不过总体我们可以看到，黑克的方法论聚焦于法律解释问题，而较少谈及立法论。尽管他的学说正是要说明法官活动中的造法性因素，但这种造法并非如立法一般自由，而是原则上应当受制于制定法已经给出的价值判断［所谓的“制定法忠实”（Gesetzestreu）］。在他看来，法学是一门实践科学，因此其最终的目标是作出恰当的判决。在这一观念下，法官在制定法下的工作处于核心，而立法则并非其所关心的内容。对黑克而言，狭义的立法应当理解为立法者的活动，而非所有超出法律文义的法律续造，后者仍然属于法官权限的范围，即“思考式的服从”。当然，由于纳粹政府执政之后出现了法律更新运动，黑克也对于利益法学的立法论写了专门作品，他后期的作品如《抽象的物权行为》（Das abstrakte dingliche Rechtsgeschäft）、《私法的总则——一言以辩护》（Der Allgemeine Teil des Privatrechts. Ein Wort der Verteidigung）等，都是以解决实际问题从而反映了利益法学立法论的作品。

⑥ Heinrich Schoppmeyer, Juristische Methodenlehre als Lebensaufgabe, 2001.

⑦ Vgl. Heck, Begriffsbildung und Interessenjurisprudenz, Tübingen 1932, S. 223.

在法律解释中，黑克最关心的是规范获取的问题。[8] 各种法律理论和体系的形成只在他的学说体系中居于次要地位（与耶林"高阶的法学"相反）。这与他将法学的最终目标设定为实践的做法是相契合的。因为在他看来，法学的最终目标只有一个，那就是服务于生活，而并不是服务于理论。[9] 既然如此，那么学术概念[10]的因果性就被生活利益的因果性所取代，这就是《利益法学》第二部分所讲的问题。下文将进一步阐明这一目标的转变所带来的法学范式的转变。

既然法学服务于生活的最直接和最主要的方式是规范的获取，那么法官判决就自然而然地处于黑克的方法论中心。当然，法律对生活也可以以其他的形式产生影响，例如影响人们的行为（所谓的"预防法学"）、通过理论影响人们的法律知识、法感情或者准备未来的立法（de lege ferenda）。[11] 但总体而言，在私法领域内，为法官判决的规范获取是法教义学的主要目标。法教义学是服务于特定目的的"行为的理论"，而非"无目的的观察的结果"。《利益法学》第三部分讨论了法官判案时的漏洞填补，提出了利益法学的规范获取方式——对相似利益状态下既存价值判断的转用。在这一点上，很难说后来的评价法学超出了利益法学的范畴。另外，对于黑克未提到的部分，例如他的主客观结合的历史解释方式，在经历了拉伦茨的客观解释占主导的时代后，仍然在现代的法学方法中具有力量。[12]

黑克将法学的任务划分为三，一是上文提到的规范的获取，二是事实的认识，三是概观和描述的问题。规范获取回答应当如何（was sein soll）的问题；概观和描述回答思想的表述方式的问题。[13] 事实认识是黑克着墨较少的问题（《利

---

⑧ Vgl. Heck, Begriffsbildung und Interessenjurisprudenz, Tübingen 1932, S. 18.

⑨ 黑克也承认，以法律为研究客体的学科可以有其他的最终目的，但这些以其他为目的的学科并非法学（Rechtswissenschaft），而是其他学科，vgl. Heck, Begriffsbildung und Interessenjurisprudenz, Tübingen 1932, S. 17f。

⑩ 《利益法学》译作"科学概念"（wissenschaftlicher Begriff），但在本文看来，这种表述容易给读者造成误解，从而认为此类概念具有科学的内涵，即经过实验检验的假设。因此，"科学概念"应改为"学术概念"，指法学家在研究过程中总结产生的概念，以对应于立法中已经存在的概念。

⑪ Vgl. Heck, Begriffsbildung und Interessenjurisprudenz, Tübingen 1932, S. 18.

⑫ 目前的通说主张：首先，主观理论构成一项推定规则，在其之上只存在一个参考义务而无遵从义务；其次，借助于法的价值安排对客观理论进行调整，法律使用者必须公开他的价值判断，并为之提供说理，参见［德］托马斯·M. J. 默勒斯：《法学方法论》，杜志浩译，北京大学出版社2022年版，第356～357页。

⑬ Vgl. Heck, Begriffsbildung und Interessenjurisprudenz, Tübingen 1932, S. 127f.

益法学》完全没有提到该问题），该问题作为上面两个问题的“前置问题”回答是什么或者曾经如何的问题，因此并非法学问题，而是认识问题。对于剩下两个任务的关系，在《利益法学》第四部分“法学的结构”进行了探究，强调了规范获取的决定性地位。他特别指出，描述概念（Darstellungsbegriff）的形成服务于描述目的（Darstellungszweck），而不是命令（Gebot）。⑭ 对这一概念的区分促进了黑克内部体系与外部体系概念的形成，也成了如今法学方法的通说。

二、利益法学带来的范式转变

（一）生活优先抑或逻辑优先

概念法学将法官限制于法律概念下对事实的逻辑涵摄，并且其认为法律秩序是由概念构成的封闭体系，是分析性的，由上位概念可以推导出下位概念。因此，可以通过对原因概念的查明，获得新的法律规范。该体系能够如耶林所言，不竭地产生新的材料。对概念法学而言，学术的任务在于从传统的法律规范中找出因果概念、进一步确定因果概念并且建构（konstruieren）一个无漏洞的体系，并从该体系中获取新的法律规范（颠倒方法）。即使一个概念是通过现实的衡量得来的（如类推），但将其描述为概念的结果也被认为是必要的（隐蔽的社会学）。

对于概念法学的作业（Arbeit）而言，逻辑是优先的（Primat der Logik）。

利益法学则认为，将法官限制于逻辑涵摄的方法不能满足生活的需要。立法者想要进行利益保护，要将互相冲突的生活利益予以界分。但是，一来并不能做到描绘生活之多样性，并且全面地进行规制；二来受到语言这一表达工具的限制，从而法律条文天然地具有模糊性。因此，仅通过逻辑涵摄来得出正确的判决是不可能的。只有在法官不仅是一个逻辑涵摄的机器，而是能够按照可能的立法者观点进行诫命填补时，⑮立法者的意思才能得以实现，生活需求才能

---

⑭ Vgl. Heck, Begriffsbildung und Interessenjurisprudenz, Tübingen 1932, S. 62f.

⑮ 1907 年《瑞士民法典》第 1 条对于利益法学派具有极大启发，该法典的立法者 Eugen Huber 就被马克斯·吕梅林认为是对自己影响最大的三个人之一。Vgl. Heck, Max v. Rümelin, AcP 134 (1931), S. 264.

得到满足。黑克因此将法官定位为立法者会思考的仆从。[16] 这种仆从不仅注意语词和命令,还探究立法者的观点,将法律的价值判断基于利益检验适用于未规范的情况。对利益法学而言,学术的任务在于法官通过对于法律和生活关系的研究,作出切合于生活的判决。[17] 当然,这种判决的作出,仍然首先要遵循立法者已经作出的价值判断,而不能像自由法学派那样进行自由的法律发现。这也是黑克为何将自己的观点称为"狭义的利益法学",以区别于广义上的目的论流派的原因。

在利益法学的作业中,生活探究和生活价值的优先,取代了逻辑的优先。

(二)法学任务的转变

上文提到,黑克将法学的任务划分为三。但他提到,即使在概念法学的时代,也存在法学的三个任务,但三者合为一体,最终目的在于对法的认识(Erkenntnis des Rechts),三者逻辑上的各异性并不重要。[18] 旧时代的法学基本只承认认识问题。原因在于,法官的活动被限制在进行逻辑涵摄以及已经被认可的法律概念上。也正因如此,规范问题对于法学而言消失了,它只需要认识既存的法,探究被认为是封闭和完整的法律体系。例如,温德沙伊德在他的教科书中就将"现存的法律规范"作为真实存在的客体对待。[19] 秩序概念被认为是具有因果性的,并且也被当作具有因果性的来处理。由此,体系形成的问题也变成了认识问题。

利益法学要求对上述三个问题进行清晰的界分,由此,法学的任务实现了向两个方向的转变。

具有先决性地位的是规范获取问题及其所需要的规范性材料(das normative Material),特别是利益侧面(Interessenseite)的问题。利益探究是最重要的手段。[20] 在探究范围上,利益法学首先要求关注生活关系以及法的利益侧面。过去的法学将秩序概念视为因果性的,并且将法律规范回溯到秩序概念

⑯ 这一定位被认为与黑克的军旅生涯有关。Vgl. Heinrich Schoppmeyer, Juristische Methodenlehre als Lebensaufgabe, 2001, S. 24.

⑰ Vgl. Heck, Begriffsbildung und Interessenjurisprudenz, Tübingen 1932, S. 4.

⑱ Vgl. Heck, Begriffsbildung und Interessenjurisprudenz, Tübingen 1932, S. 127.

⑲ Vgl. Heck, Begriffsbildung und Interessenjurisprudenz, Tübingen 1932, S. 130.

⑳ Vgl. Heck, Begriffsbildung und Interessenjurisprudenz, Tübingen 1932, S. 128.

上，而如今被重视的生活关系，则被作为权宜之计来对待，并因此被否定。而对于利益法学而言，法律规范是从生活的观念、利益效果（Interessenwirkung）中产生的。因此，对于利益法学家而言，他们学术研究的对象以及陈述的对象并非现存的法律规范，而是"在法律的统治之下的生活"（das Leben unter der Herrschaft des Gesetzes）。[21] 在法律的利益内容被认识之前，法律条文无法被认识。而生活关系也对于法律的表述具有重要的意义。由于法律不能以它被作出的方式来自行传达其意思，因此表述（Darstellung）就非常重要。对于生活关系的探究可以被称为利益探究、法律社会学或者对法律事实的判断等。对法律的利益侧面的强调是利益法学对学术工作所提出的重要要求。

相反地，体系形成问题不具有实质性的意义。秩序概念、外在体系以及秩序概念的建构仅与描述利益相适应。因此黑克认为，其重要性在未来的文献中将会式微。[22] 当然，这种式微不能被理解为对建构和清晰概念的摒弃（实际上黑克也从未这么做过），而应当被理解为他所提到的"等值性建构之可能性"对从建构出的概念导出规范这一方法的否定。在笔者看来，若承认能够对外在体系进行合目的的任意构造，则未免走得太远。外在体系尽管由内在体系决定，但在相当程度上会影响内在体系，因此外在体系建构之标准在未来仍有可探索的空间。

（三）对各种规范材料的不同处理

在利益法学看来，法学要给裁判以建议，因此要对法律进行解释，并且以思考式的服从来填补法律漏洞。法学的这一任务以及解决方案，在根本上与法官裁判没有区别。法学的规范性任务与法官裁判任务的区别在于范围上，法官裁判要得出的是一个或多或少具体的命令，即一个针对案件的命令（Fallgebot），但法学的规范性任务的范围要宽广得多，其范围依其文献目的的不同而不同。在这一意义上，法教义学的研究与狭义的法政策工作的应然法（de lege ferenda der Arbeit der Rechtspolitik）相近；但是对于法官裁判适用的基本思想也适用于研究者的准备性的活动。[23] 对规范材料的处理也反映了旧学说与利益法学的不同。

㉑ Vgl. Heck, Begriffsbildung und Interessenjurisprudenz, Tübingen 1932, S. 130.

㉒ Vgl. Heck, Begriffsbildung und Interessenjurisprudenz, Tübingen 1932, S. 128.

㉓ Vgl. Heck, Begriffsbildung und Interessenjurisprudenz, Tübingen 1932, S. 129f.

“学术的材料”在利益法学中,有着与旧说不同的含义。旧说所依据获取学术材料的“前科学”(Vorwissenschaft)是民族的法律史以及法哲学(历史法学派的“民族精神”),但利益法学在承认其地位的基础上对其进行了不同处理,此外还大大扩展了其他的探究范围。本文选取法律比较和法律史两点进行简要介绍。

1. 法律比较

利益法学与概念法学的不同还在于法律比较。旧学说强调认识一国的“民族精神”,然后从国家法的法规范中建构出概念。对于旧说而言,法比较是有益的,但它是分离于国家法研究的一个平行过程。对利益法学而言,要研究的是法律与生活的关系。为了填补,他必须求教于对法政策的考量。因此,一个具有平行的生活关系的外国法,可以为利益法学提供信息与借鉴。这一过程在某一意义上与从自然科学中借鉴经验相类似。黑克认为,欧洲的法文化在实质的利益衡量上相对于概念而言区别不大,因此可以适用于未来统一立法。㉔

2. 法律史

无论对于利益法学还是旧说而言,法律史都是必要的,但是二者在目的、手段以及范围上存在不同。对于旧说而言,法律史可以直接提供可适用的规范,它使得“民族精神”可以被认识。而法律史在利益法学中则发挥着间接性的作用(但这不意味着不重要),它使得研究者可以认识过去的价值理念,但其存续仍然需要进一步检验。对过去的价值观念的认识对于法学有一种启发性的价值,就像对比较法的研究一样。黑克认为,概念的因果性还是利益的因果性同样影响了对于过去的理解。㉕ 在利益法学看来,利益探究同样可以适用于法律史的研究。在通过利益探究得出某一项制度不合乎利益状态的结论时,就可能存在对于过去的认识错误。例如,黑克认为罗马法上的文书合同制度可能并不存在。㉖ 尽管黑克给法律史以极大的重视,但他的作品和历史观未获成功。㉗ 旧说下,法律史的研究仅限于研究本国的法律,以得出所谓的“民族精神”,而在利

㉔ Vgl. Heck, Begriffsbildung und Interessenjurisprudenz, Tübingen 1932, S. 134ff.

㉕ Vgl. Heck, Begriffsbildung und Interessenjurisprudenz, Tübingen 1932, S. 134ff.

㉖ Vgl. Heck, Der altrömische Litteralkontrakt, AcP 116 (1918), S. 129ff.

㉗ 参见[德]米夏埃尔·马丁内克:《德意志法学之光:巨匠与杰作》,田士永译,法律出版社 2016 年版,第 191 ~ 194 页。

益法学的观点中，法律史也以他国历史为研究对象，通过形成世界史来完成更加广博的任务。[28]

三、利益法学的秩序概念

黑克在《利益法学》中多次提到了“秩序概念”（Ordnungsbegriff），并否定其对于规范获取的因果性。可以说，利益法学与概念法学的论战正是集中在秩序概念的效果上。若要理解该概念，则需要阐明与其一起被提出的另外两种概念，即应然概念（Sollbegriff）与实然概念（Seinsbegriff）。这三种概念的提出对应着上文提到的法学的三个任务：规范获取（应然概念）、事实查明（实然概念）以及概观与描述（秩序概念）。

黑克认为，应然概念存在于制定法的命令中，小范围存在于学术所提出的补充建议中，它是感性思维的要素；而认知问题则对应实然概念，例如他国法的规定和法官的事实查明。[29] 对于秩序概念而言，与应然概念不同，它主要是由学术而非立法者形成的。秩序概念的作用在于，将立法者已经提出的应然概念以特定的目的加以整体和概观，其标准在于这些概念具有某个同样的特征。例如，物权行为、抽象行为、要式行为都属于法律行为的范畴。对于秩序概念形成的两种方式，黑克区分了规定性和典型性的秩序概念。[30] 在前者，所有子概念都具有某一相同的特征；而对于后者，只是通常具有相同的特征，黑克将其称为“例外保留”（Ausnahmen vorbehalten）。例如，黑克认为在例外保留（善意取得）的情况下可以将通过法律行为的取得称作传来取得，因为有处分权的处分属于常态。[31]

对于秩序概念的确定，是概念法学获取规范的方式。但秩序概念对于利益法学也很重要，但是它并不属于规范材料的范畴。换言之，秩序概念不能用来处理规范获取的问题。既然秩序概念是归纳性的、描述性的，那么它就不具有

---

[28] Vgl. Heck, Begriffsbildung und Interessenjurisprudenz, Tübingen 1932, S. 134ff.

[29] Vgl. Heck, Begriffsbildung und Interessenjurisprudenz, Tübingen 1932, S. 63f.

[30] Vgl. Heck, Begriffsbildung und Interessenjurisprudenz, Tübingen 1932, S. 63f.

[31] Vgl. Heck, Grundriss des Sachenrechts, Tübingen 1930, S. 117.

任何的规范性,即无法完成规范获取的任务。秩序概念的作用仅在于简化对于纷繁复杂的生活所提出的诫命的掌握难度,在可适用规范的确定上处于最后一步。此外,秩序概念的划分标准可以是多样的,例如,动物学上依据不同的标准可以对同一种生物作出不同的归类,在法学上也可以存在这种多样性。

四、结语

黑克的思想之博大,一篇短文难以穷尽,只能以零星几瞥来对其进行进一步地阐明。此外,不仅是黑克,利益法学派的其他学者也值得我们在未来关注。吕梅林和施托尔都是利益法学重要的旗手,但得到的关注却不多。同时,利益法学亦不局限于私法。在黑克的设想中,利益法学应贯彻法学的每个领域。[32]"二战"后,克格尔(Gerhard Kegel)在国际私法上对利益法学的运用就是例子。[33]我国的社会发展也需求一种合乎我国人民生活的法学,而利益法学的方法正能为我们提供助益。法教义学外,图宾根学派还引发了德国的经验的法社会学研究,[34]这或许也能助力于我国新兴的社科法学与法教义学的对话。

---

[32] Vgl. Heck, Begriffsbildung und Interessenjurisprudenz, Tübingen 1932, S. 4f.

[33] 参见邹国勇:《克格尔和他的国际私法"利益论"》,载《比较法研究》2004 年第 5 期;杜涛:《克格尔和他的国际私法"利益论"》,载《比较法研究》2004 年第 5 期。

[34] Vgl. Bernhard Dombek, Das Verhältnis der Tübinger Schule zur deutschen Rechtssoziologie, 1969. 有趣的是,黑克本人也曾和社会学三巨头之一的马克斯·韦伯同在莱文·歌德施密特教授(Levin Goldschmidt)门下攻读博士学位。

【评议文章(二)】

为利益法学而斗争

何　源*

目　次

摘　要　在德国法学理论中,菲利普·黑克创立的利益法学具有巨大的影响力。黑克更是用自己的一生在为利益法学而斗争。自利益法学诞生之日起,便陷入了"两线作战"之中。在对抗概念法学时,利益法学反对僵化的、形式上的逻辑演绎,主张法官不应作为执行法律的机器。在对抗自由法学时,利益法学则坚持法官应当遵守制定法,反对司法裁判过于恣意。同时,利益法学也一直承受着各种质疑。在"哲学中立性"与"法律感觉"两个核心议题上,围绕利益法学所展开的争论迄今未歇。

关键词　利益法学　概念法学　哲学中立性　法律感觉

德国法学家菲利普·黑克(Philipp Heck)创立的利益法学无疑是法学理论

* 何源,法学博士,上海社会科学院法学研究所副研究员。

的星空中不可忽视的一颗璀璨明星,它被称为总结19世纪开启20世纪的最重要思潮。① 《利益法学》一文是1932年12月15日黑克在法兰克福大学所做演讲的记录。彼时,黑克已经是75岁高龄的老人,他倡导30余年的利益法学也正值全盛时期。在这篇文章中,我们可以看到黑克对于利益法学的坚守与捍卫。黑克在生活中为人温和,但对于治学却极为严峻,丝毫不容许别人对他的见解产生任何误会。他的座右铭是:"过度斗争总好过忍气吞声。"②当然,这也令黑克及其倡导的利益法学在无形中增加了不少学术对手。

一、利益法学的两个"靶子"

自利益法学诞生以来,其始终处于"两线作战"之中。它有两个敌人,一是概念法学,二是自由法学。其中,概念法学与利益法学之间的争论,被形容为20世纪方法论上最重要的争论。③

(一)与概念法学的对抗

概念法学在20世纪初的法学理论中占据支配地位。它强调法律体系具有逻辑自足性,法官在判决案件时,只需要针对法律进行三段论的逻辑演绎即可。④ 与利益法学的矛盾之所以无法调和,是因为二者的思考逻辑几乎完全相反。概念法学主张"先体系,后概念",即应当先构建出一个完美的体系,再通过因果关系,从体系中的上位概念推导出下位概念。而利益法学主张"先概念(规范),后体系",即先获得规范与概念,再构建体系。正因如此,黑克曾在多个场合提及,概念法学具有"颠倒程序"的弊病。

概念法学"先体系,后概念"的特征早在普赫塔(Puchta)提出的金字塔概念中便已凸显。历史法学派是概念法学产生的主要推手。作为历史法学派的主

---

① Vgl. Rüthers/Fischer/Birk, Rechtstheorie mit Juristischer Methodenlehre, 10. Aufl., 2018, S. 17.

② Philipp Heck, Gesetzesauslegung und Interessenjurisprudenz, 1914, S. 172.

③ Vgl. Claus-Wilhelm Canaris, Systemdenken Und Systembegriff in Der Jurisprudenz, 2. Aufl., 1983, S. 9.

④ 参见梁上上:《利益的层次结构与利益衡量的展开——兼评加藤一郎的利益衡量论》,载《法学研究》2002年第1期。

要成员，普赫塔主张，法学就像金字塔一样，其顶端存在一个最普遍的概念。无论从金字塔底部的哪一个点出发，都可以通过一连串中间的分支抵达顶端的普遍概念。⑤ 将概念法学推到极致的则是德国法学家鲁道夫·冯·耶林（Rudolph von Jhering）。尽管同属历史法学派，但耶林反对普赫塔所代表的分支罗马学派的观点。他认为最重要的事情并不是沉溺于罗马法的每一个细节，而是对普遍有效法律理论的探寻。⑥ 为此，耶林在 1858 年出版的《罗马法精神》第Ⅱ册第二部分"法律技术论"中，提出法学应当是一种法律技术，它所承担的任务是使得法律得以简化并具有实用性。通过借鉴自然科学，耶林提出以下三个操作步骤：第一，分析相关的法律素材或法律条文；第二，对前述分析内容中的逻辑加以集中与概括；第三，进行体系建构。至此，耶林倡导的概念法学越发成为一种技术性的方法论。

利益法学的起点与主要内容就是对抗概念法学。有意思的是，早期利益法学的"种子"正是由耶林自己亲手种下的。如果说 1889 年之前，耶林秉持"建构论"，那么在这之后，他转而主张"目的论"，认为法律的创造者并非概念，而是利益与目的。所谓目的，其实就是指法律以外，立法者希望通过法律规定以达到保护特定利益的主观性目的。所以，耶林的"目的论"实质上成了早期的"利益法学"方法论。用黑克的话来说，耶林从"扫罗"（Saulus）变成了"保罗"（Paulus）。

从利益法学希望解决的难题中，可以看出它"先概念（规范），后体系"的思考逻辑。作为一种实用性的方法论，利益法学旨在解决法律在司法裁判中的适用问题。首先需要解决的是规范化难题，即法规范的适用与补充。为此，需要完成规范获得（Normgewinnung）的任务。法官需要对相关利益冲突进行仔细考察，寻找出正确的适用规范。在获得正确的规范后，才需要解决第二个难题，即表述化难题，它是指对与案件相关的复杂生活与法律进行简化与清晰的描述。为此，需要完成秩序整理任务（Ordnung），即通过建立普遍性概念，整理出生活现实与法律规范的共同特征与广泛连结，并最终得出一个体系。

---

⑤ Vgl. Georg Friedrich Puchta, Lehrbuch der Pandekten, 1938, S. 14ff.

⑥ Vgl. Erik Wolf, Große Rechtsdenker der deutschen Geistesgeschichte, 4. Aufl., 1963, S. 634.

(二)与自由法学的对抗

除了概念法学之外,自由法学是利益法学的另一个敌人。自由法学派一直主张,利益法学是自己的一个分支,并没有独立的方法。⑦ 这种观点可能激怒了黑克,他认为如果不能对自由法学派的"挑衅"予以有力的回击,那么利益法学存在前提就会受到动摇。由于当时自由法学与利益法学经常被混为一谈,为了旗帜鲜明的做出切割,黑克甚至希望将自己的学说称为"狭义的利益法学"。

究其根本,利益法学与自由法学的差异在于解释方法的不同:法律解释究竟要探求立法者的意思还是法律的意思?这也是法律解释中一个经典困境,即解释方法的主客观之争。利益法学坚持主观性的历史法律解释方法,即法律解释应当探究立法者在历史上的意思。法官应当忠实于制定法。黑克曾以"主仆关系"来比喻立法者与法官的关系,认为法官应当像仆人一样维护立法者通过法律想要保护的利益。仆人不应拘泥于主人的用语,而应当主动询问主人真正的意思或动机。这被称为"思考式地服从"。⑧ 与之相反,自由法学坚持客观法律解释方法,认为法律解释应当以字义为准并结合当下社会价值取向,而无须受到制定法的严格拘束。

具体而言,利益法学与自由法学的主要交锋之处有二。第一,"立法者的意思"应当如何理解。客观论者质疑的地方在于,利益法学所主张的探求立法者意思是不可能的任务,因为解释者不可能去探求某一个人在心理学上的意思,这种做法是荒谬的。但是,黑克对这种质疑马上予以反驳,他认为"立法者的意思"并不是指参与立法过程人员在心理学上的意思,而是一种"法律的规范意思"。它是指规范背后所隐藏的一种现实的利益衡量。"立法者意思"其实是"决定性利益"或"共同体利益"的总称,这个利益已经被法律认可并因此获得效力。⑨

第二,法律内容应当如何补充。客观论者认为,法律内容经常无法满足新的现实需求,而需要去探究"法律的客观意旨"加以补充。黑克则认为,上述观点实质上是一种"诫命补充的学术替代品",它预设了一种立场,即立法者的经

---

⑦ Vgl. Hermann Isay, Die Methode der Interessenjurisprudenz. Eine kritische Betrachtung, AcP 137(1933), S. 33, 46.

⑧ Vgl. Philipp Heck, Gesetzesauslegung und Interessenjurisprudenz, 1914, S. 51.

⑨ Vgl. Philipp Heck, Gesetzesauslegung und Interessenjurisprudenz, 1914, S. 64f.

验与实际思想不足以完成其保护实质利益的任务。[10] 事实上，忠实地理解历史上的诫命内容与进行符合利益的法律续造完全可以并行。

利益法学与自由法学的论战结果颇具有戏剧性。一方面，“二战”之后，客观解释成为理论界与实务界尊奉的主流学说。这主要是因为，《德国基本法》的颁布极大提高了对个人权利的保护程度。传统法律更多地注重对国家权力的规范而非对个人权利保护，与当下价值取向的差异过于明显。因此，采取客观解释能够在更大程度上顺应权利保护的价值观。另一方面，就法学理论本身而言，利益法学则获得了绝对性胜利。利益法学成为司法实践中广泛使用的方法论，而自由法学则已无人支持。这是因为，自由法学赋予法官过高的自由空间，反而使裁判容易过于恣意。比较经典的例子是：在一起父亲对儿子侵权的案件中，法官已经认定父亲不负有责任，但仍判决其进行赔偿，理由竟然是父亲57岁仍然结婚。自由法学派支持这一判决。黑克则认为，法官并未综合考虑案件的整体情况，而是基于一个十分特别的因素作出判决，自由法学派对于法官的纵容是完全不可取的。[11]

二、作为靶子的利益法学

新产生的方法论往往以旧方法论为批判对象。在对抗概念法学与自由法学的同时，利益法学自身也受到了不少质疑。其中，以下两个问题引起广泛关注：利益法学的哲学中立性与法律感觉。

（一）利益法学真的可以“哲学中立”吗

利益法学是一种方法论，而非法律哲学。方法论用以解决法律如何被正确适用的问题，法律哲学则用以解决何种法律是正确的法律。所以，利益法学具有“哲学中立性”，或者称“法学的独立性”，即利益法学完全只从法学研究的经验与需求中取得其原则，而并不依据任何一种世界观，任何一种哲学体系，或师

---

[10] Vgl. Philipp Heck, Begriffsbildung und Interessenjurisprudenz, 1932, S. 37.

[11] 参见吴从周：《概念法学、利益法学与价值法学：探索一部民法方法论的演变史》，中国法制出版社2011年版，第350～351页。

法任何其他科学的榜样。[12] 黑克自豪于利益法学的此种特征："相信所有受学术装备的实务家，可以衔接任何一种哲学体系，以对其判决产生影响，这是一种乌托邦。只有法学的以及非常清晰的论证才有这样的影响力。我们的学说依据的是这样一种纯法学的、非常根本的基础。"[13]

然而，"哲学中立性"为利益法学提出的难题是：利益究竟是作为评价标准还是评价对象？利益法学主张，在获取正确的规范时，法官不应当仅仅关注法条的字面意思，而是应当考察立法者想要通过法条所保护的利益以及不同利益之间的冲突。黑克认为，在做出上述评价时，人们应当采取的标准是"决定性利益"，或称"共同体利益"。[14] 但是，不同类型的"共同体利益"之间也有可能会发生冲突。对于这一问题，黑克认为不应由作为方法论的利益法学来解决，而是应当交由法哲学处理："这并非蔑视这个问题，而是反而确信如此一个巨大而广泛的任务，不能被当作方法论的下位问题来处理。"[15]

黑克的解释并非令所有人感到满意。自由法学的代表人物伊赛（Isay）便据此否认利益法学是一种方法，因为它没有一个价值优先秩序、一个价值体系，作为其利益衡量标准，"在法官应该根据利益法学的学说进行评价与衡量之处，却没有方法给他，以便他可以据之以为评价"。[16] "什么是利益法学'价值判断的标准'，完全不清楚……利益法学甚至欠缺一个可以帮助他成为一个真正利益评价方法的基础。"[17]

实际上，法学方法论几乎不可能完全与哲学无涉，它总是不可避免地会涉及当时社会价值观背后的哲学问题。就利益法学而言，它也并非如黑克所宣称的那样完全独立，而是基于特定的哲学思想之上。一方面，利益法学的提出离不开功利主义哲学观的影响。边沁提出的功利原则就极为重视利益的作用，其认为，在判断某个人类行为是否应当获得准许时，应当以该行为会增加还是减

---

[12] Vgl. Philipp Heck, Begriffsbildung und Interessenjurisprudenz, 1932, S. 25.

[13] Philipp Heck, Begriffsbildung und Interessenjurisprudenz, 1932, S. 25.

[14] Vgl. Philipp Heck, Das Problem der Rechtsgewinnung, 1912, S. 32.

[15] Philipp Heck, Rechtsphilosophie und Interessenjurisprudenz, AcP 143(1937), S. 129, 146.

[16] Hermann Isay, Die Methode der Interessenjurisprudenz. Eine kritische Betrachtung, AcP 137 (1933), S. 33, 45.

[17] Hermann Isay, Die Methode der Interessenjurisprudenz. Eine kritische Betrachtung, AcP 137 (1933), S. 33, 46.

少处于利益关系中的当事人之快乐作为标准。[18] 另一方面，利益法学显然是采取了实证主义哲学的立场。这从黑克所坚持的“法官必须遵守制定法”原则中可以看出来。

上述将方法论与法哲学切割开来的思维，使得利益法学面临着一个重要难题，即缺乏对互相冲突利益的评价标准。对此，黑克的观点是，这一问题不属于方法论解决的范畴，而是应当交由法哲学去探讨。然而，质疑并没有因此停止。典型诘问在于，立法后因为生活关系本身发生变迁或价值变迁而产生的漏洞应当如何解决。例如，现行法律已经对某事实进行了规范，但新的法律发布后，可以看出，现在的立法者对于该事实作出不同以往立法者之判断。基于此，法官认为现行法律规范不恰当。对此，黑克主张将其视为法律漏洞，通过漏洞填补方式来进行。反对者则认为，此时法官需要的是一个正确的标准，以便证明，由于新法公布所带来的价值变迁，相关现行法规范不再适用。[19] 这也导致了利益法学向价值法学的转向。后者清晰地将利益界定为评价的对象，对于评价标准正确性的问题，则结合为利益法学所排斥的法哲学来加以探讨。[20]

（二）法律感觉真的可以信赖吗

法律感觉一直为利益法学所重视。它是指法官“经过长年的实务经验所发展出来的法律发现的能力”，也可以叫作“判决感”，或是“直觉的法律发现”，是法官无意识地基于自身已有的知识与经验而得到的结果，它取决于法官之前接受的教育与阅历。[21] 黑克认为，法律发现必须以法律感觉为基础：“判决是先透过感觉而获得。然后才是进行规范上的考察。”不仅如此，在耶林的目的论学说中，法律感觉也是确保法律目的获得实现的重要保障。

针对法律感觉，第一种批评声音是：它是非理性的，通过“直觉”来作出判决

---

[18] See Jeremy Bentham, *An Introduction to the Principles of Morals and Legislation*, Dover Publications, 2007, p. 1.

[19] Vgl. Hans-Martin Pawlowski, Einführung in die Juristische Methodenlehre, 2. Aufl., 2000, S. 91.

[20] 实际上，不少学者也为利益法学成为一种真正的“方法”做出努力。例如，我国学者梁上上教授提出利益衡量的具体层次结构，并主张以制度利益作为评价标准，对我国司法实践产生重要影响。参见梁上上：《利益的层次结构与利益衡量的展开——兼评加藤一郎的利益衡量论》，载《法学研究》2002年第1期；梁上上：《制度利益衡量的逻辑》，载《中国法学》2012年第4期。

[21] Vgl. Philipp Heck, Begriffsbildung und Interessenjurisprudenz, 1932, S. 116.

是非理性的。这一过程极易受到种种因素的影响,既不严谨,也不可靠。对此,黑克不仅大方承认自己的学说并非理性主义之产物,而且为此感到自豪。为了形象地说明自己的态度,黑克提出了著名的灯笼比喻:“判断者就像带着灯笼走过黑暗的路人一样,他可以在所到之处散播光亮,但他的背后永远是一道黑暗的城墙。非理性的生活就是这道城墙。”㉒黑克认为,依据理性的活动有其界限。生活及其相关利益有着更加深层次的奥秘。因此,判决也是先通过感觉获得,然后才进行规范上的考虑。即便是规范上的考虑,也要不断地回溯至法律感觉。

事实上,对法律感觉的关注并不意味着利益法学完全放弃了理性。黑克一直坚持,在规范或者判决的获得上,“理性衡量”与“法律感觉”两个要素可以并行不悖,相互协力。这与人们在日常生活中作出判断的过程是一样的。判断要么通过理性的思考,要么凭借直觉或本能作出。不仅如此,黑克还承认,“法律感觉”存在以下两个问题:一是容易受到不当因素的影响,二是它很有可能只是法官机械使用以前曾作出的个案考量经验之结果。因此,法律感觉还是需要理性衡量的约束,即接受“理性之光”的照射与检验。㉓

第二种批评声音指出,对规范的逻辑涵摄不可能与直觉并存。直觉或者本能与理性是不可能并存的。所谓下意识只是一种状态,而非思维活动,这一过程不可能有理性因素的存在。㉔ 因此,黑克所主张的,在对规范进行逻辑涵摄的同时,还存在无意识的利益衡量,是完全站不稳脚的。

上述观点误解了逻辑涵摄时的利益衡量。在利益法学中,这种利益衡量更多地是“情绪”,而非“直觉”。黑克将法律感觉区分为两种,即“直觉”与“情绪”。“直觉”是指无意识的观念产物,人们无法预见它的形成。实践中,法官在直觉上先作出判断,然后再以理性衡量的方式得出判决,作出符合法律的说理。㉕ “情绪”是指对于法律规范是否成功保护了特定利益的一种反应。当现行法律规定不符合人们对于利益保护的期待时,“情绪”就会被激活。就此意义而

㉒ Philipp Heck, Gesetzesauslegung und Interessenjurisprudenz, 1914, S. 244.

㉓ Vgl. Philipp Heck, Begriffsbildung und Interessenjurisprudenz, 1932, S. 112.

㉔ Vgl. Hermann Isay, Die Methode der Interessenjurisprudenz. Eine kritische Betrachtung, AcP 137(1933), S. 33, 44.

㉕ Vgl. Philipp Heck, Gesetzesauslegung und Interessenjurisprudenz, 1914, S. 243.

言，所谓的“情绪”更像是一种控制机制，一种警报装置来唤醒法官，对不正确的规范保持警惕。此处，最为典型的一个例子就发生在耶林学说发生重大转向之时。1858 年的冬天，在关于“一物二卖”的个案中，当耶林决定是否要继续使用传统理论时，内心“自然的法律感觉”断然地起来反对他自己。耶林认为所有内心的法律感觉都在反对自己适用传统理论的见解。此处，法律感觉正是发挥了对“不当判决”进行监控的作用。[26]

三、结语

在学术领域，性情温和的黑克却变得严厉而“好斗”。他不能容忍别人对其学术观点产生误解。这恰恰表现出黑克对其所创立的利益法学的坚守与捍卫。正如他自己在演讲中说的那样，利益法学“不仅仅是一位大学教师研究的诸多问题之一，而且真正是本人毕生事业的所在”。也正是由于黑克与其他支持者不断地斗争，为利益法学辩护，才使得这门学说成为具有世界影响力的方法论。以梁上上教授为代表的中国学者则结合实际，析解出更加具体的利益层次结构，对司法裁判产生了重要影响力。在不懈的斗争中，利益法学一直未停下革新发展的脚步。

---

[26] 参见吴从周：《概念法学、利益法学与价值法学：探索一部民法方法论的演变史》，中国法制出版社 2011 年版，第 491 页。

【评议文章(三)】

利益法学的美丽新世界

王真真*

目　次

摘　要　黑克提出的利益法学致力于为司法实务提供可操作性的方法,这一方法在哲学层面是"现实主义"的。利益法学反对概念法学中机械的思维方法,认为是现实利益决定法律规范,而非相反。在利益法学看来,立法过程和司法过程中存在普遍的利益衡量,而这些并未受到概念法学的重视。黑克的利益法学影响深远,但亦因不够精细而被诟病。"新利益法学"提出了利益衡量的层次结构理论,将利益划分为具体利益、群体利益、制度利益和社会公共利益。该理论体系以制度利益为核心,对利益衡量的前提、方法以及界碑等问题作出精

* 王真真,法学博士,华东政法大学助理研究员。

细化的剖析。“新利益法学”在理论法学和各部门法学得到广泛应用，亦为司法实务所采纳，基于利益层次结构的新利益法学开创了利益法学的新流派。

关键词 利益法学 新利益法学 层次结构 制度利益 法学流派

一、利益法学的定位

黑克认为利益法学是为法学实务提供的方法论。方法论意味着其必须具体和具有可操作性，其功能类似于“产品说明书”对消费者之指引作用。因而，作者的方法论不属于抽象的法律哲学范畴。作者所指的法律实务，最主要是就法官判案而言的。在面对一个案件时，法官究竟是按照何种标准和原则而作出最终决定的，往往难以说清楚，这也可以被视为“司法黑箱”。利益法学则为我们打开“司法黑箱”提供了不一样的视角和思维方式。在利益法学看来，法官判案就是在对相互冲突和对立的利益之间进行取舍和权衡，并最终以决定性利益为基础作出价值判断。① 作者认为利益法学理论其实并不是什么高深莫测的东西，因为其本来就是以现实利益为基础，因而作者说其所谈的都是些“非常容易理解的东西”，只不过因其一直未得到正确认识。

利益法学也是为了克服概念法学的弊端所创立的。在德国法学界长期居于统治地位的是概念法学。萨维尼继承了自康德以来的以体系作为科学中心的概念，其强调历史性和体系性的方法。体系的目标在于将法律规范作为基础之法制的全部，并且其各部分之间构成一个脉络相关的整体。萨维尼的体系思想是概念法学的起点，影响了后世概念法学的发展。普赫塔认为法律规定可以被抽象为一个概念金字塔，这些概念可以从抽象到具体，共同组成科学体系。温德沙伊德则认为法律概念蕴含了“法律整体的精神”，法律体系是一种逻辑体系，是对概念要素的综合。② 概念法学的集大成者是耶林（早期），早期的耶林甚

① 参见吴从周：《概念法学、利益法学与价值法学：探索一部民法方法论的演变史》，台北，元照出版有限公司 2007 年版，第 270 ~ 271 页。

② 参见吴从周：《概念法学、利益法学与价值法学：探索一部民法方法论的演变史》，台北，元照出版有限公司 2007 年版，第 53 页。

至相信概念的法学体系能够形成新的概念法条。[3] 黑克认为,相对于概念法学,利益法学的不同之处在于其更加强调法律对生活的影响。概念法学是学术性和基础性的,但是其弊端在于远离现实生活。

接下来,黑克探讨了法律各元素之间的因果关系问题。其对法律命令、生活秩序和科学性秩序概念之间的关系进行了检讨。

二、法律概念与法律规范之间关系的重新阐释

法律条文的大部分规定都是以命令的形式存在。黑克认为,即使是许多陈述性条文,其也是以诫命的形式存在的,通过诫命,一般性陈述成为具有法律意义的概念。而法律诫命则会对现实利益产生影响,利益一词含有"人类最高利益及道德的和宗教的利益"的意思。[4] 通过对各种法律命令和现实利益进行划分,以一定的标准对其进行分类,就会形成学理化的规整概念。概念法学和利益法学的根本对立就体现在这三组法律元素的因果关系上。

黑克批判概念法学将概念作为法律产生的原因这一观点。这一观点产生于历史法学派,其以"民族精神"等价值观念和学术抽象出来的价值概念为基础。而概念法学则认为正是这些概念产生了法律规范。比如由债是私人之间的约束这一观念出发,推导出债权不得让与。黑克认为,这一观念是颠倒了因果。法律规范是先于一般概念出现的。就法律规范与现实利益的关系而言,法律规范不是凭空创造出来的,而应当是基于生活的实际需要。正是认识到这些实实在在的利益需要保护,才产生了相应的法律规范。因而黑克认为法律是利益的产物。这种基于生活需要(利益)而创制法律规范的观念,也是一种现实主义的认识。法律规范本是为调整各种社会关系而创立的人类行为交往之规则,当然应当以现实的生活为蓝本。不过也应当认识到,这种基于生活需要的法律可能会滞后于社会发展。

---

③ 参见吴从周:《概念法学、利益法学与价值法学:探索一部民法方法论的演变史》,台北,元照出版有限公司2007年版,第55页。

④ 参见[德]菲利普·黑克:《利益法学》,傅广宇译,载《比较法研究》2006年第6期。

对此，黑克认为耶林对生活利益的认识创立了利益法学。“目的是法律的创造者”，黑克认为耶林提出的这一原理足以奠定其作为利益法学创立者的地位。不过黑克也对耶林的理论提出了批评，因为耶林虽然认识到法律对生活的影响，但是并未就此进行细分，因而对于生活利益的划分需要更进一步。

黑克认为，每一个法律规范都是对各种冲突利益的调整。制定法的形成过程，无非是各种利益的对立和冲突中，最后由占优势的利益获胜，因而制定法的目的展现的往往是获胜的利益。这里存在一个此消彼长的状态，即保护了一方的利益，就意味着另一方的利益受到抑制。不过失败的利益也会在具体的法律规范内容中体现出来。其举的例子是，所有的税法都是为共同体聚集财富，但是在税法中却必须考虑纳税人的利益如何保护。这与公司法中债权人、公司与股东之间的利益关系如出一辙。公司法律制度的目的虽是为了公司组织的融资和运作而制定，但是在公司融资过程中却必须对债权人的利益予以恰如其分的保护。又如在以清理债权债务关系为目的的破产法中，其在解决债权人之间公平清偿问题的同时，又无处不体现着对债务人利益的保护。

不仅在制定法律时，在解释法律时也应当认识到利益冲突。法律规范形成中的利益冲突，最终立法者将获胜的利益以抽象的法律规范形式凝结下来。但具体解释法律时，仍然要将这种抽象化为具体，这样才能妥当认识法律规范的内容。可以看出，利益法学的适用范围并非仅限于司法活动，其也适用于立法者的立法活动。

黑克在该部分总结道，利益的划分就如法学显微镜，其将抽象法律规范细化为各种冲突利益的协调。这种划分的意义就像科学中对原子理论的进一步划分，其对法学的意义而言不言自明。这也意味着，就理想的利益法学而言，其对法律关系的观察是精细化和具体化的，并非仅仅是抽象的、哲学层面的夸夸其谈。

三、司法活动本质的揭示

黑克非常重视法官判决的重要性。其认为法官判决是私法方法论的核心。

法律通过法官的判决影响生活,因而法律人必须要了解法官判决所采用的方法。

在概念法学看来,法官的司法活动是机械的。概念法学认为法官的司法活动是一种逻辑三段论式的,这个过程不能有法官自身的评价,更不能自己创造规范。这种观点将法官的司法活动类比为自动售货机的贩售,不考虑结果是否符合现实。概念法学认为出现法律漏洞时,仍然可以通过对体系的把握或者通过概念构造来填补漏洞。其认为从既有的法律规范中可以推导出新的规范。

黑克对上述的这种方法进行了批评。耶林关于低级阶段法学和高级阶段法学的区分是对上述方法的经典运用。低级法学就是对制定法的解释,而高级法学则是通过总结概念,并通过这些概念构造新的法律规范。黑克认为这种分类具有时代印记,但并非绝对。现实中的法律类推,同样是为了获得符合生活利益需要的判决。耶林的方法最大的不合理之处在于其在偷换概念。因为从现有的法律命令中是无法得出新的法律命令的,即使有,也是使用那些极为抽象和不确定的概念。因而黑克认为耶林的高级法学就是系统的偷换概念。如果有人相信能够运用概念法学创造新规范,黑克认为这无异于相信巫术。

接下来,黑克对利益法学的态度已然明了。利益法学将结论在生活中的正确性置于首要地位。因而法官的司法活动是一种创造性的过程,仅仅通过构造概念也无法填补法律漏洞。在利益法学看来,法官应当受到制定法约束,这是宪法所确立的规则。在利益衡量时,法官要将自己置于立法者的位置。不过,由于在法律规范中已经存在了立法者的价值评判,因而法官对立法者的利益衡量应当予以尊重。在制定法出现漏洞时,仍然要将自己置于立法者的位置,如果在立法者看来某个利益应当获得保护,那么法官就应当对其予以恰当地保护。

黑克对法官填补漏洞的程序进行了深入阐述。他认为在填补漏洞时仍然要运用利益划分原则。首先,法官要搞清楚具体案件事实中都有哪些具体的利益冲突;其次,需要看法律是否在其他地方对同样的案件事实做了规范,如果有,那么可以直接适用该规范,这就是类推方法。填补漏洞也需要价值判断。除了制定法所作的价值判断外,法官也可以基于自身对生活利益的评价来解决纠纷。比如法律明确授权法官自由裁量。还有一种特殊的情形就是法律使用了不确定性的表述,这些表述本身就含有价值判断,因而需要法官在裁决时自己去评判,比如“重要原因”“故意”等。处于这一地位的法官并不是法律机器,而是在很大程度上作为立法者的助手出现的。不过黑克也承认，法官创造的规范不能与制定法相提并论，对其他法官是没有约束力的。也就是说，通过判例所形成的规则只具有事实上的拘束力，但无法律上的拘束力。

黑克以“侄女继承案”为例对利益法学和概念法学的不同结果进行了对比。某位退休者在遗嘱中赠与多位侄女同等份额的遗产，但遗漏了一位侄女。他并未修改遗嘱，而是在银行存了一笔钱，并约定在其死后这笔钱归侄女所有。假设在其死后，遗产不足以偿还债务，破产程序启动的话，遗产债权人与侄女谁能就该笔钱主张权利？黑克认为这个案子当中存在利益冲突。侄女们与遗产债权人之间是存在利益冲突的，但制定法对这个情形是有明确规定的，即遗产债权人享有优先权。黑克认为即使根据《德国民法典》死因赠与的行为，结论也是一样的。这种解决方案也是符合制定法的价值判断的。无论是通过合同还是通过遗嘱获得遗产，其相对于遗产债权人的地位应当是一样的，否则将会产生通过非遗嘱行为规避法律的激励。

但概念法学的方法则得出相反的结论。在帝国法院的判决中，其认为通过合同受赠的权利人优先于遗产债权人。黑克认为这是由于其没有基于利益衡量，因而对生活利益发生了错误认识，法律适用的过程是概念式的，其纠缠于《德国民法典》第328条“直接”获得请求给付的权利这一概念。黑克认为，这一条的直接只是表明该行为是一个单方法律行为，除此之外并无其他含义。其处理的只是遗嘱人与受赠人之间的关系，并不涉及遗产债权人。黑克认为这是典型的概念法学思维。

四、作为实用科学之法学的两大任务

在黑克看来，法学是一门实用科学，在这一点上与医学类似。法学如果要发挥为法官判案作准备的功能要做到两点：一是规范获得；二是对规范材料分类和整理。概念法学与利益法学在这两大基本任务上有明显不同。

黑克认为概念法学痴迷于确定学术概念。在这里法学的目的被认为是准确地确定概念，并将其整合为概念金字塔。正是这一观念的影响导致了德国法学中有大量关于概念的研究。在这一观念指引下，概念法学忽视生活关系和生活需要，因为其不过是法律适用的场所而已。

黑克将规范获得和规范整理区别开来。规范的获得应当基于对生活利益的研究之上。法律规范的形成要以生活利益为基础，并根据利益需要加以补充。法律的目的是调整具体的生活，因而制定法应当符合生活要求。对此，利益法学也认为比较法的方法应当成为辅助工具。

在规范整理上，概念和体系的形成也应当由目的来决定。黑克认为规范整理是法学的第二任务，但这一任务是居于规范获得之后的。利益法学也重视学术研究，但黑克认为也必须以生活需要的价值理念为指引，否则关于纯粹概念式的研究就失去意义。

黑克认为利益法学也可以适用于法律教学。在其看来，相较于概念法学，利益法学的要求更适合教学。理由在于认识法律规范与生活需要之间的关系特别容易。因为如今的法律总体上已经相对清晰和可以理解，立法过程也是公开的。而概念法学则难以学习、缺乏说理因而显得枯燥无味且与生活脱节。

五、利益法学的缺陷及新利益法学的进展

（一）利益法学的缺陷

德国学者拉伦茨评论道："黑克对方法论（尤其在民法）的影响，无论如何强调都不为过。"⑤黑克的进步之处在于，其摒弃了概念法学的桎梏，寻找到法律规范背后的利益状况并加以决断，正如其在"侄女继承案"中的分析。不仅如此，黑克还还原了司法裁判的过程，即法官需要对法律条文背后的利益状况进行分析，探寻出立法者所表达的真实意思。在缺乏相应的法律规范时，法官应当像立法者那样进行法律续造，法律续造的标准就是实际的生活利益。由此，可以将黑克的主要贡献概括为两点：第一，强调立法当中的利益衡量；第二，揭示了司法过程中法官判案中的利益衡量。我国台湾地区学者吴从周亦认为，黑克所

---

⑤ ［德］卡尔·拉伦茨：《法学方法论》（第2版），陈爱娥译，台北，五南图书出版股份有限公司2022年版，第46页。

创造的利益这两个字,几乎成为法律语言上的公式。⑥

不过拉伦茨也对黑克的批评提出了批评。黑克批评概念法学从一般法概念推导出新法条的做法是一种颠倒程序。拉伦茨认为,黑克的批评在有些概念上是正确的,比如民法关于连带债务的规定,但是对于人格、行为、归责等这些概念却不适用。这些概念并不是从法律规定中推导出来的,而是属于伦理的范畴。⑦ 后世学者韦斯特曼、布洛克斯等人认识到黑克所提出的利益之模糊性,将黑克的利益理论界定为法律上的利益评价,因而由利益法学发展为评价法学。⑧在其所著民法教科书中,许多章节前均首先对不同制度中当事人的利益结构进行分析,然后阐述具体制度构造,其受利益法学影响可见一斑。⑨ 此外,黑克的利益衡量理论的缺陷还在于其对复杂利益状态、利益类别的认识还不够深刻,对立法者的利益评价过于信任。⑩ 利益法学的这一缺陷并不意外,利益法学受到法律实证主义的影响,对法治国实证主义深表认同。⑪

如前所述,利益衡量虽已作为方法广为接受,但每个人所称的利益衡量都不一样,有些甚至难以揣摩其确切含义。有时候这种利益衡量还会带来一定的恣意。比如基于"自由法学"并受美国"现实主义法学"影响而提出利益衡量理论的著名日本学者加藤一郎,⑫其在"姘居妻案"中所作的利益衡量在结果上出现了与实证法观念不符的情形。这主要是因为利益衡量缺乏一个可实际操作的程序与步骤,在具体展开时可能会以个人的前见代替法律已经确立的制度和规则,因而出现了不妥当的结果。

(二)新利益法学及其内涵

正是由于黑克等人的利益法学存在诸多不足,我国学者提出了利益衡量的

⑥ 参见吴从周:《概念法学、利益法学与价值法学:探索一部民法方法论的演变史》,台北,元照出版有限公司2007年版,第446页。

⑦ 参见[德]卡尔·拉伦茨:《法学方法论》(第2版),陈爱娥译,台北,五南图书出版股份有限公司2022年版,第51~52页。

⑧ 参见[德]伯恩·魏德士:《法理学》,丁晓春、吴越译,法律出版社2013年版,第236页。

⑨ 参见[德]汉斯·布洛克斯、[德]沃尔夫·迪特里希·瓦尔克:《德国民法总论》(第41版),张艳译,中国人民大学出版社2019年版,第73、174、228页。

⑩ 参见梁上上:《利益衡量论》(第3版),北京大学出版社2021年版,第29页。

⑪ 参见[德]弗朗茨·维亚克尔:《近代私法史:以德意志的发展为观察重点》(下),陈爱娥、黄建辉译,上海三联书店2006年版,第55页。

⑫ 参见段匡:《日本的民法解释学》,复旦大学出版社2005年版,第254~269页。

层次结构理论。[13] 该理论创造性地提出了利益衡量的思维方法，致力于解决疑难案件中具体利益如何衡量的问题。根据利益层次结构，具体案件中的利益应当分为当事人利益、群体利益、制度利益和社会公共利益。这些不同的利益之间存在一定的结构和顺序。具体而言，当事人具体利益是法官裁判活动的起点，而群体利益则类似于一个显微镜，可以将这一具体案件中的个人利益状态"放大"，从而更为直观地观察利益冲突。制度利益则是凝固在具体法律制度当中的根本性利益，是法律制度区别于其他制度的一项特征，当事人具体利益需要放到制度利益的框架内进行权衡。社会公共利益则是判断制度利益是否符合时宜的最终标准。社会的发展是动态的，而法律则具有稳定性，因而具体的制度利益也有可能与社会脱节或者不合时宜，此时应当以公共利益判断制度利益的妥当性。[14]

由于制度利益和社会公共利益在利益衡量中居于核心地位，在提出利益的层次结构之后，新利益法学对其中的制度利益和社会公共利益进行了深入研究。制度利益应当进行类型化和细分、制度利益衡量的规则、制度利益的动态和静态功能等这些认识以更进一步的微观视角探究制度利益的结构。[15] 在功能上，制度利益是裁判者用以确定裁判方向和固定案件事实核心的抓手。因而制度利益既可以在具体个案中"锚定"裁判所考量的要素，又可与比例原则协作实现类案权衡。[16] 社会公共利益作为模糊性概念，首先需要明确其在法律中的地位和存在形式，其次在适用时应当作充分的铺陈和展开，与具体的制度利益相结合。[17]

当然，作为前提性问题，利益衡量还要解决的问题是不同的利益之间如何进行衡量。新利益法学的回答是应当从抽象的哲学层面回到具体情境。利益虽然不同，但基本的社会共识和具体的制度共识是存在的，因此异质利益衡量是可能的，不同的利益之间存在位阶和顺序。异质利益的衡量，其实也是优势

---

⑬ 参见梁上上：《利益的层次结构与利益衡量的展开——兼评加藤一郎的利益衡量理论》，载《法学研究》2002 年第 1 期。

⑭ 参见梁上上：《利益衡量论》（第 3 版），北京大学出版社 2021 年版，第 120～121 页。

⑮ 参见梁上上：《制度利益衡量的逻辑》，载《中国法学》2012 年第 4 期。

⑯ 参见施鸿鹏：《方法抑或法律原则——经济分析方法在民法解释学中的地位》，载《复旦学报》2023 年第 1 期。

⑰ 参见梁上上：《公共利益与利益衡量》，载《政法论坛》2016 年第 6 期。

利益的选择机制，对此应当以程序对其选择过程进行控制，比如裁判文书的披露机制等。[18] 最后，新利益法学还提出了利益衡量的具体界限问题[19]，利益衡量方法的使用是有限制的，法外空间不应进行衡量，应当选择妥当的衡量方法进行衡量等。这正如医学对疾病的诊治，应当结合具体病情决定所拟采用的诊疗方法是否适用以及如何适用。就此而言，新利益法学的思想是“现实主义的”，其致力于为司法裁判提供妥当的裁判方法。[20]

新利益法学的结构层次一经提出，在国内受到广泛关注和应用。不仅有传统法理学和民商法、行政法和刑法等领域的引用[21]，在新兴法学学科比如数字法治等以利益衡量为方法进行分析的作品也涌现出来。在实务界，亦有裁判文书直接引用利益的层次结构进行分析和说理。比如在广东蒙娜丽莎新型材料集团有限公司等与佛山市贝佳斯洁具有限公司侵害注册商标专用权纠纷上诉案中，一审法院以制度利益为核心分析了商标侵权中的利益衡量，并在利益结构之下就“绕道侵权”这一疑难案件得出相应结论。[22] 又如在叶某与西安市未央区草滩街道办事处信息公开案中，法院对当事人具体利益、群体利益、制度利益和社会公共利益进行权衡后，决定以司法判断代替行政判断，从而妥当地处理了政府信息公开案件。[23] 这也表明新利益法学为司法实务提供一套可操作方法的理想是成功的，随着新利益法学更多地为理论界和实务界人士所理解，这一理论必将给司法实操作业带来更具洞察力的分析工具。

---

⑱ 参见梁上上：《异质利益衡量的公度性难题及其求解——以法律适用为场域展开》，载《政法论坛》2014年第4期。

⑲ 参见梁上上：《利益衡量的界碑》，载《政法论坛》2006年第5期。

⑳ 新利益法学同样也重视立法中的利益衡量。制度利益的选择和确立、对制度利益与公共利益是否匹配的判断以及利益层次结构的生成，即对立法过程中利益衡量的剖析。参见梁上上：《利益衡量论》（第3版），北京大学出版社2021年版，第134页、第164页。

㉑ 参见陈林林：《方法论上之盲目飞行——利益法学方法之评析》，载《浙江社会科学》2004年第5期；蔡琳：《论“利益”的解析与“衡量”的展开》，载《法制与社会发展》2015年第1期；劳东燕：《法益衡量原理的教义学检讨》，载《中外法学》2016年第2期；章剑生：《论利益衡量方法在行政诉讼确认违法判决中的适用》，载《法学》2004年第6期；沈朝晖：《控股股东重大利益冲突的双重清洁——以上市公司私有化退市的司法校准为例》，载《清华金融法律评论》第2卷第1辑；刘颖：《经营者沉默欺诈认定的矫正与回归——基于裁判分歧的分析与展开》，载《华东政法大学学报》2020年第5期。

㉒ 参见广东省高级人民法院民事判决书，（2015）粤高法民三终字第143号。

㉓ 参见陕西省西安市铁路运输法院行政判决书，（2020）陕7102行初428号。

六、结语

黑克等人提出的利益法学不仅深刻地影响了德国,也影响了世界。新利益法学是利益法学的新进展,该理论既有抽象思维方向的引领,又有具体操作方法的说明,思维精细,自成一体。新利益法学提出的方法和思维模式为理论界和实务界打开了利益法学的美丽新世界。

三、域外经典案例

芭芭拉·格鲁特诉李·博林格等案

(Barbara Grutter v. Lee Bollinger et al.)

美国最高法院,于2003年6月23日作出判决

案号:539 U.S. 306

袁崇霖　译*

目　次

译者按

本案争议焦点在于是否允许高等教育招生中考虑种族因素,并给予少数族裔录取上的优惠待遇。多数意见就"学生群体的多元化构成一项强制性州利益"这一推理展开了详细论证。论证中针对上述强制性利益的铺陈分析,不仅

---

* 袁崇霖,清华大学法学院博士研究生。

紧密围绕“多元化”这一核心的制度利益展开，而且横跨从种族间理解到未来领导人培养等诸多维度，旁征博引，颇为雄辩。梁上上教授也曾运用图表对这一论证思路予以形象的呈现（见图 1）。[①] 像这样围绕抽象利益的具象表现展开论证的方式，对于法学研究和法律实务均有显著的借鉴意义，能够很大程度上避免使“公共利益”和“制度利益”沦为回避说理乃至承载个人偏好的“概念黑箱”，也能够增强结论的说服力与可接受性。当然，其他几位大法官基于本案特定事实和严格审查标准等作出的反驳也同样有力。特别是托马斯大法官提到，给予黑人优惠录取政策，反而会加深大众对其德不配位的污名，以及阻碍黑人学生的能力进步，这与多数意见提出的理由针锋相对，也令人印象深刻。有趣的是，本案中多数意见还为其判决设置了一个不偏不倚 25 年的期限，在跌跌撞撞、有惊无险地经历了 Fisher Ⅰ案（2013）和 Fisher Ⅱ案（2016）的考验之后，美国最高法院于本案作出裁决 20 年后的今天，戏剧性地推翻了其结论，认为大学在录取中考量种族因素违反宪法的平等保护条款，正式宣布废除了这一做法。在作出这一相反判决的 Students for Fair Admissions, Inc. v. President and Fellows of Harvard College（2023）一案中，罗伯茨首席大法官发表的多数意见认为，被告提出的与前述类似的“强制性利益”及相应招生计划并不能通过法院的严格审查，并最终宣告基于种族的录取政策应当迎来早在 Grutter 案中即埋下的

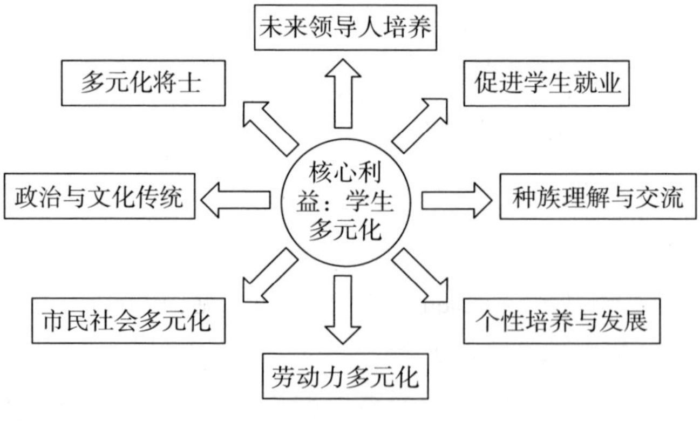

图 1　学生多元化制度利益的铺陈图

---

① 原图载于梁上上：《制度利益衡量的逻辑》，载《中国法学》2012 年第 4 期。

"逻辑终点"(logical end)。比较20年前后的判决,这一戏剧性的变化,究竟是因为利益背后的情境发生了流变,还是大法官们的立场预设已然斗转变化?各位读者可以结合本案译文,两相对照作出自己的判断。

一、概要(Synopsis)

被拒绝录取的法学院申请人,对州立大学法学院具有种族意识的招生政策提出质疑,声称鼓励学生群体多样性的招生政策侵犯了他们受到平等保护的权利。美国密歇根州东区地区法院,Bernard A. Friedman 法官判决认为,法学院在录取决定中考虑种族和族裔是非法的,并禁止法学院在录取决定中将种族作为考虑因素。被告提出上诉。Boyce F. Martin, Jr. 首席法官代表美国第六巡回上诉法院全体法官,推翻了地区法院的判决,撤销了前述禁令。(原告上诉的)调卷令获得了批准。美国最高法院,奥康纳(O'Connor)大法官判决:(1)法学院在实现学生群体多元化方面存在强制性利益(compelling interest);(2)本案招生计划是为了满足其从多元化学生群体中实现教育效益的强制性利益而专门制定的,因此并不违反平等保护条款。

前诉判决得到维持。

金斯伯格(Ginsberg)大法官提出赞同意见,布雷耶(Breyer)大法官加入。

斯卡利亚(Scalia)大法官提出部分赞同,部分反对意见,托马斯(Thomas)大法官加入。

托马斯大法官提出部分赞同,部分反对意见,其中斯卡利亚大法官部分加入。

首席大法官伦奎斯特(Rehnquist)提出反对意见,其中斯卡利亚大法官、肯尼迪(Kennedy)大法官和托马斯大法官加入。

肯尼迪大法官提出反对意见。

二、判决意见(Opinion)

奥康纳大法官发表的法院意见。

这起案件要求我们判定密歇根大学法学院(以下简称法学院)在录取学生时考虑种族因素是否违法。

第一部分

A

本案法学院是全美顶尖的法学院之一。它每年收到超过3500份申请,而最终录取的每一级学生大约350人。为了“录取一批个人和集体层面都最有能力的学生”,法学院寻找的是“有希望在法学院取得成功的人”和“最有可能在法律实务中取得成功并以各种方式为他人的福祉做出贡献的人”。往更广的范围说,法学院寻求的是“具有不同背景和经验的学生混编,他们将相互尊重和相互学习”。1992年,法学院院长任命了一个教师委员会,起草了一份书面招生政策以实现这些目标。法学院尤其旨在确保,其实现学生群体多样性的努力,符合最高法院关于大学招生中种族考量的最新裁决[参见 Regents of Univ. of Cal. v. Bakke (1978)一案]。② 在法学院全体教师一致通过委员会的报告后,该报告成为法学院的官方招生政策。

该政策的特点是注重学术能力,同时对申请人的才能、经验和“为周围人的学习做出贡献”的潜力,进行灵活评估。该政策要求招生官根据档案中的所有信息,对每个申请人进行评估,包括个人陈述、推荐信,以及一篇描述申请人将如何为法学院的生活和多样性做出贡献的文章。在审查申请人的档案时,招生官员必须考虑申请人的本科平均成绩(GPA)和法学院入学考试(LSAT)分数,因为它们是法学院学业成功的重要(但可能不完美的)预测指标。该政策强调,

② (译者注释)判决原文所加案例、文献等参引注释,为了阅读方便和篇幅精简需要,翻译时对索引号(citation)等信息作缩略处理。对于仅反映案件程序、前后文同引以及其他不具有实质重要性的参引,翻译时酌情略去。

"只有在我们预期申请人能够以良好表现毕业,且没有严重学术问题的情况下,才应录取该申请人"。

然而,该政策明确指出,即使是申请人取得最高的分数,也不能保证其被法学院录取。同样低分也不当然使申请人失去录取的可能。相反,该政策要求招生官员不仅要关注成绩和考试分数,还要关注其他对法学院的教育目标非常重要的标准。也就是说,所谓的"软变量",如"推荐人的热情、本科院校的质量、申请人文书的质量以及本科课程选择的领域和难度",都被用来评估"申请人对该机构的学术生活和社交生活可能做出的贡献"。

该政策希望"实现多样性,这种多样性有可能丰富每个人所受的教育,从而使法学院班级体比学生个人的简单加总更强大"。该政策并未在录取过程中限定具有"实质性权重"的多样性贡献的类型,而是承认"多样性录取的各种可能基础"。然而,该政策确实重申了法学院对"一种特定类型多样性"的长期承诺,即"种族和族裔多样性,特别是包括来自历史上受到歧视的群体的学生,如非裔美国人、西班牙裔美国人和美国原住民,如果没有这一承诺,他们可能不会在我们的学生群体中获得有意义的代表"。通过招收"达到'临界数量'(critical mass)(未展开说明,原文注)的少数族裔学生",法学院寻求"确保他们能够为法学院的特色做出独特贡献"。

该政策并没有"仅从种族和族裔身份"来界定多样性。该政策也没有"对所有学生进入法学院的竞争无动于衷"。相反,该政策旨在引导招生官们"招录出多样化且学业上杰出的班级,这些班级的学生足以延续密歇根大学毕业生对法律行业做出杰出贡献的传统"。

B

上诉人 Barbara Grutter 是密歇根州的一名白人居民,她于 1996 年以 3.8 的 GPA 和 161 分的 LSAT 成绩申请了法学院。法学院最初将申请人列入候补名单,但后来拒绝了她的申请。1997 年 12 月,上诉人在美国密歇根州东区地方法院,起诉了法学院、密歇根大学董事会、Lee Bollinger(1987 年至 1994 年任法学院院长,1996 年至 2002 年任密歇根大学校长)、Jeffrey Lehman(法学院院长)、Dennis Shields(1991 年至 1998 年担任法学院招生主任)。原告声称,被告基于种族对她作出歧视,违反了宪法第十四修正案、《1964 年民权法案》(Civil Rights Act of 1964)第六章第 78 条(U. S. C 第 42 章第 2000d 条),以及 U. S. C. 第 42

章第1981条。

上诉人进一步声称，她的申请被拒绝是因为法学院将种族作为“主导”因素，使某些少数群体的申请人“比那些受苛待的种族群体具有类似资格的学生有更大机会被录取”。上诉人还声称，被告“没有强制性利益来证明他们在录取过程中使用种族的合理性”。上诉人请求补偿性和惩罚性赔偿，连同一项要求法学院给予录取的法院命令，以及禁止法学院继续基于种族进行歧视的禁制令。上诉人显然具备本案的诉讼资格。

地区法院批准了上诉人关于诉讼集团认证（motion for class certification）以及将审判分为责任认定和损害赔偿阶段的动议。诉讼集团被定义为：（1）自1995年（包括1995年）至本判决作出之日，作出过申请但未被密歇根大学法学院录取的所有人；（2）在法学院入学申请时，受到被告不利对待的种族或族裔群体成员，包括白种人在内。

2000年12月22日，地区法院听取了双方关于简易判决的交叉动议口头辩论。考虑到这些动议，地区法院表示，法院将把下述问题作为法律问题来判决：法学院声称的从多元化学生群体中获得教育效益的利益是否具有说服力。地区法院还表示，它将就种族在法学院录取决定中的影响程度，以及法学院在录取决定中对种族的考虑是否构成基于种族的双重标准进行法庭审理。

在为期15天的法庭审理中，双方提出了大量关于法学院在录取过程中使用种族因素的证据。Dennis Shields是申请人申请法学院时的招生主任，他作证说，他没有指示他的工作人员录取特定比例或数量的少数族裔学生，而是考虑申请人的种族以及所有其他因素。Shields作证说，在录取高峰期，他会经常查阅所谓的“每日报告”，这些报告记录了班级的种族和族裔构成（以及其他信息，如居民身份和性别）。Shields作证说，这样做是为了确保能够接触到临界数量的未得到充分代表的少数族裔学生，以实现多元化学生群体的教育效益。然而，Shields强调，他并不寻求录取任何特定数量或比例的未被充分代表的少数族裔学生。

接替Shields担任招生主任的Erica Munzel作证说，“临界数量”的意思是“有意义的数量”或“有意义的代表性”，她理解这个数量的意思是鼓励未被充分代表的少数族裔学生参与课堂，而不是感到孤立。Munzel说，没有构成临界数量的特定数字、百分比，或数字或百分比的范围。Munzel还声称，她必须考虑申请人的种族,因为如果录取决定主要基于本科 GPA 和 LSAT 成绩,那么大量未被充分代表的少数族裔学生将无法得到录取。

法学院现任院长 Jeffrey Lehman 也出庭作证。和其他法学院的证人一样,Lehman 没有用数字或百分比来量化临界数量。他指出,临界数量意味着人数达到一个数目,使得未被充分代表的少数族裔学生不会感到孤立,也不会感到像是他们种族的代言人。当被问及录取时在多大程度上考虑种族因素时,Lehman 作证说,每个申请人的情况都不一样。根据 Lehman 的证词,在某些情况下,申请人的种族可能不起作用,而在其他情况下,它可能是一个"决定性"因素。

地区法院听取了 Richard Lempert 教授的大量证词,他是起草 1992 年政策的教师委员会的主席。Lempert 强调,法学院寻求具有不同兴趣和背景的学生,以加强课堂讨论和课堂内外的教育体验。当被问及该政策"对种族和族裔多样性的承诺,特别是将历史上受到歧视的群体的学生包括在内"时,Lempert 解释说,这一措辞并不是为了纠正过去的歧视,而是为了将那些可能给法学院带来不同观点的学生囊括在内,没有受到这种歧视的群体成员可能不具备这样的观点。Lempert 承认,其他群体,如亚洲人和犹太人,也经历过歧视,但他解释说,政策中没有提到他们,因为这些群体的成员已经有相当多的人被法学院录取。

Kent Syverud 是最后一位就法学院在录取决定中使用种族因素作证的证人。1992 年招生政策通过时,Syverud 是法学院的一名教授,现在是范德堡大学法学院的院长。除了他在审判中的证词,Syverud 还提交了几份关于多样性的教育效果的专家报告。Syverud 的证词表明,当存在大量未被充分代表的少数族裔学生时,种族成见就会失去其力量,因为非少数族裔学生了解到少数族裔学生中没有"少数派观点",而是有各种各样的观点。

为了量化法学院在作出录取决定时实际考虑种族因素的程度,双方在审判中引入了大量证据。根据从法学院获得的数据,上诉人的专家 Kinley Larntz 博士生成并分析了相关年份(1995~2000 年)的"录取坐标网格"。这些网格显示了所有 GPA 和 LSAT 分数组合的申请人数和录取人数。Larntz 博士对不同种族的申请人进行了"逐个格子"的比较,以确定种族和录取率之间是否存在统计学上的显著关系。他的结论是,某些少数群体的成员身份"是决定是否录取的一个极其重要的因素",与非受惠群体成员的申请人相比,来自这些少数群体的申请人"获得了极大的录取优惠"。然而,Larntz 博士承认,种族并不是法学院录取计算中的主要因素。

法学院的专家 Stephen Raudenbush 博士重点关注了在法学院录取过程中消除种族因素的预期效果。在 Raudenbush 博士看来，不分种族的招生制度将对未受充分代表的少数族裔招生产生“非常显著”的负面影响。他作证说，在2000年，35%未被充分代表的少数族裔申请人获得录取。Raudenbush 博士预测，如果不考虑种族因素，这些申请人中只有10%会被录取。在这种情况下，未受充分代表的少数族裔学生将占2000年入学人数的4%，而不是实际的14.5%。

最后，地区法院裁定，法学院在录取决定中把种族作为考量因素是违法的。经过严格审查，地区法院裁定，法学院主张的组建一个多元学生群体的利益，不能构成强制性利益。因为实现种族多元化的班级并未被 Bakke 案所承认，这不是对过去歧视的补救措施。地区法院进一步认为，即使多样性是强制性的（利益），法学院也没有经严格限缩而使用种族来促进这一利益。地区法院批准了上诉人的宣告性救济请求（request for declaratory relief），并禁止法学院在录取决定中考量种族因素。上诉法院在上诉期间暂缓执行禁令。

上诉法院全体法官在庭审中推翻了地区法院的判决，撤销了禁令。上诉法院首先认为，鲍威尔（Powell）大法官在 Bakke 案中的意见是具有约束力的先例，其将多样性确立为一项强制性的州利益（compelling state interest）。上诉法院认为，按照 Marks v. United States（1977）一案中的分析，鲍威尔大法官关于多样性的意见构成上诉法院判决的主要理由。上诉法院还认为，法学院对种族的考量是经过限缩的，因为种族仅仅是一个“潜在的‘加分’因素”，而且法学院的招生项目与鲍威尔大法官赞许地描述的哈佛大学招生计划“几乎完全相同”，后者附在鲍威尔大法官 Bakke 案的意见中。

四名持反对意见的法官会认为法学院考量种族的做法是违宪的。其中三名持反对意见的法官拒绝了多数意见依据 Marks 案的分析，他们根据学生多样性的价值审查了法学院对学生群体多样性的利益，并得出结论认为该利益并不具有强制性。第四位持反对意见的法官单独写道，他认为没有必要决定多样性是否是一种强制性的利益，因为与其他持不同意见的法官一样，他认为法学院对种族的考量并不是为了促进这种利益。

最高法院批准了调卷令，以解决上诉法院在这个具有举国意义的问题上的分歧：多样性是否是一种强制性利益，可以证明在选拔公立大学入学申请人时，经限缩地考虑种族因素是合理的[参照比较 Hopwood v. Texas (1996)案(Hopwood I)(该案认为多样性不是一项强制性的州利益)和 Smith v. University of Wash. Law School (2000)案(该案认为它是一项强制性的州利益)]。

第二部分

A

我们上一次讨论公立高等教育中的种族问题是在25年前。在具有里程碑意义的Bakke案中,我们回顾了一项种族名额预留招生计划(racial set-aside program),该计划在医学院班级的100个席位中为某些少数中族裔成员保留了16个席位。该案判决产生了六种不同的意见,但没有一种意见成为主导本院的多数意见。四名大法官支持该计划,他们反对其他批评的理由是,政府可以利用种族来"弥补过去种族偏见对少数族裔造成的不利"(布伦南、怀特、马歇尔和布莱克门大法官们的共同意见,他们部分同意判决,部分反对)。其他四名大法官完全回避了宪法问题,并以法定理由推翻了该计划(史蒂文斯大法官的意见,伯格、斯图尔特、伦奎斯特大法官加入意见,部分同意判决,部分反对)。鲍威尔大法官的第五票,不仅支持废除名额预留招生计划,还支持推翻州法院禁止考量任何种族因素的禁令。本院在Bakke案中的唯一裁定是,"一个州就下述安排具有合法的重大利益,即通过适当设计的招生计划对种族和族裔血统予以竞争性考量"。因此,我们推翻了下级法院判决中禁止大学"对任何申请人的种族进行任何考虑"的部分。

自从最高法院在Bakke案中作出支离破碎的判决以来,鲍威尔大法官意见中的法院判决已经成为对具有种族意识的招生政策进行宪法分析的试金石。全国各地的公立和私立大学都根据鲍威尔大法官关于允许种族意识政策的观点,制定了自己的招生计划{参见例如,Judith Areen等作为法庭之友的简报(法学院招生计划采用"根据鲍威尔大法官在Bakke案中的意见设计且基于其意见的方法");阿默斯特学院等作为法庭之友的简报[在Bakke案之后,每个法庭之友(毫无疑问还有其他具有选拔性的学院和大学)都根据鲍威尔大法官的意见审查了他们的录取程序……并相应地启动程序]}。因此,我们将详细讨论鲍威尔大法官的意见。

鲍威尔大法官一开始就指出,平等保护的保证不能在适用于一个人时是一回事，而在适用于另一种肤色的人时又是另一回事。他认为，当政府的决定“涉及个人的种族或族裔背景时，他有权获得司法裁决，即在此基础上要求他承受的负担恰恰是为了服务于强制性的政府利益”。案例中大学所主张的利益，只有一项通过了鲍威尔大法官的审查。

首先，鲍威尔大法官拒绝了“减少医学院和医疗行业中传统上受到苛待的少数群体的历史赤字”这一利益，认为这是种族均衡（racial balancing）中的非法利益。其次，鲍威尔大法官拒绝了弥补社会歧视的利益，因为这样的措施可能会给无辜的第三方带来不必要的负担，“他们不应对特殊招生计划的受益人所遭受的任何伤害承担责任”。最后，鲍威尔大法官拒绝了“增加在目前服务不足的社区执业的医生数量”的利益。结论是，即使在某些情况下，这种利益可能是具有强制性的，但眼下审查的计划并不“旨在促进这一目标”。

鲍威尔大法官批准大学考虑种族只能是为了促进一项利益：“实现多元化的学生群体”。但有一个重要的附带条件，即“不得忽视保护个人权利的宪法限制”。鲍威尔大法官的分析是以学术自由为基础的，“长期以来，学术自由一直被视为第一修正案的一个特别关注的问题”。鲍威尔大法官强调，“国家的未来取决于通过广泛接触不同学生的思想和习俗而培养出来的领导人，就像这个由许多族裔组成的国家一样”［引用 Keyishian v. Board of Regents of Univ. of State of N. Y.（1967）一案］。在“选择那些将对‘活跃的思想交流’做出最大贡献的学生的权利”时，大学寻求“实现其使命履行之中至关重要的目标”。“传统和经验都支持多样性具有重大贡献这一观点。”

然而，鲍威尔大法官谨慎地强调，在他看来，种族“只是一所大学在实现多元化学生群体的目标时可以适当考虑的一系列因素中的一个因素”。鲍威尔大法官认为，“保证一定比例的学生实际上属于特定种族的成员”，这种简单的种族多样性利益并不能正当化种族因素的使用。相反，“能够促进州强制性利益的多样性，包括一系列广泛得多的资格和特征，其中种族或族裔只是一个单一但重要的因素”。

在我们对 Bakke 案的裁决出现分歧之后，各级法院一直在努力辨别鲍威尔大法官的多样性理由（在没有其他法官加入的部分中提出）是否仍然属于依据 Marks 案作出的具有约束力的先例。在该案中，我们解释说，“当一个充满分歧的法院裁决一个案件时，（如果）没有一个能解释该结果的单一推理得到五名法官的同意,那么赞同该判决的大法官们所采取的最大公约数立场可以被看作是本案的裁决”。然而,正如下级法院的不同意见所表明的那样,“对于 Bakke 案的各种意见,这一检验标准说起来比做起来容易”。见 Nichols v. United States (1994)一案[比较参见例如,Johnson v. Board of Regents of Univ. of Ga. (2001)案(认为鲍威尔大法官的多样性理由不构成法院的裁决);Hopwood v. Texas (2000)案(Hopwood Ⅱ)(相同);Hopwood Ⅰ(1996)案(相同),与 Smith v. University of Wash. Law School 案(鲍威尔大法官的意见,包括多样性的推理是依据 Marks 案而有约束力的)]。

我们认为没有必要决断鲍威尔大法官的意见是否具有约束力。对此追求逻辑上的最大可能性似乎并无益处,毕竟它已经如此明显地让下级法院感到困惑并产生分歧。更重要的是,由于下面列出的原因,今天我们赞同鲍威尔大法官的观点,即学生群体的多样性是一项强制性的州利益,可以正当化在大学招生中考虑种族的做法。

B

平等保护条款规定,任何州不得“拒绝给予其管辖范围内的任何人平等的法律保护”。因为(宪法)第十四条修正案“保护个人,而不是群体”,所有“基于种族的政府行为——一个长期被认为在大多数情况下不相关,并因此被禁止的群体分类——都应接受详细的司法调查,以确保个人获得法律平等保护的权利不受侵犯”。参见 Adarand Constructors, Inc. v. Peña (1995)案。我们是“自由的人民,其制度建立在平等的教义之上。”[参见 Loving v. Virginia (1967)案]根据这一原则,“只有出于最具强制性的理由,政府才可以因种族而区别对待人民”(参见 Adarand 案)。

我们认为,政府施行的所有种族分类“必须由审查法院在严格审查下进行分析。”这意味着,这种分类只有在严格限缩于能够推进强制性的政府利益的情况下,才是合宪的。“如果不对这种基于种族的措施理由进行彻底的司法调查,”我们就无法确定“哪些分类是‘良性的’或‘救济性的’,哪些分类实际上是出于种族劣等或单纯的种族政治的不合法观念”[参见 Richmond v. J. A. Croson Co. (1989)案(多数意见)]。我们对所有种族分类进行严格审查,以“通过确保(政府)正在追求一个重要到足以保证使用高度可疑工具的目标,‘清除’对种族的非法使用”。

严格审查不是“理论上严格，但实际上致命”（参见 Adarand 案）。尽管政府对种族因素的所有使用都受到严格审查，但并非所有使用都因此而无效。正如我们所解释的那样，“只要政府因种族而不平等地对待任何人，该人就受到了伤害，而这种伤害完全落入宪法保证的平等保护的语义与精神范围”。不过这一观点“并不说明任何特定法律的最终有效性；这种决定应当是法院通过严格审查所做的工作”。当基于种族的行动是促进强制性政府利益所必需时，只要限缩性要求得到满足，这种做法就不违反平等保护的宪法保障。

在根据平等保护条款审查基于种族的政府行为时，情境（context）非常重要［参见 Gomillion v. Lightfoot（1960）案（该案告诫说，“在处理根据宪法的广泛规定提出的主张时，这些主张的内容是通过包含和排除的解释过程而产生的，因此必须以产生这些主张的具体情境为基础，并加以限定概括，不得无视各种不同的主要事实，断章取义地适用”）］。在 Adarand 案中，我们明确指出，严格审查必须“考虑到‘相关差异’”。事实上，正如我们所解释的那样，这是其“根本目的”。并不是每一项受种族影响的决定都同样令人无法接受，严格审查的目的是提供一个框架，以仔细审查政府决策者提出的在特定情境下使用种族因素的理由之重要性和善意性（sincerity）。

第三部分

A

考虑到这些原则，我们转向这样一个问题，即法学院对种族的考量是否符合强制性的州利益。在案件进入本院之前的诉讼过程中，被告声称他们在录取过程中考虑种族因素的理由只有一个：获得“来自多元化学生群体的教育效益”。换句话说，被告法学院要求我们认可，学生群体的多样性在高等教育背景下，是一项强制性的州利益。

我们首先希望排除这样一种观念，即法学院的论点已经被我们自 Bakke 案以来判决的平权诉讼案件明示或暗示排除在外。的确，这些判决意见中的一些措辞可能被解读为，纠正过去的歧视，是基于种族的政府行为唯一可被允许的理由。例如，Richmond v. J. A. Croson Co. 案（多数意见指出，除非基于种族的分类“被严格限制于救济场合，否则它们实际上可能会助长种族劣等的观念，并导致种族敌对的政治”）。但我们从来没有裁决认为，唯一能经得起严格审查的运用种族因素的政府行为,仅限于纠正过去的歧视。自 Bakke 案以来,我们也没有直接讨论在公立高等教育中考虑种族的问题。今天,我们裁决认为,法学院对培养多元化的学生群体具有强制性利益。

我们尊重法学院的教育判断,即这种多样性对于其教育使命至关重要。法学院评估认为,多样性在事实上将产生教育效益,这一点得到了被告及法庭之友的证实。我们对法学院所主张的这种利益的审查,不会因为我们考虑到其主要属于大学专业领域的复杂教育判断,便有所放松。我们今天的裁定符合我们的传统,即在宪法规定的范围内,对大学的学术决定给予一定程度的尊重[参见 Regents of Univ. of Mich. v. Ewing (1985)案; Board of Curators of Univ. of Mo. v. Horowitz (1978)案; Bakke 案(鲍威尔大法官的意见)]。

我们早就认识到,鉴于公共教育的重要目的,以及与大学环境相关的广泛言论自由和思想自由,大学在我们的宪法传统中占据特殊地位。例如,Wieman v. Updegraff (1952)案(弗兰克福特大法官赞成意见)、Sweezy v. New Hampshire (1957)案、Shelton v. Tucker (1960)案,以及 Keyishian 案等。在宣布学生群体多样性原则是一项强制性的国家利益时,鲍威尔大法官援引了我们的案例,认可了基于第一修正案的教育自主权这一宪法维度:“大学对教育做出自己判断的自由,包括选择其学生群体的自由。”鲍威尔大法官主张的理由是,(通过)“有权选择那些将对‘活跃的思想交流’做出最大贡献的学生”,一所大学可以“寻求实现其使命履行中至关重要的目标”(引用 Keyishian 案)。我们的结论是法学院对多元化的学生群体具有强制性利益,其实质在于,学生群体的多元化追求居于法学院适当办学使命的核心。除非有相反证据,不然便应推定大学对此是善意的(good faith)。

作为其目标的一部分,即“组建一个既有出色学术资质,又具有广泛多样性的班级”,法学院寻求“招收‘临界数量’的少数族裔学生”。法学院的利益并不是简单地“仅仅因为学生的种族或族裔血统,就要确保该特定群体在学生中占到某一特定比例”(Bakke 案中鲍威尔大法官的意见)。这相当于彻底的种族均衡,显然是违宪的[参见 Freeman v. Pitts (1992)案(“实现种族均衡不是为了追求种族均衡”);参见 Richmond 案]。相反,法学院提出的临界数量概念,是参照多样性的教育效益意旨来定义的。

这些效益是实实在在的。正如地区法院所强调的那样,法学院的招生政策促进了“跨种族理解”，有助于打破种族成见，并“使（学生）能够更好地理解不同种族的人”。这些好处是“重要且值得称赞的”，因为当学生拥有“最大可能的背景多样性”时，“课堂讨论更生动，更活泼，更有启发性和趣味性”。

法学院宣称的强制性利益得到了其法庭之友的进一步支持，法庭之友指出了学生群体多样性带来的教育效益。除了在审判中作为证据的专家研究和报告外，大量研究表明，学生群体的多样性促进了学习成果，并“使学生更好地为日益多样化的劳动力市场和社会做好准备，使他们更好地成为专业人士”［对此可见作为法庭之友的美国教育研究协会等的简报；例如，W. Bowen & D. Bok, The Shape of the River（1998）；Diversity Challenged：Evidence on the Impact of Affirmative Action（G. Orfield & M. Kurlaender eds. 2001）；Compelling Interest：Examining the Evidence on Racial Dynamics in Colleges and Universities（M. Chang, D. Witt, J. Jones, & K. Hakuta eds. 2003）等文献］。

这些效益不是纸面上的而是真实存在的。因为主流的美国企业已经明确表示，只有通过广泛接触不同的人群、文化、思想和观点，才能培养出当今日益全球化的市场所需的技能（对此可见3M公司等作为法庭之友的简报；通用汽车作为法庭之友的简报）。更重要的是，美国军队的高级退休军官和文职领导人声称，“基于（他们）几十年的经验”，一支“高素质、种族多元化的军官队伍……对于军队履行其提供国家安全的主要任务的能力至关重要”（参见Julius W. Becton, Jr. 等人作为法庭之友的简报）。国家军官团的主要来源是军事院校和后备军官训练团（ROTC），后者由已经被学院和大学录取的学生组成。目前，“除非军事院校和后备军官训练团使用有限制的具有种族意识的招募和录取政策，否则军队无法实现高素质和种族多元化的军官队伍”。为了履行其使命，军队“必须有选拔性地招收军官进行培训和教育，必须在种族多元化的教育环境中，培训和育成一支高素质、种族多元化的军官队伍”。我们同意，“只需从这一分析中迈出一小步，就可以得出结论，我国那些优中选优的教育机构必须保持多样性和选拔性”。

我们已经一再承认过，让学生为工作和公民身份做好准备至关重要，并曾将教育描述为“维持我们的政治和文化遗产”的关键，其在维护社会结构方面发挥着重要作用［参见Plyler v. Doe（1982）案］。本院早就认识到教育是良好公民的基础［参见Brown v. Board of Education（1954）案］。因此，知识的传播以及进入公立高等教育机构的机会,必须向所有人开放,不分种族或族裔。联邦政府作为法庭之友申明,"确保公共机构向美国社会的所有阶层开放,包括所有种族和族裔的人,这是政府的首要目标"(具体可见联邦政府作为法庭之友的简报)。并且,"这种开放的重要性在高等教育中最为突出"。如果要实现一个不可分割的国家的梦想,所有种族和族裔群体的成员全都有效参与我们国家的公民生活是必不可少的。

此外,大学,尤其是法学院,是我们国家大量领导人的培养之地[参见 Sweatt v. Painter (1950)案(将法学院描述为"法律学习和实践的试验场")]。拥有法律学位的个人占据了大约一半的州长职位,超过一半的美国参议院席位,超过1/3 的美国众议院席位。参见美国法学院协会作为法庭之友的简报。当涉及具有选拔性的法学院时,这一情况更加显著。在 100 名美国参议员中这些法学院的毕业生占 25 位,在联邦上诉法院法官中有 74 位,在 600 多名联邦地区法院法官中则有近 200 位。

为了培养一批在公民心目中具有合法性的领导人,通往领导岗位之路必须肉眼可见地向每个种族和族裔的有才华和合格的个人开放。我们这个多元社会的所有成员,都必须对提供这种训练的教育机构的开放性和正当性抱有信心。正如我们所认识到的,法学院"不能脱离与法律互动的个人和机构而自行其是"(参见 Sweatt v. Painter 案)。法律教育(以及法律职业)必须能够囊括各个种族和族裔的有才华且胜任的个人,因此我们多元化社会的所有成员都可以进入成功所需的教育机构学习。

法学院并未把其对临界数量的需要,建立在"少数族裔学生总是(甚至一贯)在任何问题上表达一些特有的少数派观点这类信念"这一前提上。相反,减少这种成见的影响,既是法学院使命的关键部分,也是仅靠象征性的个别几个(token numbers of)少数族裔学生无法完成的任务。正如在特定地区成长或拥有特定的职业经历可能会影响个人的观点一样,一个人在像我们这样一个种族仍遗憾地属于重要因素的社会中,作为少数族裔的独特经历,也可能会影响个人的观点。法学院根据其经验和专业知识认定,必须有"临界数量"的未被充分代表的少数族裔,才能进一步促进其对于确保多元化学生群体教育效益的强制性利益。

B

即使在允许进行种族区分以促进国家利益的有限情况下,政府仍然"在如何实现这一目标方面受到限制：为实现（政府）宣称的目的而采取的手段，必须是为实现这一目的制定的具体且严格限缩的手段”[参见 Shaw v. Hunt（1996）案]。限缩要求的目的，是确保“所选择的手段‘非常符合’强制性目标，以使分类的动机几乎不可能是非法的种族偏见或成见”[参见 Richmond 案（多数意见）]。

自 Bakke 案以来，我们一直没有机会对具有种族意识的大学招生计划的限缩审查进行定义。相应的审查必须经由调整，以适应在公立高等教育中考虑种族来实现学生群体多样性所产生的特定问题。与肯尼迪大法官的主张相反，我们并没有“放弃严格审查”（见后续反对意见）。相反，正如我们已经在上文中所解释的那样，我们坚持 Adarand 案的经验，即严格审查的真正目的是把“相关差异纳入考量”。

从限缩的角度来看，一个具有种族意识的招生计划不能采用配额体制——它不能“将具有某些理想资格的每类申请人与其他申请人的竞争隔绝开来”（Bakke 案中鲍威尔大法官的观点）。相反，一所大学只能将种族或族裔视为“特定申请人档案中的一个‘加分项’”，而不应“将该申请人与所有其他候选人的对比隔绝开来”。换句话说，招生计划必须“足够灵活，以根据每个申请人的特定资格考虑所有相关的多样性因素，并将他们置于同等考虑的地位，尽管不一定赋予它们相同的权重”。

我们发现，法学院的招生计划具有严格限缩的特征。正如鲍威尔大法官在 Bakke 案中明确指出的那样，真正的个性化考虑要求以灵活、非机械的方式考虑种族因素。根据这一规定，大学不能为某些种族群体的成员设置配额，也不能将这些群体的成员置于单独的录取轨道上。大学也不能将属于某些种族或族裔群体的申请人排除在入学竞争之外。然而，大学可以更灵活地考虑种族或族裔，将其作为对每个申请人进行个性化考虑的“加分”因素（“plus” factor）。

我们满意地看到，本案法学院的招生计划，就像鲍威尔大法官所描述的哈佛招生计划一样，并不是按配额运作的。“配额”（quota）的正确理解是指，把一定数量或比例的机会“专门保留给某些少数群体”的计划[参见 Richmond 案（多数意见）]。配额“规定了一个必须达到或不能超过的固定数字或百分比”[参见 Sheet Metal Workers v. EEOC（1986）案（奥康纳大法官部分同意，部分反对意见），并“使个人与现有席位的所有其他候选人的比较相隔绝”；参见 Bakke 案

(鲍威尔大法官的意见)]。相反,“一个可允许的目标……要求仅在目标本身所划定的范围内作出善意的努力”,并允许在任何特定情况下将种族作为“加分”因素考虑,同时仍确保每个候选人“与所有其他合格申请人一起竞争”[参见 Johnson v. Transportation Agency, Santa Clara Cty. (1987)案]。

鲍威尔大法官对医学院严格的 16 个席位配额和哈佛大学灵活使用种族作为“加分”因素的区分很有启发性。即使没有明确的具体数字,哈佛当然也有少数族裔入学的最低目标[参见 Bakke 案(鲍威尔大法官的观点)(“10 名或 20 名黑人学生无法开始向他们的同学及彼此介绍美国黑人的各种观点、背景和经历”)]。更重要的是,鲍威尔大法官断然拒绝了这样的论点,即仅仅因为哈佛大学的招生计划对种族有一些“加分”,或者给予种族较其他因素更大的“权重”以实现学生群体的多样性,就把哈佛的计划当作“配额的功能替代品”(functional equivalent)。

法学院的目标是招录临界数量的未被充分代表的少数族裔学生,但这并没有将其计划转变为配额。正如鲍威尔大法官所描述的哈佛招生计划所承认的那样,“数量与实现多样化学生群体的利益之间,以及数量与为被录取的学生提供合理的环境之间,当然存在某种关系”。“对数量的关注”,如果不过分强调,并不会使得灵活的招生制度转变为严格的配额。正如肯尼迪大法官所指出的,法学院对于记录班级种族和族裔构成(以及居民身份和性别)的“每日报告”的查阅,也表明在录取过程的最后阶段,“其没有作出进一步就种族而予以个别审查的尝试”(见后续反对意见)。相反,法学院的招生官逻辑自洽地证实,根据这些报告中包含的信息,他们从未给予种族因素任何更多或更少的权重。此外,正如肯尼迪大法官所承认的,1993 年至 1998 年,法学院每个班级的非裔美国人、拉丁裔美国人和原住民学生的数量从 13.5% 到 20.1% 不等,这一范围变化也与配额制不一样。

首席大法官认为,法学院的政策掩盖了其实现种族均衡的企图,并引用招生数据来证明法学院在临界数量中存在不同群体之间的歧视(见后续反对意见)。但是,正如首席大法官所承认的那样,最终进入法学院的未被充分代表的少数族裔学生的人数,与他们在申请人群体中的人数有很大不同,而且每个群体每年都有很大差异。

有种族意识的招生计划未以配额方式运作,这本身并不能满足个体考量的要求。当大学在招生中使用种族作为“加分”因素时，其招生计划必须保持足够的灵活性，以确保每个申请人都作为个体得到评估，而不是以申请人的种族或族裔作为其申请的定义性特征。在有种族意识的招生计划中，这种个体考量至关重要[参见 Bakke 案（鲍威尔大法官的意见，指出“对个体考量权利的否认”是医学院招生计划的“主要弊端”）]。

本案中，法学院对每个申请人的档案进行高度个性化的整体审查，认真考虑申请人可能为多样化的教育环境做出贡献的所有方式。法学院为所有种族的申请人都予以了个体考虑。无论是法律上还是事实上，其没有根据任何单一的“软”变量自动接受或拒绝的政策。不像 Gratz 案中产生争议的项目，本案法学院并未基于种族或族裔给予机械的、预先确定的多样性“加分”。参见后续意见（将具有种族意识的招生计划与哈佛招生计划区别开来，前者根据种族自动给予 20 分，后者虽然考虑了种族，但“没有因为任何单一特征而认为其自动确保了学生对大学的多样性做出具体和可识别的贡献”）。与哈佛大学的计划一样，法学院的招生政策“足够灵活，可以根据每个申请人的特殊资质来考虑所有相关的多样性因素，并将它们放在同等的地位上考虑，尽管不一定给予它们同等的权重”[参见 Bakke 案（鲍威尔大法官的意见）]。

我们还发现，正如鲍威尔大法官在 Bakke 案中提到的哈佛招生计划一样，本案法学院所采的具有种族意识的招生计划，充分确保了所有可能有助于学生群体多样性的因素，在录取决定中与种族因素一起都得到考虑。关于使用种族这一手段本身的考虑，法学院录取的所有未被充分代表的少数族裔学生都被认为是合格的。由于我们国家与种族不平等的斗争历程，这些学生一方面可能拥有对实现法学院的使命而言特别重要的经历，另一方面在忽视这些经历的录取标准下，很难被大量录取。

然而，法学院并不以任何方式限制可能被视为对学生群体多样性具有宝贵贡献的素质和经验。相反，1992 年的政策明确指出，“多元化招生有许多可能的基础”，并提供了在国外多处生活或旅行的被录取人的例子——他们精通几种语言，克服了个人逆境和家庭困难，在广泛参加的社区服务方面有着出色的记录，并在其他领域取得了成功。法学院认真考虑每一位“申请人为班级构成做出显著贡献的承诺，可以是通过特定的优势、成就或特点——例如，不寻常的智力成就、就业经验、学术以外的表现或个人背景”。所有申请人都有机会通过提交个人陈述、推荐信和一篇描述申请人将如何为法学院的生活和多样性做出贡献的文章,来突出自己潜在的多样性贡献。

更重要的是,法学院实际上对种族以外的多样性因素给予了很大的重视。法学院经常接受一些非少数族裔申请人,尽管他们的成绩和考试分数低于那些未被录取的少数族裔申请人(和其他非少数族裔申请人)。这表明,法学院认真权衡了除种族之外的许多其他多样性因素,这些因素也会对非少数族裔申请人产生真正的决定性影响。通过这种灵活的方法,法学院在实践和理论上都充分考虑到了除种族和族裔之外的各种特征,这些特征有助于形成多样化的学生群体。肯尼迪大法官怀疑,“对于许多成绩并不在LSAT分数和等级上靠前的少数群体成员来说,种族可能是决定结果的因素”。但是,鲍威尔大法官在Bakke案中赞许地讨论的哈佛招生计划,以及任何将种族作为众多因素之一的计划,也可以这样说。(“当招生委员会审查‘可以录取’并且被认为有能力在课程中取得好成绩的大量中等申请人时,申请人的种族因素可能会使天平向有利于他一面倾斜”)

上诉人和美国政府认为,法学院的计划并没有经过严格限缩,因为存在种族中立的手段以获得法学院所寻求的学生群体多样性的教育效益。我们不同意这种观点。严格限缩并不需要穷尽每一种可以想象的种族中立的选择。它也不要求一所大学在保持卓越声誉,或者履行为所有种族群体成员提供教育机会的承诺二者之间做出选择[参见 Wygant v. Jackson Bd. of Ed. (1986)案(备选方案必须服务于“相关利益”);Richmond 案(多数意见,市政府有“一系列种族中立”的选择,因为改变要求“对市区的利益几乎没有不利影响”)]。然而,严格限缩确实需要认真、善意地考虑可行的种族中立选项,以实现大学所寻求的多样性[几乎不考虑种族中立方案的名额预留计划(set-aside plan),属于未经严格限缩的情况][参见 Wygant 案(严格限缩“要求考虑”“合法的选项和限制性较弱的手段”)]。

我们同意上诉法院的意见,即法学院充分考虑了可行的种族中立选项。地区法院指责法学院未能考虑种族中立的选项,如“使用抽签制度”或“降低对所有申请人的本科GPA和LSAT成绩的重视程度”。但这些替代方案需要极大地牺牲学生的多样性或者所有被录取学生的学业质量,乃至二者都会牺牲。

法学院目前的招生计划将种族视为众多因素中的一个因素,以努力建立一个比只考虑种族更具多样性的学生群体。抽签将使这种细致入微的判断变得不可能,它会实际牺牲所有的其他教育价值,更不用说其他的各种多样性。有人建议法学院干脆降低所有学生的入学标准,这也是一种极端的补救措施。这等于要求法学院改头换面,并牺牲其教育使命中至关重要的部分。美国政府提倡“百分比计划”,最近得克萨斯州、佛罗里达州和加利福尼亚州的公立本科院校都采用了这一计划,以保证该州每所高中的超过一定等级门槛的学生都能得到录取(见美国政府作为法庭之友的简报)。然而,政府并没有解释这些计划如何适用于研究生院校和职业教育院校。此外,即使假设这些计划是种族中立的,它们也可能妨碍大学进行必要的个性化评估,而这些评估对于大学组建一个不仅具有种族多样性,而且具有受重视的各项品质的学生群体是必需的。让我们满意的是,本案法学院充分考虑了目前能够招录临界数量学生的种族中立替代方案,而不会迫使法学院放弃作为其教育使命基石的学术选拔性。

我们承认“存在与偏惠本身相关的严肃的正义问题”。因此,严格限缩的要求意味着,有种族意识的招生计划不能过度伤害任何种族群体的成员。即使是补救性的基于种族的政府行为,通常也“仍然受到持续的监督,以确保其他为利益而竞争的无辜者受到尽可能最小的伤害”。为了严格限缩,具有种族意识的招生计划不得“给不属于受偏惠的种族和族裔群体的个人造成不适当的负担”[参见 Metro Broadcasting, Inc. v. FCC (1990)案(奥康纳大法官异议意见)]。

我们很满意法学院的招生计划没有造成上述负担。因为法学院考虑了“多样性的所有相关因素”,它可以(也确实)选拔出非少数族裔申请人,这些申请人比未被充分代表的少数族裔申请人更有潜力提高学生群体的多样性。正如鲍威尔大法官在 Bakke 案中所承认的那样,只要有种族意识的招生计划在个性化考虑的背景下将种族作为“加分”因素,被拒绝的申请人便不会仅仅因为他的肤色不对或姓氏不对,就被排除在录取席位的各种考虑因素之外。他的资质将得到公平和有竞争力的衡量,他并没有理由抱怨受到了第十四修正案下的不平等待遇。我们认同,在对所有申请人可能的多样性贡献进行个性化评估的背景下,法学院具有种族意识的招生计划不会过度伤害非少数族裔申请人。

然而,我们注意到,“第十四修正案的核心目的是废除所有政府施加的种族歧视”[参见 Palmore v. Sidoti (1984)案]。因此,具有种族意识的招生政策必须受到时间限制。这一要求反映出,无论种族分类的目标多么迫切,其潜在的危险性之大,决定了其运用只能被限定在与利益要求对应的范围之内。赋予种族偏惠的做法以永久的正当性,将违反这一基本的平等保护原则。我们认为,没有理由把具有种族意识的招生计划排除在政府种族考量政策的逻辑终点之外。法学院也承认,所有"具有种族意识的项目必须受到合理的持续时间限制"。

在高等教育的情境下,可以通过具有种族意识的招生政策中的日落条款(sunset provisions),以及定期的审查来满足期限要求,以确定种族偏好是否仍然为实现学生群体多样性所必需。加利福尼亚州、佛罗里达州和华盛顿州的法律,禁止在招生中实行种族偏惠,这些州的大学目前正在尝试各种各样的替代方案。其他州的大学在其建设中,可以且应该利用这些种族中立替代方案中最具希望的选项[参见 United States v. Lopez (1995)案(肯尼迪大法官的赞同意见)("在最佳解决方案尚不明确的情况下,联邦可以作为实验田允许试行各种解决方案")]。

所有具有种族意识的招生方案,都有一个终止时点的要求,"它向所有公民保证,对种族和族裔群体平等待遇标准的偏离是暂时的,这种偏离属于为平等目标本身而采取的措施"[参见 Richmond 案(多数意见);另参见 Nathanson & Bartnik, *The Constitutionality of Preferential Treatment for Minority Applicants to Professional Schools*, Chicago Bar Rec. 282, 293 (May-June 1977)(如果美国成为一个充满配额制度的社会,每一个可识别的少数群体在每一个理想的生活领域中,都被分配了代表比例,那将是何其悲哀的一天。但是,这并不是优惠待遇方案追求的逻辑;对这些方案正当性的严格审查标准,恰恰是它们在完全消除种族和族裔偏惠待遇方面有效性的体现)]。

我们相信法学院的陈述,它"最想要的就是找到一个种族中立的招生方案",并将尽快终止其具有种族意识的招生计划[参见 Bakke 案中鲍威尔大法官的意见(在没有相反证据的情况下,应假定大学的招生部门是善意的)]。25 年前,鲍威尔大法官首次批准在公立高等教育中考虑种族因素,来促进对学生群体多样性的利益。从那时起,成绩和考试分数都很高的少数族裔申请人的数量确实得到了增长。我们预计,从现在起 25 年后,将不再需要使用种族惠待来促进今天批准的利益。

第四部分

总之,平等保护条款并不禁止本案法学院在录取决定中经过严格限缩而使用种族因素,以促进学生群体多元化这一强制性利益。因此,上诉人根据《平权法案》第六章和 U. S. C. 第 42 章第 1981 条提出的法律主张也不成立[参见 Bakke 案(鲍威尔大法官的意见)(第六章……只禁止违反平等保护条款或第五修正案的种族分类);General Building Contractors Assn., Inc. v. Pennsylvania (1982)案(第 1981 条的禁止歧视规定是平等保护条款的同义延伸)]。因此,本院维持第六巡回上诉法院的判决。

判决如上。

三、同意意见(Concurring Opinion)

金斯伯格大法官的同意意见,布雷耶大法官加入。

法院在前述意见中指出,具有种族意识的项目"必须有一个合乎逻辑的终点",这符合国际上对于平权行动功能的理解。美国 1994 年批准的《消除一切形式种族歧视国际公约》中认可,"为保证某些种族群体或属于这些群体的个人充分、平等地享有人权及基本自由,可以采取能够使得他们获得充分发展和保护的特殊具体措施"。但该公约规定,此类措施"于所定目的达成后,绝不得产生在不同种族团体间保持不平等,或者维持单独特权的后果"(授权"旨在加速实现事实上平等的暂行特别措施",在机会和待遇平等的目标实现后,应停止使用)。

本院进一步指出,"自鲍威尔大法官在 Bakke 一案中,首次批准于公立高等教育背景下考虑种族以促进学生群体多样性利益,已经过去了 25 年"。然而,至少在这段时间里,法律还不能被公允地称为"稳定",在美国的某些地区,明显具有种族意识的招生政策是被禁止的[参见 Hopwood v. Texas (1996)案;Wessmann v. Gittens (1998)案;Tuttle v. Arlington Cty. School Bd. (1999)案;Johnson v. Board of Regents of Univ. of Ga. (2001)案]。此外,就在 Bakke 案判决的 25 年前,本院宣布公立学校种族隔离违宪,经历了长期抵制,这一宣告结束了法律强制执行的种族分类制度,而这一制度本身就是几个世纪奴隶制的遗产

[参见 Brown v. Board of Education (1954); Cooper v. Aaron (1958)]。

有据可查的是,有意识和无意识的种族偏见,甚至基于种族的等级歧视,在我们的土地上依然存在,阻碍了我们最高价值和理想的实现。例如,Gratz v. Bollinger 案(金斯伯格大法官反对意见);Adarand Constructors, Inc. v. Peña 案(金斯伯格大法官反对意见);Krieger, Civil Rights Perestroika: *Intergroup Relations after Affirmative Action*, 86 Calif. L. Rev. 1251, 1276 - 1291, 1303 (1998)一文等。至于公共教育,2000 ~ 2001 年的数据显示,71.6% 的非裔儿童和 76.3% 的西班牙裔儿童就读于少数族裔作为学生主体的学校[参见 E. Frankenberg, C. Lee, & G. Orfield, *A Multiracial Society with Segregated Schools: Are We Losing the Dream?* p. 4 (Jan. 2003), 载 http://www. civilrightsproject. harvard. edu/ research/reseg03/AreWeLosing theDream. pdf]。按教育资源来衡量,以少数族裔为主的社区的学校远落后于其他社区。参见国家城市联盟等作为法庭之友的简报[引用审计总局《大城市市中心学校与郊区学校之间的学生人均支出差异》(2002)]。

无论公众对改善教育系统的愿望多么强烈[参见 P. Hart & R. Teeter, A National Priority: *Americans Speak on Teacher Quality* 2,11(2002)一文为教育考试服务中心进行的民意调查;2001 年颁布的《不让一个孩子掉队法案》(*No Child Left Behind Act*)],但目前的现实仍然是,许多少数族裔学生的教育机会明显不足且不平等。尽管存在这些不平等现象,一些少数族裔学生还是能够达到进入本国最好的本科和研究生教育机构的高门槛要求。随着少数族裔社区低年级学校教育的改善,预计这类学生的人数可能会增加。从今天的角度来俯瞰,人们可能希望,但并非胸有成竹地预测,在下一代人的时间跨度内,告别歧视和真正机会平等的进程,将使平权行动安全地结束。③

---

③ (原文注释)正如法院所解释的那样,在此受到质疑的招生政策通过了 Adarand Constructors, Inc. v. Peña (1995)案与 Richmond v. J. A. Croson Co. (1989)案标准、鲍威尔大法官在 Regents of Univ. of Cal. v. Bakke (1978)案中意见的检验。因此,本案并不要求本院重新审查是否所有按种族划分的官方分类,都应受到同样的司法审查标准检验,无论它们旨在使历史上处于不利地位的群体受益还是承受负担(参见 Gratz 案中金斯伯格大法官的反对意见、Adarand 案中金斯伯格大法官的反对意见)。本案也没有必要重新考虑除了"学生群体多样性"以外的其他利益是否足够重要,以此来证明具有种族意识的政府计划合理性(参见 Gratz 案中金斯伯格大法官的反对意见、Adarand 案中金斯伯格大法官的反对意见)。

斯卡利亚大法官的部分同意部分反对意见,托马斯大法官加入。

我同意首席大法官的意见。正如他所论证的那样,密歇根大学法学院以神秘的"临界数量"概念为其种族歧视辩护,即使是最容易上当受骗的人也会感到怀疑。招生统计数据显示,按种族比例招生的计划是欺骗性的。

我也同意托马斯大法官观点的第一部分到第七部分。④ 我发现他的中心观点尤其雄辩:这里争论的所谓"强制性州利益"并非虚构的少数族裔学生"临界数量"所产生的增量"教育效益",而是密歇根州对于维持一所法学院的"盛名"而享有的利益——但这所法学院的正常招生标准却不成比例地排斥黑人和其他少数族裔。如果这是一项强制性的州利益,那么一切都可以是了。

我补充以下内容:根据法院的意见,密歇根大学通过种族歧视寻求实现的"教育效益"包括"跨种族理解"和"更好地培养学生适应日益多样化的劳动力市场和社会",所有这些不仅对工作是必要的,而且对良好的"公民角色"也是必要的。当然,这并不是一种"教育效益",学生将根据他们的法学院成绩单(与他人相处融洽:B+)或律师考试的测试(问:用500字或更少的文字描述你的跨种族理解)来评分。因为这是一堂生活的课,而不是法律的课——本质上是相当于教给那些比在密歇根大学法学院就读的成年人矮3英尺、年轻20岁的人的(或者更确切地说,是被他们所习得),这些课程应该发生在从童子军到公立幼儿园的各种机构中。如果恰当地考虑"教育效益",它肯定不是独属于法学院相关的,也不是独属于正规教育环境中"可教授"的。因此,如果密歇根大学法学院利用种族歧视来会集"临界数量"的学生,以传达社会化和良好公民意识的通识课程是适当的,那么密歇根州的公务员系统这样做当然也同样适当——事实上,应该特别适当。在那里,那些接触到某些种族的"临界数量"的人可能会成为更好的美国人、更好的密歇根人、更好的公务员。当然,如果私营雇主也通过一种爱国的、全国性的种族歧视招聘制度,向其成年雇员"传授"良好的公民意识,他们就不该受到批评——事实上,他们还应该受到赞扬。那些因为肤色而被剥夺了接受法律教育、公务员工作或其他任何工作机会的非少数族裔肯定会表示理解。

---

④ (原文注释)托马斯法官意见的第七部分描述了法院意见中我同意的部分。

既不像依宪法明确判决国家教育机构中的种族偏好是不被允许的,也不像违反宪法而明确判决规定国家教育机构中的种族偏好是可行的,今天 Grutter 案与 Gratz 案的双头分歧似乎是为了延长争议和诉讼而设计的。推测来看,未来的一些诉讼将集中于案涉歧视性计划是否包含对申请人“作为个人”的足够评估,以及是否充分避免“单独的录取轨道”,从而被归为适用 Grutter 案判决而不是 Gratz 案判决。有些人会关注一所大学是否已经超越了“善意努力”的界限并且极端地追求“临界数量”,以至于使其成为违宪的事实配额制度,而不仅仅是“一个可被允许的目标”。其他诉讼的争议焦点可能是,在特定的案涉环境中,种族多样性是否会带来任何教育效益[在 Grutter 案中,这一问题没有受到质疑;尽管该意见“在一定程度上尊重大学的学术决断”,但“尊重并不意味着放弃或排除司法审查”,参见 Miller-El v. Cockrell (2003)案]。还有其他诉讼可能会质疑该机构追求多样性的教育效益的善意,这种善意追求使得 Grutter 案中的歧视性计划得到豁免(人们可能会认为,那些在法庭上大谈多元文化和种族多样性,但在校园里却大行部落主义和种族隔离之实的大学,将成为诱人的目标——他们只接纳少数族裔的学生组织、单独的少数族裔住宿机会、单独的少数族裔学生中心,甚至于单独的少数族裔毕业典礼)。还有其他诉讼可能会声称,该机构的种族偏好已经低于或高于 Grutter 案批准的谜一般的“临界数量”。最后,可以预见的是,代表少数群体的诉讼,会围绕该机构故意减少一般少数族裔“临界数量”而产生。我不希望看到任何这类案件的出现。我们的宪法禁止政府的种族歧视,州立教育也不例外。

托马斯大法官的部分同意部分反对意见,斯卡利亚大法官加入第一部分至第七部分。

Frederick Douglass 在近 140 年前对一群废奴主义者发表演讲时,传达了一个被今天的多数意见遗忘的信息:

> 对于有色人种,我认为对我们表现出来的仁慈总是多于正义。为了黑人群体,我的要求不是仁慈,不是怜悯,不是同情,而仅仅是公正。美国人民一直急于知道他们将如何对待我们……我从一开始就只有一个答案。不要对我们做什么!你们的所作所为已经给我们带来了灾难。对我们什么也不要做!如果苹果不能靠自己的力量留在树上,如果它们的果核被虫蛀

了，如果它们早熟并想掉下来，那就让它们掉下来吧！……如果黑人不能用自己的双腿站立，也就让他们倒下吧。我所要求的是，给他们一个用自己的双腿站立的机会！别干涉他们！你们的干涉对他们造成了积极的伤害［参见 *What the Black Man Wants: An Address Delivered in Boston, Massachusetts*, on 26 January 1865, reprinted in 4 The Frederick Douglass Papers 59, 68 (J. Blassingame & J. McKivigan eds. 1991)］。

像道格拉斯一样，我相信黑人可以在美国生活的各个方面取得成就，而不需要大学管理者的干预。因为我希望看到所有的学生都能成功，无论他们是什么肤色，在某些方面，我与那些支持密歇根大学法学院推行的歧视行为的人有着同样的同情。然而，宪法不能容忍在招生政策中对于当前现状的制度性支持，因为这种支持已经演变为了歧视。宪法也不支持法院面对法学院给予前所未有的让步，这种做法与"严格审查"的概念相悖。

没有人会认为一所大学可以设立一个较低的一般录取标准，然后只对黑人申请人提出更高的要求。同样，一所大学也不可以设置较高的录取标准，同时给予种族性的优待豁免。法学院出于自己的选择和目的，维持着一种排他性的招生制度，而它知道当前制度会产生种族间失衡的结果。对于这种精英招生政策造成的自我伤害，种族歧视的解决方案不可接受。

多数意见支持法学院的种族歧视，不是通过解释人民的宪法，而是通过回应知识分子的时髦口号。尽管如此，我仍部分同意法院的意见。首先，我同意法院的意见是因为法院的裁决只批准了一种种族分类，确认了在招生中进一步使用种族仍然是非法的。其次，我同意法院的观点，即高等教育招生中的种族歧视在 25 年后将是非法的(参见前述判决中指出的种族歧视概念在 25 年后将不再严格限缩，或对于促进"强制性州利益"是必要的)。然而，我不同意法院的其余意见和判决，因为我认为法学院目前对种族因素的使用违反了平等保护条款，宪法今天的含义与 300 个月后的含义是一样的。

第一部分

大多数人同意本案法学院的种族歧视应该受到严格审查。在将这一标准应用于本案之前，我将简要回顾一下法院对种族分类的处理。

法院声称在本案中适用的严格审查标准最初是在 Korematsu v. United States (1944)案中阐明的。在该案中,法院认为,出于公共需要,有时可以证明"种族歧视"的存在是正当的,而种族敌视(racial antagonism)则永远不可能。这种"迫切公共需要"(pressing public necessity)标准更经常被称为"强制性的政府利益"(compelling governmental interest)⑤[参见 Regents of Univ. of Cal. v. Bakke (1978)案中鲍威尔大法官的意见]。法院的多数意见只确认了两种情况,即"迫切公共需要"或"强制性州利益"可能证明国家单位的种族歧视是正当的。首先,Korematsu 案的教训是,国家安全构成了"迫切的公共需要",尽管政府利用种族来推进这一目标必须受到严格限制。其次,法院承认政府努力补救过去的歧视是一项强制性的州利益,政府对此负有责任[参见 Richmond v. J. A. Croson Co. (1989)案]。

"迫切公共需要"的轮廓可以从法院拒绝作为种族歧视基础的那些利益中进一步分辨出来。例如,Wygant v. Jackson BD. of ed. (1986)案裁定,学校董事会和教师工会之间的集体谈判协议偏袒某些少数种族是违宪的。学校董事会为这一政策辩护,理由是少数族裔教师为少数族裔学生提供了"榜样",而且种族"多元化"的教师队伍将改善所有学生的教育。然而,法院认为,对种族因素的使用违反了平等保护条款,认为两者所主张的州利益都没有足够的说服力。⑥

法院在儿童监护权裁决中的敏感角色涉及更重大的政府利益。在 Palmore v. Sidoti (1984)案中,最高法院认为,即使是儿童的最大利益也不构成强制性的州利益,不允许州法院因为母亲是异族通婚而将监护权判给父亲(该案中法院认为利益"重大",但谁拥有监护权的决定不能基于母亲新丈夫的种族而作出)。

最后,法院拒绝把纠正一般社会歧视作为种族歧视的正当理由(参见 Wygant 案多数意见、Croson 案多数意见、前述斯卡利亚大法官同意意见)。"社会歧视如果无所限定就太模糊不定了,不能作为实施种族分类补救措施的基

---

⑤ (原文注释)在整个过程中,我将交替使用这两个短语。

⑥ (原文注释)本院所拒绝处理的 Wygant 案所否认的州利益,与本案法学院提出的州利益几乎没有区别,这令人费解。如果本院尊重法学院的判断,即种族混合的学生群体带给所有人以教育效益,那么为什么 Wygant 案法院不尊重学校董事会关于种族混合的教师所招致效益的判断呢?

础”，因为“法院可以支持的补救措施在溯及既往方面会是没有尽头的，在影响未来的能力方面也可以是没有止境的”（参见 Wygant 案多数意见、Gratz 案金斯伯格大法官反对意见）。

如果本院只接受国家安全理由，甚至拒绝将儿童的最大利益作为种族歧视的正当理由，我的结论是，只有国家为防止无政府状态或防止暴力而必须采取的措施，才构成“迫切公共需要”[参见 Lee v. Washington（1968）案（布莱克大法官的同意意见指出，保护囚犯不受暴力侵害可以为经过限制的种族歧视提供正当化理由）；Crosan 案（斯卡利亚大法官在判决中的赞同意见指出，至少在州或地方的行为有争议的情况下，只有当社会紧急情况上升到对生命和身体产生迫在眉睫的危险这一程度时……方可以为“种族歧视”辩护）]。

宪法憎恶基于种族的分类，这不仅是因为这些分类可能损害受宽惠的种族，或源自非法动机，而且还因为每当政府将公民列入种族登记册，并使种族与社会的负担或福利挂钩，它就让我们所有人都尊严扫地。“平等保护原则是以不可估量的人类痛苦作为代价才换来的，它反映了我们国家对于种族分类波及个人与社会的破坏性影响的理解”[参见 Adarand Constructors, Inc. v. Peña（1995）案（托马斯大法官的部分同意部分反对意见）]。

第二部分

与多数意见不同的是，我试图先准确界定本案法学院所主张的利益，然后再确定该利益是否具有足够的说服力，以证明种族歧视是正当的。本案法学院坚持认为，它希望获得“来自学生群体多样性的教育效益”。我们必须仔细评估这一说法，因为它意味着“多样性”和“教育效益”都是法学院主张的强制性州利益的组成部分。此外，法学院拒绝考虑调整其招生的程序和地位，这表明它寻求证成的强制性州利益实际上比乍看起来更广泛。

毫无疑问，除确保学生群体中有“临界数量”的未被充分代表的少数族裔学生外，还有其他方法来“改善”法律专业学生的教育。实现“多样性”，无论“多样性”意味着什么⑦,都是法学院实现教育效益的机制,而不是目的本身。然而,法学院显然认为,只有种族混合的学生群体才能带来它所寻求的教育效益。那么,法学院对这些所谓独特的教育“效益”的利益,为什么不同于多数意见明确拒斥的被禁止的“种族均衡”(racial balancing)利益呢?

这两种观点之间的区别(基于种族审美和种族本身的独特教育效益)纯粹是诡辩——以至于多数意见可以互换使用它们。比较前述多数意见(“法学院对实现多元化学生群体具有强制性利益”“对确保多元化学生群体的教育效益有着强制性利益”),法学院的论点很浅显,只能用一种方式来理解:班级组成的审美意义产生教育效益,需要通过种族歧视的招生政策来实现恰当的种族混合,所以需要这些政策来实现这种教育效益。教育效益才是目的,或者说是所谓的强制性州利益,而非“多样性”[对比参见前述多数意见(指出“提供法律培训的教育机构的开放性和完整性”是必要的,但没有提及任何相应的教育效益)]。

我们还必须考虑到,法学院拒绝对其现行招生制度进行可能产生同样教育效益的改革。法学院坚决否认任何将会降低“学术选拔性”的种族中立的替代方案,因为这反过来会要求法学院成为一个迥异的机构,并牺牲其教育使命中的核心部分。换句话说,法学院试图在不牺牲太多竞争性及其精英地位的情况下,略微地改善其所提供的教育质量。⑧

因此,今天多数意见所维护的利益不仅仅是“多样性”。相反,法院支持的是,将种族歧视作为一种工具来促进本案法学院自身的利益,以便其在维持精

---

⑦ (原文注释)“多样性”,对于它的信徒而言,与其说是一个有用的术语,不如说是一个时髦的流行语,尤其是在像种族歧视这样严重的问题上。因为平等保护条款使得一个人的肤色在宪法上与法学院的使命无关,所以我把法学院的兴趣称为一种“审美”(aesthetic)。也就是说,法学院想要追求某种外观,从教室里的桌椅的外形,到坐在那里的学生的肤色。我之所以使用“审美”这个词,也是因为我认为它强调了种族歧视招生在实际帮助那些真正的弱势群体方面的无效性[参见 Orr v. Orr (1979)案(该案提及,当一个州似乎是在追求增进那些无须特别照料的利益时,可疑的种族分类是特别不应允许的)]。必须牢记,法学院的种族歧视对那些太穷困或没有受过教育而无法接受精英高等教育的人而言没有任何帮助。因此,对于我们国家面临的问题,这只是一种虚幻的解决方案。

⑧ (原文注释)本案法学院认为,一个经过种族配置的学生群体所带来的教育效益是巨大的,而调整其整体招生标准以实现同样的种族混合,将要求它牺牲其精英地位。如果法学院认为“多样性”的教育效益如此巨大是正确的,那么通过改变入学标准来实现这些效益则无法损害其精英地位。法学院不愿这样做恰恰表明,它所宣称的教育效益并不显著,或者根本不存在。

英机构身份的同时,提供稍显更优的教育。除非这一州利益的每一个组成部分都具有迫切的公共必要性,否则法学院对种族因素的使用是违宪的。对此我认为其每一部分都远远达不到上述标准。

第三部分

A

仔细阅读本院的判决意见可以发现,其所有的法律作业都是通过一个结论性的声明完成的:法学院"在确保多元化学生群体的教育效益方面具有强制性利益"。其并未认真努力地解释这些效益如何与法院所承认的(或拒绝承认的)强制性州利益相匹配,也没有对这种种族歧视作出法院能够努力为之的理论限制。在没有任何解释的情况下,人们可能会认为本院会采取遵循先例的司法政策。但是,本院甚至回避了对其裁定的这种软弱辩护,回避了对鲍威尔大法官在 Bakke 案中意见在多大程度上具有约束力的分析,法院就这样毫无根据地全盘采纳了其判决。

鲍威尔大法官在 Bakke 案中的意见和法院今天的判决都基于一个根本上存在缺陷的主张,即种族歧视可以被情境化。因此一个诸如"班级组成的审美"这样的目标,就可以在一种情境下具有说服力,而在另一种情境下则不具有说服力。这种"个案判断"(we know it when we see it)以评估州利益的方法,不能在司法上适用。今天,本院坚持从根本上扩大允许使用种族因素的范围,将其扩张至法学院班级的组成这样(相较之下)微不足道的琐事上。对此我只能假定,多数意见未能参照任何原则来证明其判决的合理性,因为根本不存在这样的原则。

B

根据恰当的标准,维系一所公立法学院的存在,根本并非迫切的公共需要,维系一所精英法学院的存在更是如此。同样,法律教育的微小改进,也并不能构成强制性的州利益。

(1)

虽然公立大学的法律教育可能是一项好的政策或者其他善举,但在适用正确的法律标准时,它显然不是一种迫切公共需要。此外,围绕一项州立活动是否构成迫切的公共需要,其间接证据可以通过询问是否所有州都感到有必要采取这一举措来获知。鉴于政府在当今社会中的广泛作用,以各州通常采取某种举措为证据,绝不能证明该措施是一种迫切的公共需要。然而,一部分州拒绝兴办某一特定事业的事实构成一种假设,即该事业本身不是一种强制性州利益。从这个意义上说,在阿拉斯加州、特拉华州、马萨诸塞州、新罕布什尔州和罗得岛州并没有美国律师协会(ABA)认可的公立法学院。这就提供了进一步的证据,证明维系一所法学院对于密歇根州而言,并不构成强制性州利益。

(2)

如前所述,密歇根州对于维系一所法学院根本没有强制性利益,更不用说一所精英法学院了。而且,即使是假设在适当情况下,一个州可以证明其对维系一所精英法学院具有可识别的利益,密歇根州也未能作出这样的证明。

本院将平等保护审查的范围限制在该州管辖范围内产生的利益和活动。本院在 Missouri ex rel. Gaines v. Canada (1938)一案中裁定,密苏里州不能通过以下方式满足"隔离但平等"的要求,即支付黑人在邻州法学院接受法律教育的费用,同时在州内维持一所(种族)隔离的法学院。平等保护是:

> "宪法规定了各州作为政府实体的义务,每个州都对其域内规定个人权利和义务的法律负责。它是一项义务,其负担不能由一州施加于另一州,任何州都不能因另一州可能履行义务或不履行义务而得到豁免。每个州在其自身范围内的单独负责,这是在我们的双重联邦制(dual system)下国家地位维系的根本。"

正如最高法院在 Gaines 案中所解释的那样,平等保护条款不允许各州以全国其他地区"可能做什么或没做什么"为由为种族歧视辩护。唯一能够满足平等保护条款要求的利益是在州管辖范围内的利益。

因此,开办一所公立法学院所维护的唯一可识别的州利益,是该州公民的教育和该州律师的培训。1859 年 10 月 3 日,James Campbell 在密歇根大学法律系开学典礼上发表的演讲明确指出:

> "每个人都应该享有一切合理的设施,为他可能渴望的任何正当的谋生职业做好准备,这不仅与我们的州息息相关,而且还关系到作为法律教育和理解基础的社会本身……本州各个政府部门都经常发生严肃的法律调

查。在所有这些事项中，不停地涉及并探讨公共与私人权利问题，而对法律的无知经常导致令人震惊和警醒的结果。在这个州的历史上，这种无知不止一次导致了非法暴力和无辜者的流血”［参见 E. Brown，*Legal Education at Michigan* 1859－1959，p. 404－406（1959）］。

然而，今天的法学院很少为那些将要服务于密歇根州公民的律师进行培训。2002 年，尽管本案法学院毕业生占到密歇根州所有法律毕业生的近 30%，但这些毕业生中申请密歇根州律师资格的还不到 6%。在法学院的毕业班中，只有不到 16% 的学生选择在法学院毕业后留在密歇根州。因此，尽管法学院 2002 届新生中只有 27% 来自密歇根州，但这些学生中似乎只有一半会留在密歇根州。

总之，法学院培养的密歇根州居民很少，其绝大多数是为那些要去密歇根州之外做律师的学生服务的。相比之下，密歇根州的另一所公立法学院，韦恩州立大学法学院（Wayne State University Law School）输送了 88% 的毕业生为密歇根州人民服务。不用劳烦社会学家也能得出这样的结论：正是法学院作为精英机构的地位，导致它成了美国其他律师的中转站，而不是那些将留在密歇根州的律师的培训基地。法学院决心成为一个精英机构，这对促进密歇根州人民的福祉，或密歇根州的任何可识别的利益并无帮助。

再者，很少有州选择维系一所精英法学院，这一事实引出了一个强有力的推论，即精英地位并不具有强制性。可以说，只有得克萨斯大学、加州大学伯克利分校和弗吉尼亚大学的公立法学院保持着与本案法学院相同的卓越声誉。⑨上述州中的两个，得克萨斯州和加利福尼亚州，因其体量足够大，以至于可以合理地期待它们单设一所法学院为那些将要服务本州公民的学生，提供精英法律培训。这两所学校在培养本州律师方面，都远超了本案法学院。例如，得克萨斯大学超过 3/4 的毕业生留在得克萨斯州工作，这证明了州利益的存在（无论是否有强制性）。

最后，即使法学院的种族修补产生了切实的教育效益，法律教育的微小改

---

⑨ （原文注释）参见 U. S. News & World Report，America's Best Graduate Schools 28（2004 ed.）（其将这些学院排在全国前 15 位）。

善也不能成为种族歧视的理由,因为法学院就其自身存在,或在其当前的教育和招生政策之中,都不享有强制性的利益。

第四部分

多数意见认为,保持精英地位和竞争性的利益显然是至关重要的,从而需要使用一定的录取"标准",而这一标准反过来又引发了法学院基于种族作出歧视的"需要"。本院认可了这些录取标准,其得出的结论是,替代方案需要在录取学生的学术质量方面作出巨大牺牲,这些方案无须先于种族歧视的运用而予以考虑。[10] 在多数意见看来,这些方法不是严格审查中的"严格限缩"所要求的,因为相应情境下的调查要求任何种族中立的替代方案应当效果"相差不多"。然而多数意见错了,因为其所要求的种族中立替代方案只需在维护强制性州利益方面是"可行的",并且做得"差不多"即可。本院从未明确裁决称,法学院保持"学术选拔性"现状的愿望本身,就是一种强制性的州利益,而且正如我所证明的那样,它也的确不是。因此,应该要求法学院在课堂组成的审美和竞争性的招生制度之间作出选择——它不能二者兼得。

通过采用不同的招生方法,例如接受所有符合最低资质的学生,法学院可以在不使用种族歧视的情况下,实现招录符合其种族审美的学生群体的愿景。本案法学院承认这一点,但本院却以隐晦的方式裁决称,法学院就其想要实施的方案具备强制性州利益。我不能苟同。首先,在严格的审查下,法学院对种族歧视好处的评估和对维护招生现状的努力,无论是基于宪法第一修正案还是什么,都无权得以维持。其次,即使它的"学术选拔性"必须与种族歧视一起不惜一切代价地维持,本院也忽视了这样一个事实,即其他顶尖法学院已经成功地在没有种族歧视的情况下满足了他们的审美要求。

A

最高法院将其对本案法学院前所未有的让步——一种与严格审查相对立的让步——建立在基于第一修正案的"教育自治"理念之上。在我看来,(认可)公立大学有此种权利违反平等保护条款并无依据。

---

⑩ (原文注释)本院将法学院强制性州利益的这一组成部分称为"学术质量"、避免"牺牲其教育使命的一个重要组成部分"和"学术选拔性"。

“学术自由”的宪法化始于弗兰克福特大法官在 Sweezy v. New Hampshire (1957)一案中的赞同意见。该案中，Sweezy 是一位马克思主义经济学家，因被怀疑是颠覆分子而受到新罕布什尔州总检察长的调查。除别的要求外，检方特别要求提供 Sweezy 在新罕布什尔大学所作演讲的内容。法院认为，该调查违反了正当程序。

然而，弗兰克福特大法官走得更远，他的理由是第一修正案创造了一项禁止调查的学术自由权利。在弗兰克福特大法官的意见中，大量说辞都着力于 Sweezy 言论自由的个人权利。例如，要使一个公民放弃哪怕是像他的政治自主权这样的基本自由的一部分，州的从属利益必须是强制性的。然而，弗兰克福特大法官声称，联邦的报告“不证自明”，他还断言，“自由社会”依赖于“自由大学”，“这意味着应排除政府对大学学术生活的干预”。弗兰克福特大法官说：“大学的职责是提供最有利于思考、实验和创造的氛围。在这种氛围中，大学的‘四项基本自由’至上——根据学术理由而自行决定谁可以教课，可以教授什么，应该如何教授，以及谁可以被录取等自由。”

在我看来，当法院引用宪法的条款来发明新的原则时，包括根据第一修正案授权公立大学做出违反平等保护条款之举时，法院有职责对其予以解释。多数意见在其简洁的努力中，未能证明这一点。法院的结论是，即使在严格审查的范围内，公立大学也有权得到尊重，这一结论的唯一依据是鲍威尔大法官在 Bakke 案中的意见。就鲍威尔大法官而言，他也仅仅依靠弗兰克福特法官在 Sweezy 一案中的意见和本院于 Keyishian v. Board of Regents of Univ. of State of N. Y. (1967)案的判决来支持他的观点，即第一修正案在某种程度上保护公立大学在招生中对种族的考量。对于第十四修正案的限制是否在适用于公立大学时放宽的问题，Keyishian 案并没有提供答案。在该案中，法院认为，旨在防止“任命或留任‘颠覆国家’人员担任国家职务”的州法令和法规，因含混不清而违反了宪法第一修正案。尽管最高法院似乎赞同学术自由的概念，称其为“第一修正案特别关注的问题”，但前述法令适用于所有公职人员，并没有仅因为适用于大学教职人员就被宣布无效。相比之下，最高法院再一次没有选择放松任何对公立大学的宪法限制。

我怀疑，当弗兰克福特大法官谈到政府干涉大学的独立性时，他想到的是宪法对种族歧视的禁止。多数意见对法学院判断的宽泛尊重，即种族审美可以构成教育效益,并顽固地拒绝改变招生现行招生方法,这在宪法或本院的判决中都找不到依据。

B

(1)

本院尊重法学院的结论,即种族实验(racial experimentation)能够产生教育效益,如果坚持这一看法,将产生严重的附随后果。本院在很大程度上依赖社会科学证据来证成这种尊重[参见 Rothman, Lipset, & Nevitte, *Racial Diversity Reconsidered*, 151 Public Interest 25 (2003)一文(发现法学院实行的那种种族歧视所产生学生群体的种族混合,实际上妨碍了学生对学术质量的观念)]。然而,本院没有承认的是,越来越多的证据表明,种族(和其他种类的)异质性实际上损害了黑人学生的学习。参见 Flowers & Pascarella, *Cognitive Effects of College Racial Composition on African American Students After 3 Years of College*, 40 J. of College Student Development 669, 674 (1999)一文[结论是黑人学生在传统黑人大学(HBCs)中经历了优越的认知发展,并且即使在黑人中,"相当大的多样性调节了参加 HBC 的认知效果"];Allen, *The Color of Success: African-American College Student Outcomes at Predominantly White and Historically Black Public Colleges and Universities*, 62 Harv. Educ. Rev. 26, 35 (1992)(发现就读于黑人大学的黑人学生比就读于白人大学的黑人学生的学术成就更高)。

在 Gratz 案的口头辩论中,被上诉人指出,"几乎每一个 HBC 都有不同的学生团体"。该律师所说的"多样性"的确切含义虽然不明确,但据报道,2000 年在莫尔豪斯学院(Morehouse College),也是全国最著名的 HBC 之一,只有 0.1%的学生是白人,0.2%的学生是西班牙裔。在密西西比河谷州立大学,一所公立 HBC,2001 年的新生中只有 1.1%是白人。如果(认为)在这些机构中已经具有"临界数量"的白人,那么"临界数量"对应的确实只是一个很小的比例。

多数意见对本案法学院"多样性实际上将产生教育效益的评估"表示尊重。因此,HBC 关于种族同质性将产生教育效益的评估也同样可以受到尊重。因此,根据多数意见对平等保护条款的意见,⑪HBC 为了保持种族同质性而拒绝白

⑪ (原文注释)例如,北卡罗来纳 A&T 州立大学目前有 5.4%的白人,可以寻求减少白人的代表性,以获得额外的教育效益。

人申请人的做法似乎也是可以被允许的。[参见 United States v. Fordice (1992)案(托马斯大法官的赞同意见指出,显然一个州不能通过关闭特定机构,无论是传统黑人还是传统白人的,以维持其对于特定种族的传统)]。在今天的多数意见中,包含着一种新的宪法正当化理由的种子,而我认为这是一个长期存在并被明确拒绝的概念——种族隔离。

(2)

此外,人们会认为,根据法院在 United States v. Virginia (1996)一案中的判决,在获得使用种族歧视的许可之前,法学院将被要求彻底改变其招生程序,甚至到了牺牲其某些特征元素的地步。在弗吉尼亚州,法院的多数意见在对学术自由只字未提的情况下,接受了全部是男性的弗吉尼亚军事学院(Virginia Military Institute, VMI)的陈述,即在招收女性的情况下,需要对其"对抗性"教育方法进行一些改变,但其没有遵从 VMI 的判断,即这些改变太大了。相反,法院的结论是,这种改变是"可控的"。该案涉及性别歧视,应受到折中的而非严格的审查。因此,在弗吉尼亚州,审查标准规定给予 VMI 的教育政策应比本案法学院的具有更大的灵活性,即便如此法院也没有让步。显然,当要辩护的现状是精英机构——本案中是法学院——而非没那么时髦的南方的军事学院时,本院(反而)选择让步而不做认真调查,也没有考虑适用的法律标准。

C

前述 Virginia 案值得注意的另一个事实是,法院依靠以前单一性别机构(如服务学院)的"经验"得出结论,女性进入 VMI 将是"可控的"。然而,今天的多数意见忽视了那些被迫在招生中放弃明显种族歧视的机构的"经验"。

例如,加州大学伯克利分校法学院的天并没有塌下来。第 209 号提案接纳了加利福尼亚州宪法第 1 章第 31(a)条,该提案禁止州针对公立教育办学提供基于种族的优惠待遇,⑫在此之前,加州大学伯克利分校法学院在 1996 年的一年级学生中招收了 20 名黑人和 28 名西班牙裔学生。在 2002 年,加州大学伯克

⑫ (原文注释)第1章第31(a)条规定,"在公共就业、公共教育或公共合同的运作中,州不得基于种族、性别、肤色、族裔或族裔血统歧视或优待任何个人或团体"。参见 Coalition for Economic Equity v. Wilson (1997)案。

利分校法学院的新生班招收了 14 名黑人和 36 名西班牙裔学生。⑬ (关于加州大学法学院和医学院的入学人数,请访问 http://www. ucop. edu/acadadv/datamgmt/lawmed/law-enrollment-eth2. HTML. Boalt Hall)未被充分代表的少数族裔学生总数现已超过 1996 年的水平。显然,不能指望本案法学院也能如此灵活应变(resourceful)。最高法院故意无视加利福尼亚州和其他地方的真实经验,而这些经验可以推导出,与本案法学院可以分庭抗礼的那些拥有"卓越声誉"的学院,在没有诉诸被禁止的种族歧视的情况下,同样满足了他们的使命追求。

第五部分

抛开多数意见在缺乏任何法律支持的情况下作出的条件反射式让步不谈,有一种观点认为,使用考试和其他措施来"预测"学习成绩,并不能很好地替代让每个申请人都有机会证明自己能够在法律学习上取得成功的制度,这种观点很值得称道。有人称,如果招生中没有种族歧视,就会呈现真正的择优录取,但他们忽略了一个事实,那就是整个过程都被无数个"择优"的例外情况污染了。例如,在关于高等教育招生中的种族歧视问题的全国性辩论中,精英院校利用所谓的"传承"(legacy)偏惠,让校友的子女在录取中占优势,这一点就被大肆渲染。这种"真正"择优录取的例外情况,以及其他各种例外,让那些声称择优录取实际是美国大学主流的说法不攻自破。然而,平等保护条款并不禁止使用不当的偏惠或许多其他种类的任意录取程序。平等保护条款禁止的是基于种族的分类。因此,虽然传承偏惠可以在宪法下成立,但种族歧视却不能。⑭ 我不会曲解宪法,使(招生中的)传承偏惠无效,或以其他方式将我对高等教育招生的愿望强加给州政府。多数意见同样不应该冲动地使宪法明确禁止的常见种族歧视合法化。

在任何情况下,"选拔性"录取都不是古老的、光荣的或受宪法保护的。密歇根大学应该清楚地意识到,在历史上其曾经使用过其他方法录取学生,因为

---

⑬ (原文注释)考虑到法学院(的政策)在本院得到了难以置信的让步,我认为深入了解加州大学伯克利分校法学院在不违反加州法律的情况下如何运作这一设定是恰当的。

⑭ (原文注释)如果最高法院有勇气禁止在招生中使用种族歧视,传承偏惠(以及类似的做法)可能很快就会变得不那么受欢迎——我敢肯定,在本案中支持法学院的精英(包括个人和机构)不会忽视这种可能性。

它在19世纪末将德国的认证制度带到了这个国家［参见 H. Wechsler, *The Qualified Student* 16 – 39 (1977)］。在这一制度下，中学由大学认证，如此一来任何完成学校课程的毕业生都可以被大学录取。认证制度先是补充，尔后实际上取代了（至少在中西部）严格的科目入学考试制度。现在的得克萨斯州、加利福尼亚州和佛罗里达州使用的表面上种族中立的“百分比计划”，在许多方面是认证制度的后继者。

20世纪初，随着大学寻求对学生群体的构成进行更多的控制，认证制度被选拔性录取取代。自成立以来，选拔性招生一直是大学管理者在种族、族裔和宗教方面进行修补和实验的工具。将选拔功能从高中转移到大学的最初驱动力，与法学院今天所展示的选拔种族内赢家和输家的愿望相同。哥伦比亚大学、哈佛大学和其他一些大学曾认定，他们录取了“太多”犹太人，就像今天的法学院认为，如果不能在招生过程中区别对待，就会有“太多”白人一样［参见 *Qualified Student* 155 – 168 (Columbia)；H. Broun & G. Britt, Christians Only：*A Study in Prejudice* 53 – 54 (1931) (Harvard)］。

哥伦比亚大学之所以采用智力测试，正是因为以移民为主的犹太申请人在这类测试中得分较低。因此，哥伦比亚大学可以（错误地）宣称，“我们没有因为男孩们是犹太人而拒录他们，也没有打算这样做”，“我们诚实地试图通过使用智力测试排除分数最低的申请人，结果发现许多分数低的人是纽约市的犹太人”。换句话说，这些测试是在充分了解其不同影响的情况下被采用的［参见 DeFunis v. Odegaard (1974)案（法院意见及道格拉斯大法官的反对意见）］。

同样，相对来说，当下的任何一所法学院也不能声称对黑人在LSAT中的糟糕表现一无所知。然而，各个法学院继续使用该测试，然后试图通过在招生中使用种族歧视来“纠正”黑人的不佳表现，以获得符合其审美的学生群体。本案法学院明知会产生种族偏差的结果，却继续使用这些措施，这种做法没有资格得到本院的尊重。法学院自己承认且必须承认，这项考试是不完美的，因为它经常录取在考试中得分在150分或以下（全国中位数）的学生（法学院的诉讼材料中显示，在1995年至2000年，法学院录取了37名LSAT分数为150分或更低的学生，其中27名是黑人，其中31人是“未被充分代表的少数族裔”）。在考试本身是否有用这一根本问题上，站在法学院这边的法庭之友似乎无法达成一致［对此可对比法学院招生委员会作为法庭之友的简报（LSAT分数是学生在法学院表现的有效预测指标),与哈佛大学黑人法学生协会等作为法庭之友的简报(LSAT 是否能够客观择优确实是一个问题)]。

既然决定使用 LSAT,法学院必须接受这一决定所带来的宪法负担。法学院可以自由地继续以它喜欢的任何方式使用 LSAT 和其他所谓择优标准。平等保护条款所禁止的,同时也是本院今天所允许的,是将这些标准与种族歧视同时使用。法学院有无数种录取方法可供选择。考虑到这个国家的大学历史上出现的所有激进思想,法学院在招生方面的倔强做法属实令人震惊。

然而,最高法院甚至不愿屈尊让法学院尝试其他方法,而是倾向于授予本案法学院违反宪法的 25 年许可。恰是那个当年有勇气下令废除南方所有公立学校种族隔离的法院,现在却出于陈词滥调而非宪法原则,不敢要求法学院放弃一项为种族歧视提供基础的明显缺陷的招生制度。

第六部分

没有任何明确的法律原则支持多数意见的主要观点,这也表明了另一个反对该判决的理由。我认为,法院今天的判决背后隐藏的是一种愚蠢的观念,即人们可以判断种族歧视何时有利于(而不是有害于)少数群体(参见 Adarand 案斯卡利亚大法官的部分同意判决),以及种族歧视对于纠正普遍的社会弊病是必要的。本院的判例理应解决过这两个问题,但显然多数意见仍未坚持种族分类本身即有害的原则,而且在旁观者看来,几乎没有任何效益可以证明这种分类是正当的。

Adarand 案曾判决有益和有害的种族分类同样无效,我认为本院暗中拒绝了这一点,即便抛开这一点不谈,我必须对认为法学院的歧视使得录取者获益的观点提出质疑。本院花了相当多的时间,讨论社会各界法庭之友在本案中对法学院令人印象深刻的支持。但在本院的任何文件中,都没有任何证据表明,这类种族歧视的所谓"受益者"能够通过与未受偏惠的学生表现出相同(甚至接近相同)的水平来证明自己[参见 Thernstrom & Thernstrom, *Reflections on the Shape of the River*, 46 UCLA L. Rev. 1583, 1605 - 1608 (1999)一文(讨论招生中种族歧视的捍卫者未能考虑到其"受益者"在课堂上表现不佳的事实)]。

对于我们这些认为高等教育的目的是向学生传授知识和技能,而不是授予公共的、橡皮图章文凭的人来说,这种沉默是震耳欲聋的。法学院并不是在寻找那些尽管 LSAT 分数或本科平均绩点较低,但仍能在法律学习中取得成功的学生。法学院寻求的只是一个表象——这个班级看起来很好就足够了，即使它表现得不好。

法学院用密歇根大学学位的承诺和它所提供的各种机会，来吸引毫无准备的学生。这些胜出的学生上钩了，却发现他们无法在竞争的大熔炉（cauldron of competition）中取得成功。而这种错配危机并不局限于精英学院［参见 T. Sowell, *Race and Culture* 176－177（1994）一文（“即使大多数少数族裔学生能够达到学院和大学‘平均’范围内的正常标准，少数族裔学生从上到下的系统性不匹配，可能意味着这些学生在高等教育的所有级别中都普遍处于劣势”）］。事实上，为了掩盖美学家（aestheticists）的踪迹，这种种族歧视的残酷闹剧必须继续下去——在《密歇根法律评论》的招募选拔中［参见《密歇根大学法学院学生手册 2002—2003》第 39～40 页（提到该刊物招新时的“多样性计划”的存在）］，以及律师事务所和法院书记员的招聘——直到“受益人”不再被容忍为止。虽然这些学生毕业时可能会获得法律学位，但相较于去一所他们准备更充分的不那么“精英”的法学院，没有证据表明他们接受了质量更好的法律教育（或成为更好的律师）。美学家永远不会解决“未被充分代表的少数群体”⑮所面临的真正问题，而是继续在别人的孩子身上进行社会实验。

除了法学院的种族歧视对其被试对象造成的伤害之外，没有任何社会科学证据能够反驳这样一种观念，即这种歧视“在那些认为自己因政府考虑种族因素而受到不公正对待的人中，产生了优越感，或者激起了怨恨”（Adarand 案中托马斯大法官的部分赞同意见）。“这些方案给少数群体打上了低人一等的烙印，可能使他们产生依赖性，或采取一种他们‘有权’享有优惠的态度。”

毋庸置疑，在没有种族歧视的情况下，法学院每年都会录取少数黑人学生。那么如何区分谁属于（被优惠录取的学生）谁又不属于呢？多数黑人是通过歧视政策被法学院录取的，而所有黑人都会由于这一政策被视为德不配位。这一污名问题并不取决于确定那些被污名化的人是否实际上是种族歧视的“受益者”。当

---

⑮ （原文注释）例如，在这种情况下，法学院没有认识到，即使存在种族歧视，黑人男性在法学院的代表性也“不足”［参见 ABA-LSAC Guide 426（报告称本案法学院有 46 名黑人女性和 28 名黑人男性）］。既然这种代表性不足，为什么法学院区分优待黑人男性而不是黑人女性呢？答案再一次是，法学院关心的只是自己在自以为无所不知的（know-it-all）精英中的形象，而不是解决真正的问题，比如黑人男性表现不佳的危机。

黑人在政府、工业或学术界担任最高职位时,他们的肤色是否在其晋升中发挥了作用,这在今天是一个悬而未决的问题。这个问题本身就是污名——因为要么种族歧视确实起了作用,在这种情况下,这个人可能被认为“在其他方面不合格”,要么种族歧视没有起作用,那在这种情况下,问这个问题本身,就不公平地对待着那些不受歧视就会成功的黑人。这就是本院所说的“(机会)肉眼可见地开放”吗?

最后,本院令人不安地提到一个国家的法学院校作为领导人培训基地的重要性,意在通过种族歧视培养“一批在公民眼中具有合法性的领导人”,这值得商榷。正如前面所指出的,最高法院已断然拒绝将纠正社会歧视作为政府使用种族因素的正当理由。对于那些认为我们社会中每类种族不成比例的现象,都是由某种种族歧视造成的人来说,纠正社会歧视和消除国家领导阶层中种族不成比例的现象,是没有区别的。如果我们的领导人中缺乏成比例的种族代表不是由社会歧视造成的,那么“修复”它就更不是一种紧迫的公共需要。

法院的这堂公民教育课,是一个基于肤色的政治代表理论在司法选择中的实例——我以前就曾反对这种做法[参见 Holder v. Hall (1994)案(托马斯大法官赞同判决)]。多数意见似乎认为,更泛泛的乌托邦目标,证明了法学院考虑种族因素的合理性。但是,“平等保护条款要求消除种族障碍,而不是为了满足我们关于社会应当如何组织的理论设想,而制造种族障碍”[参见 DeFunis 案(道格拉斯大法官异议意见)]。

第七部分

如上文所述,我认为法院的意见在大多数方面是错误的。然而,我确实发现有两点我是同意的。

A

首先,我注意到,在本案中法学院在其偏惠的群体内部,并未呈现出违宪的种族歧视问题,因为上诉人既没有主张法学院有这种做法,法学院也坚持认为它没有这样做。对此我同意本院的意见,因为它确认这类种族歧视仍然是非法的。根据今天的判决,如果种族歧视不能帮助一所大学招收未被充分代表的少数族裔学生(具体人数不详,或“临界数量”),则仍然是违宪的。因此,法学院在录取时不得区别对待情况相似的黑人和西班牙裔,也不得区别对待白人和亚裔。这是因为,举例而言,偏惠黑人而非西班牙裔申请人,将无法促进今天多数意见所认可的利益。[16] 事实上,多数意见已将这种种族均衡描述为“明显违宪”。与本院一样,我对本案法学院目前的招生计划是否与这一禁令相冲突不发表任何意见。

B

本院还认为,招生中的种族歧视应再予以维持25年,才会不再从严格意义上符合法学院捏造的强制性州利益。虽然我同意25年后法学院的做法将是非法的,但由于我所给出的原因,我认为它们当下就是非法的。多数意见没有而且也不可能为其时间限制找到任何证据——诸如黑人和白人学生之间的学历差距正在缩小,或将在这段时间内消失等。[17] 例如,近年来,LSAT分数达到165分及以上的法学院申请人中黑人的比例几乎没有变化。[18] 1993年,在这一分数范围内的黑人占法学院申请人的1.1%,然而他们却占所有申请人的11.1%。2000年的可比数字分别为1.0%和11.3%。包括本院在内,没有人可以认真地争辩说,学历上的种族差距将在25年内消失。法院关于种族歧视在25年后违宪的裁定,也不是以这段时间内的差距缩小为条件的。[19]

事实上,法学院实行的种族歧视可能会阻碍LSAT考试差距的缩小。通过备考,申请人的LSAT分数可以显著提高,但这种准备是一种成本,提高分数必

[16] (原文注释)如多数意见反复强调的那样,这种利益取决于招收“临界数量”的未被充分代表的少数族裔学生(前述判决提到作为“少数种族”的独特经历,而非作为黑人或原住民;判决也驳斥了主张本案法学院仅设定了模糊的少数族裔入学总人数,而非具体至特定种族来维持变相配额的论点)。就法学院的种族歧视而言,本院明确只批准种族的一种用法,即区分未被充分代表的少数族裔申请人与所有其他种族的申请人。例如,给予黑人申请人相对于情况类似的美国原住民申请人的优先权,并不会导致哪怕多一个未被充分代表的少数族裔学生的入学,而只是在“临界数量”内平衡种族。

[17] (原文注释)我同意金斯伯格大法官的观点,即法院认为25年后招生中的种族歧视将是非法的,并不是基于“预测”(赞同意见)。但我不同意金斯伯格大法官将该裁决定性为一种“希望”的表达。

[18] (原文注释)我在这里使用165分作为基准,是因为法学院认为这是与其申请人录取考虑有关的分数范围(不存在种族歧视时)。相关材料显示1995~1998年所有被录取申请人的LSAT平均分数为168分;1999年和2000年被录取申请人的平均LSAT分数为167分;2002年被录取的申请人的平均LSAT分数为166分。

[19] (原文注释)多数意见不合理的观察是,自1978年以来,在LSAT中得分较高的黑人人数有所增加。这并不能说明当前的趋势。首先,直到20世纪90年代初,黑人在LSAT中的参与程度一直落后于黑人在总人口中的比例。例如,1984年只有7.3%的法学院的申请人是黑人,而2000年有11.3%的法学院申请人是黑人。然而,如今除非黑人申请法学院的比例开始高于他们在普通人群中的比例,否则高分黑人绝对数量的增长应该会趋于平稳,事实也确实如此。1992年,63名申请法学院的黑人学生的LSAT分数在165分以上。2000年,这一数字为65名。

须有足够的好处才能证明额外的学习备考是合理的。LSAT 成绩在 163 分至 167 分的白人通常会被法学院拒绝,因此,希望被法学院录取的白人有充分的动力将他们的分数提高至这个范围以上(上诉人材料显示在 2000 年,422 名白人申请人中有 209 人在这一评分范围内被拒绝)。另外,如果黑人的分数在 155 分以上,他们几乎可以保证被录取(上诉人材料显示 77 名黑人申请人中有 63 人的 LSAT 分数在 155 分以上)。由于入学前景接近于确定,一旦黑人申请人有合理的把握达到要求的分数,他就没有动力继续准备 LSAT 考试。目前还不能确定 LSAT 考生的行为是否由法学院的招生政策所致。[20] 但是,这种种族歧视仍有可能助长关于黑人表现不佳的偏激预言——正如它证实了阴谋论者的信念,即“制度上的种族主义”是我们社会中所有种族差异的罪魁祸首。

因此,我只能将规定 25 年期限理解为本院对法学院教育判断和拒绝改变其招生政策的让步本身也会过期。在这一点上,这些政策显然未能“消除任何设想中对于种族和族裔的”歧视之需要,因为学历差距仍然存在。本院从严格限缩的角度界定了这一时限,但我认为这是由它拒绝严格界定今天所维护的宽泛州利益而造成的。根据这些意见,我同意本院意见第三部分的最后一句。

* * *

然而,就眼下而言,多数意见认可了一种只会削弱《独立宣言》和《平等保护条款》中体现的平等原则的做法。“我们的宪法是色盲的,既不知道也不能容忍公民之间存在区分”[参见 Plessy v. Ferguson (1896)案(哈伦大法官异议意见)]。Frederick Douglass 向法学院有才智的先辈们提出“不要干预我们的事情”这一要求,以及合众国宪法第十四条修正案的通过,距今已有近 140 年。现在,我们必须再等 25 年,才能看到这一平等原则得到伸张。因此,我反对本院其他部分的意见和判决。

---

⑳ (原文注释)我以 LSAT 为例,但同样的激励结构适用于任何录取标准,包括本科成绩,根据这些标准,少数族裔的录取门槛一直明显低于白人。

四、反对意见(Dissenting Opinion)

伦奎斯特首席大法官的反对意见，斯卡利亚大法官、肯尼迪大法官和托马斯大法官加入。

我同意法院的意见，即“在有限的允许种族区分的情况下”，政府必须确保其手段经过严格限缩，以实现强制性州利益[参见前文意见及 Fullilove v. Klutznick (1980)案鲍威尔大法官赞同意见(“即使政府提出了强制性利益来支持其对分类的需要，所选择的手段也必须严格限定于政府的目的之内”)]。然而，我并不认为密歇根大学法学院的手段是为其所主张的利益而经过了严格限缩的。本案法学院声称，它必须采取措施，以实现未被充分代表的少数族裔学生的“临界数量”。但其实际计划与这一宣称的目标无关。揭开“临界数量”的面纱，法学院的计划实质是为实现种族均衡而作出的赤裸裸的努力。

正如我们多次解释的那样，“任何基于种族或族裔标准的偏好都必须接受最彻底的审查”。我们的案例证明，为了经受住这种严苛的审查，被上诉人必须证明他们使用种族的方法比任何其他手段都更精确地“‘符合’强制性州利益”[参见 Bakke 案鲍威尔大法官的意见(“当政治判断涉及个人的种族或族裔背景时，其有权请求司法裁决，即在此基础上要求其所负担的不利确实是为了服务于强制性州利益”)]。

在法院今天作出裁决之前，我们一贯采用同样严格的审查分析，不管政府声称使用种族因素的理由是什么，也不管使用种族因素的背景是什么。我们拒绝了在所谓“善意”考虑种族因素的情况下适用更宽松审查的诉求，因为“当政府试图通过明确的种族分类体系来分配其资源时，需要更多的善良动机”[参见 Adarand 案；Fullilove 案史蒂文斯大法官异议意见(“种族分类实在是太过有害，除了在理由和分类之间建立最精确的联系之外，不允许有任何其他联系”)]。我们同样拒绝了基于种族运用所处特定背景而适用更宽松审查的诉求。事实上，即使在高等教育的特定背景下，我们也强调“不得忽视保护个人权利的宪法限制”(参见 Bakke 案)。

尽管本院援用了我们严格审查分析的语言，但其在审查中的谦抑程度前所未见。

被上诉人声称,法学院在录取过程中使用种族因素的理由是"获取来自多元化学生群体的教育效益"。他们声称,要促进这一利益,就必须有"临界数量"的未受充分代表的少数族裔。被上诉人和学校管理层泛泛地解释说,"临界数量"是指有充足数量的代表性不足的少数族裔学生,以实现几个目标:确保这些少数族裔学生不会感到孤立,也不会感觉他们是自己种族的代言人;提供多样性教育效益赖以维系的充分互动机会;鼓励所有学生进行批判性思考,重新审视那些刻板印象。这些目标表明,"临界数量"的标准与学生人数有关(被上诉人材料中声称法学院已经招收了"临界数量"的或"足够的少数族裔学生,以提供有意义的班级和宿舍融合")。被上诉人进一步声称,法学院将要实现"临界数量"的追求(被上诉人材料中提到法学院的目标已经大大推进了……学生中少数族裔学生的"临界数量")。

在实践中,法学院的招生项目与其宣称的实现"临界数量"的目标几乎没有关系。被上诉人解释说,法学院寻求在每个未被充分代表的少数群体中累积形成"临界数量"(被上诉人材料中提到,法学院的……当前策略……特别旨在招收"临界数量"的"西班牙裔")。但记录表明,法学院对这些群体的招生做法差异很大,无法借助统一的"临界数量"概念进行辩护。

从1995年到2000年,本案法学院招收了1130~1310名学生。其中,13~19人为美洲原住民,91~108人为非裔美国人,47~56人为西班牙裔。如果法学院为了达到"临界数量"而招收91~108名非裔美国人,从而防止非裔美国学生感到"孤立或成为其种族的代言人",那么人们会认为,要针对西班牙裔美国人和原住民实现同样的目的,就需要相同量级的数目。同样,即使所有的美国原住民申请人都在某一年被录取(记录显示并非如此)㉑,又怎么可能在一个超过350名学生的班级中达成美国原住民的"临界数量"?为了使这一录取模式与法学院对"临界数量"的解释相一致,人们必须相信,与非裔美国人相比,被上诉人提供的"临界数量"目标仅在西班牙裔人数的一半和原住民人数的1/6的情况下可以实现。但被上诉人没有为这种差异提供具体的种族上的原因。相

㉑ (原文注释)事实上,在这5年的时间里,美国原住民学生的入学人数下降到了3名。任何断言这样一个小群体构成了美洲原住民的"临界数量"的说法都是荒谬的。

反，他们只是强调实现“临界数量”的重要性，而没有解释为什么这一概念在三个代表性不足的少数群体中有不同的应用。

此外，这些数字的差异，只是由于法学院对这三类少数群体的待遇有很大不同，这在法学院提供的一个例子中很明显，本院也强调了这一点：该学院声称，它“经常录取成绩和考试分数低于被拒绝的少数族裔的其他申请人（和其他非少数群体申请人）”。具体来说，法学院指出，“在1995年至2000年期间，有69名GPA至少达到3.5和LSAT分数159分或以上的少数族裔申请人被拒绝”，而一些分数相似或更低的白人和亚裔美国申请人被录取。

对记录的审查显示，只有67个这样的人。在这67人中，56人是西班牙裔，只有6人是非裔美国人，5人是原住民。这种差异反映了一种一贯做法。例如，2000年，12名在LSAT中获得159～160分且GPA达到3.00或更高的西班牙裔学生申请，只有2人被录取。与此同时，12名具有相同资格的非裔美国人申请入学，所有12人都被录取。同样，同年16名在LSAT考试中获得151～153分且获得3.00 GPA或更高分数的西班牙裔学生申请入学，其中只有1人被录取。23名同样合格的非裔美国人申请入学，14人被录取。

这些统计数据对本案有重要影响。被上诉人从未提出过任何针对特定种族的论据，来解释为什么需要有更多来自某个代表性不足的少数族裔群体的人，才能达到“临界数量”或进一步实现学生群体的多样性。他们当然也没有解释为什么西班牙裔——他们称西班牙裔是“我国受种族隔离影响最深的群体”之一——要以这种方式规定他们的入学上限。诚然，上诉人既不是西班牙裔，也不是美洲原住民。但法学院对这些少数群体的不同录取做法表明，其所谓的“临界数量”目标只是一个骗局。上诉人可以利用这些统计数字来揭露这一假象，这也是法学院优先录取资质较差、代表性不足的少数群体的依据。严格审查当然不能允许这种至少缺乏某种解释的差异。

只有摒弃“临界数量”的标签，这些数字才有可能得到解释。法院指出，法学院的目标是实现少数族裔学生人数达到“临界数量”，而不是仅仅“‘确保’学生群体中某一特定群体仅因其种族或族裔血统而占一定比例的利益”。法院承认后一种利益“等同于彻底的种族均衡，显然是违宪的”。然而，法院的结论是，法学院在招生中使用种族因素的情形，与鲍威尔大法官在Bakke案中的意见一致，只是“对数字给予了一定的关注”。

而且,法学院申请人中三个少数群体成员所占的百分比,与被录取的申请人中这些少数群体成员所占百分比之间的相关性过于精确,不能被认为仅仅是学校“对数字有所关注”的结果。如表 1 ~ 表 3 所示,从 1995 年到 2000 年,被录取的申请人中属于这些少数群体的人所占的百分比,与学校申请人库中属于同一群体的人所占的百分比密切相关。

表 1

年份	法学院申请人总数(人)	非裔美国申请人数量(人)	非裔美国人申请占比(%)	法学院录取者总数(人)	非裔美国人录取数量(人)	非裔美国人录取占比(%)
1995	4147	404	9.7	1130	106	9.4
1996	3677	342	9.3	1170	108	9.2
1997	3429	320	9.3	1218	101	8.3
1998	3537	304	8.6	1310	103	7.9
1999	3400	247	7.3	1280	91	7.1
2000	3432	259	7.5	1249	91	7.3

表 2

年份	法学院申请人总数(人)	西裔美国人申请人数量(人)	西裔美国人申请占比(%)	法学院录取者总数(人)	西裔美国人录取数量(人)	西裔美国人录取占比(%)
1995	4147	213	5.1	1130	56	5.0
1996	3677	186	5.1	1170	54	4.6
1997	3429	163	4.8	1218	47	3.9
1998	3537	150	4.2	1310	55	4.2
1999	3400	152	4.5	1280	48	3.8
2000	3432	168	4.9	1249	53	4.2

表3

年份	法学院申请人总数（人）	美国原住民申请人数量（人）	美国原住民申请占比（%）	法学院录取者总数（人）	美国原住民录取数量（人）	美国原住民录取占比（%）
1995	4147	45	1.1	1130	14	1.2
1996	3677	31	0.8	1170	13	1.1
1997	3429	37	1.1	1218	19	1.6
1998	3537	40	1.1	1310	18	1.4
1999	3400	25	0.7	1280	13	1.0
2000	3432	35	1.0	1249	14	1.1

例如，1995年，9.7%的申请人为非裔美国人，9.4%的录取学生为非裔美国人。到2000年，非裔美国人仅占申请人总数的7.5%，而被录取的学生中有7.3%为非裔美国人。这种相关性是惊人的。被上诉人自己也强调，如果不考虑每个申请人的种族，法学院录取的少数族裔学生人数将大大减少。但是，正如上述例子所表明的那样，不同群体的申请人数减少的程度会有很大不同。因此，特定种族的申请人与被录取人的百分比之间的紧密相关性，一定是法学院基于种族进行精心规划的结果。它提出了一种录取公式，该公式基于理想的假设，即所有申请人在学术上都具有同等资格，因此每个群体的录取比例应与该群体在申请人中的比例相同（被申请人材料中讨论了招生官员使用“定期报告”来跟踪“班级形成过程中的种族构成”）。

被申请人不仅没有解释这一现象，反而试图掩盖这一现象（被申请人材料中称，“1995～2000年，法学院的少数族裔入学百分比与申请人总数的百分比相差高达17.7%”）。但是，申请人库中代表性不足的少数族裔的百分比，与注册班级中少数族裔的百分比之间的差异并非唯一相关的比较，而且事实上，这可能不是最相关的比较。法学院无法精确控制哪些被录取的申请人决定入读该校。正如数字所显示的那样，它可以在发放录取通知书时即采用种族优先的原则，而且本案中显然它确实也采用了。事实上，法学院的招生计划表面上看起来很灵活，本院认为这很有吸引力，但实际上这似乎是一个精心调控的计划，旨在确保来自特定少数群体的申请人具有一定比例的代表。

我不认为宪法赋予了法学院如此自由地运用种族因素的权利。法学院没有对其实际的招生做法作出任何解释。在无法解释的情况下,我们必然会得出这样的结论:法学院调控其招生计划的目的不是达到“临界数量”,而是按照所选少数群体成员在申请人库中的统计比例,向他们发放录取通知。但这恰恰是本院自己所说的“明显违宪”的种族均衡类型。

法院建议对法学院目前的招生项目进行25年的限制。此外,被上诉人的观点仍然比较含糊,他们解释说,“法学院当然意识到,具有种族意识的招生项目必须有合理的期限限制,第六巡回法院恰如其分地认识到了法学院对此的决心,当真正的种族中立替代方案可行时,法学院就不再会在招生中考虑种族问题”。这些关于时间限制的讨论是最模糊的保证。事实上,它们似乎允许法学院永久地使用种族偏惠方案。因此,严格审查的一个重要组成部分,即相应的计划必须具备时间限制,这一点在此被随意地颠覆了。

尽管法学院的招生计划存在明显的缺陷,但本院还是根据我们的严格审查分析,史无前例地支持了法学院的计划。我们曾说过,在使用种族手段时,目的与达到目的的手段之间的联系必须精确。但此处的缺陷较之更为严重,它不仅仅是目的与手段之间的“适配”(fit)问题。这里实际使用的手段已是宪法平等保护条款所禁止的。

肯尼迪大法官的反对意见。

鲍威尔大法官在Bakke案中单独发表的意见所依据的原则是,大学招生计划可以将种族作为一个非主导因素,在一个旨在将每个申请人作为个体来考虑的系统中加以考量,前提是该计划能够通过司法机关的严格审查。这是一套整体的构想。如果严格审查遭到放弃或操纵,以歪曲其真实和公认的含义,那么即使是以这种适度和有限的方式,法院也无权批准对种族因素的运用。在我看来,鲍威尔大法官的意见陈述了解决本案问题的正确规则。然而,法院并没有进行严格审查。而且本院试图作出相反的表述,这既破坏了相应标准,也破坏了其自身创设的有约束力先例。

鲍威尔大法官赞同在大学招生中使用种族因素,这反映了以第一修正案为基础的传统,即承认大学对其教育使命的构想。我们的先例为法院提供了依据,使其可以接受大学经过深思熟虑后作出的判断,即学生中的种族多样性在有经验证据的支持下,可以促成其教育使命。

然而，令人遗憾的是，本院采纳了鲍威尔大法官创设的规则的第一部分，却抛弃了第二部分。在批准将种族作为录取过程中的一个因素后，多数意见又要废除鲍威尔大法官坚持作为批准前提条件的基本保障措施。该保障措施即严格的司法审查，以此作为控制标准[参见 Bakke 案（“任何种类的种族和族裔区分，本质上都是可疑的，因此需要最严格的司法审查”）]。在 Bakke 案之后，本院重申，当州使用种族作为重要类别时，必须受到严格审查[参见 Adarand 案（“任何人，无论其种族如何，都有权要求任何受宪法管辖的政府行为者于最严格的司法审查下，证明任何使其遭受不平等待遇的种族分类的正当性”）；Richmond 案及肯尼迪大法官反对意见（“任何种族偏惠都必须经受法院最严格的审查”）]。法院把尊重大学对其教育目标的定义与尊重这一目标的实施，二者混为一谈。在大学招生的情境下，种族多样性的目标可以根据我们已知的经验数据得到接纳，但实现这一目标的方法却不应得到谦抑对待。州采取的种族优先政策，可能是所有政策中最具分裂性的政策，它有可能摧毁人们对宪法和平等理念的信心。而今天的多数意见，拒绝忠守旨在反映这些关切的既有严格审查原则。

法院在审查中草草敷衍，接受了密歇根大学法学院关于其招生程序符合宪法要求的保证。多数意见未能正视法学院如何实施招生政策的现实。我完全赞同首席大法官的反对意见，他清晰无疑地说明了为什么“临界数量”的概念是法学院用来掩盖其企图的妄想，其意在使种族在大多数情况下自动成为一个考虑因素并实现与配额无异的数字目标。本院也承认，在法学院试图吸引的少数群体中实现种族均衡的努力是“明显违宪的”。我们还需指出的是，在录取过程中一些更具体的方面，“临界数量”也与个体评估（的原则）不一致。

有 80% 至 85% 的入学名额会分配给法学院入学考试分数和成绩处于较高水平的申请人。即便在不考虑种族或族裔因素的情况下，具备这些条件的申请人也很可能被录取。至于剩下的 15% 至 20% 的名额，对于许多少数群体成员来说，种族可能是决定性的因素。这正是竞争激烈之处，任何申请人如果没有少数族裔身份，其被录取的机会就会小得多。在这一点上，“临界数量”的数字概念确实可能有碍个体评估。

法学院并没有证明，在申请程序的这一阶段，鉴于要达到其所谓的“临界数量”的要求，其何以能够保有针对个体的考量。事实上，证据也表明并不存在个体考量(见表4)。1995 年至 1998 年,被录取的少数族裔学生中几乎没有出现偏差。录取的少数族裔学生比例仅波动了 0.3%,从 13.5% 增至13.8%。获得录取的少数族裔学生人数变化幅度稍大,也只有 2.2%,从 1995 年最高的 15.6% 到 1998 年最低的 13.4%。地区法院以这一无争议的事实为依据,推断法学院对"临界数量"的追求等同于配额。诚然,在 1987~1994 年的前几年中,少数族裔入学率的波动较大,波动幅度可达 5% 或 6%。但是,少数族裔的录取比例从未低于 12%,而法学院历来将这一比例定义为其临界值范围的底线。无论如何,早些年的差异较大,并不能消除学校进行种族均衡的嫌疑。这些数据表明,法学院仅在 1991 年(从 13% 提高到 19%)和 1995 年(从 20% 降回 13%)两次修改了其目标。1993 年,该百分比下降到 14.5%,这可能是一种反常现象,是由于该校错误地计算了有多少申请人会接受录取,或者是由于该校在 1992 年 4 月重新界定了哪些少数群体有权获得基于种族的优先录取。

表 4　1987~1998 年法学院录取的少数族裔学生比例

年份	录取的少数族裔学生比例(%)
1987	12.3
1988	13.6
1989	14.4
1990	13.4
1991	19.1
1992	19.8
1993	14.5
1994	20.1
1995	13.5
1996	13.8
1997	13.6
1998	13.8

狭窄的波动范围引出了法学院违反个体评估的推论,而严格审查要求法学院推翻这一推论。无论"临界数量"的目标"被描述为配额还是目标,它都是根据种族和族裔状况划定的一条线",因此有可能损害对个体的评估。在这一点上,法学院的招生计划与小常春藤联盟学院的招生计划相比并不占优势。例

如，阿默斯特学院（Amusus Amherst College）告诉我们，1993年至2002年，该学院向非裔美国人背景的学生发出的录取通知书，为81份到125份，其发放总数则为950份。结果是在大约425人的一级学生中，录取的（少数族裔）学生从24人到49人不等（参见阿默斯特学院等作为法庭之友的简报）。尽管班级规模相当，但在本案中，无论是录取名单还是最终入学的学生，法学院所坚持的波动幅度都要小得多。

法学院有责任按照严格审查的标准，证明它没有以违宪的方式使用种族因素。至少，被录取的少数族裔学生的稳定性，以及正如首席大法官所讨论的，被录取的少数族裔的种族细分构成与申请人库构成之间的密切联系，都要求法学院要么作出令人信服的解释，要么表明它已经采取了足够的措施来确保对个体的评估。法学院两者都没有做到。

在录取季结束时，追求"临界数量"与个体评估要求之间的矛盾明显加剧。大多数可能由种族决定结果的决策，都是在这一时期作出的。招生官时时查阅着显示新生班级种族构成情况的每日报告。正如1991年至1996年的招生主任Danis Shields所说，"越是进入招生季节，他就越想查看这些报告，看看每天的变化"。这些报告将"准确跟踪法学院在任何特定时间的班级组成情况"，因此可以告诉招生人员他们是否招录到了"临界数量"的少数族裔学生。Shields之所以编写这些报告，是因为法学院的招生政策告诉他，入学班级的种族构成是"他需要关注的事情"，因此他必须"找到一种追踪实情的方法"。

在录取过程的最后阶段，对每日报告的查询表明，除种族本身之外，并没有进一步的个体评估尝试。招生人员可以根据他们与法学院"临界数量"目标的接近程度，利用这些报告来重新调整给予种族的加分因素。这样，种族的加分因素就脱离了个体评估，而是以法学院设定的数字目标为前提。

法学院没有努力防范这种危险。法学院没有向招生人员提供任何指导方针，说明如何协调个体评估与录取"临界数量"的少数族裔学生要求之间的关系。招生计划的结构设计，本可以至少在一定程度上消除个体评估承诺无法兑现的风险。对录取学生的种族细分情况进行日常的考量，并非其他高等教育机构所采用的平权招生计划的特征。例如，小常春藤联盟的学院并不持续统计入学学生的种族或族裔构成情况。

为了符合宪法规定，大学必须通过一项在整个过程中保障个体评估的制度,来实现学生群体多元化的强制性利益。将种族作为实现多元化的众多因素中的一个适度因素来考虑,这一目标在宪法上并无疑问,但教育机构必须通过充分的程序,确保每个申请人都得到个性化的考量,从而使种族不会成为招生决策中的主要因素。法学院没有遵守这一要求,也没有履行其在严格审查中的举证责任。

本院对有意义的严格审查的拒绝,将导致严重的后果。法院如果听任法学院选取少数族裔招生计划,就会挫伤法学院教职工和管理人员的才能和资源,从而无法设计出新的、更公平的方法来确保对个人的评估。持续而严格的司法审查迫使法学院的教职工在这一最敏感的领域,承担起作为国家雇员的责任,最大限度地忠实于宪法的规定。Allan Stillwagon 院长曾在 1979 年至 1990 年担任法学院招生办公室主任,他解释了在界定哪些少数族裔群体有权按法学院平权政策受益时遇到的困难。他作证说,教职工在决定谁有资格成为代表性不足的少数群体成员时,"玩世不恭得令人吃惊"。他举出的一个例子是,教师们就古巴人是否应被算作西班牙裔进行了辩论:一位教授反对,理由是古巴人是共和制度的支持者。其他法学院的许多其他学者都是"平权法案更加直率的捍卫者,他们很乐意承认,多样性仅仅是当前为政策提供方便的理由,而他们更愿意以其他理由来证明这项政策的合理性"。这并不是说密歇根或其他法学院的教师不追求他们认为值得称道并符合我们宪法传统的愿景。这只是进一步证明,当种族这一具有侵蚀性的分类成为决策中的一个因素时,有必要进行真正的而非装模作样的审查。未来的学生、法院和公众可以要求,州政府及其法学院证明他们的程序在实施的每个阶段都是公平且符合宪法的。

很难评估法院关于 25 年后具有种族意识的招生计划将不再必要的宣告。如果法院是为了减轻对严格审查概念的损害,那么无论是上诉人,还是其他被拒绝的法学院申请人,都不会因为知道鲍威尔大法官制定的基本保护措施将被中止整整 1/4 个世纪而感到欣慰。谦抑让步与严格审查是对立而非一致的。

多数意见放弃严格审查的做法破坏了这一目标。如果本院对基于种族的招生计划采用严格审查的标准,则会促使教育机构认真探索种族中立的替代方案。与此相反,法院却愿意满足于法学院对于自己善意的自白。多数意见也承认这一点:"我们相信法学院所说的话,即它'最希望找到一个种族中立的录取模式',并将在可行的情况下尽快终止其具有种族意识的招生计划。"

如果大学被赋予施行等同于配额的招生计划的自由，那么它们就没有什么动力去使现有的少数族裔招生计划透明化，并维护个体的评估。糟糕的后果将是，适当考虑种族因素原本所要避免的种族敌对将长期存在。无疑，这种长期化是所有结果中最坏的一个。的确存在其他方案，它们能更有效地实现我们的宪法传统所一直追求的公民之间的和谐与相互尊重。即使本院没有提出要求，也应该是这些计划成为典范，而非本案所审查的计划。

令人遗憾的是，法院在作出允许考虑少数种族的特殊情况，以改善其教育机会的重要裁决时，中止了严格审查，而严格审查正是允许考虑种族因素的前提条件。如果法院放弃了对大学招生中使用种族因素进行严格审查的宪法职责，就等于否定了我批准使用种族因素来追求学生多样性的权利。即使在这种特殊情况下，如果没有严格的司法审查，宪法也不能赋予基于种族进行分类的权利。出于这些原因，尽管我愿重申我同意在这一情况下适当考虑种族因素，但我必须对本案发表反对意见。

四、全国法院系统获奖案例分析

网络食品交易中各方主体利益平衡考量*

——郑某诉马某网络购物合同纠纷案

毛海波** 梁春霞***

【裁判要点】

法院在审理涉网络食品交易纠纷时,应当分析当事人具体利益、群体利益、制度利益及社会公共利益的利益层次结构,在法律适用中进行利益选择,并从立法衡平、程序正义、个案到类案的规范总结、配套评估监督机制建立四个方面对法官主观恣意的利益衡量予以约束,从而构建利益衡量的思维程式裁判规则,实现各方主体利益平衡与司法公平。

【关键词】

利益保护 利益层次结构 利益衡量

【相关法条】

一、《中华人民共和国食品安全法》第三十四条第一款 禁止生产经营下列

---

* 本文荣获"全国法院系统2019年度优秀案例分析优秀奖"。

** 毛海波,现任上海市高级人民法院商事庭副庭长,编写本案例分析时任上海市第一中级人民法院商事庭副庭长。

*** 梁春霞,上海市第一中级人民法院商事庭法官助理。

食品、食品添加剂、食品相关产品：(一)用非食品原料生产的食品或者添加食品添加剂以外的化学物质和其他可能危害人体健康物质的食品，或者用回收食品作为原料生产的食品；……

第三十八条　生产经营的食品中不得添加药品，但是可以添加按照传统既是食品又是中药材的物质。按照传统既是食品又是中药材的物质目录由国务院卫生行政部门会同国务院食品药品监督管理部门制定、公布。

第一百四十八条第二款　生产不符合食品安全标准的食品或者经营明知是不符合食品安全标准的食品，消费者除要求赔偿损失外，还可以向生产者或者经营者要求支付价款十倍或者损失三倍的赔偿金；增加赔偿的金额不足一千元的，为一千元。但是，食品的标签、说明书存在不影响食品安全且不会对消费者造成误导的瑕疵的除外。

二、《中华人民共和国消费者权益保护法》第二条　消费者为生活消费需要购买、使用商品或者接受服务，其权益受本法保护；本法未作规定的，受其他有关法律、法规保护。

三、《最高人民法院关于审理食品药品纠纷案件适用法律若干问题的规定》(2013.12.23)第十五条　生产不符合安全标准的食品或者销售明知是不符合安全标准的食品，消费者除要求赔偿损失外，向生产者、销售者主张支付价款十倍赔偿金或者依照法律规定的其他赔偿标准要求赔偿的，人民法院应予支持。

【案件索引】

一审：(2018)沪0115民初38679号

二审：(2019)沪01民终322号

【基本案情】

原告郑某于2017年通过淘宝网向被告马某购买了破壁灵芝孢子粉，后得知被告马某销售的食品原料只能用于保健食品，未标注保健食品的批准文号及标志，也未标注普通食品的批准文号，依据国卫办食品函〔2014〕390号，应认定为不符合安全标准的产品，故诉至法院请求：(1)马某退还郑某货款人民币6000

元;(2)马某赔偿郑某 60,000 元。

马某辩称,破壁灵芝孢子粉是以食用农产品的性质作为原料销售,并未加工成普通食品销售,不能依据国家卫生计生委办公厅发布的复函认定该产品不符合国家规定。而且,马某所销售的破壁灵芝孢子粉不存在任何质量问题。郑某一次性购买破壁灵芝孢子粉数量达到 100 罐,明显超出正常消费者的购买数量,属于恶意购买。故马某不同意郑某的起诉请求。

法院经审理查明:2017 年 7 月 29 日,郑某在马某开设于淘宝网的店铺购买"百草林长白山灵芝孢子粉纯天然散装称重 100 克头道粉正品包邮"100 罐,共计付款 6000 元。产品实物外包装上显示产品名称为"灵芝破壁孢子粉",生产日期为 2017 年 7 月 29 日。产品外包装上用较小的字体标注:"灵芝孢子粉是灵芝在生长成熟期,从灵芝菌褶中弹射出来的极其微小种子,外被坚硬纤维素所包围,人体很难充分吸收,破壁后更适合人体肠胃直接吸收。它的有效成分、微量元素的含量变化不大,破壁后孢子粉的脂肪及水溶性多糖的含量分别比未破壁的明显提高,是理想的保健佳品。"

2014 年 5 月 9 日,国家卫生计生委办公厅向食品药品监管总局办公厅复函(国卫办食品函〔2014〕390 号)称:"灵芝孢子粉缺乏长期食用历史且已作为药物使用,作为普通食品原料使用尚无足够的科学依据,因此,破壁灵芝孢子粉不宜作为普通食品原料。"

【裁判结果】

一审法院于 2018 年 8 月 15 日作出(2018)沪 0115 民初 38679 号民事判决:(1)马某应于判决生效之日起 10 日内退还郑某货款 6000 元,郑某同时归还涉案产品"百草林长白山灵芝孢子粉纯天然散装称重 100 克头道粉正品包邮"100 罐给马某,如郑某届时无法退回,则以每罐涉案产品 60 元的价格折抵应退货款;(2)马某应于判决生效之日起 10 日内赔偿郑某 60,000 元。一审宣判后,马某向上海市第一中级人民法院提起上诉。上海市第一中级人民法院于 2019 年 1 月 29 日作出(2019)沪 01 民终 322 号民事判决:(1)维持一审法院(2018)沪 0115 民初 38679 号民事判决第一项;(2)撤销一审法院(2018)沪 0115 民初 38679 号民事判决第二项;(3)驳回郑某要求马某赔偿 60,000 元的诉讼请求。

【裁判理由】

法院生效裁判认为：本案的争议焦点系马某是否应向郑某承担价款10倍的赔偿责任。首先，就涉案产品性质而言，涉案破壁灵芝孢子粉系通过碾压破壁所得，属于物理破壁，未经炮制，根据上海市食药监局相关文件规定未经炮制加工的灵芝及相关产品应纳入中药材管理。其次，就请求权基础而言，涉案灵芝孢子粉属于中药材，不归属于食品范畴且并未作为原料添加到其他食品中，因此郑某主张适用《食品安全法》第34条第1项、第38条的请求权基础不成立。再次，涉案产品包装上虽标注"理想的保健佳品"，但不等于认同该产品属于食品，社会大众在正常情况下亦不会将其作为食品进行购买。最后，马某承担"退一赔十"责任的前提是破壁灵芝孢子粉属于食品，且不符合食品安全，涉案产品不符合上述要件。此外，郑某在本案诉讼之前已就涉案产品相类似的产品以同样的诉请主张和理由向法院主张惩罚性赔偿，且其亦长期、频繁购买产品后提起大量与本案类似的诉讼，能够印证其并非是以生活消费为目的而购买涉案产品，更多的是为了谋取利益，其行为亦违反了诚实信用原则，与《消费者权益保护法》的立法目的不符。因此，马某的上诉请求具有正当性，予以支持。

【案例注解】

法学乃衡平之学，"互联网+"框架之下的食品交易责任承担必然涉及行业保护与消费者权益等多方主体利益保护的矛盾。在电子商务发展的环境下，基于交易的双方信息不对称、合同订立中非谋面性和非协商性特征，司法实践中如何协调当事人具体利益、群体利益、制度利益及社会公共利益间的冲突，实现利益均衡，值得我们深思与探讨。

本文将各方利益予以层次结构化分析，反思各方主体利益保护维度，在法律适用中进行利益选择，并从立法衡平、程序正义、个案到类案的规范总结、配套评估监督机制建立四个方面对法官主观恣意的利益衡量予以约束，从而构建利益衡量的程式裁判规则，实现各方主体利益平衡与司法公平正义，以期对今后同类案件的审理提供借鉴。

一、利益保护的维度:优化营商环境框架下利益衡量的进路

(一)利益衡量理论的应用

法院在处理具体案件时,要对消费者、经营者、电商平台的行为进行具体分析,并进而进行利益衡量,即以价值相对主义为基础,注重各方当事人的具体利益比较和均衡。日本利益衡量论的首倡者加藤一郎教授指出:"对于具体情形,究竟应注重甲的利益,或是应注重乙的利益,进行各种细致的利益衡量以后,作为综合判断可能会认定甲获胜。"[①]英国功利主义者边沁在《民事与刑事的立法原则》一书中对利益作了深入研究,他所采取的广义利益观深刻地影响了德国学者耶林。[②] 而德国以耶林、赫克、拉伦茨等为代表的学者对利益衡量理论作了大量贡献性研究,以庞德为代表的美国学者对利益衡量理论的研究也非常深入。20 世纪 90 年代中期,我国学者梁慧星教授将日本的利益衡量理论介绍至我国,并尝试用利益衡量的方法分析案例,在我国学界引起较大反响。利益衡量本身即系一种价值判断,在目的考量或利益冲突时,恒须为利益衡量,恒应为价值判断。[③]

消费者通过网络平台购买食品,从而形成了消费者、经营者与平台间的三方当事人利益关系。而网络食品交易纠纷的发生,究其根本,乃三方当事人利益失衡所致。因此,如何分配、协调及均衡三方主体的具体利益自然成了法官裁判最重要的价值判断与考量。这便要求法官不应仅仅在字面上遵循法律的规定,更重要的是要充分了解制定法中所包含的利益价值判断,且在处理时努力使自己所作的利益判断能够与立法者的利益取向相吻合。由于利益衡量的最终结果直接涉及各方主体利益能否得到法律上的保护,但是任何利益都存在于法律制度之中。所以,对各方主体具体利益进行衡量就应当在特定的法律制

---

① [日]加藤一郎:《民法的解释与利益衡量》,梁慧星译,载梁慧星主编:《民商法论丛》(第 2 卷),法律出版社 1994 年版。

② 参见吴从周:《概念法学、利益法学与价值法学:探究一部民法方法论的演变史》,中国法制出版社 2011 年版,第 9 页。

③ 杨仁寿:《法学方法论》,中国政法大学出版社 2013 年版,第 225 ~226 页。

度中进行，也只有在这种特定的制度背景中对各种不同的利益进行衡量，才能获得妥当的裁判。

（二）各方主体的利益保护：基于利益选择的层次结构

在具体的网购食品交易纠纷中，涉及消费者利益、经营者利益及电商平台利益，这三种利益其实都可以归结为当事人具体利益，与具体利益相连接的即是群体利益，而前文论述到的不同法律法规间的冲突，在某种程度上看即为制度利益，除了具体利益、群体利益、制度利益之外，还关涉社会公共利益。如此一来，当事人具体利益、群体利益、制度利益、社会公共利益间便形成了一个有机的利益层次结构。在这一结构中，四者之间是一种有具体到抽象的递进关系，也是一种包容和被包容的关系。因此，法院在利益衡量时，要保证案件审判的合法性与合理性，必须遵循利益层次结构的规律。这种层次结构要求法官在判案过程中遵循以下思维过程：以当事人具体利益为逻辑起点，在社会公共利益的基础上，联系群体利益和制度利益，特别是对制度利益进行综合衡量之后，从而得出合法合理的结论。④ 在此，我们可以对本文案例中涉及的利益进行衡量。详见表 1。

表 1　网购食品交易纠纷的利益衡量

选择保护对象	结果					
	当事人利益		群体利益		制度利益	社会公共利益
	消费者	经营者	消费者群体利益	经营者群体利益	如消费者权益保护法等	公平正义利益、营商环境利益等
保护消费者	√	×	√	×	×	×
不保护消费者	×	√	×	√	√	√

注：表格中的“√”表示得到保护，“×”表示没有得到保护或不能得到保护。

从表 1 可以发现，如果保护消费者利益，则不但损害了经营者及其群体利益，而且还损害了制度利益以及公平正义利益、营商环境利益等社会公共利益；

④ 参见梁上上：《利益衡量论》，法律出版社 2016 年版，第 123 页。

如果不保护消费者利益,则经营者利益、经营者群体利益、制度利益及社会公共利益可以得到保护。一般情形下,消费者与经营者相比,在资金、知识、信息获得等方面存在不足,处于弱者地位,受到制度利益的特别保护。但是对消费者利益的保护不可过于极端,公平正义的天秤一旦倾斜,则必然损害经营者利益、经营者群体利益,进而损害社会公共利益,影响公平正义,不利于营造良好的营商环境。本案中,郑某此前长期、频繁购买产品并提起大量类似诉讼,其行为违反诚信原则,与《消费者权益保护法》的立法目的不符,故其利益不应得到保护。

通过上述分析可知,利益衡量实质是一种法院判案的思考方法,在承认利益与利益之间存在一定的价值位阶的基础,更应该寻找该案所指向的制度利益,强调利益之间的层次结构上的递进,根据不同层次上的评价标准与参照体系,对不同利益之间的冲突进行衡量。此外,具体利益与制度利益、社会公共利益呈现动态互动,二者并非必然对立或一致。每一法律制度都有自身的制度利益,不同的法律制度具有不同的制度利益。当事人的利益只有与该法律的制度利益相一致,才能获得该法律制度的保护;如当事人的利益应当获得保护,但其与该法律的制度利益相悖,那么该法律制度应相应地予以修改完善。

(三)司法裁判过程中利益衡量的限度:对法官主观恣意的约束

当然,对于不同层次的利益判断建立在法官合理限度自由裁量权的基础之上。因此,对法官的自由裁量权应进行必要限制。对于两个财产间所生之不平衡,命裁判官予以调整者,乃正义所不许。⑤ 利益衡量本质上是一种主观行为,没有科学可循的规则体系,静态与动态结合,存在一定的不确定,如何在利益衡量时避免法官的主观恣意是德国、美国、日本等国家的利益衡量理论在司法实践中遇到的最大困扰。

要规范利益衡量的适用,可以从以下几个方面着手:一是立法衡平。立法上的利益平衡是司法上利益平衡的基础,司法上的利益平衡是实现立法上利益平衡的工具。立法的目的在于公平合理地分配与调节社会利益、不同群体的利益和个人利益以协调社会正常秩序,促使各种不同利益各得其所,避免相互冲突,做到相互协调,从而促进社会的进步和发展。立法衡平即是将各方平衡的利益融于具体法律制度之中,通过制度利益表现出来,此是约束法官主观恣意

---

⑤ 参见郑玉波:《民法债编总论》,中国政法大学出版社2004年版,第107页。

的前提。而且，利益衡量只能在法律的疆界内发挥其应有的作用，不能越出法律的边界。二是程序正义。在法治国家中，所有利害关系的主体都应有参与利益衡量程序的公平机会，并从自己的利益角度出发来陈述事实、阐述利益和表达法律意见。利益衡量只有在被社会大众接受的司法程序结构中被解释与应用，其衡量结论才能够得到尊重，才能真正推动法律发展与社会进步。三是个案到类案的规范总结。利益衡量多带有法官的主观性，且具有个案适用性，如何将利益衡量客观性、规律性、可循性，即是通过对个案的总结与比较，予以类型化分析，寻找其中的规律性进行总结，制定确实可行的类型化利益衡量方法。四是配套评估监督机制建立。对于适用利益衡量裁判的案件，启用第三方评估监督机制，对相应案件予以评查，确保案件审判的公平与正义。

二、构建利益衡量的思维程式裁判规则

在当前“互联网＋”战略驱动下，网络交易成为重要的经济增长点。⑥ 由于网购交易复杂多样，且处于不断变化发展之中，保证消费者合法权益的同时，要有效平衡各方利益，推动网购食品交易的顺利有序发展，营造良好的营商环境。

利益衡量的实质是法官在规则使用价值穷尽之际，选择并依据价值判断为案件裁判提供合理化的论证。它要求法官在法律的框架之下，既不能以法无明文规定拒绝裁判，也不能拘泥于形式正义和逻辑推理，更不能“就事论事”地主观恣意判断。法官应综合考虑案件所涉法律的规范评价与立法目的，基于利益的层次结构予以利益选择，并综合考虑社会的理性价值评判标准，将法律的内在合理性与外在合理性统一结合，实现法律在社会学意义上的胜利。

利益衡量思维下裁判的浅层表意是实现个案中的具体正义，但是其题中之义确是在一套科学的适用思维程式之下，把社会的基本正义理念在个案中予以释放。其实，个案利益衡量并不能为所有案件的解决提供行之有效的裁判标准，也无法为此价值与彼价值的先后关系、高下位阶提供万能统一的评判尺度，

---

⑥ 参见梁振国、赵晨光、王晶：《互联网立法背景下网络交易平台提供者注意义务探讨》，载《河北经贸大学学报》2017年第3期。

而其意义恰恰在于通过一种思维程式的设定,协助法官在纷繁复杂的思维世界中及时而有效地“走出迷雾”,并且发挥程序的独特价值,形成利益衡量的思维程式裁判规则,指导类案裁判,并约束行为主体公正而合理地行使手中的裁判权。

附:本案民事判决书

上海市第一中级人民法院
民事判决书

(2019)沪01民终322号

上诉人(原审被告):马某,男,1987年1月13日出生,汉族,住吉林省梅河口市吉乐乡吉兴村一组。

委托诉讼代理人:吴复兴,上海情维律师事务所律师。

被上诉人(原审原告):郑某,男,1984年8月1日出生,汉族,住江苏省通州市石港镇石东村三十七组102号。

上诉人马某因与被上诉人郑某网络购物合同纠纷一案,不服上海市浦东新区人民法院(2018)沪0115民初38679号民事判决,向本院提起上诉。本院于2019年1月2日立案后,依法组成合议庭,进行了审理。本案现已审理终结。

上诉人马某上诉请求:撤销原审判决第二项,依法改判马某无须向郑某赔偿任何钱款。事实和理由:首先,破壁灵芝孢子粉属于农业初级产品,仅作为原料销售,不适用《食品安全法》。上海市食品药品监督管理局关于印发《灵芝及其相关产品案件处理指导意见》的通知中,将灵芝及其相关产品的属性作了规定“未经炮制加工的灵芝及其相关产品应当纳入中药材管理”,并且规定“对于经营未经炮制加工的灵芝及其相关产品的,属于经营没有实施批准文号管理的中药材,同时无须取得药品经营许可证”,2008年版上海市中药饮片炮制规范中,可以看出灵芝孢子粉为未经炮制加工的产品,因此,无须取得药品经营许可证。其次,根据相关规定,灵芝孢子粉属于食用农产品,破壁灵芝孢子粉则是将灵芝的种子粉碎,改变物理性状而成,也应当属于食用农产品。马某以食用农产品的性质作为原料销售，并未加工成普通食品销售，不能依据国家卫生计生委办公厅发布的复函认定该产品不符合国家规定。而且，马某所销售的破壁灵芝孢子粉不存在任何质量问题。再次，郑某一次性购买破壁灵芝孢子粉数量达到100瓶，明显超出正常消费者的购买数量，属于恶意购买。无论是《消费者权益保护法》还是《消费者权益保护法实施条例（送审稿）》都将消费者定义为生活消费需要而购买、使用或接受服务，后者更是将以牟利为目的的购买、使用商品或接受服务的自然人、法人或者其他组织排除在消费者含义之外。因此，郑某不属于法律所保护的消费者行列。综上所述，郑某要求马某十倍赔偿，无事实和法律依据，请求二审法院予以改判。

被上诉人郑某辩称，首先，马某销售的破壁灵芝孢子粉是小罐包装，明显不属于原料，而为普通食品。根据卫计委（2014）390号文件，灵芝孢子粉缺乏长期食用的历史且已作为药物使用，因此，马某将破壁灵芝孢子粉作为普通食品销售，属于不符合安全要求的食品。其次，根据《最高人民法院关于审理食品药品纠纷案件适用法律若干问题的规定》第三条的规定，知假买假不影响维权，该条款将主张权利的主体定义为“购买者”而非普通消费者。郑某作为涉案产品的购买者，即有权主张权利。综上所述，原审法院认定事实清楚，适用法律正确，请求二审法院予以维持。

郑某向原审法院起诉请求：1. 马某退还郑某货款人民币（以下币种同）6,000元；2. 马某赔偿郑某60,000元。

原审法院认定事实：2017年7月29日，郑某在马某开设于“淘宝网”的店铺购买“百草林长白山灵芝孢子粉纯天然散装称重100克头道粉正品包邮”100罐，共计付款6,000元。产品实物外包装上显示产品名称为“灵芝破壁孢子粉”，生产日期为2017年7月29日。产品外包装上用较小的字体标注：“灵芝孢子粉是灵芝在生长成熟期，从灵芝菌褶中弹射出来的极其微小种子，外被坚硬纤维素所包围，人体很难充分吸收，破壁后更适合人体肠胃直接吸收。它的有效成分、微量元素的含量变化不大，破壁后孢子粉的脂肪及水溶性多糖的含量分别比未破壁的明显提高，是理想的保健佳品。”

马某系个体工商户“梅河口市百草林土特产经销部”的经营者及“吉林省万参源土特产有限公司”的法定代表人。“梅河口市百草林土特产经销部”已取得经营项目为“预包装食品（含冷藏冷冻食品）销售、散装食品（不含冷藏冷冻食品)销售”的《食品经营许可证》。“吉林省万参源土特产有限公司”已取得经营项目为“散装食品(含冷藏冷冻食品)销售、预包装食品(含冷藏冷冻食品)销售”的《食品经营许可证》。

2014年5月9日,国家卫生计生委办公厅向食品药品监管总局办公厅复函【国卫办食品函(2014)390号】称:“灵芝孢子粉缺乏长期食用历史且已作为药物使用,作为普通食品原料使用尚无足够的科学依据,因此,破壁灵芝孢子粉不宜作为普通食品原料。”

原审法院认为,消费者的合法权益受法律保护。根据《中华人民共和国食品安全法》的相关规定,生产经营的食品中不得添加药品,但是可以添加按照传统既是食品又是中药材的物质。按照传统既是食品又是中药材的物质的目录由国务院卫生行政部门制定、公布。根据相关规定,破壁灵芝孢子粉不宜作为普通食品原料使用。本案中,“梅河口市百草林土特产经销部”“吉林省万参源土特产有限公司”虽已取得《食品经营许可证》,但经营范围并不包括药品及保健食品,涉案产品并未取得药品及保健食品的批准文号,马某将涉案产品作为普通食品进行销售,可能会对消费者的身体健康造成危害。郑某虽多次购买类似产品后向商家进行索赔,但根据相关司法解释规定,郑某“知假买假”的行为并不影响其向马某主张权利。郑某现以涉案产品系不符合食品安全标准的产品为由向马某主张“退一赔十”,于法有据,原审法院依法予以支持。综上,依照《中华人民共和国食品安全法》第三十八条、第一百四十八条、《最高人民法院关于审理食品药品纠纷案件适用法律若干问题的规定》第三条、第六条、第十五条之规定,判决如下:一、马某应于判决生效之日起十日内退还郑某货款6,000元,郑某同时归还涉案产品“百草林长白山灵芝孢子粉纯天然散装称重100克头道粉正品包邮”100罐给马某,如郑某届时无法退回,则以每罐涉案产品60元的价格折抵应退货款;二、马某应于判决生效之日起十日内赔偿郑某60,000元。负有金钱给付义务的当事人如未按判决指定的期间履行给付金钱义务,应当依照《中华人民共和国民事诉讼法》第二百五十三条之规定,加倍支付迟延履行期间的债务利息。案件受理费1,450元,减半收取计725元,由马某负担。保全费680元,由马某负担。

二审中,当事人没有提交新证据。经本院审理查明,一审法院认定事实无误,本院予以确认。

本院另查明，郑某已就在他处重复、多次购买的破壁灵芝孢子粉类产品，分别于苏州、上海等地法院作为原告起诉，均是在淘宝网络店铺购买产品后主张食品不符合安全标准，要求退还货款并支付十倍赔偿金，案号分别为(2017)苏05民终1369号、(2016)苏0582民初10445号、(2017)沪0115民初75559号等。

本院认为，本案的争议焦点为马某是否应向郑某承担支付价款十倍的赔偿责任。本院对此分析如下：

首先，就马某销售的产品性质而言，上海市食品药品监督管理局关于印发《灵芝及其相关产品案件处理指导意见》【沪食药监稽(2014)999号】的通知中规定："灵芝及相关产品的管理属性为：(1)未经炮制加工的灵芝及其相关产品应当纳入中药材管理；(2)经过炮制加工的，应当纳入中药饮片管理或中成药；(3)灵芝及其相关产品具有增强免疫力的保健功能；(4)该品不宜作为普通食品原料"，并且规定"对于经营未经炮制加工的灵芝及相关产品的，属于经营没有实施批准文号管理的中药材。……经营此类产品，无须领取药品经营许可证"。故涉案破壁灵芝孢子粉是否经过炮制是其管理属性认定的关键。《现代汉语词典》(第6版)对"炮制"的解释：用中草药原料制成药物的过程，方法有烘、炮、炒、洗、漂、蒸、煮等。涉案破壁灵芝孢子粉系通过碾压方式破壁后所得，属于物理破壁，并未经过炮制。故根据沪食药监稽(2014)999号的规定，马某所销售的涉案破壁灵芝孢子粉的管理属性应纳入中药材管理。

其次，郑某主张马某退一赔十的请求权基础是《食品安全法》第三十四条第一款、第三十八条。《食品安全法》第三十四条第一款规定："禁止生产经营下列食品、食品添加剂、食品相关产品：(一)用非食品原料生产的食品或者添加食品添加剂以外的化学物质和其他可能危害人体健康物质的食品，或者用回收食品作为原料生产的食品；……"；第三十八条规定："生产经营的食品中不得添加药品，但是可以添加按照传统既是食品又是中药材的物质。按照传统既是食品又是中药材的物质目录由国务院卫生行政部门会同国务院食品药品监督管理部门制定、公布。"郑某提出，马某销售的破壁灵芝孢子粉属于用非食品原料或者其他危害人体健康物质的食品，但其没有标注保健食品的批准文号及标志，也无普通食品的批准文号，存在安全隐患。然而，结合上述分析可知，马某销售的产品应属于中药材，并不归属于食品的范畴。因此，《食品安全法》第三十四条第一款并不适用于本案。就《食品安全法》第三十八条的立法精神而言，其目的亦是为了确保食品的质量和安全。如果在食品中添加药品,会导致该食品产生不安全因素,损害食用者的健康,因此上述法律规定对此予以禁止。然而,马某销售的产品本身就是破壁灵芝孢子粉,其并未作为原料添加到其他食品中,因此,《食品安全法》第三十八条在此亦不具有可适用性。综合上述分析,郑某的请求权基础显然不成立。

再次,本院注意到,马某销售的产品外包装上标注此系"理想的保健佳品",但此不等于就认同该产品属于食品。事实上,破壁灵芝孢子粉具有保健功能,能增加免疫力,属于一般社会共识。社会大众在正常情况下亦不会将其作为食品进行购买。因此,郑某的主张显然属于偷换概念。

最后,《食品安全法》第一百四十八条以及《最高人民法院关于审理食品药品纠纷案件适用法律若干问题的规定》第十五条皆对"退一赔十"进行了明确的限定:生产不符合食品安全标准的食品或者销售明知是不符合食品安全标准的食品。显然,马某承担上述法律责任的前提是破壁灵芝孢子粉属于食品,且不符合食品安全。基于上述分析可知,该产品显然不符合上述要件,因此,原审据此认定马某需承担郑某支付价款十倍赔偿的请求缺乏依据,本院对此予以纠正。

本院需提及的是,《消费者权益保护法》的立法目的是保护整体上为弱者一方的合法权益,其所指的"消费者"是指为个人或者家庭生活需要购买、使用商品或者接受服务,而不是为了从事生产经营或者职业活动的需要。郑某在本案诉讼之前已就涉案产品相类似的产品以同样的诉请主张和理由向法院主张惩罚性赔偿,且其亦长期、频繁购买产品后提起大量与本案类似的诉讼,能够印证其并非是以生活消费目的而购买涉案产品,更多的是为了牟取利益,其行为亦违反了诚实信用原则,与《消费者权益保护法》的立法目的不符。而且,郑某亦未提供证据证明其购买涉案产品系为生活所需。因此,郑某亦明显不属于《消费者权益保护法》所规定的为生活消费所需而购买商品的消费者范畴。

综上所述,马某的上诉请求具有正当性,本院予以支持。庭审中,马某表示愿意退还郑某的购货款,本院对此予以认同;一审判决认定有误,本院予以纠正。据此,依照《中华人民共和国食品安全法》第三十四条、第三十八条、第一百四十八条,《最高人民法院关于审理食品药品纠纷案件适用法律若干问题的规定》第十五条,《中华人民共和国消费者权益保护法》第二条,《中华人民共和国民事诉讼法》第一百七十条第一款第二项之规定，判决如下：

一、维持上海市浦东新区人民法院(2018)沪0115民初38679号民事判决第一项。

二、撤销上海市浦东新区人民法院(2018)沪0115民初38679号民事判决第二项。

三、驳回郑某要求马某赔偿60,000元的诉讼请求。

如果未按本判决指定的期间履行给付金钱义务，应当依照《中华人民共和国民事诉讼法》第二百五十三条之规定，加倍支付迟延履行期间的债务利息。

一审案件受理费人民币1,450元，减半收取计725元，由马某负担80元，由郑某负担645元。保全费680元，由郑某负担。二审案件受理费1,450元，由上诉人马某负担160元，由郑某负担1,290元。

本判决为终审判决。

审 判 长　毛海波
审 判 员　许鹏飞
审 判 员　吴慧琼
二〇一九年一月二十九日
法官助理　梁春霞
书 记 员　郭纯君

五、裁判前沿

被继承人债务清偿纠纷的司法路径重塑

浙江省金华市中级人民法院课题组*

摘　要　被继承人债务清偿纠纷,在立法层面一直关注较少,但司法实践争议问题较多。在继承人清偿责任、放弃继承的效力、继承遗产实际价值的举证责任等方面,《民法典》继承编和《民事诉讼法》等相关规定不够完善或缺乏可操作性。在立法供给与司法需求失衡的情况下,此类纠纷固有的遗产形态多样性、继承事务隐蔽性、法律关系多重性等特征,更使司法裁判陷入多重困境。本文以被继承人债务清偿纠纷的法律应对为视角,基于法院统计数据引出实务中的具体问题,以稳妥化解矛盾,高效审理案件和维护司法公信力为目标,从修订完善相关制度、明确现有规则裁判思路、多元解决司法技术难题入手,对此类纠纷的处理路径进行重塑。在修订完善相关制度上,提出应明确继承人责任的具体范围和创设被继承人债务概括清理制度;在现有规则的裁判优化上,提出完善特殊情形下的管理人职责、管理人指定适用非讼程序和合理平衡当事人举证责任;在多元化解实务技术难题上,提出强化协同提升司法服务能力和数智赋能破解技术难点。

关键词　被继承人　债务清偿　遗产管理人

随着我国经济不断发展,个人财富不断增加,被继承人债务清偿纠纷逐年

---

* 课题组组长:叶向阳,浙江省金华市中级人民法院党组书记、院长。课题组成员:鲍大兵,浙江省金华市中级人民法院党组成员、副院长;黄玉强(执笔人),浙江省金华市中级人民法院民四庭庭长;高丽霞(执笔人),浙江省金华市中级人民法院民四庭副庭长。

增长。此类纠纷已经成为司法实务中的难点和焦点，裁判的多样化和执行的虚置化影响当事人的合法权益，受到社会各界的关注和质疑，也关系到司法公信力的提升。笔者以浙江法院 2021 年审结的被继承人债务清偿案件为基础，梳理法院裁判现状及分歧，探究如何重塑裁判路径，并探索借鉴个人债务清理、数字化法院等经验成果解决实务困境。

一、实务处理具体特征

（一）审理程序查明继承遗产情况不同

2021 年浙江法院审结的被继承人债务清偿纠纷中，判决继承人在继承遗产范围内承担清偿责任的一审案件共 157 件，其中未查明具体遗产的 128 件，占 81.53%；查明具体遗产的 29 件，占 18.47%。未查明具体遗产作出概括判决的，有的以法条的直接表述为依据；有的以诉讼中不能确定继承遗产情况为由；有的以具体遗产继承情况应在执行程序处理为由。查明具体遗产后判决的，典型判法是在查清继承人继承的具体遗产后，在判决主文中列明继承人继承的具体遗产，并确定继承人以该些遗产实际价值为限承担责任。

（二）继承人均放弃继承时的效力认定不一

部分继承人放弃继承的，因尚有其他继承人作为被告，实务中基本认可放弃继承的效力，处理方式较为统一。全部继承人放弃继承的，如何认定放弃继承的效力，处理结果多样。2021 年浙江法院审结的该类纠纷中，继承人全部放弃继承的一审案件 25 件，其中认定继承人放弃有效，判决被继承人遗产直接清偿债务的 12 件，占 48%；认定继承人放弃有效，判决继承人在遗产范围内辅助承担债务的 6 件，占 24%；认定继承人放弃有效，驳回债权人诉讼请求的 4 件，占 16%；认定继承人放弃无效，仍判决继承人在继承遗产实际价值范围内清偿债务的 3 件，占 12%。

（三）执行程序终本结案比例高

未查明具体遗产判决继承人概括清偿债务的情况下，执行中债权人未得到清偿时，对遗产是否已查明以及如何认定继承人履行完毕问题较多。除非债务得到全额清偿或者债权人认可，基本以终结本次执行程序处理。申请人很少同意法院裁定执行完毕，执行程序无法实体终结，导致执行程序长期虚置。一些申请人甚至无限制地提出要求，申请法院在全国范围内清查被继承人遗产。对继承人而言，在未明确具体责任金额时，判决履行完毕的条件不明，一直会被列为被执行人，甚至被采取强制措施，严重影响其个人征信和正常生活。例如，某法院审理的王某诉继承人胡某、张某1、张某2一案，继承人张某1是在校学生。张某1明确放弃继承，但因王某留有未分割的不动产，法院以概括性判决其在继承遗产的实际价值范围内承担责任。在执行程序中张某1长期被列为被执行人，直接影响张某1个人征信和助学贷款，引发亲友质疑和信访。

（四）遗产管理人制度可操作性差

《民法典》继承编增设遗产管理制度的规定，填补了我国立法空白，是立法的重大进步与创新，实现了制度的规范化与体系化，满足了多年来民众与司法实务对可继承遗产的管理诉求，适应了社会经济发展下对社会财富增值保值以及顺利完成代际传承的需求。但是立法的继受是长期社会变迁与法律变迁的适应过程，法律制度的确立过程受制于实务的影响。①《民法典》第1145条规定，没有继承人或者继承人均放弃继承的，由被继承人生前住所地的民政部门或者村民委员会担任遗产管理人。如何将该特殊情况下的遗产管理人制度，落实到具体的司法实务中，是被继承人债务清偿纠纷面临的焦点问题之一。目前，民政部门或者村民委员会通过何种程序加入诉讼；如何认定其已勤勉履行了管理义务；若不配合，将其列为被执行人是否合适；如何采取执行措施等问题，均缺乏配套规定。从2021年浙江法院的相关数据看，没有一个案件确定民政部门或者村民委员会担任遗产管理人。从其他省市情况看，适用遗产管理人制度的比例也极低，实用效果发挥不足。

（五）多个债权人的清偿顺序混乱

多个债权人同时起诉要求清偿债务，被继承人的遗产较少，不足以清偿全部债务时，如何确定清偿顺序，未达成共识。有的按照判决生效时间，对第一个判决确定的债权予以清偿，后续债权人起诉的，直接驳回。有的认定各债权人均有权请求继承人在继承的遗产价值范围内承担责任，但具体分配留待执行程

① 参见魏磊杰：《中国民法典的本土化何以可能——一条现实主义的路径》，载《法律科学》2019年第4期。

序解决。有的认为第一个债权人清偿份额适当倾斜，其余的按比例清偿。

（六）立案案由不规范

最高人民法院《民事案件案由规定》"第二部分　婚姻家庭、继承纠纷"项下列明了"31.被继承人债务清偿纠纷"这一案由。但不少法院认为，从有利于纠纷的查明的角度出发，此类案件仍应直接根据债务基础关系性质确定案由。现行司法体制中，法院往往根据案由确定分案，多个业务部门参与该类纠纷审理。不同业务部门法官对该类纠纷认识往往存在差异，导致类案不同判现象频发。

二、实务困境主要成因

被继承人债务清偿纠纷包括债务关系、继承人身份、继承遗产范围认定等诸多争议点，司法回应上的差异化主要源于立法层面、规则适用、司法措施的缺失或粗糙。

（一）立法层面细化规则缺失

《民法典》关于继承的相关规定及继承编解释主要围绕被继承人与其亲属之间的继承关系展开，更多关注被继承人和继承人间内部的权利义务关系，对被继承人外部债务清偿规定不够。

1.继承人清偿债务的责任范围未细化

第一种观点：审判程序中不需查明遗产情况，可在执行程序中查明。首先，债权人对遗产继承情况举证困难，无法知悉被继承人具体遗产。继承人配合度往往较低，在审判程序仅对能查明的遗产判决不利于债权实现。其次，审判程序调查手段有限，依职权查明耗时费力。执行程序借助执行查控系统相对便捷。在概括判决时，对新发现的遗产也可在执行程序中直接处理。最后，执行程序中查明无遗产或继承的遗产不足以清偿债务的，对继承人的合法权益不会产生实质影响。

第二种观点：审判程序不应概括性判决，应对具体遗产及价值范围予以明确。首先，被继承人债务清偿纠纷系给付之诉，给付内容应当明确具体。按《民事诉讼法》规定，申请执行的法律文书应当具备权利义务主体明确和给付内容明确。《最高人民法院关于人民法院立案、审判与执行工作协调运行的意见》第

11条明确"法律文书主文应当明确具体",并列举了多种情况下对法律文书主文内容的具体要求,包括"给付金钱的,应当明确数额""确定继承的,应当明确遗产的名称、数量、数额等"。概括判决属于给付内容不明确的判决,可执行性有争议。其次,限定继承责任原则要求应查明继承的具体遗产。我国采用限定继承原则,限定继承制度未附加任何条件,继承人无须采取任何有关遗产清算、公示等手段,属于"无条件的限定继承"②,查明遗产是确定继承人限定责任的前提。最后,查明遗产有利于保护继承人合法权益。具体遗产价值范围不明,导致执行程序不能实体终结,继承人在债权人认可履行完毕或清偿全部债务前始终是被执行人,影响其个人征信。此时,继承人限定继承被变相突破,继承人变为无限清偿责任。

2. 多个债权人的清偿顺序未规定

普通民事案件中,在审判阶段,除非债权人对具体财产享有法定或约定的优先权,原则上不能判决被告在特定财产价值范围内承担责任。在执行程序中,多个债权人清偿顺序,民事诉讼法及解释已有明确规定。如果债务人是个人的,多个债权人对个人的财产可依法按照比例分配清偿。如果被执行人是企业的,按照查封先后顺序清偿;若后查封顺序的债权人通过破产程序阻断的,按照企业破产程序清偿。被继承人债务纠纷中,在债权人先后起诉的情况下,如何确定后续债权人对继承人继承的遗产实际价值范围较难协调。并且,在执行程序中,因被继承人死亡,程序上不能成为被执行人,也不能依据上述普通民事程序的规定确定清偿顺序。

(二)司法实务适用现有规则模糊

1. 全部继承人放弃继承的效力认定不统一

此处放弃继承的语境,是指符合《民法典》及其继承编解释规定的放弃继承的要件,即在遗产处理前,全部继承人以书面形式放弃继承的表示。

第一种观点:放弃继承行为无效。首先,根据《最高人民法院关于适用〈中华人民共和国民法典〉继承编的解释(一)》第32条规定:"继承人因放弃继承权,致其不能履行法定义务的,放弃继承权的行为无效。"全部继承人放弃继承,致其不能履行法定义务即被继承人对外债务,对放弃继承不应准许。其次,继

② 方汤琳:《论我国遗产债务清偿制度之完善》,载《红河学院学报》2016年第6期。

承人通过放弃继承规避清偿债务，损害债权人利益的情形较为常见，如继承人均放弃继承，对是否存在遗产、遗产范围以及有无实际继承等事实更难以查明，不利于债权人利益保护。最后，继承人均放弃继承将导致诉讼主体存疑，在审理中被告列明困难，执行中缺少被执行人。

第二种观点：放弃继承行为有效。首先，继承人放弃继承依法不承担债务有法律依据。《民法典》第1161条第2款规定，继承人放弃继承的，对被继承人依法应当缴纳的税款和债务可以不负清偿责任。放弃继承系单方民事法律行为，应尊重继承的意思自治。其次，影响继承人放弃继承效力的"法定义务"不能扩大解释。《最高人民法院关于适用〈中华人民共和国民法典〉继承编的解释（一）》第32条规定："继承人因放弃继承权，致其不能履行法定义务的，放弃继承权的行为无效。"此处法定义务应理解为"非因契约行为等而产生的约定义务"。最高人民法院（2021）最高法民申6927号一案中也认为，系指有责任有能力尽法定的抚养义务而不尽形成的债务、被继承人为继承人个人事务形成的债务、支付被继承人的丧葬费等义务。除上述债务之外的债务不属于继承人的法定债务。如基础债务不属于法定义务的，应认定继承人放弃行为有效。最后，放弃继承的继承人反悔不影响被继承人债务清偿纠纷的处理。根据《最高人民法院关于适用〈中华人民共和国民法典〉继承编的解释（一）》的规定，在判决作出之前继承人反悔的，法院根据其具体理由可决定是否承认；判决作出之后继承人反悔的，因判决已判令未放弃继承的继承人在继承遗产范围内承担责任，视为遗产处理之后反悔，不予承认。法院不能顾虑继承人有可能对放弃继承反悔，当然否定其放弃继承的效力。

2. 特殊情形遗产管理人职责和指定程序不清

根据《民法典》第1146条的规定，无继承人或继承人均放弃继承的情况下，由被继承人生前住所地的民政部门或者村民委员会担任遗产管理人。此类特殊管理人的职责未作细化，因履职精力、利益、经验与普通遗产管理人不同，导致实效性不足。在指定程序上，也存在两种不同理解。

第一种观点：在诉讼程序直接确定遗产管理人为被告。《民法典》新增有关遗产管理人的规定，应从有利于提高纠纷解决效率的角度把握。在无继承人或继承人均放弃继承的情况下，债权人起诉时或在诉讼中追加民政部门或村民委员会为被告，有利于减少诉累，便于一次性解决纠纷。

第二种观点:在非讼程序确定遗产管理人。遗产管理人在被依法指定前,不属于诉讼程序的适格被告。指定管理人程序与指定监护人等特别程序类似。遗产管理人制度属于《民法典》新增制度,各地民政部门或者村民委员会未建立配套规范,直接追加容易造成抵触,影响到实务效果。通过非讼程序确定,更于强化沟通,缓冲情绪,引导调解,督促遗产管理人依法履职。

3.继承遗产范围举证责任分配不清

民事诉讼往往依赖于当事人举证,被继承人债务纠纷也不例外。债权人、继承人在继承中属于第三方,对被继承人的遗产和继承人的继承情况掌握有限,举证困难。客观上,继承人与被继承亲疏关系不一,未必比债权人更清楚遗产状况。主观上,继承人可能消极应付,或故意不配合。

第一种观点:债权人应承担证明继承人实际继承遗产价值的举证责任。根据民事诉讼证据规则,被继承人债务清偿纠纷中有关遗产实际价值的事实,也应遵循“谁主张,谁举证”的原则,即由主张继承人继承遗产的原告(债权人)举证。

第二种观点:继承人应承担实际未继承遗产的举证责任。与外部债权人相比,继承人更有能力掌握被继承人的遗产情况。继承人还可以通过继承人之间信息互通、自行向相关部门查询等方式了解查清遗产。在继承开始后,继承人也有义务就其继承情况向债权人如实说明。

(三)司法措施缺乏整体统筹

1.审执程序存在选择性忽视

在审判程序或执行程序查明具体遗产,主要涉及法院内部分工和认识角度不同问题。审判程序中,法院根据当事人的申请或依职权调查取证时,只能向银行、房管、车管等部门逐个调查,工作量极大,审判法官往往没有精力进行全面调查,在客观上也容易遗漏,主动查明的畏难情绪浓。在执行程序中,死亡的被继承人因无法列为被执行人,不能通过执行查控系统查询财产,往往也只能通过线下逐个查询遗产情况。执行法官往往程序性普查后,便对案件程序性终结。

2.被继承人遗产查明措施单一

被继承人遗产可能分散各地,司法实务中存在数据壁垒、信息隔阂等亟待解决的问题。查清身份需要基层组织、公安、民政等部门配合,查清遗产需要更多的房管、银行、证监等财产登记机构配合，部门协同配合不力直接影响到遗产查明和事实认定。

三、重塑实务处理路径

（一）通过立法修订完善相关制度

1. 增强继承人所得遗产实际价值的确定性

相比审判程序中不需查明遗产情况，可在执行程序中查明这一观点，在审判程序不作概括性判决，而对继承人所得的实际具体遗产、实际价值予以确定，明确责任范围，更符合民事诉讼裁判确定性及限定继承原则，也有利于平衡债权人和继承人的责任。笔者建议，对《民法典》第1161条规定的“继承人以所得遗产实际价值为限清偿被继承人依法应当缴纳的税款和债务”中的“遗产实际价值”在程序和实体操作上予以明确。在程序上，法院应在审判程序中查清继承人所得的具体遗产情况。当然，如果继承人提供的具体遗产已足以清偿债权人债务的，其余遗产和继承情况，法院无须过多介入，避免侵害继承人隐私。在实体上，规定继承人的责任范围应当具体明确，遗产为货币的，确定数额；遗产为不动产或动产的，列明信息；其他形式的遗产列明遗产的具体情况；与承担责任相关的遗产确实较多的，可在判决中附具体清单。另外，如果继承人向法院提供遗产清单后，被发现存在故意隐匿、漏计重要遗产、虚构不存在的债务或者处分遗产损害债权人权利的，则继承人限定继承的资格予以取消，其将对全部遗产债务承担责任。③

2. 确立被继承人债务概括清理制度

为避免多个债权人重复起诉，分配无序等影响公平清偿的矛盾，建议确立被继承人概括清理制度。制度设计可以参照企业破产制度相关规定，以及法院正在探索的个人债务清理制度，如浙江省高级人民法院《浙江法院个人债务集

---

③ 参见杨立新主编：《继承法修订入典之重点问题》，中国法制出版社2015年版，第273页。

中清理(类个人破产)工作指引(试行)》相关经验④。对存在多个债务的被继承人,一旦涉诉即引导至概括清理程序,通过债权人会议,由债权人、继承人、管理人共同参与,统一解决被继承人的债务清理问题。义乌法院对指定遗产管理人的案件探索参照个人债务集中清理工作指引,对被继承人的债务进行集中清理,通过查明遗产、债权申报、债权人表决,将遗产按比例分配给所有债权人。指定遗产管理人对被继承人生前的债务进行集中清理,不仅有效保护了继承人、债权人的合法权益,还减轻了遗产管理人的诉累,对今后同类型案件的处理具有重要的创新探索意义。

(二)明确现有法定规则的裁判思路

1.完善特殊情形下的遗产管理人职责

遗产管理人的确定是遗产管理工作得以顺利开展的基本前提,更是推进遗产管理工作得以继续,稳妥处理继承人债务清偿纠纷的关键。在无继承人和全部继承人放弃继承,民政部门或村民委员会为遗产管理人时,建议明确如下职责:一是遗产清单的制作职责。处于中立地位的遗产管理人对遗产清单的制作,便于遗产与其他财产的分离,有利于被继承人债务的准确清偿。遗产清单制度的具体内容应当包括制作主体、制作要求、制作时间、遗产类型、清单效力以及查阅对象等。二是公示催告债权的职责。通过增设公示催告债权,可以全面清理被继承人的债务,公平清偿债权人债务。在被继承人债务概括清理制度尚未建立的情况下,是有效减少债权人重复起诉,避免司法裁判复杂化的过渡方法之一。三是必要时委托第三方社会中介机构的职责。民政部门或村民委员会担任遗产管理人,基于其特殊身份、有限的精力与清理经验,遗产管理人的作用发挥受到限制。参照公司清算和破产制度,应允许其委托律师事务所、会计师事务所委等专业性强的中介机构,负责遗产管理工作,其报酬作为管理费用在遗产中列支。

2.遗产管理人通过非诉程序指定

在诉讼程序中直接确定遗产管理人为被告,虽然一定程度上减少债权人的诉累,但增加了遗产管理人的诉累,也容易激发其对抗性。而通过非诉程序确

④ 浙江省高级人民法院:《浙江法院个人债务集中清理(类个人破产)工作指引(试行)》(浙高法〔2020〕142号),2020年12月2日。

定遗产管理人，符合《民法典》继承编第1146条规定的精神，是遗产管理人这一新增制度有效落地的务实考量。《民法典》第1146条规定，“对遗产管理人的确定有争议的，利害关系人可以向人民法院申请指定遗产管理人”。且最高人民法院《民事案件案由规定》在“第十部分非诉程序案件案由”中列明“406.申请指定遗产管理人”案由，以非诉程序确定遗产管理人，再追加遗产管理人为被告，从程序来看也更为妥当。当然，从多元化解矛盾需要出发，即使启动非诉程序指定遗产管理人，也要注意事先做好与民政部门、村民委员会的沟通，尽可能取得其理解和支持。金华市法院审理的被继承人何某债务清偿纠纷一案，全部继承人均放弃继承的情况下，在全省率先适用《民法典》相关规定，根据债权人申请指定当地民政局担任遗产管理人。当地民政局委托律师事务所实施相关遗产管理工作，对被继承人的遗产和债务进行了集中清理，相关纠纷得以全部化解，罗某等继承人也摆脱了多年的“老赖”身份。

3.合理平衡当事人的举证责任

被继承人债务清偿纠纷不同于普通民事纠纷，存在基础法律关系和继承法律关系的重合。在举证责任分配上，要考虑两种不同法律关系的举证责任界限、继承人限定继承和虚假放弃继承的界限，以及遗产管理人勤勉履职和责任过重的界限。要尽可能在个案中，找到举证责任分配的最佳平衡点。原则上，债权人应就债权基础关系的真实性、合法性举证。继承人应向法院提供继承遗产清单，如实陈述已知遗产和继承情况。继承人为逃避承担债务在诉讼中表示放弃继承，实际又继承遗产，或恶意隐瞒、转移遗产的行为应依法严厉打击，追究相应法律责任。同时，法院充分发挥司法能动性，根据当事人提供的财产线索，通过签发律师调查令、依职权调查等方式积极调查取证。

（三）多元解决司法技术难题

被继承人债务清偿纠纷事实认定的难点，集中在“查清身份”与“找清遗产”两个技术问题上。

1.强化协同提升司法服务能力

法院审判和执行部门要注重审执兼顾，执行查控系统应向审理程序开放权限，为审判程序全面调查取证提供技术支撑。法院应积极对接银行、房管、证券等部门，争取财产管理部门对被继承人财产查控的支持和配合。推动高质量的司法裁判与多元化解的优势相互整合，充分发挥司法定分止争、促进和谐、保障发展的重要作用。

2. 数智赋能破解实务难点

在数字化改革浪潮下，笔者建议，可以充分借鉴法院数字化经验成果。聚焦遗产继承纠纷事实查清难的改革需求，依托"府院智审联席"、"破产一件事"和"继承一件事"等数智赋能项目，构建一套"一键发起、多跨协同、即时反馈"的一站式遗产继承审判辅助应用，实现被继承人债务清偿纠纷遗产查询、遗产处理、审判服务等流程的便捷高效。金华市法院也积极开展了相关实践探索。武义法院依托数智赋能谋划"遗产继承一件事"项目，构建"一键发起、多跨协同、即时反馈"的一站式审判辅助应用，在方便当事人办理遗产继承相关事务的同时，也为法院处理包括被继承人债务清偿纠纷在内的继承类纠纷，在审判流程、执行流程上提档升级。义乌法院打造的"遗产清理系统"数字化应用，实现在线查询遗产、债权审核申报、债权人会议、遗产公示等应用场景，有效提高了继承纠纷的办理效率。

六、硕士学位论文

抽逃出资股权受让人的权责研究

袁天立*

目　次

摘　要　目前，我国《公司法司法解释（三）》尚未构建起一套以瑕疵股权受让人为中心展开的规范体系，相关法院同案不同判现象也屡有发生，这使得股权受让人的权利与责任处于不安定的状态中。为此，本文采取实证分析与理论研讨，从三个维度对抽逃出资股权转让规则加以梳理与建构。第一，以司法实践现状为突破口，选取有关抽逃出资股权转让纠纷的典型案例，以可视化数据揭示当前司法实践的现存问题，对现行瑕疵股权转让规则予以解构，辨析瑕疵出资与抽逃出资间的联结点。第二，从权源的角度出发，揭示限权规则与除名规则对公司与其他股东制衡抽逃出资股东的重要功能，提出对恶意股权受让人适用相关规则客观依据。第三，结合司法实践的典型案例，以描述性分析与构

* 袁天立，法律硕士，现供职于四川省成都市高新区管理委员会。

建多元线性回归模型为手段，讨论在实务中如何认定股权受让人为善意或恶意。归纳梳理抽逃出资股权受让人对转让人、公司与债权人所享有的权利与应承担的责任，并提出抽逃出资股权转让规则的修改建议。

关键词 抽逃出资 股权受让人 股权转让规则 除名规则 限权规则

一、引言

（一）选题背景与研究意义

所谓瑕疵股权，即由出资者在出资或增资环节存在瑕疵进而形成的股权。

法律责任与法律义务相互照应，特定的行为人违反义务就必然会承担相应的法律责任。在瑕疵股权转让方面，《最高人民法院关于适用〈中华人民共和国公司法〉若干问题的规定（三）》（以下简称《公司法司法解释（三）》第18条规定了我国以"未履行或者未全面履行出资义务"为范围的转让人与受让人对公司与债权人的责任。从未履行或未完全履行出资义务的行为范围来看，较为典型的出资瑕疵类型包括：（1）完全未出资；（2）未足额或未及时出资；（3）出资不实或虚假出资。同时，争议尚存的类型包括"因未届出资期限而未出资"与"抽逃出资"。其中，伴随着《公司法（修订草案）》（以下简称《公司法草案》）的出台，"因未届出资期限而未出资"已被视为一种特殊的"未履行或未完全履行出资义务"的类型，由《公司法草案》第88条第1款作出专门规定，进而排除出《公司法司法解释（三）》第18条的适用范围。

然而《公司法草案》尚未完成的任务是，其并未对"股东抽逃出资的行为"是否属于"未履行或未完全履行出资义务"作出回应。所谓抽逃出资股权转让，是指转让股东在采取各种手段抽逃出资后，将其股权转让给受让股东的行为。目前，我国尚无有关抽逃出资股权转让规则的直接规定，主要争论多是围绕该情形是否能类推适用《公司法司法解释（三）》第18条展开的。应注意的是，这种立法现状引发了股权受让人责任的不安定状态，因为第18条的规范目的很大程度即是为确定受让人对公司与债权人的责任关系，且针对第18条能否在抽逃出资情形下适用，理论界与实务界是存在广泛争议的。与此相关的是该解释的第16条与第17条，即对抽逃出资股权受让人而言，公司能否限制其股东权利，甚至解除其股东资格的问题,学界亦存在各种争论。上述两个思考分别涉及受让人的股东责任与股东权利,即受让人的“责”与“权”。但遗憾的是,由于学界目前针对抽逃出资股权转让的研究较少,受让股东与相关主体的权责关系未被较多地关注。同时,由于该解释第 18 条存在较大的解释空间,即当债权人主张受让人与转让人共同担责时,抽逃出资股权的受让人能否以对抽逃出资“不知道且不应当知道”为由主张免除责任的讨论,学界与司法领域亦常有不同的声音。此外,在善意受让人的认定方面,司法界亦暂未形成有体系的认定标准。

值此《公司法》修改之际,鉴于在学理层面关于《公司法司法解释(三)》第 16 条、第 17 条与第 18 条在适用抽逃出资股权转让情景时的争议性较大,同时考虑到在实践层面抽逃出资股权转让的案件较为多发,有必要厘清相关主体的法律关系。其中,重点是要分析围绕股权受让人为中心的权责关系,同时探讨若适用第 18 条时有关“知道或应当知道”的适用场景与认定标准。以股东抽逃全部出资为分析对象,本文有助于完善我国股权交易规则体系,利于更好衡平受让股东与转让股东、公司、债权人的利益关系,对完善我国公司法体系、维护当事人的正当利益、推动我国社会主义市场经济法治建设具有重要意义。

(二)既有研究综述

在研究抽逃出资股权转让后受让人的权责关系时,应重点关注《公司法司法解释(三)》第 16 条、第 17 条与第 18 条的适用可行性。其中,前两则规范对应公司对受让人享有的股东权利限制权与股东资格解除权,后者规范对应受让人就抽逃出资款项对公司与债权人所可能负有的连带责任。

1. 关于抽逃出资股权受让人对公司与债权人所负责任的探究

针对抽逃出资股权受让人对公司与债权人所负责任,最捷径的研究路径是研判“抽逃出资”能否适用《公司法司法解释(三)》第 18 条。倘若第 18 条不能适用或适用争议较大,则可能需要从抽逃出资的本质出发比对其与第 18 条所规范的“未履行或未完全履行出资义务”的联系与区别,然后再结合第 18 条立法思路,确定受让股东对公司与债权人的责任。

(1)关于抽逃出资能否适用《公司法司法解释(三)》第 18 条的争论

目前,围绕抽逃出资能否适用《公司法司法解释(三)》第 18 条,在学界存在否定说与肯定说的争论。

①否定说

坚持否定说的学者主张“抽逃出资”情形不应受《公司法司法解释(三)》第18条的规范。

依据对《公司法司法解释(三)》第18条的文义解释与体系解释，张曦认为该条文并未将因抽逃出资而形成的股权纳入规范范围。考虑到第18条在适用领域应限定在公司设立或股东出资环节的“不履行义务”之情形，张曦不赞成通过扩大解释将抽逃出资纳入该条文的规范范围。[①] 类似地，赵胜在解读第18条时亦指出该条文未将“抽逃出资”作为适用场景，同时他亦指出现行法体系缺乏针对抽逃出资股权转让的具体规范已造成司法实践中的同案不同判。[②] 此外，亦有学者认为受让股东并不负有《公司法》所规定的资本充实责任，且抽逃出资行为的发生与受让股东并无联系，因此其不应承担责任。[③] 较前者而言，吴红忠的观点较为独特，他倡导在否定抽逃出资受第18条规范的同时，基于商事外观主义原则指出恶意的抽逃出资股权受让人应与转让股东对公司承担补足出资的连带责任、不区分主观状态的受让人，应对债权人就公司清偿不能的债务承担责任。[④]

②肯定说

坚持肯定说的学者主张“抽逃出资”情形应受《公司法司法解释(三)》第18条的规范。

出于对立法原意的尊重，邓建华肯定抽逃出资与未履行或未完全履行出资义务属于完全不同的行为，同时主张对第18条进行扩大解释以将抽逃出资纳入其规范范围，进而填补法律漏洞。[⑤] 采取举轻以明重的解释方法，章小兵指出较未履行或未完全履行出资义务而言，抽逃出资具有隐秘性与复杂性，进而难以被察觉，因此考虑到连具有浅表性的“未履行或未完全履行出资义务”情形尚且

---

① 参见张曦：《关于抽逃出资后股权转让适用〈公司法解释三〉第18条的实证研究》，载《法律适用》2022年第2期。

② 参见赵胜、黄昕：《股东抽逃出资之股权转让合同效力研究》，载《法制与经济》2017年第5期。

③ 参见杨春宝：《股权转让后，谁应对抽逃出资承担责任》，载《科技创业》2008年第10期。

④ 参见吴红忠、柯抗：《抽逃出资的瑕疵股权转让后受让人对债权人责任的承担》，载《中国检察官》2022年第8期。

⑤ 参见邓建华：《抽逃出资股权转让的司法规制》，载《人民司法(案例)》2018年第35期。

已被第18条规制,那么"抽逃出资"就更应受第18条规范了。[⑥]

③观点评析

对比来看,持否定说观点的学者多从法律解释的角度指出《公司法司法解释(三)》第18条在规范内容上不构成对"抽逃出资"情形的规范。持肯定说的学者亦多承认目前的第18条基于文义解释难以推导出"抽逃出资"属于"未履行或未完全履行出资义务"情形,但出于对立法目的与实践需要的考量,这类学者倡导将第18条予以适当的扩大解释,以求对抽逃出资情形加以规范。

值得关注的是,笔者发现在司法实践中绝大多数法院在针对抽逃出资情形进行判决时是有将第18条进行扩张解释的。[⑦] 例如,在王某瑞、于某英追收抽逃出资纠纷、股东出资纠纷案中[⑧],二审法院即根据该解释第18条判决抽逃出资股权的受让人就转让股东对公司的抽逃出资承担连带返还责任。同时,坚持严格适用第18条的法院亦有存在。[⑨] 例如,在黄某渊与崔某利、崔某锁股东损害公司债权人利益责任纠纷案中[⑩],一审法院即采取体系解释的方法将"抽逃出资"认定为与第18条所规定的"未履行或未完全履行出资义务"相并列的出资责任,进而在存在抽逃出资情况的该案中放弃适用第18条。

综合来看,关于能否将《公司法司法解释(三)》第18条适用于抽逃出资情

---

⑥ 参见章小兵:《股东抽逃出资并转让股权的责任承担》,载《人民司法(案例)》2018年第35期。

⑦ 参见河南省新乡市中级人民法院民事判决书,(2019)豫07民终5460号;重庆市第一中级人民法院(原四川省重庆市中级人民法院)民事判决书,(2019)渝01民终9220号;安徽省蚌埠市中级人民法院民事判决书,(2020)皖03民初129号;河南省高级人民法院民事判决书,(2020)豫民申8250号;山东省淄博市中级人民法院民事判决书,(2019)鲁03民终2823号;北京市第三中级人民法院民事判决书,(2019)京03民初102号;山东省高级人民法院民事判决书,(2018)鲁民申2817号;湖北省随州市中级人民法院民事判决书,(2019)鄂13民终83号等。

⑧ 参见山东省青岛市中级人民法院民事判决书,(2021)鲁02民终133号。

⑨ 参见新疆维吾尔自治区乌鲁木齐市中级人民法院民事判决书,(2019)新01民初79号;北京市海淀区人民法院民事判决书,(2015)海民(商)初字第41980号;山东省青岛市市南区人民法院民事判决书,(2015)南民重字第20008号;江苏省宿豫区(县)人民法院民事判决书,(2018)苏1311民初2895号;天津市河东区人民法院民事判决书,(2019)津0102民初288号;广东省东莞市第三人民法院民事判决书,(2019)粤1973民初5688号;江苏省海安县人民法院民事判决书,(2018)苏0621民初7138号;江苏省如皋市人民法院民事判决书,(2017)苏0682民初8093号;福建省福州市中级人民法院民事判决书,(2020)闽01民终4535号;河南省郑州市中级人民法院民事判决书,(2021)豫01民终5196号;重庆市九龙坡区人民法院民事判决书,(2019)渝0107民初4532号;简阳市人民法院民事判决书,(2021)川0180执异40号;南京市鼓楼区人民法院民事判决书,(2014)鼓商初字第1833号等。

⑩ 参见天津市河东区人民法院民事判决书,(2019)津0102民初288号。

形,目前理论与实践领域是争议尚存的,需要通过更加精细的理论推演与利益衡量加以分析。

(2)关于瑕疵股权转让的责任承担

从抽逃出资的特征来看,其与学界常讨论的“已届期的未实缴出资股权”具有较高的相似度。在《公司法司法解释(三)》尚未颁布前,学界围绕已届期的未实缴出资股权转让后的责任主体存在三种学说,这些思想对笔者研究抽逃出资股权转让后的责任分配具有借鉴价值。

①受让股东担责说

受让股东承担说主张出资不足义务应仅由受让人承担。出于转让股东已将股权转让给受让人,而股权转让的内容既包含股东权利亦覆盖股东义务,且考虑到股权转让后转让股东已不再拥有股东身份,因此相关出资义务应由公司的现行股东即由受让股东承担。

②转让股东担责说

转让股东承担说主张出资不足义务应仅由转让股东承担。该说支持者多认为应借助股东足额出资以保障公司资本充足,从而维系公司对外经营的资本信用。同时,基于民法领域责任自负的思想,转让股东是造成股权瑕疵的行为人,对公司的资本填补负有法定责任,且该责任并不因股权转让而免除。

③共同责任说

该说主张转让股东必须对出资不足承担责任,同时关于受让人是否应与前者承担连带责任则应视情况而定。

首先,针对转让股东而言,其首要的法定义务在于向公司完全且无瑕疵地缴纳出资,公司是其事实上的债权人。根据《民法典》第551条第1款的规定,“债务人将债务的全部或者部分转移给第三人的,应当经债权人同意”。显然,在未获公司同意的前提下转让债务是不能对公司产生债务转移效力的。同理,瑕疵出资股东对公司债务履行承担以认缴出资为限的担保责任⑪,显然未经债权人同意的担保责任转移亦不会对其产生法律效力。

其次,针对受让股东而言,其责任具有从属性的特点,正因如此,在考虑其

⑪ 参见李凯:《论瑕疵出资股东民事责任的实现程序》,载《苏州大学学报(法学版)》2021年第3期。

是否应对公司与债权人承担连带责任时或许需要考虑到其主观状态。支持考虑受让人主观状态的学者多从商事外观主义的角度，指出根据《民法典》第65条的规定，“法人的实际情况与登记的事项不一致的，不得对抗善意相对人”，进而推得在处理受让股东与公司的关系时，若受让股东为善意则公司不得主张其承担连带责任。与此相反，从善意判断标准的模糊性出发，也可认为在发生瑕疵股权转让时皆应令受让股东对此承担连带责任而不必考虑其主观状态。现行有效的山东省高级人民法院的《关于审理公司纠纷案件若干问题的意见》(以下简称《山东高院意见》)第51条即未考虑受让股东的主观性。

④观点评析

对比来看，第三种观点较前两种观点更具合理性。观点一将责任主体限定为受让股东，非但有违股权转让当事人的意思自治，且其在事实上消灭公司与债权人对转让股东相关请求权的制度构造亦对民法债务转移制度造成冲击，有失对公司与债权人的利益保护。观点二采取实质主义的模式，虽有助于防止股东不履行出资义务的行为、尊重股权转让当事人的意思自治，但却忽视了对处于公司外部的债权人利益的保护，有违商事外观主义并有害交易安全。反观观点三，该观点较好地兼顾了各方主体的利益诉求，即在尊重股权转让当事人的自治的同时，借助公示主义衡平在进行相关交易时处在公司外部的债权人与股权受让人的利益。

目前，《公司法司法解释(三)》第18条采纳的是第三种观点。但关于受让股东在对债权人承担责任时是否应考虑前者的主观状态，目前学界的争议较大，对此笔者将其置于本文第二部分重点讨论。

2. 关于抽逃出资股权受让人权利限制的研究

从《公司法司法解释(三)》第16条与第17条的适用范围来看，两则条文显然适用于着手实施抽逃出资的转让股东，但针对未着手实施抽逃出资行为的受让股东，该规范能否对其发生效力值得商榷。目前，围绕公司是否有权限制与剥夺瑕疵出资股权受让人的股东权利，在学界存在肯定说与否定说的争论。

(1)肯定说

坚持肯定说的学者主张公司有权限制与剥夺瑕疵股权受让股东权利，且不论受让股东在受让股份时的主观状态。

从权利来源出发，受让股东所获股权与转让股东的股权本质相同，因此如果该股权存在出资瑕疵的问题,则这种瑕疵会附属在股权中并伴随着转让行为间接影响受让人的实际权利。对此,林芳认为《公司法司法解释(三)》第16条属于强制性法律规范,因此受让股东受该规范约束。⑫ 从公司针对瑕疵股权股东转让股权行为的救济路径来看,朱亚南认为限制受让股东的股东权利是公司寻求救济的手段之一。⑬ 此外,郭歌认为受让股东因其股东权利可能因第16条被公司限制,因此受让股东有权要求转让股东履行出资义务。⑭ 类似地,在研究受让股东对股权转让合同的解除权时,股东权利亦可能受公司限制作为"合同目的不能实现"的事由。

结合司法实践,在许某国与李某康、汪某君股权转让纠纷案的一审判决⑮与李某煜与汤某义、肖某股权转让纠纷的再审裁定中,⑯相关法院皆有指出转让股东的出资瑕疵行为可能会致使受让股东的股东权利受到公司限制。

(2)否定说

坚持否定说的学者主张公司限制与剥夺瑕疵股权受让股东权利是有前提的,即需以受让股东明知或应知该股权存在出资瑕疵为要件。

在进行股权交易时,受让人虽需要慎重履行尽职调查义务,但亦可要求其他股东告知其股权是否存在瑕疵问题。唯有在知晓股权存在瑕疵情形下受让人依旧愿意受让该股权,才能视为其对该瑕疵股权所附责任与义务的接受,进而公司有权依据《公司法司法解释(三)》第16条与第17条限制其股东权利,甚至解除其股东资格。

结合司法实践,在许某国与李某康、汪某君股权转让纠纷案的二审判决中,二审法院推翻了一审法院的判决思路,转而认为受让股东为善意的条件下其股东权利不应受公司的限制或剥夺。⑰

(3)观点评析

目前,肯定说是学界的通说。该观点常被用于解释转让股东对股权转让合

---

⑫ 参见林芳、金玉:《瑕疵出资股权转让时受让人的责任承担及救济》,载《长春理工大学学报(社会科学版)》2016年第6期。

⑬ 参见朱亚南:《瑕疵出资股权转让后对公司的责任承担》,载《学理论》2013年第23期。

⑭ 参见郭歌:《〈民法典〉物之瑕疵规范的解释与适用研究》,载《江西社会科学》2022年第3期。

⑮ 参见浙江省奉化市人民法院民事判决书,(2015)甬奉商初字第1170号。

⑯ 参见山东省高级人民法院民事判决书,(2016)鲁民终1392号。

⑰ 参见浙江省宁波市中级人民法院民事判决书,(2016)浙02民终837号。

同的瑕疵履行影响受让股东的股东权利,即转让股东所转让给受让股东的股权是可能会被公司限制甚至剥夺的,且即便是在受让股东系善意受让人的条件下亦是如此。

对比来看,肯定说的依据在于《公司法司法解释(三)》第16条与第17条在赋予公司限制股东权利、解除股东资格的权力时并未考虑在股权转让情形下的受让股东的主观状态。由此从责任与义务附随股权转移的角度出发,指出因为出资瑕疵并未消除,受让股东的股东权利可以被公司加以限制甚至剥夺。从利益衡量的角度来看,这种解释显然是倾向保护公司与其他股东利益的。

然而,笔者不赞成这种观点,认为该观点存在三个明显短板。其一,从商事外观主义的角度来看,该观点摒弃对善意交易人的保护,危及交易安全。从商事外观主义的角度来看,享有公示公信力的工商登记簿与章程在交易中举足轻重,记载于股东名册且未公示存在出资瑕疵的股东应被推定持有完整且无瑕疵的股权。善意交易人出于对该权利外观所产生的信赖利益应当得到保护,否则势必对交易安全造成挑战。其二,从体系解释的角度来看,该观点与《公司法司法解释(三)》第18条的立法逻辑相违背。《公司法司法解释(三)》第18条在规范受让股东对公司的责任时,是明确将受让股东的主观状态作为其是否对公司承担责任的关键依据的。因此出于体系解释的逻辑连贯性,第16条与第17条在规范受让股东对公司的权利关系时显然亦应秉持相同的立法逻辑,即将受让股东的主观状态纳入公司能否限制或剥夺其股东权利的标准。否则,倘若立法者在确定受让股东对公司之责任时保护善意交易人,却在确定受让股东对公司之权利时不对其加以保护,则势必造成逻辑的不周延。至于第16条与第17条未明确规定的原因,从目的解释来看这两条规范主要目的是督促发生"股东未履行或者未全面履行出资义务"或者"抽逃出资"行为的当事股东尽快补足出资,以保证公司资本的充实。[18] 换言之,或许第16条与第17条针对该情形构成某种明显的法律漏洞,即将不应受该两则条文规范的未实施抽逃出资行为的受让股东在事实上纳入规范范围。对此应采取限缩解释的方法并结合第18条的立法逻辑,在确定公司对受让股东之股东权利的限制权与股东资格的除名权

---

[18] 参见最高人民法院民事审判第二庭编著:《最高人民法院关于公司法解释(三)、清算纪要理解与适用》,人民法院出版社2011年版,第254页、第267页。

时，将受让股东的主观状态作为要件。其三，从利益衡量的角度来看，该观点过分保护公司与其他股东的利益，有失对受让股东利益的兼顾。以风险管控能力与管控成本为视角，相较于作为外部主体的受让人，公司与其他股东实际更具备督促转让股东尽快补足出资的能力且管理成本更低，由股权转让使得受让人承接瑕疵股权本质上是由这种督促不力所引发的风险外溢，该不利后果显然不应由不知情且不应知情的受让人承担，否则将导致公司内部督促机制欠缺负向激励作为动力。当然，考虑到恶意受让人知晓或应当知晓该风险存在，因此其受让股权的行为应视为对该不利后果的知情同意，因而公司在该情形下有权限制或剥夺其股东权利。

综合来看，否定说在秉持商事外观主义的原则上做到保护交易安全，在制度构思上回应《公司法司法解释（三）》第18条的立法逻辑，同时亦平衡兼顾了受让股东、其他股东与公司的利益。虽然目前主张该说的学者较少，但笔者认为其中所蕴含的合理性是不容忽视的，对本文亦具有较大的参考价值。

3.关于受让人是否以不知道且不应知道股权瑕疵对抗债权人的争论

根据文义解释，《公司法司法解释（三）》第18条在处理受让股东与公司间的责任关系时无较大的争议，但在处理受让股东与债权人间的责任关系时，关于受让人能否以其“不知道且不应知道”股权瑕疵来对抗债权人的问题，鉴于条文“受让人对此知道或者应当知道”是否能适用于后半句具有部分歧义，因而在学界亦引发争论（肯定说与否定说之争），且该歧义在司法实践中的所产生的影响更为严重。

（1）肯定说

坚持肯定说的学者主张“受让股东知道或应当知道”是公司债权人要求其承担责任的前提。

受让股东基于股权转让协议对转让股东负担支付股权对价款的义务，其并无向公司履行出资的法定或约定义务，况且作为“外人”的受让股东对公司的经营与出资情况难以全面知悉，令善意的受让股东负担对债务人的清偿责任是对其的二次伤害。或许在对债权人的责任承担上，受让人所需担负的清偿责任仅以其知道或应当知道的瑕疵股权范围为限更为合理。此外，从章程与工商登记的公示效力出发，刘斌赞成保护债权人的信赖利益，但亦指出受让股东可以举证自己不知且不应知股权瑕疵而免除责任。[19]

虽然在学界坚持肯定说的学者较否定说略少,但在司法实践中坚持肯定说的判例是极为常见的,甚至在数量层面远多于主张否定说的判例。例如,在常熟市融丰商贸有限公司与何某武、何某廉等与公司有关的纠纷案中,二审法院即以原告未能成功举证受让股东明知转让股东存在抽逃出资为由[20],驳回其关于令受让股东与转让股东对公司不能清偿的债务承担连带责任的诉讼请求。再如,在夏某等与徐某平等民间借贷纠纷案中[21],二审法院亦以无证据证明受让股东明知转让股东存在抽逃出资行为为由,驳回债权人对于受让股东的诉求。

(2)否定说

坚持否定说的学者主张“受让股东知道或应当知道”并非公司债权人要求其承担责任的前提。即便受让抽逃出资股权的股东为主观善意,亦不能对抗债权人。

立足于博弈论与信息经济学的观点,綦敏认为把监督责任赋予信息获取成本更低的主体将极大降低监督成本;由此,基于优先级顺序为“瑕疵股权转让股东、恶意的受让股东、善意的受让股东与公司债权人”的排序,他认为善意受让股东无法对抗公司债权人。[22] 出于保护商事交易安全的目的,刘涛等学者亦赞成该观点。[23] 类似地,基于公示主义与权利外观主义,有学者认为受让股东需要与转让股东对债权人承担连带责任[24],甚至还有学者主张善意受让股东亦不能对公司主张抗辩。[25] 以受让人过错为视角,李新天认为受让股东受让瑕疵股权是其未尽合理注意义务的后果,在探讨其对债权人的责任时不考虑其主观状态

---

⑲ 参见刘斌:《瑕疵出资股权转让合同中受让人的风险识别与权利救济》,载《法治研究》2022年第1期。

⑳ 参见江苏省苏州市中级人民法院民事判决书,(2019)苏05民终9430号。

㉑ 参见江苏省盐城市中级人民法院民事判决书,(2017)苏09民终4194号。

㉒ 参见綦敏:《不知情瑕疵出资股权受让方的救济困境及突破——以公司债权人与受让方利益平衡为视角》,载《东南大学学报(哲学社会科学版)》2019年S1期。

㉓ 参见刘涛、陈国军:《论股份有限公司瑕疵出资股权转让民事责任承担》,载《政治与法律》2011年第11期。

㉔ 参见贾树学:《论有限责任公司股东瑕疵出资的争议解决及立法完善》,载《河北法学》2010年第5期。

㉕ 参见刘敏:《论未实缴出资股权转让后的出资责任》,载《法商研究》2019年第6期。

并无不公。[26] 此外，在解读《公司法司法解释（三）》第18条时，亦有学者认为受让股东的主观状态无法构成对债权人的抗辩。[27] 同样地，出于维护资本充实原则并保护债权人利益，刘涛等学者亦坚持否定说的立场。虽然善意的受让股东对股权转让合同享有撤销权，但该撤销权无法对抗债权人，受让股东只能在向债权人担责后向转让股东追偿。[28]

参考《山东高院意见》，该意见第51条亦从侧面佐证受让股东不能以善意受让股权作为对抗债权人的抗辩事由。在司法实践层面，亦有法院在说理时充分采纳了否定说观点。例如，在北达控股有限公司等与盐城市苏厦建设集团有限公司山西分公司等借款合同纠纷案中[29]，二审法院即在裁判理由部分指出，"股权受让人是否知道或应当知道股权存在瑕疵是属于受让人与转让人间的关系，仅涉及该股权转让合同是否可撤销或可变更，但不能对抗公司外部的债权人"。

（3）观点评析

对比来看，肯定说与否定说在分析路径和价值取向上皆有可取之处。

肯定说的观点是立足于对善意股权受让人的保护，否定说的观点是出于对债权人的保护。但在理论分析层面，笔者认为否定说比肯定说更胜一筹。肯定说在研判善意股权受让人与公司间关系时，多有采纳公示主义或商事外观主义的基本原理，指出为保护交易安全与受让人的信赖利益，应允许受让人以其主观善意为由对公司向其主张的出资义务加以抗辩。但显然，这套逻辑亦能被应用于分析受让股东与债权人间关系，其思维推演的结果应当是已被公示登记的受让股东利益让位于处在公司外部的债权人的利益。持否定说的学者多赞成该观点，这种逻辑的自洽性亦构成否定说的理论优势。

（三）研究方法及其论证

本文旨在以抽逃出资股权受让人为视角，重点分析其在受让股份对公司、债权人所享有的权利与负有的责任，进而建构体系性的抽逃出资股权受让人的权责关系理论。

---

[26] 参见李新天、关帅：《论违反出资义务的法律后果》，载《河南财经政法大学学报》2013年第3期。

[27] 参见杜甲华：《瑕疵股权转让合同效力之析》，载《社会科学辑刊》2011年第6期。

[28] 参见郝红：《瑕疵股权转让中的民事责任》，载《人民司法》2009年第23期。

[29] 参见山西省太原市中级人民法院民事判决书，（2019）晋01民终3153号。

1. 理论研究法

目前,在受让股东对公司与债权人的责任关系层面,学界在研究抽逃出资是否受《公司法司法解释(三)》第18条规范的相关文献较少,而实践中的争议性又较大。为仔细讨论第18条的适用性问题,笔者拟以学界对“抽逃出资的性质分析”和“瑕疵股权转让条款的建构研究”为两条思路进行理论分析,进而研究抽逃出资与瑕疵股权转让规则的契合度,并建构适宜的抽逃出资股权转让规则,梳理受让股东与公司、债权人的法律关系。

同时,在受让股东对公司的权利关系层面,参考学界关于公司能否依据《公司法司法解释(三)》第16条、第17条对瑕疵出资股权受让股东限制权利或解除资格的讨论,结合前面关于“抽逃出资的性质”的分析,研究抽逃出资股权受让人的股东权利能否被公司限制或剥夺,以及公司在主张该项权利所需满足的条件。

此外,值得继续讨论的是,倘若《公司法司法解释(三)》第18条能适用于抽逃出资情形,则受让股东能否以对抽逃出资“不知情且不应知情”来对抗债权人?对此,笔者将借助商事外观主义与公示主义等理论作为基础,并区分不同情景讨论,进而得出结论。

2. 利益分析法

利益衡量的价值之一在于对法律漏洞的填补,同时解决争议条款对特定类型案件是否应扩张解释或限缩解释的问题。

本文涉及许多可能存在法律漏洞的规范条文,为填补法律漏洞需借助利益衡量的方法,并对不同主体的利益关系进行剖析。[30] 梁上上教授所建构的利益衡量法理论体系是对加藤一郎与梁慧星教授思想的全新发展,他注意到传统利益衡量法存在较强的主观恣意性,且缺乏有可操作性的具体方法。为此,他精巧地创设了以当事人的具体利益、群体利益、制度利益与社会公共利益为不同层级的利益结构,[31]这为本文提供了制度设计的分析方法。

---

[30] 参见梁上上:《论公司正义》,载《现代法学》2017年第1期。

[31] 参见梁上上:《利益的层次结构与利益衡量的展开——兼评加藤一郎的利益衡量论》,载《法学研究》2002年第1期。

3. 案例分析法

围绕受让股东与公司、债权人间的权责关系，在司法实践中的判决案例非常丰富，且广泛存在同案不同判的现象，这为本文的法条分析提供了翔实的案例支撑。在上文中，笔者已列举出几项具有代表性的争议案例。

同时，笔者亦注意到围绕受让股东的主观状态，司法领域在判断其是否为"知道或应当知道"抽逃出资情形存在时，尚缺乏某种较为清晰的标准。为此，利用案例分析法有助于笔者梳理为法院所采纳的较好的识别标志，为建构转让股东的善意认定标准提供思路。

4. 历史分析法

本文的重点在于探究《公司法司法解释（三）》第16条、第17条与第18条在抽逃出资情形下的适用性。值得注意的是，在2014年的《公司法》修订中我国改革了实行长达20年的公司资本制度，采取取消法定注册资本最低限额、首次出资实缴比例和期限的限制，以及非货币出资的出资比例限制等系列举措，令我国公司资本制度趋于宽松。然而，最高人民法院在2010年制定《公司法司法解释（三）》时所倚靠的制度前提是实缴资本制。因此针对抽逃出资而言，该解释的相关规范在全面推行认缴资本制的当代中是否仍具有较强的合理性，这值得商榷讨论。

5. 比较研究法

针对抽逃出资股权转让的责任安排，其他国家和地区已有较为成熟的规定。例如，德国《有限责任公司法》关于抑制抽逃出资的资本维持原则体现为第30条的分配禁止制度。与我国的《公司法司法解释（三）》逻辑类似，德国《有限责任公司法》也仅是在第16条有规定当转让股份未缴付款项时转让股东与受让股东的连带责任。但针对抽逃出资的情形，德国《有限责任公司法》在第31条规定，行为股东不得被免除返还出资的义务、未规定当股权被转让后的有关受让人的责任。类似地，在除名制度方面，德国《有限责任公司法》第21条是仅针对"迟延交付出资"的股东创设除名制度，结合第31条未规定抽逃出资受让股东的义务，因此德国《有限责任公司法》实质上并未赋予公司剥夺抽逃出资股权受让人股东资格的权利。除德国存在相关规定以外，我国澳门特别行政区的法律法规与我国台湾地区的"公司法"对股东除名制度亦有规定，值得参考与借鉴。

二、现行瑕疵股权转让规则对抽逃出资适用性的讨论

（一）立法背景

伴随2005年的修订，《公司法》的可诉性大大增强。然而，因修订后的《公司法》对部分制度多是从原则性或概括性的角度对某些纠纷作出调整，在司法裁判中往往面临无法可依或有法难依的困境，其中瑕疵股权转让问题即是其中一项。

在《公司法》中，并无法条明文规定倘若转让股权存在瑕疵问题时所涉及的转让股东、受让股东、公司与债权人等主体的利益调整。为此，《公司法司法解释（三）》第18条对相关主体的责任作出安排。正如最高人民法院民二庭负责人在答记者问时所提到的，《公司法司法解释（三）》着眼于司法裁判需要并结合立法规定和学界观点，针对"……明确未尽出资义务（包括未履行出资义务或未全面履行出资义务）和抽逃出资的认定、诉讼救济的方式以及民事责任……"等问题进行了具体的系统设计。其立法目的在于实现三点效果：一来具体落实公司内外部有关主体的责任义务，抑制当事人的非诚信行为，促进公司规范运营；二来保障公司资本稳定充实，保护与公司交易的第三人利益；三来秉持商法规则化解实践分歧，引导各方梳理商法意识、强化商法理念，促进各级法院妥善审理公司诉讼案件。

（二）抽逃出资与未履行、未全面履行出资义务的区分

"抽逃出资"与"未履行、未全面履行出资义务"既是《公司法司法解释（三）》中反复提及的两个概念，亦是理解该司法解释第18条的突破口。厘清这两个概念能为解决由第18条引发的争议提供帮助。

1. 关于未履行、未全面履行出资义务的界定

所谓股东出资义务，是指股东按期足额缴纳其所认缴出资额的义务，涵盖公司设立和公司增资时股东的出资义务。至于"未履行"和"未全面履行"这两个概念，主要指向这种出资义务未完成的程度是全部或部分。

从立法解释来看，参考立法者在《最高人民法院关于公司法解释（三）、清算纪要理解与适用》（以下简称《理解与适用》）中对上述概念的解读，所谓"未履

行、未全面履行出资义务”并未涵盖抽逃出资，而是仅指向股东在公司设立或增资阶段是否有履行出资义务。同时，从体系解释来看，《公司法司法解释（三）》第16条和第17条皆将“未履行或者未全面履行出资义务”与“抽逃出资”作为并列的两种概念设立规范，同时在紧跟着的第18条将“未履行或者未全面履行出资义务”作为该条款明文规范的行为，且只字未提及“抽逃出资”，这似乎更加印证了前者观点，即立法者在对《公司法司法解释（三）》进行制度构建时是默认“未履行或者未全面履行出资义务”与“抽逃出资”是为并列关系的两种概念的，而非后者为前者所涵摄。

2. 关于抽逃出资的性质界定

学界在对抽逃出资进行定性时，存在违约说与侵权说两种分析。

（1）违约说

违约说认为抽逃出资是股东完全不履行出资义务的行为。

该说强调章程作为契约规定股东与公司间的权利义务关系。虽然在现实的章程中存在大量由《公司法》规定的强制性条款，但其契约属性依旧不容忽视。作为契约，章程明确约定了股东与公司的权利义务关系。其中，股东应对公司足额缴纳股本，公司应对股东授予股份。因此倘若股东抽逃出资，则应对公司承担违约责任。然而，考虑到《公司法》第35条已明确禁止股东抽逃出资，这种责任似乎应视为法定责任而非违约责任。此外，有学者亦批评道，章程订立的主体只能是股东，公司不是章程的订立者，因此即便是股东抽逃出资的行为违反章程，也只能视为对其他股东的违约。[32]

（2）侵权说

侵权说认为抽逃出资是股东不合理地转移公司财产，是对公司财产权的侵权行为。

该说强调公司作为法人独立承担责任的前提是享有独立的财产。该说认为，抽逃出资的前提是股东已经将全部或部分的“出资”投入公司，而一旦缴资行为完成，这些“出资”即成为公司的所有物。故而，即便股东在公司成立后将出资收回，该行为也应视为侵占公司财产的行为，股东应承担对公司的侵权责

㉜ 参见周美华：《股东出资瑕疵的民事责任探讨》，载《重庆科技学院学报（社会科学版）》2007年第5期。

任。此后,有学者立足公司的资产负债结构指出,抽逃出资的发生路径除侵占公司资产外还涵盖虚增公司负债㉝,但本质上抽逃出资依旧属于股东对公司的侵权行为。

(3)观点评析

综观两说,在解释股东抽逃出资的责任性质方面,在学界侵权责任说比违约责任说更受欢迎,立法者似乎对此亦持相同观点。但无论怎么讲,"股东出资自投入公司其即成为其法人资本额,非经清算不得撤回"㉞,皆是两派学者都坚持的观点。公司法作为商事组织法的功能,即在于实现公司的法人独立并切割公司与股东的财产关系,显然禁止抽逃出资是实现该目标的基本前提。

3. 小结

当将视野重新转向本文所关注的抽逃出资股权转让时受让人的责任安排,显然违约责任说更有助于《公司法司法解释(三)》第18条在解释适用时兼容抽逃出资。这是因为侵权责任说所强调的公司财产权独立性建立在特定股东已履行出资义务的前提上,否则公司对特定股东而言根本"无资可抽",抑或"无权可侵";然而倘若股东已履行出资义务,就不满足《公司法司法解释(三)》第18条所规范的"未履行或者未全面履行出资义务"的条件。在该说看来,出资责任与侵权责任是两种独立行为的责任,前者系股东违反积极义务的后果,后者缘于对其消极义务的违背。与此相对,违约责任说并不排斥《公司法司法解释(三)》第18条,因为该说天然地将抽逃出资视为股东不当履行出资义务、进而构成违约责任的某种情形,而不当履行出资义务是能为"未履行或者未全面履行出资义务"的文义所涵摄的。

由此可见,倘若在司法实践中既坚持抽逃出资行为的侵权属性,同时又要求受让股东对转让股东的侵权行为依据《公司法司法解释(三)》第18条承担连带责任,则必然引发学理上的矛盾冲突。在抽逃出资系侵权责任已是学界通说的背景下,似乎应当在《公司法司法解释(三)》第18条时排除适用抽逃出资。值得一提的是,如果从体系解释的角度来看,既然第18条在处理股权受让人与

㉝ 参见刘燕:《重构"禁止抽逃出资"规则的公司法理基础》,载《中国法学》2015年第4期。

㉞ See Wolfgang Schon, *Balance Sheet Tests or Solvency Tests-or Both*, European Business Organization Law Review, Vol. 181:7, p. 183 - 184(2006).

债权人的责任关系时仅引用了《公司法司法解释(三)》第13条关于“未履行、未全面履行出资义务”的规定而未引用第14条关于“抽逃出资”的规定，且考虑到第13条与第14条属并列的两则条款，在处理抽逃出资情形时适用第18条亦会造成逻辑的不周延。诚然，这种观点亦被部分法院采纳，作为排除适用第18条的裁判理由。例如，在黄某渊与崔某利、崔某锁股东损害公司债权人利益责任纠纷案中，一审法院即指出《公司法司法解释(三)》中明确了“未履行出资义务”与“抽逃出资”的不同认定标准，前者被诠释于第8条至第11条，后者则为第12条所界定，因此二者属于不同概念，第18条不应适用于抽逃出资。㉟

（三）司法实践中的具体操作

自最高人民法院2011年启动实行《公司法司法解释(三)》以来，围绕该解释第18条如何适用的争论一直没有停息。为更好反映该条款在司法层面存在的诸多困惑并加以解决，笔者基于中国裁判文书网数据库，以“《最高人民法院关于适用〈中华人民共和国公司法〉若干问题的规定(三)》第十八条”“抽逃出资”“股权转让”“知道”等为关键词进行全文检索，同时围绕转让股东存在抽逃出资情形时有关受让股东的责任安排，筛选获得有效样本共计184件。受限于裁判文书公开限制，笔者所选取的样本时间范围为2014～2022年(见图1)。

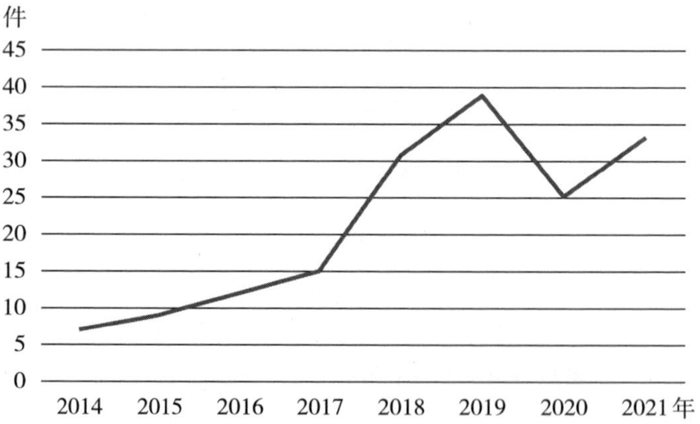

图1　样本案例中相关案件数量的逐年变化趋势

研究上述案件主要为回答以下问题：(1)司法领域关于抽逃出资是否适用

㉟ 参见天津市第一中级人民法院民事判决书，(2018)津01民终9042号。

《公司法司法解释(三)》第 18 条的总体态度;(2)相关判决态度的历史演进趋势;(3)相关判决呈现的地域特征;(4)相关判决在法院级别和裁判程序呈现的特征;(5)法院在适用和不适用第 18 条时采用的说理方式;(6)支持适用第 18 条的法院在针对公司与债权人向转让股东诉求的判决结果特征。

值得关注的是,排除 2022 年的样本量外(该值可能因案件数据上传滞后偏小),相关案件量总体呈现出逐年上升趋势,这直接表明了本文对相关问题处理的现实意义。

1. 关于抽逃出资是否适用《公司法司法解释(三)》第 18 条的判决分析

(1)总体情况

根据统计结果,在 184 件样本中有 152 件法院支持在转让股东抽逃出资情形下对受让股东适用第 18 条来令其对公司或债权人承担连带责任,其比例约占 83%;此外,亦有 32 件案件法院明确反对这一做法,其比例约占 17%(见图 2)。

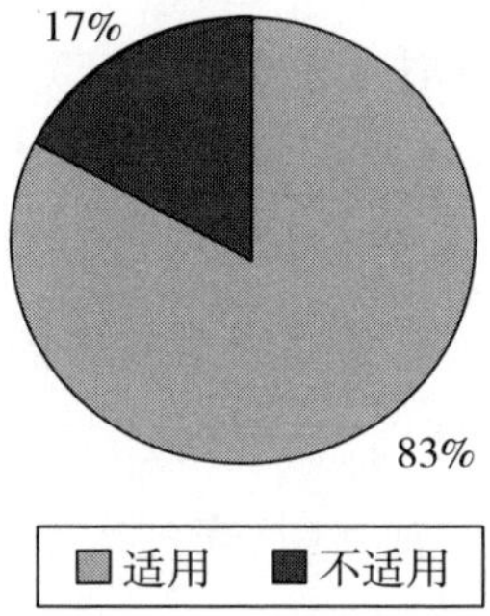

图 2　样本案例中关于第 18 条适用性的统计

(2)历史演进趋势

从时间维度来看,近年来有越来越多的法院在针对该情形时更加倾向于适用《公司法司法解释(三)》第 18 条,即表现为该条不适用的概率正逐年走低。其中,各年度的不适用率分别为 2014 年(1 个案例)14.29%、2015 年(3 个案例)33.33%、2016 年(2 个案例)16.67%、2017 年(4 个案例)26.67%、2018 年(6 个案例)19.35%、2019 年(7 个案例)17.95%、2020 年(3 个案例)12%、2021 年(5 个案例)15%与 2022 年(1 个案例)7.69%(见图 3)。

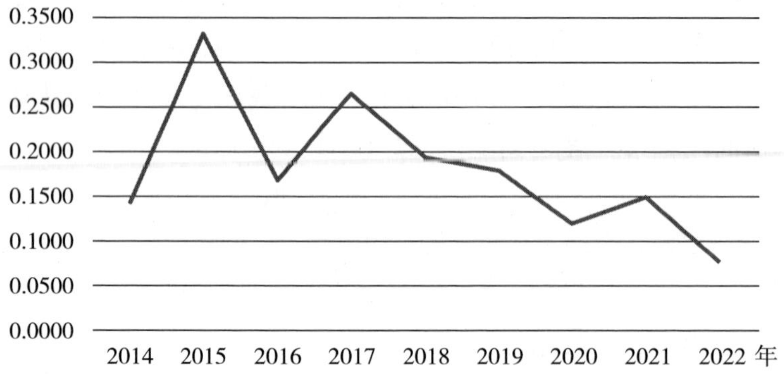

图3　样本案例中关于第18条不适用率的逐年趋势

（3）地域特征

从地理维度来看，根据我国地区人均GDP的地区划分标准，从大致趋势来看，或许越是经济发达的地区越是倾向恪守《公司法司法解释（三）》第18条原意，将"抽逃出资"排除出《公司法司法解释（三）》第18条适用情形，反而是经济相对落后地区的法院多采用变通解释方式，将其纳入适用范围。至于导致出现该现象的原因，笔者倾向认为是因经济发达地区更加重视规则意识，且因法院人才队伍实力更加雄厚，这些经过高素质教育的裁判人员更易通过审慎的逻辑分析和学理推导得出《公司法司法解释（三）》第18条并非适用抽逃出资情形，进而作出有利于受让股东的裁判（见表1）。

表1　样本案例中各地法院裁判的地域分布

地区人均GDP	省份	案件数量（件）	不适用率（%）
第一梯队	北京、上海、江苏、天津、浙江	73	17.81
第二梯队	福建、广东、重庆、湖北、山东	58	17.24
第三梯队	内蒙古、陕西、辽宁、湖南、安徽	13	15.38
第四梯队	海南、新疆、四川、江西、宁夏	14	7.14
第五梯队	河南、吉林、山西、青海、河北	18	33.33
第六梯队	云南、西藏、黑龙江、广西、贵州、甘肃	7	0

（4）法院级别和裁判程序特征

从法院级别和裁判程序来看，排除样本过少的最高人民法院、高级人民法院和中级人民法院反对适用第 18 条的比例似乎明显高于基层人民法院。同时，二审法院反对适用第 18 条的比例亦明显高于一审法院(见表 3)。实际上,有许多案件正是围绕“第 18 条是否适用转让股东抽逃出资情形”存在较大争议而进入二审程序的,这一点在笔者阅读相关文书时得到了印证。

表 2　样本案例中各级法院的裁判结果

	适用的案件量(件)	不适用的案件量(件)	不适用率(%)
最高人民法院	1	0	0
高级人民法院	5	1	16.67
中级人民法院	46	15	24.19
基层人民法院	99	16	13.91
总计	152	32	17.39

表 3　样本案例中不同程序的裁判结果

	适用的案件量(件)	不适用的案件量(件)	再审(%)
一审	126	19	15.08
二审	54	13	24.07
再审	4	0	0

2. 关于法院裁决是否适用《公司法司法解释(三)》第 18 条的说理分析

针对认可适用《公司法司法解释(三)》第 18 条的 152 项案件中,占绝大多数的 112 项案件在适用时并未对第 18 条进行说理。这类案件多是默认“抽逃出资”属于“未履行或未完全履行出资义务”,直接列出法条,再结合受让股东是否知道或应当知道受让股东的抽逃出资事实,进而判定其是否承担连带责任。当然,也有部分法院在适用第 18 条时指出“未履行出资义务”包括“抽逃出资”。少数法院采用目的解释和学理解释等方法,指出“抽逃出资”与“未履行或未完全履行出资义务”本质上皆违反资本充实原则、损害债权人利益,因此应当适用《公司法司法解释(三)》第 18 条以保护公司和债权人利益。同理,亦有法院采取举重以明轻的解释路径,指出既然转让股东“未履行或未完全履行出资义务”时受让股东需要承担连带责任,那么对于无论主观恶性还是损害后果都更为严重的“抽逃出资”而言,受让股东就更应承担责任了。此外,极少数法院在认识到上述两种概念不同的基础上，在适用第18条时采用“参照适用”的字眼既显示两者的区别，又对具体案件适用法条。

与此相反，反对适用第18条的32项案件几乎都对排除适用第18条的原因进行了说理。其中，多数法院从概念辨析的角度指出“未履行或未完全履行出资义务”与“抽逃出资”的本质区别，进而从恪守法条原意的角度排除适用第18条，不论受让股东是否知道或应当知道转让股东的抽逃出资行为，皆免除其责任。此外，也有较多法院从体系解释的角度出发，指出既然第16条、第17条和第19条等条文将“未履行或未完全履行出资义务”与“抽逃出资”作为并列的两种情况，进而考虑到第18条只列出“未履行或未完全履行出资义务”情形，则应当将“抽逃出资”排除出该条适用范围（见表4）。

表4　样本案例中裁判文书的说理要点

	类型	案件量（件）
适用案件	直接适用且未说理	112
	抽逃出资属于未履行出资义务	16
	采用目的解释和学理解释	10
	采用危害程度说明	14
	参照适用	5
不适用案件	说明属于不同概念	22
	体系解释	7
	抽逃出资具有隐蔽性	2
	直接适用且未说理	1

3. 关于法院裁决支持适用《公司法司法解释（三）》第18条时的判决结果分析

对于公司主张受让股东承担连带责任的案件，在样本中所有法院都有关注到受让股东是否知道或应当知道转让股东抽逃出资行为的必要性，没有出现未考虑该主观因素而直接确定受让股东责任的案例。

但针对债权人主张受让股东承担连带责任的案件，情况则有所不同。根据立法原意，当债权人主张受让股东承担连带责任时本无须考虑后者的主观因素。但从统计结果来看，绝大多数法院在支持债权人诉求时都或多或少地根据现存证据研判了受让股东的主观因素，只有两个案件法院是全然未提及受让股东的主观因素而认定其责任的。更有甚者,有15.38%(6个案例)的判决以受让股东不知道且不应知道转让股东的抽逃出资行为而判决受让股东不承担责任,由此可见围绕《公司法司法解释(三)》第18条后半款的适用性问题,司法实践领域存在较多混乱(见表5)。

表5 样本案例中裁判文书的判决结果

	类型	案件量(件)
公司主张	支持公司关于受让股东承担连带责任的诉求	93
	以受让人主观善意驳回公司诉求	20
债权人主张	支持债权人关于有关诉求,且提及受让人主观性	31
	支持债权人关于有关诉求,且未提及受让人主观性	2
	以受让人主观善意驳回债权人诉求	6

(四)解决现行瑕疵股权转让规则适用困难的路径

《公司法司法解释(三)》第18条直接涉及股权转让人、股权受让人、公司和债权人四类主体的利益关系。从文义解释来看,该规范主要解决的是股权受让人分别对公司与债权人的责任承担问题。根据目的解释与利益衡量,第18条本应将“抽逃出资”纳入“未履行或者未全面履行出资义务”涵摄范围,但为抑制商事外观主义对这种制度安排的系统性排斥,应对现行瑕疵股权转让规则作出适当调整。

1.目的解释

倘若将“抽逃出资”排除出《公司法司法解释(三)》第18条所规范的“未履行或者未全面履行出资义务”的涵摄范围,笔者认为该条的设置目的是维护传统《公司法》的资本确定原则,即公司资本应当由公司章程明确规定并由股东认足和按期缴纳。与此相对,抽逃出资本质上是对资本维持原则的破坏。对比来看,虽然两者发生的时间略有不同,但本质上皆是对公司资本的掏空。因此,将“抽逃出资”纳入第18条规范前半部分有关公司与受让股东关系的规定并不会造成制度的系统性排斥,且能保障公司资本原则得到更加全方位的维护。

2.利益衡量

从股权受让人与公司的关系来看,根据条款规定,倘若受让人对股权转让人未履行或者未全面履行出资义务的事实知晓或应当知晓,则需就这笔尚未履行的股款对公司与股权受让人承担连带责任。这种制度安排显然是某种折中方案，即在坚持维护公司利益的前提下兼顾对善意股权受让人的保护。那么这种方案是否适用转让股东抽逃出资的情形呢？笔者认为这显然是可行的。因为单从实质后果来看，转让股东事前不履行出资义务和事后抽逃出资的行为皆造成了公司资本不足的事实，例如无论是拥有100万股权的原始股东将其完全未出资的股权转让给第三人，还是拥有100万股权而抽逃全部出资的股东将其股权转让给第三人，其给公司造成的损害在公司资本不足方面是相同的。既然如此，那么在处理股权受让人与公司关系时采取相同的规则亦应可行，且具有必要性，即出于防止恶意逃债的考虑。

3. 商事外观主义

关于股权受让人与债权人的关系，以《公司法司法解释（三）》第18条直接规范“抽逃出资”情形则较为棘手。

一是逻辑的不顺畅。第18条在处理受让人与债权人关系时，要求债权人向受让人主张连带责任的前提是前者向后者依据第13条第2款提起诉讼，而该条款是指向的是转让股东存在“未履行或者未全面履行出资义务”的情形，与此相对的是转让股东存在“抽逃出资”的情形则是被规定在第14条第2款，因此更加顺畅的逻辑应当是，债权人向受让人主张连带责任的前提是前者向后者依据第14条第2款提起诉讼。

二是规范的不明晰。细究第18条的语句构造，“受让人知道或应当知道”抽逃出资事实能否作为其不向债权人承担连带责任的抗辩是存疑的。根据《理解与适用》观点，受让股东不能以自己并非知道或应当知道抽逃出资事实来对抗作为第三方的债权人，且这是出于遵循商事外观主义的需要保护债权人利益。其中，区分善意恶意的标准，在于受让人是否信赖公示信息的正确性。所谓“信赖”，《布莱克法律词典》将其解释为“对一方当事人的信任或依赖，特别是在此基础上付出了行动”㊱。针对债权人而言，这类债权人与公司建立债权债务关系是出于对公司章程或工商登记等公示信息的信赖，支持对这类群体的保护是对现行商事登记制度具体制度价值的实现，有助于降低交易成本与交易风险。

㊱ See Bryan A. Garner, *Black's Law Dictionary*, 7th edition, St. Paul, Minn.: West Group, 1999, p.1293.

三、现行股东限权规则与除名规则对抽逃出资适用性的讨论

(一)立法现状

在我国,《公司法司法解释(三)》第 16 条与第 17 条分别规定了当股东抽逃出资时,公司针对该股东的限权规则与除名规则。

根据《公司法司法解释(三)》第 16 条,如果股东抽逃出资,则公司有权合理地限制其利润分配请求权、剩余财产分配请求权、新股优先认购权等股东权利。通常认为,这种限权规则所指向的权利为以上述三项权利为代表的自益权以及具有共益权属性的表决权,但不包括知情权和股份转让权。同理根据第 17 条,如果股东抽逃全部出资,且经公司催告后在合理期间内未返还出资,则公司有权解除其股东资格。现如今,我国的除名制度仅限于股东会决议除名,有关法院判决除名和公司章程除名并未被规定。

尤其值得关注的是,上述我国限权规则与除名规则的有关规定一般认为是指向抽逃(全部)出资(或未履行或者未全面履行出资义务)的当事股东,条款并未规定倘若该股权被转让则受让股东的权利是否会被限制(抑或满足何种条件后会被限制),由此形成法律漏洞,造成受让股东权利的不安定状态。为厘清关系和化解矛盾,本文将从股东权利和资格存续的法律依据出发,梳理其限制权利和解除资格的合理前提,进而衡平受让股东、转让股东与公司三者的利益。

(二)股东权利存续及其限制的法律依据溯源

1. 股东资格与股东权利的来源

根据公司契约论的观点,正因公司合同存在不完备性,因而必然使有人获得剩余权力来决定某些事项。[37] 这种观点逐渐衍生出股东资格和股东权利两种概念的雏形。所谓股东资格,既是股东身份的象征,亦是股东行使股东权利和履行股东义务的根本前提。

---

[37] 参见[美]罗伯塔·罗曼诺编著:《公司法基础》,罗培新译,北京大学出版社 2016 年版,第 349 页。

(1)股东资格的取得

关于股东资格的获取,在学界存在实质标准和形式标准两种基本观点。对有限责任公司而言,投资者要取得股东资格需同时满足实质标准与形式标准。

从实质标准来看,股东资格的获得前提是股东是否实际向公司投入资金。结合我国注册资本制度的改革发展,在1993年采取实缴制的背景下,该标准即表现为股东是否有实际缴纳资金;此后,自2005年我国施行分期实缴制后,该标准即表现为股东是否有按期缴纳资金;再往后,伴随2014年我国开始施行认缴制,该标准又表现为股东是否有认缴股本。值得关注的是,在继受获取股东资格的情况下,公司资本的注入由转让股东完成,且这种先前注入的资本因继受行为而转换为受让股东注入的资本。此外,亦有观点认为公司认可能作为一项实质要件,这种情况通常发生在显名股东与隐名股东的纠纷中。㊳

从形式标准来看,股东身份必须借助于特定外部形式方能对外表彰,明确这些形式时通常需要履行特定法定程序。参考《公司法》有关规定,这些形式包括公司章程、工商登记、股东名册与出资证明书等。首先,公司章程本质是股东间协议,既是认定股东资格的重要证据,亦是赋予股东间相互抗辩或否认股东资格的证据。依据《公司法》第25条,有限责任公司的章程需记载股东姓名或名称、出资额、出资方式与出资时间等,股东亦需要在章程上盖章签名。同时,在转让出资时亦需要变更章程内容并加以登记。其次,工商登记属于法定的公司公开事项的记录,作为证权性登记,有较高的权威性。再次,股东名册用于记载某公司的股东及其持有的股份,若某股东被记载于股东名册,则其往往被推定为具有股东资格,进而由否定者承担举证责任;反之若某股东未被记载于股东名册,亦不代表其必不属于股东。最后,出资证明书是为证明股东已完成股本缴纳的法定书面文件,一般其由出资股东单独持有,不具备较强的公示性。从效力来看,工商登记效力最高,其次是公司章程,再次是股东名册,最后方为出资证明书。㊴

㊳ 参见郭哲、符勇:《论股东资格确认的法律规则》,载《财经理论与实践》2018年第4期。

㊴ 参见赵磊:《公司自治的限度——以有限公司股东资格取得与丧失为视角》,载《法学杂志》2014年第10期。

(2)股东权利与股东资格的关系

大陆法系的德国学者瑞纳德首次以社员权的角度界定股东权利的性质。该说认为公司作为社团法人、股东作为其社员,则股东权利可视为基于社员资格而享有的一种社员权。这种观念揭示出股东权利与股东资格的联系,即股东权利是股东资格被获取(抑或拥有社员资格)后方能取得的。实质上,这种股东资格与股东权利的从属关系已被学界主流认可。

然而,拥有股东资格并非意味享有全部的股东权利,正如《公司法司法解释(三)》第16条对瑕疵股权的三项股东权利的限制,唯有毫无瑕疵的股权方能对应完全的股东权利。从具体内容来看,股东权利涵盖股利分配请求权、剩余财产分配请求权、公司新增资本或发行新股优先权、表决权、知情权、诉讼权、参加股东会以及选举权和被选举权等多项权利。[40]

2. 抽逃出资对股东资格与股东权利的影响

结合前文分析,不难得出股东出资、股东权利与股东资格间存在"完成出资—获取资格—获得权利"的连锁关系。

从抽逃出资对股东权利影响的角度来看,《公司法司法解释(三)》第16条将"股东未履行或者未全面履行出资义务"与"抽逃出资"都设为应合理限制其股东权利的情形。从股东义务来说,原始股东本应对公司负有按期缴纳出资的义务,如若出资不到位则出于资本充实原则和对其他股东公平原则的考虑,应当对其负有自益性的股权加以限制,这是立法者将"股东未履行或者未全面履行出资义务"纳入第16条的基本逻辑。与此相对,"抽逃出资"的特征在于以《公司法司法解释(三)》第12条所列情形为典型,将股东对公司出资以各种形式抽回,该行为实质造成公司资本不足、经营能力下降,尤其是在公司刚设立即将资本抽回的情形,其与股东未全面履行出资义务无本质区别。更重要的是,从公司和其他股东的角度来看,对抽逃出资股东权利加以限制,有利于督促该股东及时补缴出资。[41]

从抽逃出资对股东资格影响的角度来看,《公司法司法解释(三)》第17条

---

[40] 参见朱慈蕴:《公司法原论》,清华大学出版社2011年版,第249~250页。

[41] 参见郑德刚、柳冠名:《公司股权转让:实务精要与案例指引》,法律出版社2020年版,第103页。

将赋予公司剥夺股东资格的条件进行了严格限制，即只有在完全未出资或抽逃全部出资的前提下方能解除股东资格。这种安排实质上是出于对公司、其他股东与抽逃出资股东的利益平衡。对公司与其他股东而言，特定条件下解除抽逃出资股东资格有利于维护诚信股东利益、保护投资积极性与保障公司相关者利益的功能。对抽逃出资股东而言，亦是考虑到抽逃部分出资时股东尚需以认缴出资为限对公司债务担责，解除股东资格意味着免除其全部权利而对其不公，故而仅将完全抽逃出资这种严重违反资本维持原则的情形设为解除事由。

（三）基于特定原则对受让人限制股东权利或解除股东资格

与抽逃出资的当事股东不同，受让抽逃出资股权的股东与公司、其他股东的法律关系更为复杂，在涉及其是否能在特定情况下限制股东权利或解除股东资格时应当秉持多种原则，并根据具体情况讨论。

1. 权利义务对等原则

保证资本维持原则，既是实现公司良性经营的物质基础，亦是维护股东间相互信任、共享利益共担风险的前提。根据公司契约理论，公司本质上是股东间缔结的契约，该契约明确股东间的权利、义务及责任。受让股东承接转让股东的股份，既是对权利的接收，亦是对义务的承接，同时在特定情况下应对转让股东抽逃出资的行为负有责任。此外，基于转让合同的相对性，因转让股东与受让股东间的股权转让协议而无条件地使受让股东获得无限制的股东权利或保有股东资格，本身对公司和其他股东而言不甚公平。况且限权规则和除名规则的主要功能即在于督促相关股东尽快补足出资，结合前文分析的《公司法司法解释（三）》第18条规则，在受让股东“知道或应当知道”转让股东有抽逃出资情形时应由公司承担连带责任，那么若在立法层面承认受让股东在任何前提下皆能保有无限制的权利和资格，必然也会使公司与其他股东失去一项重要的对抗有责受让股东的维权手段，这显然也是有违法理逻辑顺畅性的。

2. 商事外观主义原则

所谓商事外观主义，是指行为人对交易观念或成文法规的某种法律关系或权利的外部要件之信赖，将其赋予受法律保护之效果的原则。根据商事外观主义原则，相对人如若对商主体对外公示的外观产生合理信赖，即便公示信息与真实情况有所不同，亦发生依据公示信息所对应的法律效果。其价值取向在于维护市场公平、保证交易安全和提升交易效率。结合《企业信息公示暂行条例》

第10条第1款,企业对社会公示的信息既涵盖股东股权转让等股权变更信息,亦包括公司发起人认缴与实缴的出资额。企业信息公示是资本市场中保护投资人的有效手段[42],如今该手段在保护债权人方面亦被广泛应用。

对"未履行或未完全履行出资义务"而言,这些信息尚且能通过查询公司的章程、账目、工商登记等获得,进而相对容易利用商事外观主义对抗公司。然而,对抽逃出资而言,考虑到实践中抽逃出资多是暗中进行的,且实践中少有公司会将此类信息公示以损害公司信誉、减少潜在交易对象,似乎较难说受让股东能依据商事外观主义主张自己不知道且不应知道转让股东抽逃出资。但倘若秉持这种观点,则不难发现这将实质造成商事外观主义的架空。这是因为商事外观主义本就是为降低交易成本和保障交易安全而创设的,倘若针对"未履行或未完全履行出资义务"适用商事外观主义而对"抽逃出资"不适用,则理性谨慎的受让股东在查询相关公示信息后必将继续委托第三方机构检验转让股东是否抽逃出资(因为没有人能仅凭公示信息判定转让股东没有抽逃出资),最终势必导致股权转让行为的成本皆被迫提高,以致公示信息的意义被极大削弱。因此,笔者倾向认为即便对转让股东抽逃出资而言,受让股东亦能仅凭公示信息主张自己已履行尽职调查义务,当然这是建立在没有明显相反事实证明转让股东抽逃出资的情况下。

3. 风险自负原则

为实现受让股东责任的合理性,不应在任何情况下皆令公司有权限制其股东权利或解除股东资格,至少应赋予其某种对未来责任可能发生的合理预期,否则有违交易的安全原则。同时,为实现与前文所述受让股东对公司连带责任之法条逻辑的适配性,笔者建议将"知道或应当知道转让股东抽逃出资"作为公司有权向其主张限权或除名的前提,这反映了受让股东对潜在风险自负责任的理念。在市场经济中,风险与收益并存,当事人应当秉持审慎的态度鉴别商业风险,签订股权转让合同意味受让人接受潜在抽逃出资可能性所引发的连带责任风险。

---

[42] See Healy P. M., Palepu K. G., *Information Asymmetry, Corporate Disclosure, and the Capital Markets: A review of the Empirical Disclosure Literature*, Journal of Accounting and Economics, Vol. 31:1, p. 405 - 440(2001).

四、抽逃出资股权受让人与公司、债权人的权责关系建构

结合前文对《公司法司法解释（三）》第16条、第17条与第18条的解释与补充，抽逃出资股权受让人与公司、债权人的权责关系已相对明晰。本章将继续针对多种主体间的法律关系进行拓展和完善。

在正式梳理前，有必要先界定善意股权受让人与非善意股权受让人的概念。所谓善意的股权受让人，是指在受让抽逃出资股权时对转让人的抽逃出资事实“不知道且不应知道”的受让人；所谓非善意股权受让人，是指在受让抽逃出资股权时对转让人的抽逃出资事实“知道或应当知道”的受让人。根据笔者对司法案例中有效样本的统计，发现司法界对受让股东是否为善意的认定标准较为模糊，缺乏一套规则化的评价机制。为助力审判机关打通堵点与厘清思路，本文首先将围绕如何科学地认定受让股东主观因素展开讨论。

（一）有关“知道或应当知道”的解读

根据《公司法司法解释（三）》第18条，受让人是否“知道或应当知道”转让人的抽逃出资行为是判断受让股东是否为善意的关键指标。

所谓“知道”，是指受让人对转让人抽逃出资行为的明知，即在受让人与转让人订立瑕疵股权转让协议时即已知晓其所受让股份资本已被后者抽逃。所谓“应当知道”，是指受让人因未尽到合理的注意义务，从而造成本应知晓受让股份股本已被抽逃而不知。笔者在查阅案例时，发现有不少法院依据某些证据（如转让人与受让人系父子关系）进而认定受让人“应当知道”转让人的抽逃出资行为，从而判定其系非善意受让人，应当承担连带责任。对此，笔者认为这种说理混淆了受让人“知道”与“应当知道”的主观状态，前者本质上是知道，后者的本质是不知道。因此，例如在转让人与受让人系父子关系的案例中，该法律关系是为证明受让人“知道”（“明知”）转让人抽逃出资，而非未尽注意义务的“应当知道”。如果将这种“应当知道”与言语中表示对事实持推测语气的“应该知道”相混淆，容易导致法院在裁判时只关注受让人是否明知而不关注其是否尽到注意义务。例如，在杭州三凯进出口有限公司、汪某等追收抽逃出资纠

纷案中[43]，法院在审理证据材料后研判出受让人不知转让人抽逃出资的事实后，便直接得出结论“现有证据并不足以证明徐某对林某的抽逃出资行为知道或应当知道”，却对尚值得继续讨论的注意义务问题按下不表。综上，笔者认为不加区别地将证据证明意义上的“应当知道”与法律要件层面的“应当知道”混用，一来容易令立法者只重“知道事实”而忽视“注意义务”；二来提升了受让人举证自己为善意的难度，有失利益平衡。

从法院认定受让人是否善意的程序来看，笔者认为首先应当根据现有证据判断受让人对有关事实是否属于明知。在诉讼中，如有受让人直接自认知晓相关事实或有类如股权转让协议的书面材料等具有强证明力的证据，则可直接依据“知道”要件排除受让人善意。但倘若并无证据证明受让人知道或有关证据的证明力不强，则应推定受让人不知道有关事实，然后再在此基础上判断受让人是否尽到合理的注意义务。正如前文分析，判断受让人是否已审慎调查相关事实应区分不同情况。在一般情况下，为落实商事外观主义，受让人只需证明公司的章程、工商登记等公示信息未反映转让股东抽逃出资即可。在特殊情况下，如若有特别事实显示公示信息有误或未更新，且转让股东存在足以令一般商事主体怀疑抽逃出资的事实，则应酌情提升其注意义务，例如委托第三方机构检验转让股东是否抽逃出资。

(二)实践中司法实践中的具体操作

1. 基本情况描述性统计

在本文统计获得的184项案件中，有55%的(65个)案件法院仅以一项证据事实判定受让股东知道或应当知道转让股东的抽逃出资事实，有36%的(45个)案件法院以两项证据事实排除受让股东主观善意，另有5%的(6个)案件法院以三项及其以上的证据事实认定其非善意。另外，尚有4%的(5个)案件法院主张应由受让人举证自己善意，且因受让人未能举证相关事实而判决其承担举证不能的不利责任(见图4)。

[43] 参见浙江省杭州市桐庐县人民法院民事判决书，(2022)浙0122民初1100号。

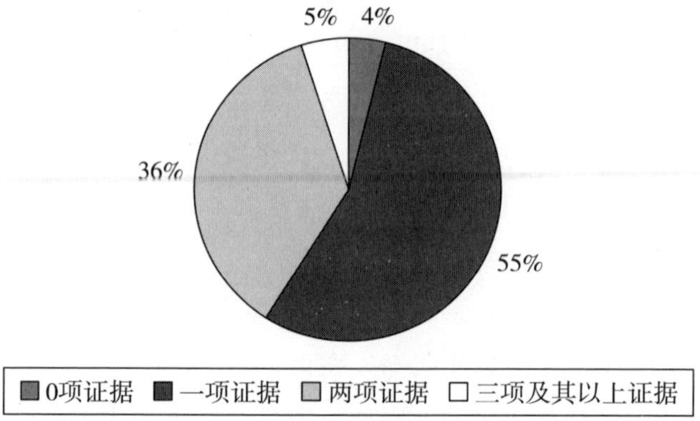

图 4　样本案例中法院认定受让股东系非善意的证据数量分布

同时,67% 的法院在判决时是仅以受让股东“明知”相关事实为出发点的,相比之下只有 9% 的法院仅从受让股东“未尽注意义务”判定其承担责任,另外还有 24% 的法院以两者兼有讨论的方式判定责任(见图 5)。

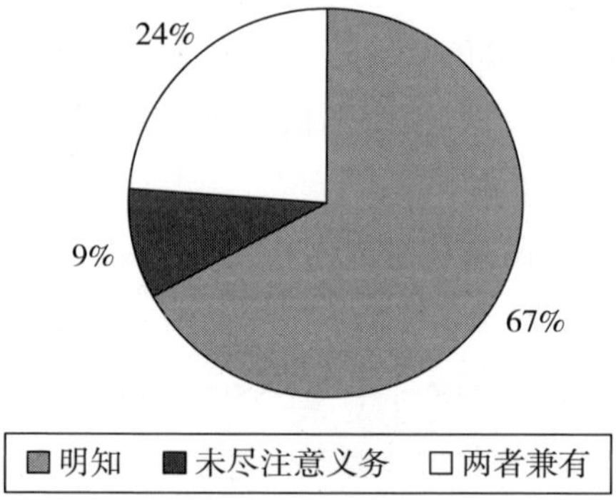

图 5　样本案例中法院认定受让股东承担责任的原因

在证据的证明力方面,以一项证据事实判决受让股东承担责任的案件为例,最常见的证据事实为“受让股东未向转让股东支付股权转让价款”或“股权转让款明显低于名义股权价值”、“受让股东未履行注意义务”,两者引用频率占比超出 50%,显示出最强的证明力。另外,亦有其他 6 种典型的证据事实,其引用频率占比约为 45%(见图 6)。

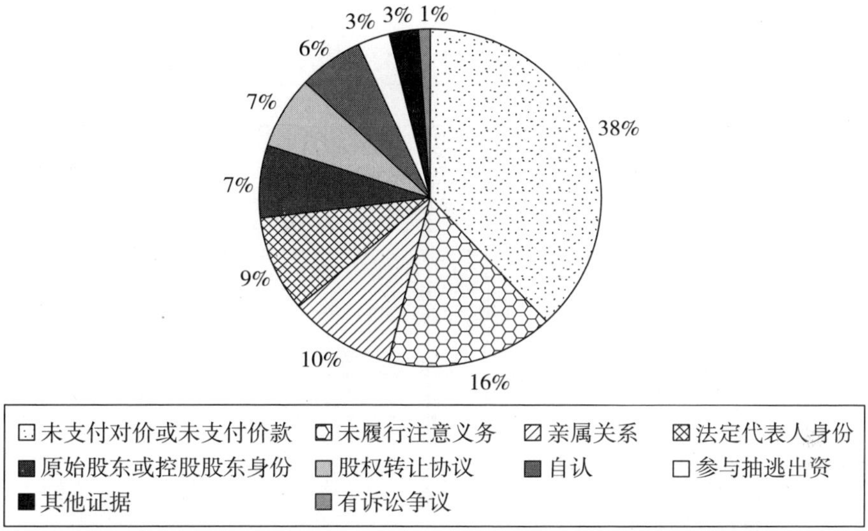

图 6　样本案例中法院以一项证据认定受让股东系非善意的原因分布

2. 常见证据事实讨论

排除未适用《公司法司法解释(三)》第 18 条的 32 项案件,尚有 152 项案件基于第 18 条对受让人是否善意给予了认定。在判断受让人是否善意时,司法实践中有 11 种典型的证据事实,其具体类型及其出现时对认定受让人是否善意的影响展示于表 6。同时,为配合后文采取回归模型研究各项证据事实是否对法院认定受让人善意有显著影响,笔者亦在该表中呈现自变量的赋值,即特定案件中法院认定事实中存在某种证据事实,则赋值为 1,反之为 0;当然,在因变量方面,若法院认定受让人为非善意则赋值为 1,反之为 0。

接下来,本部分将就各类证据事实予以描述性统计分析。图 7 展示了不同证据在 152 项案件中被法院引用到的次数。

表 6　自变量赋值情况及交叉表数据

事实证据类型	变量赋值情况	案件量(件)	判定受让人为善意	判定受让人为非善意
未支付对价或未支付价款	是 =1	71	8(11.3%)	63(88.7%)
	否 =0	81	21(25.9%)	60(74.1%)
未履行注意义务	是 =1	40	1(2.5%)	39(97.5%)
	否 =0	112	28(25%)	84(75%)

续表

事实证据类型	变量赋值情况	案件量(件)	判定受让人为善意	判定受让人为非善意
亲属关系	是=1	23	7(30.4%)	16(69.6%)
	否=0	129	22(17.1%)	107(82.9%)
法定代表人身份	是=1	17	1(5.9%)	16(94.1%)
	否=0	135	28(20.7%)	107(79.3%)
原始股东或控股股东身份	是=1	12	0	12(100%)
	否=0	140	111(79.3%)	29(20.7%)
股权转让协议	是=1	7	0	7(100%)
	否=0	145	29(20%)	116(80%)
自认	是=1	5	0	5(100%)
	否=0	147	28(19%)	119(81%)
参与抽逃出资	是=1	4	0	4(100%)
	否=0	148	29(19.6%)	119(80.4%)
数额巨大	是=1	4	0	4(100%)
	否=0	148	29(19.6%)	119(80.4%)
系会计、财务等管理人	是=1	3	0	3(100%)
	否=0	149	29(19.5%)	120(80.5%)
有诉讼争议	是=1	1	0	1(100%)
	否=0	151	29(19.2%)	122(80.8%)

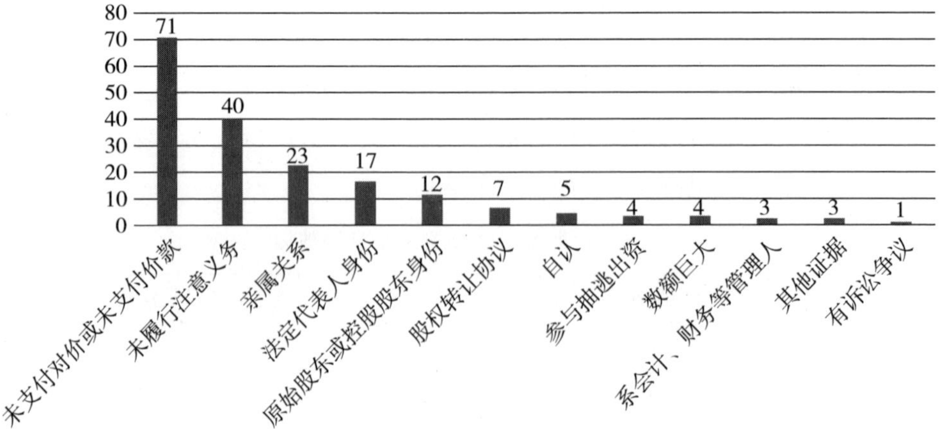

图7　样本案例中法院认定受让人非善意的原因

(1)未支付对价或未支付价款

根据不同证据事实的引用频率统计,"受让股东未支付对价或未支付价款"属最典型的判定受让股东明知转让股东抽逃出资的证据事实,在152个案例中被引用71次。

所谓未支付对价,是指股权转让协议约定的转让款价格明显低于股份的名义价值。在实践中,最典型的表现为当事人未约定转让款或转让款价格为0元。对此法院通常的逻辑是,正常的转让股权皆是应支付对价的,倘若未约定,则极可能是因为受让人事先知晓了股份资本已被抽空,股权实际价值为零,故而不再约定。值得延伸的是,倘若受让人与转让人签订的协定明确为股权赠与协议,则受让人是否应承担连带责任?对此,笔者认为如若再以受让人未支付对价判定其明知相关事实就不再合适了,在难以或无法判断受让人是否明知的前提下,法院审议的重点应转向其是否有尽到合理的注意义务。

所谓未支付价款,是指当事人虽有约定合理的股权转让款,但未提供证据证明相关价款已实际支付。对此法院的逻辑是,虽然当事人约定了合理转让款,但考虑到该转让款并未支付,因此有理由相信受让人最终并不会履行价款,其对转让人抽逃出资是明知的。笔者对该观点持怀疑态度,因为价款未支付的原因是有多种可能的,例如受让人因个人经济问题陷入履行不能,再如受让人受让股权并查阅公司内部财务账簿后才发现转让人抽逃出资进而主张先履行抗辩权等。更加妥善的方法应该是法院结合补强证据对该事实予以认定,而不宜仅以此判定受让人担责。

(2)未履行注意义务

"未履行合理的注意义务"亦是法院较为常用的证据事实,在152个案例中被引用40次。

所谓未履行合理的注意义务,是指受让股东出于未严格审查公司的账册、财务资料、章程、股东会决议等材料的原因,导致其本应知晓转让股东抽逃出资而不知的情形。但值得注意的是,不同法院在研判受让股东是否尽到注意义务时所采取的标准有显著的高低区别。例如,在济南天源玫瑰制品开发有限公司与靳某等买卖合同纠纷案中[44],虽然受让人主张根据公司现有工商登记的材料

---

[44] 参见山东省济南市平阴县人民法院民事判决书,(2020)鲁0124民初462号。

(包括验资报告、审计报告等)转让人已履行出资义务并以此来主张自己并不知晓转让人抽逃出资且已尽到注意义务,但法院依旧认为受让人应对公司财务状况与股东出资情况进行详细调查,其上述行为不能认为尽到审慎调查义务。反观冉某与重庆关联贸易有限公司申请执行人执行异议案(以下简称冉某案)[45],法院便以受让人出示的工商登记材料中的两份验资报告以及相关附件认定其完成举证。比较两者,笔者倾向冉某案中法院的处理,认为受让人的举证责任不能过高,尤其是在没有其他证据补强时,应谨慎采用较高标准的"未尽注意义务"作为判定受让人责任的原因。

(3)潜在利害关系

所谓亲属关系,是指受让人与转让人间存在一定程度的亲属关系,包括直系血亲、旁系血亲与近姻亲关系等,其在152个案例中被引用23次。在实践中,最常见的是夫妻关系以及父子关系、母子关系,部分法院会直接以亲属关系为由推定受让人对抽逃出资明知,但更多法院还是会谨慎地结合其他证据共同认定上述事实,甚至在当事人有亲属关系的前提下结合其他事实判定受让人为善意。[46]

从统计数据来看,裁判文书中未提及受让人与转让人存在亲属关系的案件(82.9%)相较于提及存在亲属关系的案件(69.6%),其反而有更高概率被法院判决受让人非善意,这似乎表明存在亲属关系不能直接推定受让人为非善意。

(4)内部人身份

所谓内部人身份,是指能帮助受让人比其他人更易知晓转让股东抽逃出资行为的身份,具体包括"法定代表人"身份、"原始股东或控股股东"身份与"财务、会计等管理人"身份等,其在184个案例中分别被引用17次、12次与7次。这类主体能较为容易地获得公司内部账簿、知晓公司资本到位基本情况,甚至具有督促其他股东不得抽逃出资的义务,因此往往被法院推定已知转让股东抽逃出资。同时,这类主体不得以公司公示信息对抗公司本身。

从统计数据来看,裁判文书提及受让人拥有内部人身份的案件,法院几乎

---

[45] 参见重庆市九龙坡区人民法院民事判决书,(2018)渝0107民初23374号。

[46] 参见上海市青浦区人民法院民事判决书,(2020)沪0118民初21956号;浙江省杭州市桐庐县人民法院民事判决书,(2022)浙0122民初1100号;贵州省毕节市织金县人民法院民事判决书,(2018)黔0524民初1761号。

皆判定受让人非善意，这似乎指向两者存在密切的联系。

(5)股权转让协议书证与庭审自认

在股权转让协议中，相关条款可能会存在有关转让人已抽逃出资的表述，结合受让人对协议的签名或盖章，可视为受让人对有关信息的确认，因此可被作为认定受让人知晓转让人抽逃出资的证据。其在152个案例被引用7次，且在相关案件中法院皆认定受让人非善意。

根据现行《最高人民法院关于民事诉讼证据的若干规定》第7条之规定，"一方当事人对于另一方当事人主张的于己不利的事实有所限制或者附加条件予以承认的，由人民法院综合案件情况决定是否构成自认"。因此，受让人对自己明知转让人抽逃出资事实的承认亦能被法院决定构成自认。其在152个案例中被引用5次，且在相关案件中法院皆认定受让人非善意。

(6)参与抽逃出资

在实践中，往往不乏受让人系公司原始股东或管理人，且与转让人有共同抽逃出资行为后再受让转让人股权的案例。[47] 这种情况显然亦属于受让人明知转让人抽逃出资的情形，其在152个案例中被引用4次，且在相关案件中法院皆认定受让人非善意。

(7)有诉讼争议

在判断受让股东是否应承担责任时，如何认定"应当知道转让股东抽逃出资"既是关键，亦是难点。对此，笔者认为可引入尽职调查原则。例如，在无明显证据表明公示信息与现实不符的条件下，通过判断受让股东是否查阅公司章程、账目、工商登记等信息来判断其是否尽到审慎调查义务。又如，在有明显证据表明公示信息与现实不符的条件下，通过判断受让股东是否请求第三方机构对转让股东抽逃出资行为进行核实判断其是否尽到审慎调查义务。在司法实践中，"有诉讼争议"似乎是法院认定是否加重受让人注意义务的升格标准。

所谓有诉讼争议，是指受让人明知转让人正陷入有关其潜在抽逃出资行为的诉讼，依旧选择与其订立股权转让协议的行为。例如在吴江市苏锦织造有限

---

[47] 参见辽宁省抚顺市清原满族自治县人民法院民事判决书，(2019)辽0423民初755号；河南省郑州市金水区人民法院民事判决书，(2020)豫0105民初22392号；江苏省常州市中级人民法院民事判决书，(2018)苏04民终4119号；贵州省黔东南苗族侗族自治州镇远县人民法院民事判决书，(2021)黔2625民初860号。

公司与徐某股权转让纠纷案中[48]，法院即认为受让人在明知转让人被诉抽逃出资后选择受让股权，应视为其权衡风险后作出的真实意思表示，应当对转让股东的抽逃出资行为承担责任。笔者赞成以此加重受让人注意义务，该标准符合风险自担原则，属于商事外观主义的例外情形。

(8)转让数额巨大

此外，在司法实践中，“转让数额巨大”似乎是法院认定是否加重受让人注意义务的升格标准。

所谓转让数额巨大，是指受让人即便不知道转让人抽逃出资，且已对公司的公示信息予以查询，但考虑其股权的转让额巨大，因此应当付出额外的成本并以更多的手段仔细审查转让人是否抽逃出资。其在152个案例中被引用4次，且每次皆与“未尽注意义务”同时出现，由此可见两者的密切联系。但笔者反对将其视为提升受让人注意义务的升格要件，原因有三：一是现实中如何认定数额巨大并无标准，不同法院在裁判时极易引发同案不同判；二是有悖商事外观主义原则且缺乏公司法相关法理支撑；三是增强交易不确定性，提升交易成本。

3. 回归模型分析

为验证各项证据事实与法院判断受让人主观情况是否存在显著联系，并进一步分析该联系的紧密程度，笔者以11种典型证据事实为自变量、受让人是否被法院认定善意为因变量，采用多元回归线性模型予以分析，该模型的基本假设为各类证据事实 X_i 与法院判定受让人非善意 Y 间存在因果关系，具体公式如下：

$$Y = \beta_0 + \beta_1 X_1 + \beta_2 X_2 + \beta_3 X_3 + \cdots + \beta_n X_n \quad (1)$$

回归结果展示于表7。需加以说明的是，一般认为显著性（P）越小则自变量与因变量间的联系越值得采信，如果 P 值大于0.1，则一般认为两者并不存在因果关系，无论其标准化回归系数（β 值）为何。

---

[48] 参见江苏省苏州市中级人民法院民事判决书，(2019)苏05民终7292号。

表7　有效样本的回归模型分析结果

自变量	标准化回归系数(β)	显著性(P)
未支付对价或未支付价款	0.198	$P=0.004$
未履行注意义务	0.262	$P<0.001$
亲属关系	-0.0258	$P=0.807$
法定代表人身份	0.181	$P=0.1$
原始股东或控股股东身份	0.303	$P<0.001$
系会计、财务等管理人	0.317	$P<0.001$
股权转让协议	0.35	$P<0.001$
自认	0.391	$P<0.001$
参与抽逃出资	0.316	$P<0.001$
有诉讼争议	0.44	$P<0.001$
数额巨大	0.149	$P=0.045$

从自变量的回归显著性程度来看,亲属关系显然与法院判定受让人是否善意无因果关系,况且该自变量的标准化回归系数显示为负数,结合常识很难说受让人与转让人存在亲属关系反而能说明受让人为善意,因此笔者倾向认为在实践中即便受让人与转让人存在亲属关系,也往往会因法院结合其他案件事实排除认定受让人为非善意,例如杭州三凯进出口有限公司、汪某等追收抽逃出资纠纷案。[49] 此外,其他证据的显著性程度皆不大于0.1,因此在统计学上可承认其与受让人非善意间存在密切的联系。值得注意的是,虽然"有诉讼争议"与"数额巨大"的显著性程度皆处在置信区间内,但前者的显著性程度明显高于后者,这似乎验证了笔者关于"有诉讼争议"更应作为提升受让人注意义务的升格要件的观点。

从自变量的标准化回归系数来看,除"有诉讼争议"外,"自认"与"股权转让协议"是最易引起法院判定受让人非善意的证据事实,其回归系数分别为0.391与0.35,这说明倘若案件中受让人自认或股权转让协议显示受让人明知

[49] 参见浙江省桐庐县人民法院民事判决书,(2022)浙0122民初1100号。

转让人抽逃出资，则法院认定受让人非善意的概率会上升39.1%或35%。此外，法定代表人、原始股东或控股股东、会计和财务等管理人等内部人身份是引起法院判定受让人非善意的关键指标。值得注意的是，虽然“未支付对价或未支付价款”被法院较为频繁的引用，但其回归系数仅为0.198，这表明在现实中法院虽认可该指标能指向受让人非善意，但还需结合其他证据事实综合判断。

4.小结

综合来看，法院在认定受让人是否为善意时往往格外关注其是否“明知”转让人抽逃出资，但亦不乏部分法院直接绕开该问题先行判断受让人是否“已尽到注意义务”。在举证责任安排方面，绝大多数法院要求由转让人举证受让人为善意，但亦有少数法院主张由受让人举证自己主观善意，当然《公司法》及其司法解释亦未对该举证责任作出明确安排。

在实际裁判中，“未支付对价或未支付价款”、“潜在利害关系”、“内部人身份”、“股权转让协议书证与庭审自认”与“参与抽逃出资”是几种最典型的证明受让人明知转让人抽逃出资的事实证据。但在具体的案件中，并非只要上述某种事实存在就必然指向受让人非善意，关键还得结合其他事实证据综合判断。尤其是受让人与转让人存在“亲属关系”时更应结合其他案件事实判断，该指标并不能指向受让人非善意。“未严格审查公司的账册、财务资料、章程、股东会决议等材料”是证明受让人未尽合理注意义务的常见事实证据，但法院亦常用“有诉讼争议”或“转让数额巨大”来适度提升受让人的注意义务，其中前种安排较为合理，后种安排并不合理。

（三）抽逃出资股权受让人与公司的权责关系

1.非善意股权受让人对公司负有的补缴责任

对于非善意的股权受让人而言，根据公平原则与风险自担原则，理应赋予公司向其主张补缴转让股东抽逃出资的权利。同时，这亦是一项遏制现实中恶意逃债的公司制度设计，是对股权受让人、转让人与公司利益的平衡。值得注意的是，考虑到转让股东终究是真正实施抽逃出资的行为人，应将其作为第一责任人看待，故公司在对受让股东主张责任时应当在向转让股东主张责任时提出，而不能让受让股东脱离转让股东单独承担责任。

与此相对，对于善意的股权受让人而言，为实现商事外观主义所保护的交易安全,应当免除其对公司承担以转让股东抽逃出资额为限的连带责任。这种对善意股权受让人持宽容态度的理念常见于欧美法系,例如美国《统一有限责任法》即规定在股权转让后股东义务会伴随股东权利转移给新股东,但就出资义务而言,倘若受让人不知道其股权未出资到位,则不必对公司承担出资义务。类似地,英国法律也强调保护受让股东的信赖利益,反对善意股权受让人对公司承担出资义务。

2. 公司有权对非善意受让人限制股东权利和解除股东资格

从公司契约论的角度来看,公司股权结构的设置可视为股东间对股东权利与义务达成的某种合意,股东行使权利的前提是获得其他股东的认可,抑或按约履行出资义务。倘若该义务不被履行,则其股东权利必然受到限制。抽逃出资虽然与未履行出资义务尚有区别,但本质上皆致使公司的资本充实情况恶化,因此令抽逃出资股东只获得与其真实实缴股本比例相对应的股东权利符合公司法法理。同理,抽逃全部出资的行为系对公司的严重侵权行为,其对公司所造成的后果与完全未履行出资义务几近相同,因此应赋予公司解除其股东资格的权利。

然而,对于受让股东而言,不经情况区别而令其面临限制股东权利与解除股东资格的"公司威胁"不甚合理。从制度功能来看,限制股东权利与解除股东资格并非目的而是手段,目标是督促抽逃出资股东返还出资。那么,在研判限权规则与除名规则在何种条件下对受让股东适用时,就应当首先判断哪种受让人负有补缴出资的义务。显然,让不负有补缴义务的受让人面临限权和除名风险,是在事实上倒逼其缴纳不应返还之出资,这与限权规则与除名规则的制度功能相悖。结合前文分析,非善意的受让股东负有补缴出资义务,因此亦应为这类股东受限权规则与除名规则节制。

限权规则与除名规则的适用属于公司自治的范畴,但受让股东亦有权起诉公司作出的限权与除名决定。值得注意的是,根据《最高人民法院关于适用〈中华人民共和国公司法〉若干问题的规定(四)》第2条之规定,请求撤销股东会决议的原告需在起诉时具有股东资格。倘若以文义解释理解,该条款显然将架空被除名股东的救济渠道,为此笔者认为应对该条限缩解释,允许抽逃出资股权受让人在被除名后提起股东会决议撤销之诉。对此,善意的受让股东有权以自己在受让股权时"不知道且不应知道"转让股东的抽逃出资行为来主张责任豁免。此外，在诉讼层面，有关受让股东系非善意事实的举证责任应由公司承担。现行《公司法司法解释（三）》第18条所隐含的应当知情规则容易令受让股东陷入举证不能，从而实质演化为过错推定，是对善意受让股东的不公。

（四）抽逃出资股权受让人与债权人的权责关系

结合前文分析，无论股权受让人是否为善意，皆令其对债权人负责是对商事外观主义原则的贯彻，有助于保护交易安全和降低交易成本。在司法实践中，对债权人"应当知道"的认定可能存在困难，对此应抓住其本质，即判断债权人是否尽到合理的注意义务。这种注意义务在实务中并无固定标准，不同场景下债权人的注意义务可能会有所变化。例如在通常情况下，债权人只需有查阅公司章程、工商登记等公示信息的行为，且能知晓受让股东系现行股东，则足以证明其为善意。当然，这种不苛求债权人采取实质调查去明晰真相的安排亦是为了降低交易成本、鼓励投资。又如在特殊情况下，转让股东正就抽逃出资问题与公司发生诉讼行为且具有较高的社会关注度，则此时债权人的注意义务应有所提升，仅凭查询公示信息不足以证明其为善意。值得注意的是，在实践中为提升交易效率、保护债权人的投资信心，应由股权受让人负责举证债权人非善意，这与由公司举证受让股东为非善意的安排有异曲同工之妙。

需要留意的是，基于合同的相对性，股权受让人不得以其与股权转让人的股权转让合同撤销或解除来对抗债权人。但在实践中倘若有关股东身份变更的信息尚未公示，则此时债权人并无信赖利益可言，应免除受让股东责任。

（五）抽逃出资股权受让人与转让股东的权责关系

一般而言，瑕疵股权转让合同并非必然无效。虽然《民法典》第153条第1款有将"违反法律、行政法规的强制性规定"作为合同无效的法定事由，但结合《最高人民法院关于适用〈中华人民共和国合同法〉若干问题的解释（二）》（已失效）第14条对强制性的规定应属"效力性强制性规定"的限缩解释，类似违反资本充实原则的行为不应是合同无效事由。但针对转让人与债权人间的各项权利与责任，非常值得研究。

1. 股权受让人有权对转让股东主张履行出资义务

目前，虽然《公司法》并无有关这类合同如何明确当事人责任的规定，但依据《民法典》第467条以特殊买卖合同为视角，能参照《民法典》合同编适用。具体而言，即因考虑到抽逃出资股权可能会被限制权利，同时结合《民法典》第615

条之规定，瑕疵出资股东应当依据合同约定的质量交付股权，即继续履行出资义务、实现转让股份权利的无瑕疵。此外，结合立法者在《公司法司法解释（三）》第18条第2款所传递的观点，既然受让人不论善意与否皆能向转让人主张追偿出资（当事人另有约定除外），因此笔者认为股权受让人在对转让人主张该权利时亦不受其是否知道或应当知道转让人抽逃出资影响。

2. 善意股权受让人有权对转让股东主张撤销合同

根据我国《民法典》的相关规定，倘若转让股东在签订股权转让合同时存在欺诈、胁迫或乘人之危的行为，则受让股东有权请求人民法院或仲裁机构撤销合同。在实践中，若善意的受让股东并不知晓转让股东刻意隐瞒的抽逃出资行为，则其有权主张合同撤销。此外，在抽逃出资股权二次转让的情形下，若双方当事人皆不知晓原始股东的抽逃出资行为，则受让股东有权主张重大误解撤销合同。

值得注意的是，合同撤销权受除斥期间节制，自知道或应当知道撤销事由之日起算，且最长除斥期间为5年。同时，考虑到一般认为自受让人成为股东之日起其即具有查阅公司内部账簿及核实潜在抽逃出资的义务，因此该日往往亦被视为受让人"应当知道"抽逃出资事实之日。因而倘若受让人发现转让人抽逃出资后希望撤销合同，应尽早向人民法院或仲裁机构主张，否则其撤销权将在不久消灭。

3. 善意股权受让人有权对转让股东主张违约责任

根据我国《民法典》的相关规定，若受让股东在订立合同时并不知晓转让股东的抽逃出资行为，则有权依据公平原则与实际情况主张赔偿损失、减少转让价款等。同时，如若转让股东的抽逃出资行为将导致合同目的无法实现，则受让人还有权向人民法院或仲裁机构主张解除合同。[50]

4. 股权受让人对转让股东的追偿权

《公司法司法解释（三）》第18条第2款确立了不考虑受让人是否善意皆有权向转让人主张追偿权的原则，但在实践中依旧应结合公平责任原则考量具体的追偿数额。[51] 故而，笔者认为受让股东能向转让股东主张的追偿额度应当以

---

[50] 参见姚蔚子：《瑕疵股权转让中受让人的义务责任与救济路径——以受让人与出让人之利益平衡为视角》，载《哈尔滨师范大学社会科学学报》2021年第3期。

[51] 参见吴金水、刘金妫：《论股权受让人履行资本充实义务后的追偿规则》，载《法学》2019年第5期。

“受让股权的价款 − 转让股东认购股权额 × 抽逃出资占认购股权额的比例 × 受让股权额占转让股东认购股权额的比例”为限。当然，当事人另有约定的从其约定。

（六）抽逃出资股权受让人与公司其他责任人的权责关系

《公司法》第 21 条、第 147 条与第 149 条对董事、监事与高级管理人员的勤勉义务作出了详细规定，同时以第 152 条赋予股东了针对上述主体的失职行为而维护个人利益的起诉权。在实践中，董事、监事与高级管理人员协助转让股东抽逃出资的行为显然构成对受让股东利益的侵害，《公司法司法解释（三）》第 14 条第 2 款在规范债权人与抽逃出资股东关系时，亦以连带责任的形式明确了这类董事、监事与高级管理人员的可归责性。因此，在上述三类主体有存在协助转让股东抽逃出资行为时，受让股东有权对其提起诉讼，要求其对自己的损失予以赔偿。

（七）抽逃出资股权转让规则的修改建议

结合前文对《公司法司法解释（三）》第 16 条、第 17 条与第 18 条的分析，笔者拟提出如下立法建议：

第 16 条　股东未履行或者未全面履行出资义务或者抽逃出资，公司根据公司章程或者股东会决议……人民法院不予支持。

股东未履行或者未全面履行出资义务或者抽逃出资即转让股权，受让人对此知道或者应当知道，公司根据公司章程或者股东会决议对其利润分配请求权、新股优先认购权、剩余财产分配请求权等股东权利作出相应的合理限制，该股东请求认定该限制无效的，人民法院不予支持。

第 17 条　有限责任公司的股东未履行出资义务或者抽逃全部出资……人民法院不予支持。

股东未履行或者未全面履行出资义务或者抽逃出资即转让股权，受让人对此知道或者应当知道，经公司催告缴纳或者返还，其在合理期间内仍未缴纳或者返还出资，公司以股东会决议解除该股东的股东资格，该股东请求确认该解除行为无效的，人民法院不予支持。

在前款规定的情形下，人民法院在判决时应当释明……人民法院应予支持。

第 × 条　有限责任公司的股东抽逃出资即转让股权，受让人对此知道或者应当知道，公司请求该股东履行出资义务、受让人对此承担连带责任的，人民法院应予支持；公司债权人依照本规定第十四条第二款向该股东提起诉讼，同时请求前述受让人对此承担连带责任的，人民法院应予支持。

受让人根据前款规定承担责任后，向该抽逃出资的股东追偿的，人民法院应予支持。但是，当事人另有约定的除外。

五、结论

股权转让和抽逃出资作为我国司法实践中常见的诉讼案件类型,长期受到理论界与实务界的关注。然而,无论是当前的《公司法》及其司法解释、还是公布的《公司法草案》,在对抽逃出资股权受让人的权利与责任安排方面皆存在空白领域,这亦导致法院在进行司法裁判时多有混乱,值得加以释明与厘清。结合以上的讨论与研究,可对本文最初提出的问题简要总结回答如下:

第一,《公司法司法解释(三)》第 18 条并非适宜用于"转让人抽逃出资"之情况,《公司法》及其司法解释未对此情形中的受让人责任予以明确。事实上,无论从文义解释还是体系解释的角度来看,皆不宜将抽逃出资纳入第 18 条有关"未履行或未完全履行出资义务"的涵摄范围。考虑到抽逃出资对公司与债权人造成的负面影响与股东未履行出资义务几近相同,应赋予受让人以连带责任。但亦应结合商事外观主义原则,在赋予其合理的注意义务前提下,对善意的受让人予以免责保护。

第二,《公司法司法解释(三)》第 16 条与第 17 条可类推适用于"转让人抽逃出资"之情况,但应兼顾善意受让人的利益。作为督促抽逃出资股东返还出资的限权规则与除名规则,其适用对象应限缩为对公司负有责任的主体即非善意的股权受让人。这种安排亦是对权利义务对等原则、商事外观主义原则、风险自负原则与尽职调查原则的兼顾与落实。

第三,"是否知道或应当知道转让人抽逃出资"是判断受让人是否为善意的标准,"知道"对应主观明知,"应当知道"对应出于未尽合理注意义务的主观非知。在司法裁判中,应先判断受让人是否知晓转让人抽逃出资,其次是在已判断受让人非知或难以判断受让人是否明知的前提下讨论受让人是否已尽到合理注意义务。注意义务的负担应视具体情况判断,原则上以受让人是否已形式调查公司的公示信息为限,同时在出现足以令一般商事主体合理怀疑真实情况与公示信息不一致的情况时,将注意义务提升至是否对转让人潜在抽逃出资行为予以实质调查。结合司法实践,"未支付对价或未支付价款"、"潜在利害关系"与"内部人身份"等皆为常见的指向受让人明知转让人抽逃出资的证据事实；“转让人与公司间存在有关抽逃出资的诉讼”可作为提升受让人注意义务的升格标准，但“转让数额巨大”不宜作为升格标准。

稿　　约

一、《利益法学》以利益法学为特色，但不限于利益法学，欢迎不同学科、不同流派的理论界与实务界同人踊跃来稿。

二、《利益法学》以连接法学理论与司法实务为目标，以论文本身的理论性、学术性、创新性为标准筛选稿件。

三、来稿基本规范

1. 标题。标题应能体现全文主要观点思路，保持凝练。

2. 作者。用上标星号“*”及脚注介绍作者，写明作者姓名及单位、职称。

3. 目录。在标题、作者与摘要之间请罗列正文一级标题。

4. 摘要与关键词。正文前为300字左右之摘要，并附3～6个关键词。

5. 正文。正文宋体小四号字。

6. 注释。参见《法学引注手册》。

四、来稿须附作者的基本信息和联系方式，包括电话、电子邮箱、通信地址等。

五、投稿联系方式

电子邮箱：lyfxjournal@163.com

通信地址：北京市海淀区清华大学法学院——廖凯原楼640室《利益法学》编辑部

邮编：100084

《利益法学》热烈欢迎各位作者赐稿！